Sternstunden

Große Texte deutscher Sprache

W0401386

herausgegeben von
Josef Kraus und Walter Krämer

3., überarbeitete und erweiterte Neuauflage

Bibliographische Information der Deutschen Bibliothek

Die Deutsche Bibliothek verzeichnet diese Publikation in der Deutschen Nationalbibliographie: Detaillierte bibliographische Daten sind im Internet über http://dnb.dnb.de abrufbar.

Copyright © 2023 by
IFB Verlag Deutsche Sprache GmbH
Schulze-Delitzsch-Straße 40, 33100 Paderborn
Alle Rechte vorbehalten.
Nachdruck – auch auszugsweise –
nur mit Genehmigung des Verlages.
ISBN 978-3-949233-12-8

Vorwort

Was wäre das Volk der Dichter und Denker (dieses Prädikat verdanken wir Madame de Staël in „De l'Allemagne“) ohne seine Sprache? Mit ihrer ganz eigenen Grammatik, ihrem ganz eigenen Satzbau, mit ihrem riesigen Wort-„Schatz“ war und ist die deutsche Sprache das Denk-Zeug großer Meister vielfältigen Schaffens; gewaltige Werke der Dichtkunst und der wissenschaftlichen Erkenntnis entstanden und entstehen immer noch auf Deutsch.

In „Wert und Ehre deutscher Sprache“ ruft Hugo von Hofmannsthal zwölf Zeugen für diesen Wert und diese Ehre auf: Justus Georg Schottel, Gottfried Wilhelm Leibniz, Justus Möser, Christoph Martin Wieland, Johann Gottfried Herder, Johann Wolfgang von Goethe, Jean Paul, Wilhelm von Humboldt, Johann Gottlieb Fichte, Adam Müller, Ernst Moritz Arndt und Jacob Grimm. Einige davon treffen wir auf den folgenden Seiten wieder. Alle waren sie Anwälte, auf ihre Weise und zu ihrer Zeit, ihrer geliebten deutschen Muttersprache und haben gegen deren Geringschätzung durch ihre Sprecher angekämpft: „Unsere deutsche Sprache ist weit, räumig, tief, rein und herrlich, voller Kunst und Geheimnisse,“ schreibt der Barockgelehrte Justus Georg Schottel (latinisiert Schottelius) aus Einbeck zu einer Zeit, als jeder, der in Deutschland etwas auf sich hielt, Französisch sprach. Aber was sei Französisch gegen Deutsch? „Dieselbe Sprache, welche die Dinge und dero Eigenschaften, auch sonsten das, was Gott und die Natur dem Verstände offenbart hat, kann aufs eigentlichste, deutlichste und reinlichste ausdrücken, aussprechen, ausbilden, dieselbe Sprache ist ohn allen Zweifel die wortreichste und beste: weil sich deroselben Wörter durch Kraft eingepflanzter Schicklichkeit können der Natur gleich strecken, und alles was die Natur wirket in unseren Verstand legen. Dasselbe aber vermag aufs beste, eigentlichste und deutlichste einzig unsere, noch nie genugsamlich gerühmte, noch bis anhero völlig erkannte deutsche Hauptsprache.“

Ob unsere „deutsche Hauptsprache“ wirklich „alles was die Natur wirket“ besser als andere „in unseren Verstand zu legen“ in der Lage ist, lassen wir hier dahingestellt. Alle Sprachen haben ihre Vor- und Nachteile. Dieses Buch feiert die Vorzüge der deutschen; es präsentiert Dokumente aus tausend und mehr Jahren Sprachgeschichte, vorzugsweise, aber nicht alle belletristisch, die den Gestaltungs- und Formenreichtum der deutschen Sprache sichtbar, ihre Gewalt als Künder revolutionärer Botschaften deutlich werden lassen. Welche Texte zeugen besonders klar von ihrer Zeit, haben die Literatur, die Wissenschaft, vielleicht sogar die Welt bewegt oder hätten es ihrer Eleganz und Schönheit zuliebe verdient, aus der literarischen Abstellkammer wieder ins Rampenlicht zu treten? Darauf haben viele Sprachfreunde viele Antworten; unsere liegt vor Ihnen.

Den Ausgangsfragen entsprechend sind nicht alle unsere Schaustücke Teil des bürgerlichen Bildungskanons, wie man ihn aus einschlägigen Ratgebern kennt. Dass etwa ein Professor aus Göttingen namens David Hilbert mit seinem Vortrag auf dem ersten Internationalen Mathematikerkongress 1900 in Paris den weiteren Verlauf dieser Wissenschaft entschieden hat, wissen wohl nur die Mathematiker. Und dass ein deutscher Werbefachmann namens Johannes Weidenmüller vor hundert Jahren in diesem Gewerbe folgenschwere Pionierarbeit geleistet hat, dass die von ihm erfundene Begrifflichkeit über Amerika nun wieder in ihre alte Heimat zurückfindet, wissen heute nicht einmal die deutschen Werbeleute selbst.

Bei einigen Schaustücken zögert die Feder, sie unter „Sternstunden“ zu subsumieren. So ist etwa Bismarcks „Emser Depesche“ durchaus ein kleines sprachliches Meisterwerk, aber sie hat auch den Deutsch-Französischen Krieg von 1870/71 ausgelöst und damit alles, was daraus noch folgen sollte. Hier zählt vor allem das Kriterium „hat die Welt bewegt“. Noch nicht einmal sprachlich ein Meisterwerk ist die „Vorläufige Mittheilung“ von Konrad Röntgen in den Sitzungsberichten der Würzburger Physikalisch-Medizinischen Gesellschaft von 1896, in welcher er der Welt „Eine neue Art von Strahlen“ präsentiert. Aber diese

Schrift hat die Medizin des folgenden Jahrhunderts revolutioniert und aus Röntgen den ersten wissenschaftlichen Popstar der Welt gemacht. Und auch der „Entwurf eines Planes zur Begründung und Ausführung eines Kinder-Gartens“ von Friedrich Wilhelm August Fröbel aus dem Jahr 1840 bekäme als Deutschaufsatz wohl nur eine drei. Aber ohne diesen Text sähe die Welt heute ganz sicher anders aus.

Anders aus sähe die Welt auch ohne den auf jener denkwürdigen Pressekonferenz am 9. November 1989 falsch abgelesenen Sprechzettel von Günter Schabowski; anders sähe sie aus ohne die große Rede von Helmut Kohl wenige Wochen später vor der Ruine der Frauenkirche in Dresden. Dass es heute ein wiedervereintes Deutschland gibt, war damals alles andere als klar, es war sogar eher unwahrscheinlich; hier sind Weichen gestellt worden mit Worten, die es wert sind, immer wieder einmal nachgelesen zu werden.

Die hier vorgestellten Texte sind chronologisch gereiht und von Sachkennern kommentiert. Diese chronologische Reihung hat Vor- und Nachteile. Der Vorteil ist eine so erzwungene, oft brutale Konfrontation völlig gegensätzlicher literarischer Verarbeitungen ein- und derselben Menschheitserfahrung. Gibt es einen größeren Kontrast als den zwischen Ernst Jüngers „Stahlgewittern“ und den „Turngedichten“ von Joachim Ringelnatz? Aber auch die „hopsenden Möpse“ von Ringelnatz sind eine Ausgeburt des Ersten Weltkriegs, eine Trotzreaktion sozusagen, nach dem Motto „Ihr könnt mich alle mal“. Auch die beiden in den Jahren 1946 und 1947 erschienenen Abrechnungen mit den Gräueln des Weltkrieges Nr. 2 könnten unterschiedlicher nicht sein: In Wolfgang Borcherts heute vergessenem Klassiker „Draußen vor der Tür“ herrscht die persönliche Betroffenheit des Individuums, in Gottfried Benns Gedicht „Quartär I-III“ kommt das Wort Krieg nicht einmal vor. Dennoch ist es nur schwer vorstellbar, wie dieser Abgesang auf die Menschheit ohne den Zweiten Weltkrieg hätte entstehen können.

Ein Nachteil der chronologischen Reihung ist dagegen, dass der sprachliche Niederschlag identischer Ereignisse oft auseinanderfällt. Das 1966 erschienene Gedicht „schtzngrmm" von Ernst Jandl etwa („schtzngrmm" ist ein schlampig gesprochener „Schützengraben", nur ohne die Vokale) beschwört die Schrecken des Ersten Weltkriegs, wenn auch auf andere Weise, genauso drastisch, wie es die Tagebücher des Kompaniechefs Jünger tun.

Nicht alle hier vorgestellten belletristischen Werke erheben Anspruch auf literarische Weihen. Ein Beispiel sind die illustrierten Lurchi-Geschichten aus der Mitte des letzten Jahrhunderts. Aber mit Lurchi haben viele Kinder damals Lesen und Schreiben gelernt, einer der beiden Herausgeber dieses Buches inbegriffen, und so die ersten Schritte zur „eigentlichen" Literatur getan (oder, wie in dem Kinderbuch „Sonjas lustige Türkenreise" der heute vergessenen Else Günther, eine für das ganze Leben hilfreiche Einstellung zu fremden Menschen und Kulturen eingeübt). Bei allen Texten haben wir ferner darauf geachtet, nicht mit den ebenfalls im IFB-Verlag erschienenen „Edelsteinen" in Konkurrenz zu treten. Diese liefern in gewisser Weise Antworten, an die man als erstes denkt: Farbe? Rot. Zahl? Sieben. Blume? Rose. Deutsches Drama? Faust. Deutscher Roman? Buddenbrooks. Minnesänger? Walther von der Vogelweide. Dass aber schon mehrere Jahrzehnte vor Walther der damals berühmte Kürenberger seine Zeitgenossen mit seinen Liedern verzauberte, ist heute fast vergessen; unter anderem deshalb hat er und nicht Walther von der Vogelweide einen Platz in diesem Buch.

Auch räumlich oder gedanklich verwandte Autoren sind nicht immer durch die prominentesten hier vertreten; die große Schweizer Literatengarde um Dürrenmatt und Frisch etwa durch den weit weniger bekannten Ludwig Hohl. Aber weniger bekannt heißt nicht weniger gut. „Hohl ist notwendig; wir sind zufällig," hat Friedrich Dürrenmatt einmal gesagt, allein deshalb lohnt ein Blick auf das Werk dieses Außenseiters und „unbekannten Genies".

Und auch bei den hier tatsächlich vorgestellten Autoren findet sich nicht notwendig das Stück, an das jeder bei diesem Namen als erstes denkt. So ist etwa Goethe mit seinem Gesangsepos Reineke Fuchs, oder Theodor Fontane nicht mit der an der preußischen Männermoral gescheiterten Effi Briest, sondern mit der dieser Männermoral trotzenden Mathilde Möhring vertreten. Und von Wilhelm Busch findet sich nicht die in fast jedem deutschen Bücherschrank vorhandene Bildergeschichte von Max und Moritz, sondern seine Erzählung „Der Schmetterling", die ihn als großen Stilisten deutscher Sprache ausweist, „einen virtuosen Spieler mit überlieferten Formen und Motiven, in dessen Werk die Komik des Scheiterns eine neue Dimension erhält" (Gert Ueding). Auch der große Alfred Döblin ist hier nicht mit „Berlin Alexanderplatz", sondern mit einem Fundstück aus der Universitätsbibliothek Freiburg vertreten, seiner medizinischen Doktorarbeit von 1906 über eine seltene Geisteskrankheit namens Korsakoffsche Psychose, die aber durchaus Spuren in Döblins späteren Werken hinterlassen hat.

Eines können und wollen wir mit diesem Sammelband auf keinen Fall: eine erschöpfende Übersicht großer Texte in deutscher Sprache geben. Hinter jedem Dokument, jedem Gedicht, jedem Theaterstück, jedem Roman stehen weitere Dokumente, Gedichte, Dramen und Romane, die mit gleichem Recht hätten vorgestellt werden können. Wir schöpfen also aus dem Vollen. Gibt es etwas Schöneres, das man über eine Sprache sagen kann?

Wir danken den Rechteinhabern für die Erlaubnis zum Abdruck der noch urheberrechtlich geschützten Texte: dem Arche LiteraturVerlag, dem Aufbau Verlag, der Verlagsgruppe Random House GmbH und den Verlagen dtv, S. Fischer, Hanser, Klett-Cotta, Kiepenheuer&Witsch, Rowohlt, Suhrkamp und Ullstein sowie Barbara Kreisler-Peters, der Witwe von Georg Kreisler. Weiteren nicht unbeträchtlichen Dank schulden wir Eva Brune, Daniela Worm und Stephanie Zabel für das professionelle Verwandeln unzähliger dishomogener Textbausteine in ein druckreifes Buch. Der größte Dank gilt aber den zahlreichen

Kolleginnen und Kollegen, die so bereitwillig unserem Aufruf zur Mitarbeit gefolgt sind und mit viel Souveränität und Herzblut auf den folgenden Seiten ihre Lieblingstexte vorstellen. Die meisten davon lehren oder lehrten Sprach- und Literaturwissenschaften an verschiedenen Universitäten in Deutschland, Frankreich, Belgien, Österreich, Tschechien oder der Türkei, sind also quasi berufsmäßig mit dem Thema dieses Buches befasst. Aber unter unseren Textpaten finden sich auch Archäologen, Architekten, Mediziner, Diplomaten und Journalisten, auch ein Mitbegründer der Partei der Grünen (Rolf Stolz), ein ehemaliger Präsident des deutschen Bundestages (Wolfgang Thierse), ein ehemaliger Wirtschaftsminister und FDP-Landesvorsitzender (Walter Hirche) und ein erfolgreicher Unternehmer (Werner Kieser) sind dabei. Alle verbindet die Liebe zu und der Respekt vor dem Medium, in dem die hier vorgestellten Texte entstanden sind – unsere so schöne deutsche Sprache. Auf dass möglichst viel von diesem Enthusiasmus auf Sie, die Leser, überspringen möge!

Landshut und Dortmund, im Januar 2023

Josef Kraus und Walter Krämer

Nicht Baum noch Berg noch irgend etwas

Das Wessobrunner Gebet
Verfasser unbekannt
Um 790

de poeta

Dat gafregin ih mit firahim
firiuuizzo meista
dat ero ni uuas noh ufhimil.
noh paum noch pereg ni uuas
ni noheinig
noh sunna ni scein
noh mano ni liuhta
noch der mareo seo.
Do dar niuuiht ni uuas
enteo ni uuenteo
enti do uuas der eino
almahtico cot manno miltisto.
enti dar uuarun auh manake mit inan
cootlihhe geista. enti cot heilac …

Dies ist der älteste poetische deutsche Text, der uns erhalten ist. Aufgefunden wurde das Gedicht in einem lateinischen Kodex in der Bibliothek des Klosters Wessobrunn, deshalb die Bezeichnung „Wessobrunner Gebet". Überschrieben ist der Text mit den lateinischen Worten *de poeta* (von einem Dichter). Er besteht aus zwei Teilen: dem oben abgedruckten Gedicht, in dem das Wunder der Entstehung der Welt beschrieben wird, und einem anschließenden Gebet in Prosa (siehe unten).

Die ersten beiden Zeilen sind einem heutigen Leser unverständlich, aber die Wörter *dat*, *ih*, *mit* und *meista* lassen doch schon einen irgendwie vertrauten Klang erahnen. Noch mehr nähert man sich dem Text mit einer Übersetzung ins Neuhochdeutsche, in der u. a. die ungewohnte sprachliche Besonderheit aufgelöst wird, dass eine doppelte Verneinung nicht etwa eine

Bejahung bedeutet, sondern eine besonders starke Verneinung (*ni noheinig, niuuiht ni was*):

Von einem Dichter

Das erfuhr ich unter den Menschen
als der Wunder größtes,
dass Erde nicht war, noch Himmel oben,
nicht Baum noch Berg nicht war,
noch irgend etwas,
noch die Sonne nicht schien,
noch der Mond nicht leuchtete,
noch das herrliche Meer.
Als da nichts, gar nichts war
an Enden und Wenden,
und da war der eine allmächtige Gott,
der Wesen Gnädigstes,
und da waren mit ihm auch viele
göttliche Geister.
Und Gott, der heilige [...]

Der Text enthält eine Reihe von germanischen Elementen; am auffälligsten ist wohl die Ähnlichkeit mit dem Beginn der isländischen Edda, die allerdings erst 300 Jahre später aufgeschrieben wurde:

… nicht war Sand noch See
noch Salzwogen,
nicht Erde unten,
noch oben Himmel, …
Gras nirgends.

Im Wessobrunner Gebet aufgezählte Elemente finden sich auch in der Völuspa (Meer, Erde und Himmel, Pflanzen; später ist dort auch noch von Sonne und Mond die Rede). Die Einführung erinnert weiterhin an germanische epische Dichtung (vgl. den Anfang des althochdeutschen Hildebrandlieds „ik gehorta dat seggen“). Auffällig ist schließlich der Stabreim (Alliteration), das typische Merkmal germanischer epischer Dichtung: Nicht der Reim am Wortende, sondern gleich oder ähnlich klingende Wortanfänge machen den sprachlichen Schmuck aus: *noh paum noch pereg, ni noheinig, noh sunna ni scein, niuuiht ni uuas, enteo ni uuenteo*. Ganz ohne Zweifel nimmt der unbekannte Verfasser Elemente der germanischen Vorstellung von der Entstehung der Welt zum Vorbild, vielleicht sogar einen ihm bekannten Text. Das Ganze aber wird christlich gewendet: Vor alledem gab es den einen, allmächtigen Gott (den Schöpfer).

Damit trotz der germanischen (Vor-)Bilder keine Zweifel an der Christlichkeit des Textes aufkommen, schließt sich das folgende Gebet in Prosa an:

> Cot almahtico, du himil enti erda gauuorahtos enti du mannun so manac coot forgapi forgip mir in dina ganada rehta galaupa enti cotan uuilleon uuistom enti spahida enti craft tiuflun za uuidarstantanne enti arc za piuuisanne enti dinan uuilleon za gauurchanne.
>
> Gott, Allmächtiger, der Du Himmel und Erde erschaffen hast und den Menschen so viele gute Gaben gegeben hast, gib mir in Deiner Gnade rechten Glauben und guten Willen, Weisheit und Klugheit und Kraft, dem Teufel zu widerstehen, und das Böse zu meiden und Deinen Willen zu verwirklichen.

Wie von vielen althochdeutschen Texten kennen wir auch von diesem nur eine Abschrift, die 814 entstanden ist. Der Text selbst ist sicherlich älter (um 790) und stammt auch nicht aus Wessobrunn, sondern aus dem ostbayrischen Raum. Aber wer das Gedicht geschrieben hat, wo und wann genau es entstanden ist, ist nicht bekannt.

Die Abschrift ist sehr sorgfältig, auf zwei gegenüberliegenden Seiten in einem ansonsten lateinischen Kodex. Allerdings bricht der poetische Teil mit den Worten *enti got heilac* ab. Nach dem Gebetstext folgt, durch eine rote Initiale abgesetzt, ein lateinischer Text ohne Zusammenhang mit dem Gedicht oder dem Gebet. Dies ist ein für viele althochdeutsche Texte typischer Befund: Sie finden sich eher zufällig in Kodices eingestreut, teils auf Umschlagseiten, häufig fragmentarisch wie hier, auch oft fehlerhaft.

Letzteres trifft aber bei diesem Text nicht zu. Deshalb sind Korrekturen, die die Herausgeber des 19. Jahrhunderts in der Annahme von Fehlerhaftigkeit vorgenommen haben (besonders die Einfügung *sterro* „Stern" zwischen *ni* und *noheinig* „noch kein Stern") nicht notwendig – der Text ist richtig überliefert.

Das Wessobrunner Gebet wurde von verschiedenen Komponisten vertont, u. a. von Max Bruch und Carl Orff, neuerdings von den Mittelalterrockbands In Extremo und Estampie. Den gesprochenen Text und verschiedene musikalische Versionen kann man auch im Internet auf YouTube hören.

Hartmut Günther

Aus Liebe zu den Schülern

Psalmen auf Deutsch
Notker der Deutsche
um 1000

Notker „der Deutsche", geboren um 950, gestorben 1022, als junger Mann in das Kloster St. Gallen eingetreten und später zum Leiter der dortigen Klosterschule aufgestiegen, war einer der bedeutendsten und produktivsten Autoren der frühen deutschsprachigen Literatur. „Aus Liebe zu seinen Schülern" (*propter caritatem discipulorum*) hat er viele für den klösterlichen Schulgebrauch wichtige Texte ins Deutsche übertragen, wie sein Schüler und Nachfolger Ekkehard IV. (um 980 – nach 1057) berichtet. Notkers übersetzerische Leistungen sind nicht hoch genug zu schätzen – er hat als einer der ersten hochkomplizierte philosophische, rhetorische und fachwissenschaftliche Texte ins Althochdeutsche übertragen. Diese Sprache war bislang vor allem mündlich gebraucht worden, sodass zunächst eine adäquate Verschriftlichung entwickelt und für viele Begrifflichkeiten deutsche Entsprechungen gefunden werden mussten. So ließ es Notker nicht bei einer reinen Übersetzung bewenden. Er stellte für den komplizierten lateinischen Satzbau zunächst eine ‚natürliche Ordnung' (*ordo naturalis*) her und fügte diesem vereinfachten lateinischen Text Kommentare und rein deutsche Übersetzungen bei. Das zeigt z. B. sehr prägnant eine Stelle aus Notkers Psalter-Übersetzung, die sich heute in der Stiftsbibliothek von St. Gallen (Cod. Sang. 21, p. 9f.) befindet.

> *Et erit tanquam lignum quod plantatum est secus decursus aquarum* . Vnde der gediêhet also uuóla . so der bôum . der bîdemo rínnenten uuazzere gesezzet ist . *Quod fructum suum dabit tempore suo* . Der zîtigo sînen uuûocher gíbet . Das rinnenta uuazzer ist gratia sancti spiritus . gnâda des hêiligen gêistis . Den sî nezzet . ter ist pírig pôum gûotero uuercho . *Et folium eius non defluet* . Noh sîn lôub ne-rîset . Taz chît . noh sîn uuórt ne-uuírt uuéndig . *Et omnia quecumque faciet prosperabuntur* .

Vnde frám dîehent álliû . diu der boum bíret unde bringet . ioh fructus . ioh folia . ich mêino facta et dicta .

Hieran lässt sich eine weitere Leistung Notkers erkennen. Er hat nicht nur maßgeblich dazu beigetragen, der deutschen Sprache zu einer vollausgebildeten Verschriftlichung zu verhelfen, er hat außerdem ein sehr durchdachtes orthographisches System vorzuweisen, mit Anlautgesetzmäßigkeiten, Akzentuierungen und Interpunktion.

Dies tat er zum Nutzen seiner Schüler. Er übersetzte und kommentierte Texte vom spätantiken Gelehrten Boethius (u. a. *De consolatione philosophiae*), des römischen Schriftstellers Martianus Capella (*De nuptiis Philologiae et Mercurii*), Aristoteles (*De categoriis*, *De interpretatione* in lateinischer Überarbeitung) und den Psalter. Einige Werke sind jedoch verloren; ihre Existenz ist nur noch aus Notizen überliefert. Der Literaturhistoriker Rudolf Koegel hält ihn sogar für einen der größten Stilisten der deutschen Literatur: „Er ist der Dichter unter den Prosaikern. Sein Stil ist da, wo er sich am glänzendsten entfaltet, ganz und gar poetisch" (Geschichte der deutschen Literatur bis zum Ausgange des Mittelalters, Straßburg 1897, S. 618).

Notkers Schüler konnten sich auf ‚ihre' Sprache verlassen, um den Sinn des Gelesenen zu erschließen. Doch dabei ist es auch zu bedenken, dass Notker mit seiner kommentierenden Übersetzung das Lateinische nicht ‚ersetzen' oder ‚verdrängen' wollte. Für ihn war es ein Zusammenspiel beider Sprachen mit dem Ziel, den zugrundeliegenden Text inhaltlich, aber auch strukturell fassbar zu machen. So war der Leser dazu angehalten, sich bei der Erschließung eines Textes aktiv mit beiden Sprachen auseinanderzusetzen. Diese Synergie spiegelt sich auch in Notkers häufigem Gebrauch einer ‚Mischsprache' wider, in der er zwischen Latein und Althochdeutsch hin- und herwechselt, sogar innerhalb desselben Satzes oder Satzteils. Notkers Mischsprache könnte eine Variante eines zu seiner Zeit verwendeten ‚Klassensoziolekts' darstellen, wie er ihn schon in seiner eigenen Schulzeit erlebt haben mag. Nicht nur beim Sprechen, auch beim Schreiben bilden Latein und Deutsch eine untrennbare Einheit. Dass dies bei neuzeitlichen Forschern nicht immer für gut befunden wird, zeigen Bewertungen von Notkers Vermischung von Latein und Althochdeutsch als „häßliche[n] Mischmasch“ oder „Klosterjargon“ (siehe etwa Georg Baesecke, Frühgeschichte des deutschen Schrifttums, Halle/Saale 1950, S. 33).

Notker war es wichtig, dass seine Studenten das Grundwissen der sieben freien Künste (dazu gehören Grammatik, Rhetorik und Dialektik, das sogenannte *Trivium*, Arithmetik, Geometrie, Musik und Astronomie, das *Quadrivium*), das sie schließlich zu einem besseren Verständnis der Heiligen Schrift führen und ihre Seelen vermutlich in den Himmel führen würde. Eine Haltung, die sich etwa bei Martin Luther im 16. Jahrhundert wiederfindet. Notker war ein Pädagoge, der um die Bedeutung des Lateinischen für das Klosterleben, aber auch darüber hinaus wusste. Um seinen Schülern also das Lernen und das Verständnis des Wissens ihrer Zeit – das nun mal hauptsächlich durch lateinische Texte überliefert wurde – zu erleichtern, griff Notker auf die Volkssprache zurück.

Die Liebe zu seiner Sprache brachte ihm schließlich den Beinamen Teutonicus – der Deutsche – ein.

Jessica Ammer

Plaisier d’amour

Das Falkenlied
Der von Kürenberg
um 1150

Fast wie aus dem Nichts erscheint in der Mitte des zwölften Jahrhunderts ein leuchtender Stern am Himmel der Dichtung, von dem man lange nur den Namen kannte: der Kürenberger (um 1127–1191/92). Seine Dichtung ist die erste, die nach ihrem Inhalt und nach der Herkunft des Dichters nicht dem kirchlichen Umfeld entstammt. Zwar gab es große germanische und althochdeutsche Dichtung, die uns auf eine seltsame Weise fern geblieben ist. Wer dagegen die Lieder des Kürenbergers singt oder spricht, versteht seine Sprache auch nach über achthundert Jahren.

Unter den 15 erhaltenen Texten findet sich in unverwechselbarer und formvollendeter Sprache sein Falkenlied. Ich füge trotzdem eine neuhochdeutsche Übersetzung bei, wohl wissend, dass die ritterliche Welt des Dichters kaum mit heutigen Worten zu fassen ist.

Ich zôch mir einen valken mêre danne ein jâr.
dô ich in gezamete als ich in wolte hân
und ich im sîn gevidere mit golde wol bewant,
er huob sich ûf vil hôhe und floug in anderiu lant.

Sît sach ich den valken schône fliegen.
er fuorte an sînem fuoze sîdîne riemen,
und was im sîn gevidere alrôt guldîn.
got sende si zesamene, die gelieb wellen gerne sîn.

(Ich zog mir einen Falken über mehr als ein Jahr. Als ich ihn gezähmt hatte, so, wie ich ihn haben wollte, und sein Gefieder mit goldenen Bändern umwand, erhob er sich in die Luft und entflog). Peter Wapnewski hat nachgewiesen, dass „floug in anderiu lant“ damals als terminus technicus für „entfliegen“ gebraucht wurde. Der Dichter verwendet den Satzbruch (statt grammatisch richtig „huob sich“: „er huob sich ûf vil hôhe“), um das Abrupte der Trennung sprachlich spürbar zu machen.

Die erste Strophe des Falkenliedes reitet auf dem Vokal a, im valken, im mêre danne ein jâr, im bewant und in den anderiu lant. Wer denkt da nicht an einen anderen sprachgewaltigen Dichter aus der gleichen Landschaft, Josef Weinheber, und seine Ode an die Buchstaben? „…aber wie Balsam legt / labend auf das verzagte / sich das Amen des klaren A."

„Seitdem sah ich den Falken schön fliegen. Er trug an seinem Fuße seidene Riemen und sein Gefieder war ganz golden. Gott sende die zusammen, die gerne geliebt werden wollen." In der von András Vizkelety 1985 entdeckten mittelhochdeutschen Budapester Liederhandschrift lautet die letzte Zeile des Falkenliedes: „got sol si nimmer gescheiden, di lieb recht einander sîn." Beide Fassungen der Schlusszeile zeigen, dass die Geschichte mit dem Falken als Metapher für die Liebe zwischen Mann und Frau gedacht ist. Formal beherrscht das i die Strophe, in fliegen, in den sîdînen riemen, im gevidere, aber auch im gelieb sîn, dem i, von dem Weinheber sagt: „Gott ist milde und lässt dir leise folgen die Liebe" – wie beim Kürenberger.

Wer aber ist das lyrische Ich, das den Anderen zähmen und besitzen will? Ein Mann? Eine Frau? Aus dem goldumwundenen Gefieder und den seidenen Riemen wird klar, dass die Geschichte nicht unter gewöhnlichen Menschen, sondern im Kreis des ritterlichen Adels spielt, „ritter edele" nennt sich der Dichter an anderer Stelle selbst. Er ist nicht einfach ein Reiter oder Reisiger, sondern er schafft den Begriff, der dann bis zu „Prinz Eugen, dem edlen Ritter" und bis zur Tapferkeitsauszeichnung des Ritterkreuzes jahrhundertelang ein Topos geblieben ist.

Viele haben sich gefragt und nach einer Antwort gesucht, ob das lyrische Ich einen Mann oder eine Frau meint? Die Antwort ergibt sich aus den anderen Dichtungen des Kürenbergers, in denen er das Thema der besitzergreifenden oder spontanen, frei entstandenen Liebe variiert. Es ist eine Frau, die glaubt, sie könne sich den Mann zähmen wie einen Falken oder einen Hund: „Nû bring mir her vil balde mîn ros, mîn îsengewant, / wan ich muoz einer frouwen rûmen diu lant. / diu wil mich des betwingen, daz ich ir holt sî. / si muoz der mîner minne iemer darbende sîn“ antwortet der Kürenberger auf diese Zumutung. (Nun bring mir – wohl zu einem Reiterbuben gesprochen, der durch den Imperativ nur angedeutet wird – schnell mein Ross, mein Eisengewand (gemeint ist die ritterliche Rüstung), denn ich muss einer Frau das Land räumen, die mich zwingen will, sie zu lieben. Nach meiner Liebe muss sie immer darben …).

Die abrupte Abweisung des Kürenbergers mag in den Ohren der Heutigen fast grausam klingen, dabei sagt er nur, dass in der wahren Liebe keine Zähmung Platz hat, auch nicht die der Frau, wie sie der Koran allen Ernstes oder wie sie Shakespeare, vierhundert Jahre nach dem Kürenberger, in der „Widerspenstigen Zähmung“ auf satirische Weise empfiehlt. Die Liebe, die der Dichter meint, ist anders. Sie entsteht spontan und besteht in Liebe und Leid, in Glück und Unglück:

„Wîb vil schoene, nû var du sam mir. / lieb unde leide, daz teile ich sant dir. / die wîle, unz ich daz leben hân, / sô bist du mir vil lieb…“ („Allerschönste Frau – hier nicht im Sinne von frouwe ‚Herrin‘, in Bayern könnte man vielleicht ‚Prachtweib‘ übersetzen – nun komm mit mir, Liebe und Leid teile ich mit dir. Solange ich am Leben bin, solange liebe ich dich“). Die Liebe ist ein Geheimnis, das nur die Liebenden kennen. Der junge Dichter ist ein Meister der Andeutung, aber die Frau, die ihn zähmen wollte, verrät er nicht, auch nicht seine Geliebte:

„Der tunkel sterne, sam der birget sich, / als tuo du frouwe schône, sô du sehest mich, / sô lâ du dîniu ougen gên an einen andern man. / son weiz doch lützel ieman, wiez under uns zwein ist getân.“ (Wie der Abendstern sich verbirgt, so mach‘ es auch Du, schöne Frau (was hier Herrin bedeutet), wenn Du mich siehst. Dann lass‘ Deine Augen zu anderen Männern schweifen. So weiß niemand, was zwischen uns beiden getan ist). Der Dichter lässt jede weitere Beschreibung und doch steht uns ein abendliches Fest vor Augen, ein Saal, Musik, Tanz, festlich gekleidete Gäste.

Wer ist diese Frau? Ist sie die Herrin des Festes? Vielleicht führt uns ein anderes Gedicht auf ihre Spur: „Ich stuont mir nehtint spâte an einer zinne. / dô hôrt ich einen ritter vil wol singen / in Kürenberges wîse al zu der menigîn. / Er muoz mir diu lant rûmen, alder ich geniete mich sîn.“ (Eine Frau steht auf der Zinne einer Burg und hört aus der Menge einen Ritter in Kürenbergs Weise singen: „Der muss mir das Land räumen, wenn er sich mir nicht ergibt“.)

Der Maler des Grundstocks der Manessischen Liederhandschrift hat den Kürenberger zusammen mit einer Königin dargestellt, der einzigen von 139 Miniaturen. Sie trägt die Lilienkrone, ein pupurfarbenes Gewand und einen pupurnen Mantel mit Hermelinbesatz. Und tatsächlich weilte eine Königin Ende Juli/Anfang August 1147 in der Nähe von Kürenberg, Schallaburg und Peilstein: Aliénor, die Königin von Frankreich. Sie war mit dem französischen Kreuzheer gekommen, dem sich Otto von Freising und die Tengelinger anschlossen, denn das deutsche Kreuzheer unter dem Staufer Konrad hatte bereits an Pfingsten 1147, Anfang Juni, die Leitha überschritten. Ist mit „ûz der menigîn“ das Lager des französischen Kreuzheeres am Fuße der Schallaburg gemeint, auf der Aliénor zu Gast war? Wir haben keinen Beweis, aber eine Urkunde vom 5. August 1147, nach der sich der Kürenberger und sein älterer Bruder an diesem Tag mit dem aus Kärnten stammenden Bischof Heinrich von Troyes zur Weihe der Kirche von Werde (Grafenwörth?) trafen. Wie Otto von Freising war Heinrich von Troyes Zisterzienser aus Morimond und gehörte zur engsten Umgebung des Königs und der Königin von Frankreich. Schenkt man Gerhoh von Reichersberg Glauben, so stimmt seine Beurteilung Aliénors mit der herrischen Frau überein, wie sie der Kürenberger in diesem Gedicht anklingen lässt.

Kehren wir zum Falkenlied zurück, das wohl 1147 oder in den Jahren danach entstanden ist und die Form der vierzeiligen Strophe vorwegnimmt, in der ein halbes Jahrhundert später, um 1205, das Nibelungenlied gedichtet wurde. Karl Bartsch und andere Forscher des 19. Jahrhunderts hielten deshalb lange den Kürenberger für den Dichter des Nibelungenliedes. Tatsächlich zitiert das Nibelungenlied gleich am Anfang das Falkenlied im Traum Kriemhilds: „… troumte Kriemhilde, / wie si züge einen valken, starc, scoen und wilde, / den ir zwên aren erkrummen…“ (…träumte Kriemhild, wie sie sich einen starken, schönen und wilden Falken aufziehe, den ihr zwei Adler zerrissen …). Sie fragt ihre Mutter Ute, was der Traum zu bedeuten habe? Die Mutter antwortet ihr: „der valke, den du ziuhest, daz ist ein edel man, in welle got behüeten“ (Der Falke, den du aufziehst, das ist ein Edelmann, den wolle Gott behüten). Kriemhild antwortet ihr in der typisch trotzigen Weise des jungen Mädchens: „Waz saget ir mir von manne, vil liebiu muoter mîn? / âne recken minne sô will ich immer sîn. / … unz an mînen tôt.“ (Was redet ihr mir da von einem Mann, liebste Mutter? Ich will immer ohne eines solchen Recken Liebe bleiben, bis an meinen Tod). In diesem Zwiegespräch greift der Dichter oder die Dichterin des Nibelungenliedes – die Handschrift B zeigt in ihrer Anfangsinitiale eine junge Frau im Autorengestus, die Ingrid Hänsel-Hacker als den Jungfrauentypus einer Paduaner Malerschule um 1260 identifizierte – die Ausdrucksweise des Kürenbergers fast wörtlich auf.

Wie bei den Griechen auf die Tragödie die Komödie, so folgt auf das tragische Falkenlied und die großen Minnestrophen des Kürenbergers die Parodie, wobei wir uns fragen: seine eigene oder eine Parodie von fremder Hand? „Wîb unde vederspil, die werdent lîhte zam. / swer si ze rehte lucket, sô suochent si den man.“ (Frauen und Jagdfalken werden leicht zahm. Wenn man sie richtig lockt, dann fliegen sie auf den Mann!)

Peter Volk

Macht und Liebe im deutschen Mittelalter

Ich grüeze mit gesange die süezen
Kaiser Heinrich VI.
1184

Kaiser Heinrich VI. (1165–1197) steht zwischen Kaiser Friedrich I. (1122–1190) Barbarossa – „Rotbart", wie ihn die Italiener nannten – und Kaiser Friedrich II. (1194–1250), den beiden berühmtesten Herrschern aus dem Geschlecht der Hohenstaufen. Tritt er damit zwischen Vater und Sohn etwas zurück, so widerfährt ihm andererseits die Ehre, am Beginn der wichtigsten Handschrift des deutschen Minnesangs, der Heidelberger Manesse-Handschrift abgebildet zu sein, mit einer Schriftrolle in der Hand. Denn er ist nicht nur Kaiser, sondern auch der ranghöchste Autor unter den mittelhochdeutschen Minnesängern. Von ihm sind drei Lieder überliefert.

Heinrich hatte trotz aller politischen Wirren die besten Chancen für eine glanzvolle Herrschaft, hatte doch Kaiser Friedrich I. dafür gesorgt, dass sein 1165 geborener Sohn Heinrich schon mit vier Jahren zum deutschen König gewählt wurde und damit die Erbfolge gesichert war. 1186 verheiratete ihn sein Vater zudem mit Konstanze von Sizilien, einer Prinzessin von jener Insel, die Orient und Okzident verbindet. Sie fiel ihm schon drei Jahre später als Erbe des kinderlosen Normannenkönigs Wilhelm II. zu. Damit war die Umklammerung des Kirchenstaates, mit dem die Staufer in ständigem Konflikt lagen, im Süden vollendet.

Heinrichs Mutter war die burgundische Prinzessin Beatrix, nach Aussagen der Zeitgenossen eine ausgesprochene Schönheit, die ihrem Gemahl nicht nur elf, vielleicht sogar zwölf Kinder gebar, darunter Heinrich, sondern ihm mit dem reichen Burgund auch den problemlosen Weg nach Italien sicherte. Das war wichtig, denn beherrschend sind für Friedrich I. der Konflikt mit den Päpsten und die ständige Pflicht zum Kreuzzug, vor allem nach dem Fall Jerusalems an Sultan Saladin 1189.

Wichtiger als solche dynastischen Glücksfälle, zu denen auch die Gefangennahme des englischen Königs Richard Löwenherz gehörte, ist aber im vorliegenden Zusammenhang die Persönlichkeit der Mutter, der 1167 in Rom zur Kaiserin gekrönten Beatrix. Sie nämlich war es, die die französische Hofkultur nach Deutschland brachte und ihrem Sohn Heinrich als hochgebildete (*litterata*) Mutter eine sorgfältige Erziehung und Bildung zukommen ließ. Und ihr ist es zu verdanken, dass Heinrich mit der Liedkunst der provenzalischen Trobadors und der französischen Trouvères in Berührung kam und neben den Dichtern aus der Provence und aus Frankreich wohl auch die Kunst der deutschen Minnesänger schätzen lernte, so etwa die Lieder des mit der Trobadorlyrik vertrauten Rudolf von Fenis oder diejenigen Heinrichs von Morungen und Friedrichs von Hausen, der urkundlich schon am Hofe des Vaters belegt ist. Er begleitete Kaiser Friedrich Barbarossa auf dem unglücklichen dritten Kreuzzug, auf dem dieser 1190 starb, und gehörte zu den *familiares* am kaiserlichen Hofe.

Heinrich selbst steht mit seinen Dichtungen am Übergang vom sogenannten „donauländischen", von romanischen Einflüssen noch weitgehend unbeeinflussten Minnesang zum sogenannten „rheinländischen" Minnesang, der nach dem Vorbild der Trobadors die Liebe höher bewertet als die ritterlichen Pflichten des Krieges und des Kreuzzugs. Heinrichs eigene Lieder kennen das Glück einer erfüllten Liebe, ein Glück, das die Trobadors in ihren Tagliedern besingen, während die Geliebte des späteren Minnesangs es ihrem Liebhaber nur noch bedingt, wenn überhaupt gewährt. Zugleich spricht aus ihnen die Sehnsucht nach ihrer Gegenwart, in lyrischen Botschaften an die in der „Liebesheimat" zurückgebliebene Geliebte, einem „für die rheinischen Minnesänger typischen Sinnkonstruktionsmuster" (Gert Hübner). In Heinrichs Liedern steht zumindest in der dichterischen Fiktion das erlebte Liebesglück sogar höher als die kaiserliche Machtvollkommenheit. Kaiser Heinrich VI. könnte damit ein prominentes Beispiel für die von Ernst Kantorowicz beschriebene Rechtsfigur der „zwei Körper des Königs" abgeben, bekanntlich ein Lieblingsthema der heutigen

Boulevardpresse. Vor allem aber ist er der Gründervater der Stauferlyrik.

*Ich grüeze mit gesange die süezen ist e*ines der bekanntesten Gedichte des deutschen Minnesangs, wegen des Sängers wie wegen seines Inhalts. Kein Geringerer als Kaiser Heinrich VI., der Sohn Friedrichs I. Barbarossa und Vater Friedrichs II. von Hohenstaufen, singt hier und er verbirgt seinen Rang nicht. Es ist deshalb nur folgerichtig, dass das Porträt, mit dem der Heidelberger Codex Manesse seine Bildergalerie eröffnet, den Kaiser als den ranghöchsten Minnesänger mit einer Schriftrolle zeigt. Heinrich dürfte die drei in zwei Handschriften unter seinem Namen überlieferten Gedichte vor seiner Krönung zum Kaiser 1190 verfasst und vielleicht – doch das ist eine bloße Vermutung – anlässlich seiner Schwertleite 1184 auf dem Mainzer Hoftag sogar selbst vorgetragen haben.

Erwartungsgemäß geht es in den drei Gedichten Kaiser Heinrichs um die Liebe, hier um eine Geliebte, von der der Liebende getrennt ist. Wer auch immer ihr das vorliegende Lied überbringen möge, es sei ein Gruß von ihm. Die Unbestimmtheit des Auftrags überrascht, schließlich ist es ein Herrscher, der hier spricht. Aber entweder geht der Sänger davon aus, dass ein persönlicher Vortrag unter seiner Würde ist oder dass sein Lied die künstlerische Qualität hat, auch von einem anderen als ihm selbst vorgetragen zu werden. Auch ist zu fragen, ob hier wirklich der Staufer und künftige Kaiser Heinrich VI. in eigener Sache spricht oder ob er nur zum Ausdruck seiner Liebe ein Motiv der Minnelyrik verwendet, den sogenannten „Kaisertopos“ (Peter Wapnewski). Damit würde die biographische Authentizität zum poetischen Phantom und das Gedicht zum autonomen Kunstwerk.

Wie dem auch sei, das Lied wird in den Handschriften Kaiser Heinrich zugeschrieben und das lyrische Ich setzt das eigene Liebesglück und die Herrschermacht ausdrücklich zueinander in Beziehung:

Mir sint diu rîche und diu lant untertân,
swenne ich bî der minneclîchen bin,
und swenne ich gescheide von dan,
sô ist mir al mîn gewalt und mîn rîchtuom dâ hin.

Diese Situation ist, selbst wenn sie in der argumentativen Nutzung der herausgehobenen Position nur raffinierte Rhetorik sein sollte und nicht vorschnell als der Ausdruck eines authentischen Gefühls genommen werden darf, durchaus prekär, da sie sich von der Anwesenheit der Geliebten abhängig macht. Doch diese ist ihm wohlgesonnen:

Waz gît mir dar umbe diu liebe ze lône?
Dâ biutet si mirz sô rehte schône:
Ê ich mich ir verzige, ich verzige mich ê der krône.

Es ist diese ungewöhnliche Liebesgewissheit, auf die der Kaiser angeblich schwerer verzichten würde als auf seine Krone. Erneut stellt hier der Kaiser Liebe und Macht, privates Empfinden und öffentliches Amt auf eine Ebene, eine affektive Privatheit, die es in dieser Konstellation jedoch nicht gibt. Das höfische Publikum wird zu würdigen gewusst haben, wie der Kaiser den „pararituellen" Charakter des höfischen Liedvortrags (Jan-Dirk Müller) dafür nutzt, gerade diese Diskrepanz effektvoll vorzuführen. Mehr noch: In den letzten Versen des Lieds integriert Heinrich VI. sein privates Empfinden in sein öffentliches Pflichtprogramm:

Verlür ich si, waz het ich danne?
Dâ tohte ich ze vreuden weder wîben noch manne,
und waer mîn bester trôst beide ze âchte und ze banne.

Ohne die Geliebte und das Glück mit ihr kann er auch den anderen, also seinen Untertanen, keine Freude bereiten: Die eigentlich in einer Zweierbeziehung *per se* unsoziale Liebe wird zum Fundament der Gesellschaft!

Ich grüeze mit gesange die süezen

1 – Ich grüeze mit gesange die süezen,
die ich vermîden niht wil noch enmac.
Dô ich si von munde rehte mohte grüezen,
ach leides, des ist manic tac.
Swer nu disiu liet singe vor ir,
der ich sô gar unsenfteclich enbir,
ez sî wîp odr man, der habe si gegrüezet von mir.

2 – Mir sint diu rîche und diu lant untertân,
swenne ich bî der minneclîchen bin,
und swenne ich gescheide von dan,
sô ist mir al mîn gewalt und mîn rîchtuom dâ hin.
Wan senden kumber, den zele ich mir danne ze habe.
Sus kan ich an freuden stîgen ûf und ouch abe
und bringe den wehsel, als ich waene, dur ir liebe ze grabe.

3 – Sît daz ich si sô gar herzeclîchen minne
und si âne wenken zallen zîten trage
beide in herze und ouch in sinne,
underwîlent mit vil maniger klage,
waz gît mir dar umbe diu liebe ze lône?
Dâ biutet si mirz sô rehte schône:
Ê ich mich ir verzige, ich verzige mich ê der krône.

4 – Er sündet, swer des nîht geloubet,
daz ich möhte geleben manigen lieben tac,
ob joch niemer krône kæme ûf mîn houbet,
des ich mich ân si niht vermezzen mac.
Verlür ich si, waz het ich danne?
Dâ tohte ich ze vreuden weder wîben noch manne,
und waer mîn bester trôst beide ze âchte und ze banne.

Edition: *Deutsche Lyrik des frühen und hohen Mittelalters*. Edition der Texte und Kommentare von Ingrid Kasten. Übersetzungen von Margherita Kuhn. Frankfurt am Main: Deutscher Klassiker Verlag 2005, S. 104-107.

Sebastian Neumeister

Gott lebt in unserer Seele

Deutsche Predigten
Meister Eckhart
1314–1323

Das 14. Jahrhundert ist eher arm an großen Werken deutscher Literatur. Minnesang sowie höfische und Helden-Epen gehörten dem Hochmittelalter und damit der Vergangenheit. Das zu Ende gehende Mittelalter wird – so nicht ganz zu Unrecht die Redensart – dunkel. Die Pest, der „Schwarze Tod“, überschattet die zweite Hälfte des Jahrhunderts, sie rafft in den Jahren zwischen 1346 und 1353 in Europa geschätzte 25 Millionen Menschen hin, ein Drittel bis zur Hälfte der damaligen Bevölkerung.

Meister Eckhart (verschiedentlich auch: Eckehart, Eckart oder Eckhard; „Meister“ von „magister“) ist einer der wenigen, die immerhin aus der ersten Hälfte des 14. Jahrhunderts, dann allerdings über Jahrhunderte hinweg herausragen. Später beriefen sich Denker wie F. Schlegel, Hegel, Schopenhauer und Heidegger auf ihn. In seinem Werk „Haben oder Sein“ von 1976 stellt Erich Fromm Meister Eckhart als Zeugen einer neuen Ethik der Menschheit vor.

Eckhart gilt als Mystiker, überhaupt als der große Vertreter christlicher Mystik schlechthin. Dieses Denken war durchaus der um sich greifenden Zügellosigkeit der Sitten, später der todbringenden Pest geschuldet. Dieses Denken war zudem den Auseinandersetzungen zwischen Kaiser Ludwig dem Bayern und Papst Johannes XXII. und der „babylonischen Gefangenschaft“ der Päpste in Avignon geschuldet. Viele Gläubige zogen sich deshalb auf das Innerste, auf religiöses Denken und Fühlen zurück, um in sich religiöses Empfinden wieder zu wecken

Beeinflusst ist Eckhart von augustinischen und neuplatonischen Überlieferungen sowie von Albertus Magnus und Thomas von Aquin. „Mystik“ – dieses Wort wird heutzutage modisch gerne assoziiert mit „mysteriös“ oder auch mit „Esoterik“. Aber diese Assoziationen haben nichts mit Eckhart zu tun. Kontemplation und Meditation kommen Eckharts Denken etwas näher. Eckhart geht es dabei um eine Versöhnung von Diesseits und Jenseits, eine Versöhnung von Gott und Mensch, eine Einheit von Vernunft und Gottheit.

Die Geburt Gottes findet nach Eckhart in der menschlichen Seele statt, weil die Gotteserkenntnis im Grund der eigenen Seele angelegt ist. Die Inwendigkeit des Himmelreichs in der menschlichen Seele erfährt der Mensch im heiligen Schweigen. Wörtlich: *„waz clarheit an götlicher nature si, daz ist unsprechlich"*. Notwendig ist für Eckhart, dass sich der Intellekt von der Dingwelt und vom Ich trennt. Nur dann vollziehe sich die Einheit mit dem Weltgrund. Nur mit dem „Seelenfünkchen" („scintilla animae") dieser Art von „oberster Vernunft" komme es zur „unio mysica", also zur mystischen Einheit. Es wird daraus eine metaphysische Religiosität, das jedes „Disputieren" ausschließt.

Auch als Sprachschöpfer nimmt Eckhart einen hohen Rang zwischen der höfischen Dichtersprache und Luthers Bibelsprache ein. Auf ihn gehen viele kreative Neubildungen, viele mit den Suffixen „-heit" und „-ung", auch viele Metaphern zurück: etwa *Einfluss, Eindruck, eigentlich, Eigenschaft, Einheit, einleuchten, entrücken, Erhabenheit, inniglich, gelassen, Ursprünglichkeit, Wesen, wesentlich.*

Über Eckharts Vita wissen wir wenig konkret Datierbares. Geboren wurde er als Sohn eines thüringischen Ritter- und Adelsgeschlechts um das Jahr 1260, vermutlich vor 1260, in Hochheim bei Gotha oder – wahrscheinlicher – auf der Burg zu Tambach bei Gotha. Bereits als Jugendlicher trat er 1278 in Erfurt dem Orden der Dominikaner bei, absolvierte den entsprechenden Bildungsgang und stieg rasch in höhere Ämter auf. Studiert hat er auch in Köln, dort könnte er noch Albertus Magnus (ca. 1200 bis 1280) begegnet sein. Das erste eindeutig nachgewiesene biographische Datum aus Eckharts Leben ist der 18. April 1294. An diesem Tag, einem Ostersonntag, hielt er als „Sentenzenlektor" vor Ordensbrüdern im St.-Jacques-Konvent der Pariser Sorbonne die Festpredigt. Wie bei solchen Anlässen üblich auf Latein. Im gleichen Jahr wurde er Prior seines Heimatklosters, 1296 zugleich Vikar von Thüringen, 1303 auch

Provinzial der neugegründeten Provinz Saxonia. Im Jahr 1307 kam das Amt des Generalvikars der böhmischen Provinz hinzu.

Aus dieser Zeit Eckharts als Generalvikar stammen wohl seine ersten deutschen Predigten. Besonders intensiv als Prediger unterwegs war er aber in den zehn Jahren von 1314 bis 1323; da hatte er nach vielen Zwischenstationen, unter anderem als Professor an der Pariser Sorbonne, von Straßburg aus die Aufsicht über die süddeutschen dominikaner-Schwesternkonvente übernahm. In dieser Zeit ist wohl der Großteil seiner rund 120 deutschen Predigten entstanden. Die wenigsten hat Eckhart selbst niedergeschrieben; es waren seine Anhänger, die Eckharts sprachgewaltige Predigten verschriftlichten. Rund 200 Mit- und Niederschriften sind bekannt. Eine der herausragenden ist die – wie alle anderen in spätmittelhochdeutscher Sprache gesprochene – Predigt mit dem lateinischen Titel „Beati paueres spiritu“. Eckhart bezieht sich hier auf die Bergpredigt: „Selig die Armen im Geiste, denn ihrer ist das Himmelreich.“ Die Predigt beginnt mit den Worten:

> *Diu saelicheit tete ûf den munt der wîsheit und sprach: ‚saelic die armen des geistes, wan daz himmelrîche ist ir.‘ Alle engel und alle heiligen und allez, daz ie geborn wart, da zmuoz swîgen, wenn diu wîsheit des vaters sprichet; wan alliu wîsheit der engel und aller crêatûren daz ist ein lûter tôrheit vpr der gruntlôsen wîsheit gotes. Disiu hât gesprochen, daz die armen saelic sîn.*

> (Die Seligkeit tat ihren Mund der Weisheit auf und sprach: „Selig sind die Armen des Geistes, das Himmelreich ist ihrer.“ Alle Engel und alle Heiligen und alles was je geboren ward, muss schweigen, wenn diese ewige Weisheit des Vaters spricht; denn alle Weisheit der Engel und aller Kreaturen ist lauter nichts vor der Weisheit Gottes, die grundlos ist. Diese Weisheit hat gesagt, dass die Armen selig seien. Übersetzung: Uta Strömer-Caysa: Meister Eckhart. Deutsche Predigten. Eine Auswahl. Reclams Universal-Bibliothek, 2001)

Mit „arm" ist freilich nicht beschränkte Geisteskraft gemeint. Es ist auch nicht gemeint, dass in der Kirche nur schlichtere Gemüter willkommen seien. „Im Geiste" meint die geistlich Armen, die Demütigen, die Bescheidenen, diejenigen, die um die Begrenztheit des Menschen wissen. Eine solche Armut mache den Menschen frei: für einen Glauben, der sich nicht an Macht und nicht an irgendeine Ideologie bindet.

Eckhart preist hier nicht die materielle Armut, nicht Leiden und Entbehrung. Sondern gemeint ist eine selige Armut, die jenseits von Wissen, Wollen und Haben steht. Erst dann kann der Mensch begreifen, was das Etwas in der Seele ist, aus dem Erkennen und Wollen hervorgehen, abgelöst von der Unterscheidung von Gott und Ich und Welt, weil das eine absolute Einheit ist.

Eckharts Kernaussage in dieser Predigt und an anderer Stelle ist denn auch: Voraussetzung der Gottesgeburt in der eigenen Seele ist die Abwendung des Denkens und Wollens von sich selbst und von allen Geschöpfen als Abgeschiedenheit und Armut. Die Seele soll aller Dinge ledig werden. Sie soll sich weder im Wissen noch im Wollen oder im Werk suchen. Denn:

> *Ze dem êrsten sprechen wir, daz daz ist ein arm mensche, der niht enwil ...*
>
> *Ze dem anderen mâle ist daz ein arm mensche, der niht enweiz ...*
>
> *Ze dem dritten mâle ist daz ein arm mensche, der niht enhat ...*
>
> (Erstens sagen wir, dass ein armer Mensch ist, der nichts will ... Zweitens ist ein armer Mensch, der nichts weiß ... Drittens ist ein armer Mensch, der nichts hat.)

Erst in solcher Armut, in der vollkommenen Abgeschiedenheit wird die Seele eins mit der Wahrheit, eins mit der Ewigen Wahrheit, mit Gott. Die Seele selbst wird als Sohn Gottes geboren, ja sogar Gott wird aus der Seele geboren. Solche inwendige Armut ist als Voraussetzung der „unio mystica" gemeint.

Die Kernaussagen dieser Predigt korrespondieren mit Eckharts nicht näher datierbarem Traktat „Von der Abgeschiedenheit" („*Von abegescheidenheit*"). Hier werden das Loslösen, die Gelassenheit, das Geschehenlassen, als das Höchste Gottes in Gottes Innerlichkeit und das Höchste des Menschen in des Menschen Innerlichkeit dargestellt. Nicht um äußerliche Frömmigkeit geht es.

> *Hie solt dû wizzen, daz rehtiu abegescheidenheit niht anders enist, wan daz der geist alsô unbewegelich stande gegen allen zuovellen liebes und leides, êren, schanden und lasters als ein blîgîn berc unbewegelich ist gegen einem kleinen winde. Disiu unbewegelîchiu abegescheidenheit bringet den menschen in die grœste glîcheit mit gote. Wan daz got ist got, daz hât er von sîner unbewegelîchen abegescheidenheit, und von der abegescheidenheit hât er sîne lûterkeit und sîne einvalticheit und sîne unwandelbærkeit. Und dâ von, sol der mensche gote glîch werden, als verre als ein crêatûre glîcheit mit gote gehaben mac, daz muoz geschehen mit abegescheidenheit.*
>
> (Nun sollst du erfahren, dass richtige Abgeschiedenheit nichts anderes ist als dass der Geist gegen alle Umstände, sei es Freude oder Leid, Ehre, Schande oder Schmach, so unbeweglich bleibt, wie ein breiter Berg gegen einen kleinen Wind. Diese unbewegliche Abgeschiedenheit bringt den Menschen in die größte Gleichheit mit Gott. Denn dass Gott Gott ist, das hat er von seiner unbeweglichen Abgeschiedenheit, und davon hat er seine Reinheit und seine Einfachheit und seine Unwandelbarkeit. Will daher der Mensch Gott gleich werden, soweit eine Kreatur Gleichheit mit Gott haben kann, so muss er abgeschieden sein. Übersetzung aus: Meister Eckharts mystische Schriften. Übertragen von Gustav Landauer. Berlin 1903)

1323 wurde Eckhart vom Ordensgeneral zu einem Studium Generale nach Köln abgeordnet. Dort freilich brauten sich für ihn dunkle Wolken zusammen. Vom August 1325 bis Januar 1326 erregte sein „Liber Benedictus“ den Verdacht von zwei Ordensbrüdern, die Eckhart beim Erzbischof von Köln, Heinrich II. von Virneburg, wegen Häresie verklagten. Im September 1326 wurde ein Inquisitionsprozess eröffnet. Eckhart wandte sich an den Heiligen Stuhl, der zu dieser Zeit im Zuge des „avignonesischen Papstexils“ (1309 bis 1376/77) in Avignon residierte. Die Kurie wollte das Verfahren gegen Eckhart ursprünglich einschlafen lassen, Papst Johannes XXII. (Papst von 1316 bis 1334) sandte aber mit Datum vom 27. März 1329 doch die (erhaltene) Bulle „In agrio dominico“ („Im Acker des Herrn“) nach Köln, in der er 17 Sätze Eckharts als häretisch und weitere elf als der Häresie verdächtig verurteilte. Eckharts Gesamtwerk verwarf der Papst als neuerungssüchtig und volksaufwühlend. Vor allem wurde ihm angekreidet, dass er mit seiner These von der Geburt Gottes in der Seele von einer Göttlichkeit des Menschen ausgehe.

Eckhart selbst war, als die Bulle verfasst und abgeschickt wurde, schon tot. Wo er begraben wurde, ist unbekannt. Die Katholische Kirche hat ihn bis zum heutigen Tag nicht rehabilitiert.

Josef Kraus

Der Kampf um das Gefühl

Der Ackermann aus Böhmen oder Der Ackermann und der Tod
Johannes von Saaz
1404

> Grimmiger vertilger aller leut, schedlicher durchechter aller werlt, freissamer mörder aller menschen, her Tot, euch sei verflucht! Got, euer tirmer, hasse euch, unselden merung wone euch bei, ungelück hause gewaltiglich zu euch! Zumale geschant seit immer!

Laut und lärmend peitschen die Worte auf den Leser ein, gänzlich unvermittelt wird er Zeuge einer Verfluchung, bar jeder Zurückhaltung herausgeschleudert, mit den Augen lesend hört er sie zugleich als kreischenden Schrei schrill im Ohr. Hier bleibt kein Raum für Überlegung und Nachfrage, hier scheint innerste Not und die Verzweiflung einer geschundenen Kreatur zum Wort zu drängen, welches dem Leser vom ersten Wort an die selbstverständliche Parteinahme des Menschen für den Mitmenschen abfordert.

So spontan und ungebändigt emotional der Text nicht nur im Anfang erscheint und wirkt, Johannes von Saaz hat ihn höchst kunstvoll und mittels aller Regeln der antiken Rhetorik rational auf genau diese Wirkung hin konstruiert. Es gelang ihm damit „das bedeutendste literarische Werk der ganzen Epoche" (so das Urteil des großen Germanisten Konrad Burdach (1859–1936)), „ein sprachliches Meisterwerk, das bis auf Luther an Kraft und Ursprünglichkeit, Lebensfülle und Wucht nicht seinesgleichen hat."

Das Werk ist ein Streitgespräch zwischen dem Tod und einem Kläger, der diesen anklagt, ihm seine geliebte Frau genommen zu haben. Nachdem der Kläger seine Klage herausgeschleudert hat, fordert der Tod ihn auf, sich zu nennen: ‚Ich bins genant ein ackermann, von vogelwat ist mein pflug, und wone in Behemer lande', so antwortet der Kläger. Diese Selbstbezeichnung als eines ‚ackermanns', dessen ‚pflug' die Feder ist, gilt als traditionelle Umschreibung für den beruflichen Schreiber. Die Ortsangabe ‚Behemer lande' wird im weiteren Verlauf noch weiter konkretisiert, ein Buchstabenrätsel ergibt den Ort ‚Sacz' (heutiges Žatec, Region Ústecký kraj, Tschechien). Eindeutig wurde die Autorenbestimmung nach einem Freiburger Archivfund von 1933: In einem an den Prager Bürger Petrus Rothirsch adressierten lateinischen Brief vom 23. August 1404 bezeichnet sich der Absender (‚Johannes de Tepla, ciuis Zacensis') als Verfasser eines beigefügten ‚libellus ackerman'. Dieser Johannes ist zuerst in Saaz, später in Prag als Stadtschreiber und Notar belegt, in Saaz auch als Rektor der Lateinschule. 1415 weist ihn eine Urkunde als verstorben aus. Was die Ortsangaben Saaz / Tepl angeht, so verweist Saaz auf Wohn- und Lebensort, Tepl auf den vermuteten Geburtsort. Unstrittig ist, dass er Latein, Deutsch und Tschechisch beherrscht haben muss, und dass er diesen Text auch verfasste, um – ganz im frühhumanistischen Sinne – zu erweisen, dass nicht nur in Latein, sondern auch in der Volkssprache ein nach allen Regeln der antiken Rhetorik verfasster Text möglich ist. So heißt es in dem Brief an den Prager Freund (nach Karl Bertau, Johannes de Tepla 1994):

> ... und da Ihr neulich von mir verlangtet, von und aus dem Acker der rhetorischen Ergötzlichkeit, auf welchem ich, da ich die Ernte vernachlässigt habe, Ähren lese, mit etwas Neuem bedacht zu werden, übersende ich denn dies ungepflegte und erackerte, aus deutscher Sprache geknüpfte Zusammengelesene, welches gerade vom Amboß kommt, an Euch. ... Bei alledem wird darin aus dem besagten rohen Werkstoff eine Streitschrift gegen das Geschick des Todes, das unausweichlich ist, aufgesetzt, in welcher der Rhetorik Hauptformen ausgedrückt werden ...

Der ‚Ackermann' muss vor 1404 und nach dem 1. August 1400 entstanden sein. Den Hinweis auf den frühen Termin liefert der Text selbst: Der Tod erläutert, dass er ‚nu neulichs' eine ehrbare Frau im Böhmerlande geholt habe:

> Des jares, do die himelfart offen was, an des himels torwarters kettenfeiertag, do man zalte … bei kindes geburt tausent vier hundert …

Das Streitgespräch zwischen dem Ackermann und dem Tod verläuft in Form einer Gerichtsverhandlung: Der Ackermann ist der Kläger, der Tod der Beklagte. Das Streitgespräch beginnt ohne Nennung von Zeit oder Raum mit der Verfluchung des Todes durch den Kläger. So einzigartig und über alles wichtig ist ihm der Tod seiner lieben Frau, dass er wie selbstverständlich diesen Fluch herausschleudern und der Meinung sein kann, dass auch sein Gegenüber selbstverständlich wisse, worum und um wen es sich handele. Der Tod aber ist völlig überrascht ob der Verfluchung:

> Höret, höret, höret neue wunder! Grausame und ungehorte teidinge fechten uns an. Von wem die komen, das ist uns zumale fremde.

Und doch wendet er sich dem Kläger zu und muss fragen:

> Dannoch, sun, wer du bist, so melde dich und lautmere, was dir leides von uns widerfaren sei, darumb du uns so unzimlich handelst, des wir ungewonet sint.

Schon viele habe er zu Witwen und Waisen gemacht, woher also solle er wissen, wer da etwas von ihm wolle. Aber immerhin: Die Ernsthaftigkeit der Klage erkennt der Tod ohne Zögern an, denn

> Dein klage ist on reimen und ohn döne, davon wir brüfen, du wellest durch dönens und reimens willen deinem sinn nicht entweichen.

Die Prosa also verweist auf Unmittelbarkeit des Gefühls und Anliegens, zeugt von Betroffensein; Reim und Töne gelten somit als kunstfertige Zutat, die vom Wesentlichen ablenken. Bei aller Anerkenntnis von Betroffenheit weist der Tod jedoch den Kläger zurecht und fordert ihn auf, sein Anliegen nun ohne Toben und Wüten vorzubringen:

> Wene nicht, das du unser herlichkeit und gewaltige macht immer mügest geswechen! Dannoch nenne dich und versweig nicht, mit welicherlei sachen dir sei von uns so twenglicher gewalt begegent. [...] Wir wissen nicht, wes du uns so frevellichen zeihest.

Der Ackermann nennt sich, nennt seine Frau, die der Tod ihm arglistig genommen habe:

> Hierumb ich on ende schreien wil: Ir Tot, euch sei verflucht!

Der Tod ist ganz konsterniert, ob solcher Rede. Einzigartig nennt er die Klage, denn ungehört sei so etwas bisher. Doch Arglist, die habe er nicht walten lassen, denn er schlage ohne Ansehen der Person zu:

> Wir tun als die sunne, die scheinet über gute und böse.

In seiner Gegenrede wird der Kläger nun etwas sachlicher, er poltert nicht mehr los in Klagen und Vorwürfen, vielmehr begründet er sich und sein Verhalten:

> Wann nach großem leide große klage billich sol folgen,
> unmenschlichen tete ich, wo ich solich löbliche gabe,
> die niemand dann got allein geben mag, nicht beweinet.

Hier zieht der Ackermann den eindeutigen Schluss: Da wo Leid ist, da darf auch Trauer sein, da gehört die Trauer mit zum Menschen. Und sie gehört berechtigt zum Menschen, da doch Gott selbst der Schöpfer all der hervorragenden Gaben ist, die der Mensch im Allgemeinen und seine Frau im Besonderen hatte. Da nun Gottes Schöpfung zum Zeugen und Beistand aufgerufen ist, greift der Tod den Ackermann nicht mehr an, er nimmt ihn ernst und appelliert an seine Vernunft. Er, der Tod, er wirke im Auftrage Gottes. Was wäre denn, wenn er nicht ‚alles Überflüssige solle ausreuten und ausjäten'? Wenn ein jedes je geborene Geschöpf nicht dem Verfall geweiht wäre,

> es würde fressen ein mensche das ander, ein tier das ander [...], wann narung würde in gebrechen, die erde würde in zu enge.

Der Tod gibt sich somit als die Existenzbedingung jedes einzelnen Menschen und als Teil der göttlichen Weltordnung zu erkennen. Der Ackermann solle sich seiner sinnlichen Wahrnehmung und seines Verstandes bedienen, um die Schlüsse aus dieser Wahrnehmung zu ziehen. Der Mensch, so muss ihm klarwerden, ist ein Teil der Schöpfung und als solcher vergänglich: Hier gibt es keine Ausnahmen, auch nicht für die geliebte Frau des Ackermann.

Indem Johannes von Saaz den Tod diese Forderung nach einer rationalen Durchdringung formulieren lässt, wird deutlich, dass der Ackermann eine begründet andere Haltung hat. Und tatsächlich argumentiert der Ackermann in einer Weise weiter, die die Autonomie des Menschen in einer noch höheren Form behauptet, als der Tod es ihm über den Verstand und das Vertrauen in die eigene Wahrnehmung konzedierte. Durchaus, so erkennt er an, habe der Tod ihm Wahrheiten gesagt,

> doch under warheit falsch mischt ir mir ein, und wellet mir mein ungeheuer sinneleit, herzenleit und vernunftleit aus den augen, aus den sinnen und aus dem mute slahen;

aber das schaffe er nicht,

> wann mich reuet sere mein ewig selige verlust.

Das also will er dem Tod keinesfalls zugestehen: dass dieser ihm sein Recht abspreche, Leid und Schmerz zu empfinden. Die menschliche Empfindung darf als wichtiger und eigentümlicher als alle Vernunftüberlegung gelten. In nichts, so macht der Ackermann klar, weiß sich der Mensch identischer und sicherer als in seiner subjektiven Empfindung. Seine Frau war einzigartig, weil sie ihm einzigartig war, das ist es, was der Ackermann immer wieder betont. Und gerade dem vermag der Tod nicht zu folgen, für ihn ist jeder gleich. Also rät er dem Ackermann, er solle sich doch eine andere suchen, es gebe noch mehr als nur die eine. Als Spott empfindet der Ackermann diese Reaktion, als Spott, der ihn genau da trifft, wo er seine und d. h. des Menschen Besonderheit überhaupt sieht. Er sei, so gesteht er dem Tod durchaus zu, vielleicht nicht der Klügste, aber

> Wie stumpf ich bin, wie wenig ich han zu sinnereicher meisterschaft weisheit gezeuges, dannoch weiß ich wol, das ir meiner eren rauber, meiner freuden dieb, [...] meiner wünnen vernichter und [...] zerstörer seit.

Der Mensch muss die Weisheit nicht besitzen, so der Ackermann, um doch zu spüren, dass ihn etwas schmerzt und doch zu wissen, wer ihm Schmerz zufügt. Seine unmittelbare Empfindung sagt ihm mehr als alle Verstandeserkenntnis. Und zu dieser Empfindung hat er ein Recht, sie spricht ihm wahr. Der Ackermann geht also sogar noch einen Schritt weiter als der Tod: Nicht nur seiner Wahrnehmung der äußeren Dinge darf der Mensch trauen und daraus seine Schlüsse ziehen, auch seiner inneren Empfindung darf er trauen. War es vorher der Tod, der den Ackermann zum vernunftgemäßen Urteilen auffordert, so ist es nun der Ackermann, der dem Tod gegenüber vehement die dem Menschen von Gott verliehenen Fähigkeiten der Vernunft und der Sinnlichkeit betont, mit denen er in der Welt sinnhaft leben kann: „Der hier spricht, begehrt nicht Erlösung von der Welt, er möchte sich in ihr und an ihr freuen“ (Werner Schröder, Deutsche Dichter, 1989). Und dieser Mensch will sich nicht nur an ihr jeweils neu freuen, sondern vielleicht sogar noch wichtiger, er will sich seiner Freude auch erinnern wollen und dürfen.

Als der Ackermann den Tod um Rat befragt, wie er denn mit seiner Trauer und seinem Leid umgehen könne, was er dagegen tun könne, da rät der Tod zum Vergessen:

> Wer alle liebe nicht aus dem herzen treiben wil, der muß gegenwürtiges leit allzeit tragen. Treib aus dem herzen, aus den sinnen, aus dem mute liebes gedechtnüß - allzuhant wirdestu traurens überhaben. Als balde du icht hast

> verloren, das du nicht widerbringen kanst, tue als ob es dein nie worden sei: hin fleucht allzuhant dein trauren!

Genau das kann der Ackermann aber nicht akzeptieren. Wenn er schon den Tod als Wirklichkeit akzeptieren muss, dann aber nicht auch noch das letzte. Ganz fest tritt er nun in der Antwort auf den Tod für die Erinnerung an seine verstorbene Frau und gegen das Vergessen ein:

> Ist sie mir leiblichen tot, in meiner gedechtnüß lebt sie doch immer.

Wie nah uns der ‚Ackermann' in seiner Betonung des Eigenrechts menschlicher Empfindung ist und wie wenig das erreicht ist, was der Ackermann einfordert, das zeigt der erst jüngst entstandene kleine und unsere Zeit so treffend wie resignativ zeichnende Roman ‚Sieben Nächte' von Simon Strauss: „Der einzige Kampf, der jetzt noch lohnt, ist der ums Gefühl".

Hans-Joachim Solms

Alle Textzitate aus: Jungbluth, Günther (Hrgs.) (1969). Johannes von Saaz. Der Ackermann aus Böhmen. Bd. 1, 42. (Germanische Bibliothek. 4. Reihe. Texte).

Gelassen heitere Lebensbejahung

Ich leb und waisz nit wie langk
Anonym
1468

Ich leb und waisz nit wie langk
Ich stirb und waisz nit wann
Ich far und waisz nit wahyn
Mich wundert das ich so frölich pyn

Dieses Gedicht aus der Gattung Spruch ist anonym und ohne Überschrift überliefert: in Handschriften, auf Türen und Wänden von Häusern und Kirchen, in Sprichwörtersammlungen. Es ist volkstümliches Gemeinschaftsgut. Die hier zitierte Fassung entstammt einer Handschrift des Britischen Museums von 1468/69.

Die Kürze eines Spruchs verlangt der Sprache besondere Leistungen ab. Aber nicht nur die Sprache lässt den hier vorzustellenden Spruch glänzen. Auch der Inhalt leuchtet, er ist eine Seltenheit in der deutschen Literatur des Mittelalters. Denn das Nachdenken über die eigene Existenz markiert den Beginn der Neuzeit. Erst im 15. und 16. Jahrhundert erscheinen im deutschen Sprachraum auch autobiografische Texte, oder Selbstbildnisse in der Malerei.

Was wir in diesem kleinen Text als extreme Kürze und pointierte Verdichtung einer Vorstellung wahrnehmen, entsteht einmal durch die lexikalischen Mittel, hier die Verben menschlicher Existenz wie leben, sterben und fahren (letzteres ist als Bewegungsverb auf den menschlichen Lebensweg bezogen, was im Englischen am Abschiedsgruß *farewell* deutlich wird) und durch wissen (gleich dreimal verwendet) als zentrales Verb menschlicher Erfahrung. Alle Aussagen folgen in der Gegenwarts- und Wirklichkeitsform. Allerdings sind nur *„ich leb“* und *„mich wundert“* Ausdrücke der Aktuellsetzung eines nicht näher beschriebenen Noch-Bestehenden, wohingegen die einen Abschluss kennzeichnenden Vorgangsverben *„ich stirb“* und

„ich far (dahin)" auf ein künftiges Geschehen deuten. Nur das Leben und die Verwunderung sind im Hier und Jetzt gegenwärtig. Das Zukünftige (*sterben* und *fahren*) spricht vom Menschenschicksal, dem Hinübergehen in eine unbekannte andere Welt und Daseinsform (vgl. *zur Hölle/in den Himmel fahren*).

Inhaltlich schweißen die Verben und auf der Ebene der sprachlichen Formen die Personalpronomen den Text zusammen. Die ersten drei Zeilen beginnen mit dem Personalpronomen *ich*. Diesem *ich* entspricht in der letzten Zeile das Reflexivpronomen *mich*. Dem *mich wundert* folgt dann die vierte mit *ich* eingeleitete Aussage, nun als Zustandsbeschreibung mit Paukenschlag: *das ich so frölich pyn*.

Die Eindringlichkeit der Aussagen wird durch Auslassungen, durch Sparvarianten abhängiger Fragesätze bewirkt. Denn eigentlich haben wir es mit unterordnenden Satzgefügen zu tun: *Ich leb und waisz nit, wie langk (ich leb) // Ich stirb und waisz nit, wann (ich stirb) // Ich far und waisz nit, wahyn (ich far)*. Zur Kennzeichnung der Unterordnungsbeziehungen zwischen Sätzen wird dann nicht nur das leere Fügewort *„das" (ich so frölich pyn)* verwendet, es kommen auch die einen Nebensatz einleitenden Fragepronomen *wie*, *wann* und *wahyn* zum Einsatz. Die Aussagen vereinen also lexikalisch-inhaltliche Dichte mit grammatischer Schlichtheit, als weiteres Fügewort findet sich nur das nebenordnende *und*.

Zur Eingängigkeit des Spruchs trägt bei, dass die rhythmische und lexikalisch-inhaltliche Struktur sich entsprechen, ebenso Vers- und Satzbau. Denn Satz- und Versende fallen jeweils zusammen. Es liegt also beinahe ein archaischer Zeilenstil mit nebenordnender Reihung der Aussagen vor: Die ersten drei Zeilen haben jeweils drei Hebungen und verbinden zwei sprecherbezogene Vorgangsverben mit dem Fügewort *und*. Der letzte Vers des Spruchs ist ein Vierheber und weicht in Satzbau und Inhalt von den ersten Versen ab.

Eine große Leistung erbringt auch die Verneinung *„nit"*: Dreimal wird das zentrale Verb menschlicher Erfahrung *wissen* mit *nit* verbunden: *„waisz nit"*. Vor uns liegen also drei Existenzfragen des Menschen: die Frage nach der Dauer des Lebens, seinem Ende und seinem Ziel. Diese Vorstellungsinhalte werden nicht präzisiert, sondern mit Hilfe der Verneinung schlicht als aktuell nicht gültig, als existenzielle Tatsachen abgetan: Wir wissen nicht, wie lange wir leben, wann wir sterben und wohin wir „fahren". Die dreimalige Verneinung lässt nun die Erwartung aufkommen, dass dieses Nicht-Wissen Grund sei zu einer Vergänglichkeitsklage und zu Sünden- oder Todesangst. Und genau mit dieser Erwartung bricht die vierte Zeile: Trotz des Nicht-Wissens ist der Mensch *frölich*, und zwar nicht nur einfach nur fröhlich, sondern *„so frölich"*. Daraus spricht eine ganz unglaublich gelassen-heitere Lebensbejahung. Der Reiz des Spruches besteht also genau darin, „den Spannungsbogen zwischen der Ungewissheit des Daseins und der lebensnotwendigen Zuversicht spürbar zu machen" (J. Erben).

Die aus dem Text sprechende Zuversicht des anonymen Sprechers kommt nicht aus dem christlichen Glauben. Luther bezeichnete diesen Spruch als gottlos, man wisse doch genau, wohin die Seele zu fahren habe. Entsprechend änderte er den Text und schrieb: *„Ich fare und weis wol, wohin. Mich wundert, das ich noch traurig bin"*: ‚Ich fahre und weiß genau, wohin – nämlich zu Gott. Mich wundert, dass ich immer noch traurig bin'. Die Frage, ob die Volksweisheit oder Luthers Weisheit größer ist, muss jeder für sich selbst beantworten.

Helmut Ebert

Dem Volk aufs Maul geschaut

Sendbrief vom Dolmetschen
Martin Luther
1530

Im Jahre 1522 erscheint in Wittenberg das Neue Testament, gedruckt in deutscher Sprache, übersetzt von dem Mönch und Theologieprofessor Dr. Martin Luther. Die Auflage von über 3000 Stück, wiewohl nicht gerade billig, ist binnen weniger Tage ausverkauft. Bis zu seinem Tod wird es zusammen mit dem Alten Testament über 600.000 Mal gedruckt.

Schon vor Luther gab es knapp 20 gedruckte deutsche Bibeln, dazu viele Übersetzungen von Auszügen. Aber Luther schuf etwas Neues. Nirgendwo hat er das selbst so schön erklärt wie in seinem Sendbrief vom Dolmetschen:

> Wenn der Verräter Judas Matth. 26, 8 sagt: *Ut quid perditio haec*? und Mark. 14, 4: *Ut quid perditio ista unguenti facta est*? Folge ich den Eseln und Buchstabilisten, so muß ichs so verdeutschen: „Warum ist diese Verlierung der Salben geschehen?“ Was ist das aber für Deutsch? Welcher Deutsche redet so: „Verlierung der Salben ist geschehen?“ Und wenn ers richtig verstehet, so denkt er, die Salbe sei verloren, und er müsse sie etwa wieder suchen; obwohl das auch noch dunkel und ungewiß klingt. … Aber der deutsche Mann redet so: „Was soll doch solche Verschwendung? Nein, es ist schade um die Salbe.“ Das ist gutes Deutsch, woraus man erkennt, daß Magdalena mit der verschütteten Salbe verschwenderisch umgegangen sei und Schaden angerichtet habe.

Mit „Eseln“ meint Luther seine Gegner, ein Werk von „Buchstabilisten“ nennt er ihre Übersetzungen – denn in der Tat haben sie so übersetzt, wie er es hier zeigt, Buchstabe für Buchstabe, Wort für Wort. Das Ergebnis kann man nur verstehen, wenn man den lateinischen Text daneben hat.

> Denn man muß nicht die Buchstaben in der lateinischen Sprache fragen, wie man deutsch reden soll, wie diese

> Esel tun; sondern man muß die Mutter im Hause, die Kinder auf der Gasse, den einfachen Mann auf dem Markt danach fragen, und denselben auf das Maul sehen, wie sie reden, und danach übersetzen, so verstehen sie es denn, und merken, daß man deutsch mit ihnen redet.

Weil Luther hier das Wort *Maul* verwendet, hat man ihm vielfach eine Gossensprache vorgeworfen. Aber das Wort *Maul* hatte zu Luthers Zeit noch nicht die negative Konnotation wie heute. Damals wird auch in der Rechtssprache verschiedentlich gesagt, dass der Lügner oder Verleumder zur Strafe Schläge auf das Maul bekommen soll.

> Wenn Christus (Matth. 12, 34; Luk. 6, 45) sagt *Ex abundantia cordis os loquitur*: wenn ich den Eseln folgen soll, die werden mir die Buchstaben vorlegen, und so übersetzen: „Aus dem Überfluß des Herzens redet der Mund". Sage mir, ist das deutsch geredet? Welcher Deutsche verstehet so etwas? Was ist „Überfluß des Herzens" für ein Ding? Das kann kein Deutscher sagen, er wolle denn sagen, es sei, daß einer ein allzu großes Herz habe, oder zu viel Herzens habe, obwohl das auch noch nicht richtig ist. Denn „Überfluß des Herzens" ist kein Deutsch; so wenig wie das Deutsch ist: „Überfluß des Hauses", „Überfluß des Kachelofens", „Überfluß der Bank", sondern so redet die Mutter im Haus und der Mann auf der Straße: „Wes das Herz voll ist, des gehet der Mund über." Das heißt gut deutsch geredet, dessen ich mich befleißigt, aber leider nicht immer erreicht noch getroffen habe. Denn die lateinischen Buchstaben hindern über alle Maßen, sehr gutes Deutsch zu reden.

Hier bedient sich Luther eines Sprichworts, das er in der Sprache seiner Zuhörer vorfindet, er erfindet es nicht selbst. Deshalb ist seine Übersetzung vielfach sehr frei; zum Ave Maria bemerkt er:

> Da der Engel Luk. 1, 28 Maria grüßet und sagt: „Gegrüßet seist du, Maria, voll Gnaden, der Herr mit dir."

> Wohlan, so ists bisher schlicht, den lateinischen Buchstaben entsprechend verdeutscht worden. Sage mir aber, ob das auch gutes Deutsch sei? Wo redet der deutsche Mann so: „Du bist voll Gnaden“? Und welcher Deutsche verstehet, was damit gesagt sei: „voll Gnaden“? Er muß an ein Faß voll Bier oder Beutel voll Geldes denken. Darum habe ichs verdeutscht: „du Holdselige“; damit ein Deutscher sich desto besser vorstellen kann, was der Engel mit seinem Gruß meinet. Aber hier wollen die Katholiken toll werden über mich, daß ich den Engelsgruß verderbet habe: obwohl ich damit noch nicht das beste Deutsch getroffen habe. Und hätte ich das beste Deutsch hier nehmen und den Gruß so verdeutschen sollen: „Gott grüße dich, du liebe Maria“ – denn so viel will der Engel sagen, und so würde er geredet haben, wenn er sie auf deutsch hätte grüßen wollen – ich meine, sie (die Katholiken) sollten sich wohl vor großer Schwärmerei für die liebe Maria selbst erhängt haben, weil ich den Gruß so zunichte gemacht hätte.

Luthers Sendbrief vom Dolmetschen ist seine Antwort auf eine Frage seines Freundes Wenzeslas Linck, in der eine theologisch bedeutsame Abweichung in Luthers deutschem Evangelium von der lateinischen Vorlage angesprochen wird. Linck fragt,

> warum ich (im Brief an die Römer) im dritten Kapitel (Vers 28) die Worte des Paulus: »Arbitramur hominem iustificari ex fide absque operibus« so verdeutscht habe: „Wir halten (dafür), daß der Mensch gerecht werde ohne des Gesetzes Werke, allein durch den Glauben.“ Ihr weist dabei darauf hin, wie die Katholiken sich über die Maßen unnütz ereifern, weil im Text des Paulus nicht das Wort sola (allein) stehet.
>
> Wenn ich, D. Luther, das hätte erwarten können, daß die Katholiken alle auf einen Haufen so geschickt wären, daß sie ein Kapitel in der Schrift recht und gut verdeutschen könnten, so wollte ich mich fürwahr demütig gezeigt und

sie um Hilfe und Beistand gebeten haben, das Neue Testament zu verdeutschen. Aber dieweil ich gewußt und noch vor Augen sehe, daß ihrer keiner recht weiß, wie man übersetzen oder deutsch reden soll, habe ich sie und mich solcher Mühe überhoben. …

> Zum zweiten mögt Ihr sagen, daß ich das Neue Testament verdeutscht habe, nach meinem besten Vermögen, und in (Verantwortung vor) meinem Gewissen. Damit habe ich niemand gezwungen, daß ers lese, sondern (es jedem) freigelassen, und es allein denen zu Dienst getan, die es nicht besser machen können. Es ist niemand verboten, ein besseres zu machen. Wers nicht lesen will, der laß es liegen. Ich bitte und preise niemand darum. Es ist mein Testament und meine Übersetzung – und soll mein bleiben und sein. Hab ich drinnen irgendwie fehlgegriffen – dessen ich mir noch nicht bewußt bin, wie ich freilich ungern auch nur einen Buchstaben absichtlich falsch übersetzt haben wollte –, darüber will ich die Katholiken nicht zu Richtern leiden. Denn sie haben noch zur Zeit zu lange Ohren dazu, und ihr Ika ika ist zu schwach, mein Verdolmetschen zu beurteilen. Ich weiß wohl, und sie wissens weniger als des Müllers Tier, was für Kunst, Fleiß, Vernunft, Verstand zum guten Übersetzer gehöret; denn sie habens nicht versucht.

Ika ika – der deutsche Esel macht heute *iah, iah*. In derselben Tonart geht Luther dann darauf ein, dass eine deutsche Konkurrenz-Übersetzung des Katholiken Hieronymus Emser mehr oder weniger von ihm abgeschrieben ist (womit er recht hat), und legt nun noch eine Schippe drauf:

> Und auf daß ich wieder zur Sache komme: Wenn Euer Katholik sich sehr unnütz machen will mit dem Wort sola = „allein“, so sagt ihm flugs so: Doktor Martinus Luther wills so haben, und sagt: Katholik und Esel sei dasselbe. Denn wir wollen nicht der Katholiken Schüler noch Jünger, sondern ihre Meister und Richter sein, wollen auch einmal stolz sein und prahlen mit den Eselsköpfen. Und

> wie Paulus wider seine tollen Heiligen sich rühmet (2. Kor. 11, 22 f.), so will ich mich auch wider diese meine Esel rühmen. Sie sind Doktoren? Ich auch. Sie sind gelehrt? Ich auch. Sie sind Prediger? Ich auch. Sie sind Theologen? Ich auch. Sie sind Disputatoren? Ich auch. Sie sind Philosophen? Ich auch. Sie sind Dialektiker? Ich auch. Sie halten Vorlesungen? Ich auch. Sie schreiben Bücher? Ich auch.
>
> Ich will weiter rühmen: Ich kann Psalmen und Propheten auslegen; das können sie nicht. Ich kann übersetzen; das können sie nicht. Ich kann die heilige Schrift lesen; das können sie nicht. Ich kann beten; das können sie nicht. Und daß ich mich zu ihnen herablasse: ich kann ihre eigene Dialektik und Philosophie besser, als sie selbst allesamt, und weiß dazu fürwahr, daß ihrer keiner ihren Aristoteles verstehet.

Aus diesen Zeilen mit ihrer großartigen Rhetorik spricht das Selbstbewusstsein Luthers – er weiß, dass er seinen Gegnern sprachlich überlegen ist, selbst im Lateinischen, denen er sogar grammatische Ungenauigkeit vorhält:

> Euch aber und den Unsern will ich anzeigen, warum ich das Wort *sola* habe gebrauchen wollen, obwohl Röm. 3, 28 nicht *sola*, sondern *solum* oder *tantum* von mir gebraucht ist. So fein sehen die Esel meinen Text an.

Denn das Übersetzen, so seufzt er an anderer Stelle, ist ja nicht jedermanns Kunst, sondern eine dornenvolle Arbeit:

> Ich hab mich des beim Übersetzen beflissen, daß ich reines und klares Deutsch geben möchte. Und ist uns wohl oft begegnet, daß wir vierzehn Tage, drei, vier Wochen ein einziges Wort gesucht und danach gefragt haben, habens dennoch zuweilen nicht gefunden. Beim Buch Hiob mühten wir uns, M. Philippus (Melanchthon), Aurogallus und ich so, daß wir in vier Tagen zuweilen kaum drei Zeilen fertigbringen konnten. Mein Lieber, jetzt wo es ver-

deutscht und fertig ist, kanns ein jeder lesen und meistern. Jetzt läuft einer mit den Augen durch drei, vier Blätter hindurch, und stößt nicht einmal an; wird aber nicht gewahr, welche Steine und Klötze da gelegen haben. Wo er jetzt drüber hingeht wie über ein gehobeltes Brett, da haben wir schwitzen und uns ängstigen müssen, ehe wir denn solche Steine und Klötze aus dem Wege räumten, auf daß man so fein dahergehen könnte. Es ist gut pflügen, wenn der Acker gereinigt ist; aber den Wald und die Wurzelstöcke ausroden und den Acker zurichten, da will niemand heran.

Und mit dieser Feststellung geht er daran zu erklären, warum er in den deutschen Text das Wort „allein" eingefügt hat (im heutigen Deutsch würde man für die Beispiele wohl eher „nur" statt „allein" benutzen) – die deutsche Sprache funktioniert einfach anders als die lateinische:

> So habe ich hier Röm. 3, 28 sehr wohl gewußt, daß im lateinischen und griechischen Text das Wort *solum* nicht stehet, und hätten mich solches die Katholiken nicht zu lehren brauchen. Wahr ists, diese vier Buchstaben *sola* stehen nicht drinnen. Diese Buchstaben sehen die Eselsköpfe an, wie die Kühe ein neues Tor, sehen aber nicht, daß die Absicht des Textes gleichwohl das *sola* in sich hat, und wo mans klar und deutlich verdeutschen will, so gehöret es hinein.
>
> Das ist aber die Art unserer deutschen Sprache: wenn sie von zwei Dingen redet, deren man eines bejaht und das andere verneint, so gebraucht man das Wort *solum* „allein" neben dem Wort „nicht" oder „kein". Z.B. wenn man sagt: „Der Bauer bringt allein Korn, und kein Geld"; „Nein, ich hab wahrlich jetzt nicht Geld, sondern allein Korn"; „Ich hab allein gegessen und noch nicht getrunken"; „Hast du allein geschrieben, und es nicht durchgelesen?" Und dergleichen auf unzählige Weise im täglichen Gebrauch.

> In diesen Redewendungen allen – wenn es gleich die lateinische oder griechische Sprache nicht tut, so tut es doch die deutsche – ist es ihre Art, daß sie das Wort „allein“ hinzusetzt, auf daß das Wort „nicht“ oder „kein“ desto vollständiger und deutlicher sei. Denn obwohl ich auch sage: „Der Bauer bringt Korn und kein Geld“, so klingt doch das Wort „kein Geld“ nicht so vollständig und deutlich, als wenn ich sage: „Der Bauer bringt allein Korn und kein Geld“; und hilft hier das Wort „allein“ dem Wort „kein“ so viel, daß es eine vollständige deutsche, klare Rede wird.

Hier wird Luthers Übersetzungspraxis deutlich: Zwar räumt er ein, dass man das hinzugefügte und in der Vorlage fehlende Wort „allein“ auch weglassen könnte, aber der Satz wird mit dem im Deutschen bei solchen Gegenüberstellungen üblichen Wort deutlicher. Der Gradmesser ist nicht der Wortlaut seiner Vorlage, sondern die Klarheit der Zielsprache für deutsche Hörer und Leser, die der fremden Sprachen nicht mächtig sind. Nicht die Textvorlage steht im Vordergrund – die kann Luther auswendig und weiß, was ihr Sinn ist –, sondern der Leser bzw. Hörer des übersetzten Textes.

Man kann über Luther und seine Ansichten zur Gesellschaft durchaus geteilter Meinung sein. In einem Punkt allerdings kaum: Dafür, wie er die Bibel übersetzte, indem er dem Volk aufs Maul schaute, kann man als Sprecher und Schreiber dieser Sprache auch heute noch nur dankbar sein.

Hartmut Günther

Alle Zitate nach „Luther Deutsch. Die Werke Martin Luthers in neuer Auswahl für die Gegenwart“, Hrsg. von Kurt Aland, Vandenhoek und Ruprecht 1986, Band 5, S. 79-92.

Ein Meistersinger aus Nürnberg

Das Schlaraffenland
Hans Sachs
1530

Altehrwürdiges Nürnberg: Eindrucksvoll erhebt sich die Kaiserburg über der freien Reichsstadt. Seit Jahrhunderten, „Gleichsam Zentrum Europas" (Regiomontanus), war sie die kulturelle Metropole des Reiches. Auch Heimat von Hans Sachs. Sohn eines aus Sachsen eingewanderten Schneiders war er „Schuhmacher und Poet dazu", wie ein Spottvers aus dem 17. Jahrhundert witzelte. Im Nürnberger Totenregister St. Sebald lautet der Eintrag aus dem Jahre 1576:

> Hanns Sachß, teutscher Poet, geweßner schumacher im spittlgeßlein.

Der Poet kommt vor dem Schuhmacher! In die „holdselige Kunst des Meistersangs" ließ sich Sachs durch den Leinenweber Nunnenbeck einweisen; als bedeutendster Meistersinger schrieb er mehr als 4000 Meisterlieder. Sein Werk umfasst aber auch Erzählungen, Flugschriften und Einblattdrucke, er war ein Poet, der über alles dichtete und nichts erdichtete (Jacob Grimm); er las, beobachtete, war nicht nur Spaßmacher, sondern auch politischer, gesellschaftskritischer Schriftsteller. „Spiel, Trunkenheit und Buhlerei und andere Kurzweil mancherlei" in seinen Fastnachtsspielen etwa sind getragen von durchaus moralischen Vorstellungen; diese Spiele führen auf Fastenzeit und spätere Einkehr hin.

Eine oftmals derbe Sprache wird durch das Bekenntnis zur anfangs in Nürnberg noch skeptisch beäugten Lehre Martin Luthers wieder eingefangen. Einen Bilderbogen „Die Wittenbergisch Nachtigall, Die mann jetz höret überall" gab Sachs 1523 zum Drucken nach Bamberg, um der Zensur des Nürnberger Rates zu entgehen. Der Bilderbogen war zunächst als Meisterlied angelegt und feiert mit 700 Knittelversen den Reformator, der in Nachtigallengestalt gegen den Papst als Löwen kämpft. Trotzdem zeigt das Gesamtwerk keine theologischen

Ambitionen, es zielt vielmehr auf das praktische, friedliche Gemeindeleben in der Heimatstadt. Oder, wie in einem von Hans Sachs‘ bekanntesten Stücken, dem Schlaraffenland, auf geheime Wünsche und Gerüchte:

Das Schlauraffen Landt.

Ain gegent haist Schlauraffen land,
Den faulen leuten wol bekant,
Das ligt drey meyl hinder Weyhnachten.
Vnd welcher darein wölle trachten,
Der muß sich grosser ding vermessn
Vnd durch ein Berg mit Hirßbrey essn,
Der ist wol dreyer Meylen dick.
Als dann ist er im augenblick
Inn den selbing Schlauraffen Landt,
Da aller Reychthumb ist bekant.
Da sind die Heuser deckt mit Fladn,
Leckuchen die Haußthür vnd ladn,
Von Speckuchen Dielen vnd wend,
Die Tröm von Schweynen braten send.
Vmb yedes Hauß so ist ein Zaun,
Geflochten von Bratwürsten braun.
Von Maluasier so sindt die Brunnen,
Kommen eim selbs ins maul gerunnen.
Auff den Tannen wachssen Krapffen,
Wie hie zu Land die Tannzapffen.
Auff Fichten wachssen bachen schnittn.
Ayrpletz thut man von Pircken schüttn.
Wie Pfifferling wachssen die Fleckn,
Die Weyntrauben inn Dorenheckn.
Auff Weyden koppen Semel stehn,
Darunter Pech mit Milich gehn;
Die fallen dann inn Pach herab,
Das yederman zu essen hab.
Auch gehen die Visch inn den Lachn

Gsotten, Braten, Gsulzt vnd pachn
Vnd gehn bey dem gestat gar nahen,
Lassen sich mit den henden fahen.
Auch fliegen vmb (müget jr glaubn)
Gebraten Hüner, Genß vnd Taubn.
Wer sie nicht facht vnd ist so faul,
Dem fliegen sie selbs in das maul.
Die Sew all Jar gar wol geratn,
Lauffen im Land vmb, sind gebratn.
Yede eyn Messer hat im rück
Darmit eyn yeder schneydt eyn stück
Und steckt das Messer wider dreyn.
Die Creutzkeß wachssen wie die steyn.
So wachssen Bawern auff den bawmen,
Gleych wie in vnserm land die pflaumen.
Wens zeytig sind, so fallens ab,
Yeder in ein par Stiffel rab.
Wer Pferd hat, wird ein reycher Mayer,
Wann sie legen gantz körb vol Ayer.
So schüt man aus den Eseln Feygn.
Nicht hoch darff man nach Kersen steign,
Wie die Schwartzper sie wachssen thun.
Auch ist in dem Land ein jungkbrun,
Darinn verjungen sich die altn.
Vil kurtzweyl man im Land ist haltn:
So zu dem zyl schießen die gest,
Der weytst vom blat gewint das best;
Im lauffen gwindt der letzt alleyn.
Das Polster schlaffen ist gemeyn.
Ir Weydwerck ist mit Flö vnd Leusn,
Mit Wantzen, Ratzen vnd mit Meusn.
Auch ist im Land gut gelt gewinnen:
Wer sehr faul ist vnd schlefft darinnen,
Dem gibt man von der stund zwen pfennig,
Er schlaff jr gleych vil oder wenig.

Ein Furtz gilt einen Binger haller,
Drey gröltzer einen Jochims Thaler.
Vnd welcher da seyn gelt verspilt,
Zwifach man jm das wider gilt.
Vnd welcher auch nicht geren zalt,
Wenn die schuldt wird eins Jares alt,
So muß jm jener darzu gebn.
Vnd welcher geren wol ist lebn
Dem gibt man von dem trunck ein patzn.
Vnd welcher wol die leut kan fatzn,
Dem gibt man ein Plappert zu lohn.
Für eyn groß lüg geyt man eyn Kron.
Doch muß sich da hüten ein Man,
Aller vernunfft gantz müssig stan.
Wer synn vnd witz gebrauchen wolt,
Dem wurd keyn mensch im lande holdt,
Vnd wer gern arbeyt mit der handt,
Dem verbeut mans Schlauraffen landt.
Wer zucht vnd Erbarkeyt het lieb,
Denselben man des Lands vertrieb.
Wer vnnütz ist, wil nichts nit lehrn,
Der kombt im Land zu grossen ehrn;
Wann wer der faulest wirdt erkant,
Derselb ist König inn dem Landt.
Wer wüst, wild vnd vnsinnig ist,
Grob, vnuerstanden alle frist,
Auß dem macht man im Land ein Fürstn.
Wer geren ficht mit Leberwürstn,
Auß dem ein Ritter wird gemacht.
Wer schlüchtisch ist vnd nichtzen acht,
Dann essen, trincken vnd vil schlaffn,
Auß dem macht man im land ein Graffn.
Wer tölpisch ist vnd nichssen kan,
Der ist im Land ein Edelman. -
Wer also lebt wie obgenant,

Der ist gut ins Schlauraffen Landt,
Das von den alten ist erdicht,
Zu straff der jugent zu gericht,
Die gwönlich faul ist vnd gefressig,
Vngeschickt, heyloß vnd nachlessig,
Das mans weiß ins land zu Schlauraffn,
Damit jr schlüchtisch weyß zu straffn,
Das sie haben auff arbeyt acht,
Weyl faule weyß nye gutes bracht.

Anno Salutis 1530.

Hier gibt sich Sachs, „Anno salutis 1530", als komödiantischer Erzähler, der nicht ohne Amüsement Geschichten zu Papier bringt, die umgehen in der Vorstellung der Menschen, – bis heute. Unterhaltung und Volksbildung halten sich die Waage. Berichte und Gerüchte über Land und Leute dieser „gegent" lassen freilich auch eine Moral erkennen, denn der „sluderaffe" – ein Müßiggänger –, war auch damals sicher kein gern gesehener Gast in der Stadt der Meistersinger.

Die Rezeption von Hans Sachs ist unterschiedlich, zwie-, ja vielfältig. Sachs wurde – wie andere auch – besonders im letzten Jahrhundert vom jeweiligen Zeitgeist in Anspruch genommen: für Kaiser, Republik, Führer, Deutschtümelei und allerlei politische Kampfbegriffe. Vielleicht ist er deshalb aktuell nicht ganz in Mode; sein 400. Geburtstag 1894 ist in seiner Heimatstadt mehr bejubelt worden als der 500. Geburtstag 1994. Dabei war er als ungewöhnlich schöpferisches Kind seiner Zeit für die Entwicklung der Volkssprache, der Literatur und auch des Bühnenwesens von bis heute nachwirkender, wenn auch nicht immer korrekt erkannter Bedeutung. Wer etwa die „Meistersinger von Nürnberg" Richard Wagners nicht als Kunstwerk interpretiert, sondern Agitation in den Vordergrund rückt und damit auf der Bühne dem Publikum präsentiert, verunstaltet sein Andenken genauso wie es die Banalisierung des Poeten durch eine „Schuh-Symbolik" mit entsprechendem kommerziellem Kult durch die Stadt Nürnberg tut. Das kündet von Gedankenarmut und Orientierungslosigkeit und ist – für den Zeitgeist typisch – eine Flucht aus dem kulturpolitischen Diskurs.

Nach den verheerenden Bombenangriffen auf die alte Reichsstadt, auf die kulturelle Heimat von Hans Sachs, war das Sebalder Viertel eine Steppe. Aus ihr erhob sich wie ein Solitär das Denkmal von Hans Sachs, wie ein Aufruf zur Orientierung: nachdenklich, nunmehr in fremder, modern geplanter Umgebung, ohne Blumen. Als ob er suchte, wo sein Leben und Werk einmal zuhause war.

Anne und Herbert Güttler

Regeln für die Bauernsprache?

Teutsche Grammatica
Valentin Ickelsamer
1533

Regeln? In der deutschen Sprache?? Dieser Sprache der Bauern, Knechte und Analphabeten??? Absurd und undenkbar! Dort ist doch alles chaotisch, zu viele Konsonanten und zu wenig Vokale, vom bedauernswert beschränkten Wortschatz ganz zu schweigen – für Wissenschaft, abstraktere Dinge und wohlklingende Poesie also völlig irrelevant …

Mit einer solchen Entrüstung hätte ein Gelehrter zu Beginn des 16. Jahrhunderts reagiert, wenn man ihn nach dem Status der deutschen Sprache gefragt hätte. So muss man sich auch die Ausgangslage vorstellen, als Valentin Ickelsamer damit begann, eine Grammatik des Deutschen zu verfassen. Wahrscheinlich war das zu Beginn der 1530er Jahre, irgendwo zwischen Rothenburg ob der Tauber, Erfurt und Wittenberg. Denn das waren im wesentlichen Ickelsamers Wirkungsstätten. In Rothenburg ob der Tauber wurde er geboren, dort war er später wieder Lehrer und lokalpolitisch engagiert. Das Studium hatte er zwischenzeitlich in Erfurt absolviert, um sich dann in Wittenberg – wie man früher sagte – geistig weiterzubilden, also einen sinnvollen Weg für das künftige Leben zu finden. Seine Bildung erfolgte natürlich im Rahmen der lateinischen Sprache, dem traditionellen und fest etablierten Idiom von Universität und Wissenschaft. Ein Studium in deutscher Sprache sollte erst im 18. Jahrhundert möglich werden.

Valentins „Teutsche grammatica“ erschien in der ersten Auflage um 1533. Genaueres wissen wir nicht, denn auf dem Titelblatt ist keine Jahreszahl verzeichnet. Vermutlich werden wir es nie erfahren, in welchem Jahr das kleine Büchlein tatsächlich zum ersten Mal gedruckt und verbreitet wurde. Ziemlich sicher können wir dagegen sein, dass mit Ickelsamers Schrift die Tradition der grammatischen Beschreibung des Deutschen nachdrücklich einsetzte. Es ist die erste Publikation, in der laut

Titel die Existenz einer Grammatik der deutschen Sprache verkündet wurde.

Für die Zeitgenossen war die Schrift eine kleine Sensation, und zudem mit einer nicht unbeträchtlichen Provokation verbunden – man muss sich vor Augen halten, dass damals kein Hahn nach der deutschen Sprache krähte. Man hielt sie nicht für darstellenswert. Zu Beginn des 16. Jahrhunderts gab es keinerlei Traditionen der grammatisch-wissenschaftlichen Beschreibung des Deutschen, obwohl die Grammatik als universitäre Disziplin tief in der antiken und mittelalterlichen Wissensgeschichte verankert war. Grammatik des Lateinischen und Griechischen: Natürlich! Grammatik des Deutschen: Lächerlich! Warum sollte man sich auch mit der geistlosen Sprache des Alltags wissenschaftlich beschäftigen? In gelehrten Büchern ging es schließlich nur um hohe, wichtige Dinge: Gott und das Seelenheil der Menschen, Gesundheit und Krankheit, Sterne und Planeten, Recht und Gesetz, Kaiser und Fürsten, Liebe und Tod. Kein ernstzunehmendes Buch war den Trivialitäten des Alltags gewidmet. Was gäbe es auch über Fliegen und Mäuse, Dreck und Schmutz oder das Unkraut am Wegesrand zu berichten? Diejenige Sprache, die in einer Reihe mit solchen Nichtigkeiten stand, wurde nun in der „Teutschen Grammatica“ zum Reflexionsobjekt erhoben. Dem erhabenen Latein stand damit zum ersten Mal – zumindest virtuell – die deutsche Gossensprache zur Seite. Die damit verbundene Unterstellung war klar: Womöglich ist die Differenz zwischen Latein und Deutsch viel weniger groß, als man immer angenommen hatte. Beunruhigender noch: Womöglich können sich diejenigen, die fortwährend von der überwältigenden symbolischen Macht des Lateinischen zehren, ihres erhöhten Status gar nicht so sicher sein. Im wohlwollenden Bezug auf die deutsche Sprache lag demnach ein durchaus rebellischer, aufrührerischer Gehalt.

Für Ickelsamer war die Berufung auf die deutsche Sprache alles andere als ein gelehrter Selbstzweck. Er hatte ein sehr konkretes Ziel vor Augen. Seine Grammatik sollte nämlich als Basis für das Lesenlernen dienen: „Disem Büchlin hab ich einen namen geben / Grammatica / darumb /das es die besten und fürnemsten stuck der Grammatic handelt / Nämlich / den verstand der Buchstaben / und des Lesens." (Textzitate folgen, zugunsten der Lesbarkeit leicht modifiziert: Fechner, Heinrich (Hg.) (1882): Vier seltene Schriften des sechzehnten Jahrhunderts (Ickelsamer, Teutsche Grammatica …). Berlin: Wiegandt und Grieben). Hinter der Aufstellung grammatischer Regeln stand also nicht der Plan, anderen Menschen irgendwelche Sprachschludrigkeiten vorzuwerfen und so durch Sprachbetrachtung soziale Grenzen zu ziehen. Von der modernen Klage über Sprachnormen, die manche Menschen angeblich achtlos brechen, war Ickelsamer meilenweit entfernt. Vielmehr wollte er grammatisches Wissen über das Deutsche vermitteln, um den Sprechern die Schriftlektüre zu ermöglichen. Denn wer lesen und schreiben lernt, benötigt wenigstens Grundkenntnisse der deutschen Grammatik, zum Beispiel, Kenntnisse zu den Wortarten. Mit der „Teutschen Grammatica" sollte demnach keineswegs die basale Sprachkompetenz vermitttelt werden, etwa das einfache Flektieren von Wörtern: „Der Hans / des Hansen etc. Ich schreib / ich hab geschriben etc. Das lernen die kinder besser von der muter / dann auß der Grammatic / Der aber die acht teyl der rede [= Wortarten (wpk)] recht verteütscht und erkläret / mit iren dienern / zufelligkeiten und zugehörungen / welches die Lateiner Accidentia heissen / zum rechten gründtlichen verstand der Teütschen wörter und rede / sampt einer guten teütschen Syntaxi oder Construction / das ist / gantzer versamelter und rechter kunstmässiger teütscher rede / das wäre ein rechte teütsche Grammatica zu nennen."

Der Ehrgeiz dieses Projekts verdankte sich zweifellos der protestantischen Revolution, die seit einigen Jahren in Deutschland Furore machte. Sie besaß bekanntlich eine eminent sprach- und lesedidaktische Stoßrichtung: Alle Gläubigen waren angehalten, die Bibel individuell zu lesen, auf dass jeder persönlich in der Wahrheit des christlichen Glaubens verankert sei und ein unmittelbares Verhältnis zu Gott pflegen könnte. Wer sich für das allgemeine Lesenlernen aussprach, erschütterte daher potenziell die Stellung der Kardinäle, Bischöfe und Pastoren, die bisher das Verhältnis zwischen den Gläubigen und ihrem Glauben organisierten und bestimmten.

Ickelsamers Sprachverständnis war von einer Überzeugung geprägt, die heutzutage trivial klingen mag, die aber seinerzeit keineswegs selbstverständlich war. Er behauptete nämlich, dass die deutsche Grammatik im Vergleich zum Lateinischen ganz spezifische Strukturen und Regularitäten besitzt. Man kann also nicht einfach dadurch eine deutsche Grammatik schreiben, dass man eine Latein-Grammatik zur Hand nimmt und diese dann ins Deutsche übersetzt. Vielmehr muss man die besonderen Eigentümlichkeiten der deutschen Sprache herausschälen. Überzeugt verkündete Ickelsamer, „das der uns noch lang kein Teütsche Grammatic geben oder beschriben hat / der ein Lateinische für sich nimbt / unn verteütscht sie.“ Demnach gibt es in der deutschen Grammatik bestimmte Dinge, die der lateinischen Grammatik fremd sind. Dass Ickelsamers Anregung zwar plausibel klang, aber nicht so einfach in die Tat umzusetzen war, sollte die Zukunft der deutschen Grammatikschreibung zeigen. Sie blieb noch bis zum 18. Jahrhundert eine Emanzipationsbewegung gegenüber der lateinischen Grammatikschreibung.

Ickelsamers grammatisches Programm war wegweisend, seine Umsetzung allerdings unfertig und unvollständig. Von einer systematischen, ausgefeilten Darstellung der Grammatik des Deutschen kann keine Rede sein. Bemerkenswert ist immerhin, dass seine Sicht auf die Schreibung nicht durch Lautfixiertheit dominiert war. Wer schreibt, sollte nicht das simple Ziel vor Augen haben, Laute gleichsam in Buchstaben umzuwandeln. Vielmehr geht es laut Ickelsamer bei der Schrift darum, „verstand“, also Sinn und Bedeutung, weiterzugeben. Schreiben ist demnach viel mehr als die Umsetzung von Tönen in Buchstaben. Dafür führte er ein schönes, offensichtlich aktuelles Beispiel seiner Zeit an: „Weinnachten“. In dieser Schreibung ist nicht der richtige „verstand“ enthalten. Denn bei dem hohen christlichen Fest geht es ja nicht darum, dass hier in heidnischreligiöser Manier orgiastisch viel „Wein“ getrunken wird. Stattdessen muss, mit identischer Lautung, „Weihnachten“ geschrieben werden. Denn diese Nächte sind besonders „geweiht“: „Unn ist uns aber dieser Nam [= Weinnachten (wpk)] etwa von einem Heydnischen fest überbliben / die ire Götter mit solcher ehr begiengen / Nämlich / mit schlemmen unn unsinnigkeit / welliche werck der finsternuß / sich der nacht am füglichsten eignen / Solches festes namen halten unn haben die Christen noch also / das sie an seiner that unn würckung nit vast rein unn unschuldig sein / ob sie wol des worts ursprung nit verstehn. Wiewol es sihet jm schier gleicher dieser name hab seinen ursprung von Weihen / so solche nächte im brauch gewest / und etwa noch ist.“

Eine planmäßige Einführung in die Wortarten des Deutschen und ihre Eigentümlichkeiten hat Ickelsamer demzufolge nicht vorgelegt. Grammatische Themen werden im Rahmen der Orthographie behandelt, eher sporadisch und punktuell als folgerichtig und im Zusammenhang. Für das, was man das grammatische Selbstbewusstsein der Deutschen nennen könnte, hat Ickelsamer freilich Entscheidendes geleistet, als er sich von einer simplen Übernahme der lateinischen Grammatik distanzierte und zur präzisen Untersuchung der Spezifika des Deutschen aufrief. Sein protestantisches Plädoyer für das Lesenlernen besitzt in der Rückschau einen ganz ähnlichen Charakter. Die Ambition war von eminenter Bedeutung und entfesselte viele Kräfte und Emotionen. Er war beseelt von einer großen Idee, deren Umsetzung er jedoch nicht mehr selber, kleinschrittig und nachdrücklich, vorantrieb. Eine haltbare Grammatikschreibung ist eben kein Geschäft, das man nebenbei erledigen kann.

Wolf Peter Klein

Die Deutschen werden ernst

Tränen des Vaterlandes
Andreas Gryphius
1636

Im Jahr 1517 veränderte Martin Luther durch seine 95 Thesen Europa und die Welt. Bildung und Demokratie, Menschenrechte und Gleichberechtigung verdanken wir sicher nicht ihm allein, aber es waren die protestantischen Länder, in denen sich das gebildete weltliche Europa erstmals sichtbar manifestierte. Luthers Reformation war auch ursächlich für zahlreiche blutige Auseinandersetzungen wie den deutschen Bauernkrieg (1524–1526) und den Schmalkaldischen Krieg (1546–1547). „Ursächlich" nicht im Sinne von „schuldig", sondern im Sinne von „auslösend."

Auslösend für den vielleicht schlimmsten Krieg des letzten Jahrtausends war auch der Prager Fenstersturz im Jahr 1618, als böhmische Protestanten gegen kaiserliche Rekatholisierungsversuche protestierten; damit begann der Dreißigjährige Krieg. Dieser Krieg, der erst im Oktober 1648 durch den für Deutschland sehr ungünstigen Westfälischen Frieden beendet werden sollte, kostete jeden dritten Einwohner Deutschlands das Leben, durch Kampfeinwirkungen, Massaker, kriegsbedingte Krankheiten und Hungersnöte. Millionen von Menschen haben damals den größten Teil ihrer Existenz in Angst und Entsetzen zugebracht.

So wie Andreas Gryphius (eigentlich „Greif") aus Glogau in Schlesien; er war zu Beginn dieses langen Krieges erst zwei Jahre alt. Als er 1636 die „Tränen des Vaterlandes" verfasste, war er zwanzig und hatte bereits achtzehn Jahre in dieser Ausnahmezeit verbracht, auch mit seiner Familie ganz persönlich Verfolgung und Vertreibung erleben müssen (Gryphius war evangelisch und hatte das wieder katholisch gewordene Glogau zu verlassen). Das Gedicht erlebte verschiedene kleinere Überarbeitungen und wurde in der hier abgedruckten Fassung aus dem Jahr 1636 zum kanonischen Gedicht des 17. Jahrhunderts:

Thränen des Vaterlandes

Wir sind doch nunmehr gantz /
ja mehr denn gantz verheeret!
Der frechen Völcker Schaar /
die rasende Posaun
Das vom Blutt fette Schwerdt /
die donnernde Carthaun /
Hat aller Schweiß / und Fleiß /
und Vorrath auffgezehret.
Die Türme stehn in Glutt /
die Kirch ist umgekehret.
Das Rathauß ligt im Grauß /
die Starcken sind zerhaun /
Die Jungfern sind geschänd't /
und wo wir hin nur schaun
Ist Feuer / Pest / und Tod /
der Hertz und Geist durchfähret.
Hir durch die Schantz und Stadt /
rinnt allzeit frisches Blutt.
Dreymal sind schon sechs Jahr /
als vnser Ströme Flutt /
Von Leichen fast verstopfft /
sich langsam fort gedrungen.
Doch schweig ich noch von dem /
was ärger als der Tod /
Was grimmer denn die Pest /
und Glutt und Hungersnoth
Das auch der Seelen Schatz /
so vielen abgezwungen.

So viel Grauen auf engstem Raum. Dieses ungeheuerliche Maß an Zerstörung aller Dinge, die ein menschliches Leben ermöglichen. Alles geht zugrunde bzw. ist bereits zugrunde gegangen.

Zivilisation und Kultur, Sicherheit und Moral, nichts ist geblieben, nichts, nicht der Geist und nicht der Körper. Größer kann der Schmerz nicht sein. Dreimal sechs Jahre lang haben Feuer, Pest und Tod das Herz und den Geist zerstört. Gibt es etwas Schlimmeres?

Für den Lyriker Gryphius schon. Es ist die Einsicht, dass niemand eine solche Zeit unverändert übersteht. Der Seelen Heil ward so vielen abgezwungen. Und er konnte sich wohl nicht vorstellen, dass die Drangsal noch zwölf weitere Jahre walten sollte. Die Erschütterung, die Gryphius hier so drastisch zum Ausdruck bringt, war die Erschütterung der Deutschen. Sein Gedicht konnte zum Gedicht eines ganzen Jahrhunderts werden, weil er in wenigen Worten den Schmerz des Jahrhunderts einfing. Dreißig bzw. hier bisher nur achtzehn Jahre Qual lassen keinen Menschen und kein Volk unverändert. Was der Dichter hier nur ahnend andeutet, wird im Rückblick beweisbare Tatsache. Die Deutschen vor und nach diesem Krieg sind ein anderer Typ von Mensch. Deutlich wird dies zum Beispiel in der Literatur. Dominierten vor dem Krieg oft Schwänke, Zoten und Polemiken die Bühnen und die Bücher, so waren nun Tiefe und Ernsthaftigkeit gefragt. Goethe und Schiller sind als Vorkriegsphänomene nur schwer vorzustellen.

Ernsthaftigkeit hat viel mit Genauigkeit und Verlässlichkeit zu tun. Tiefe im Denken setzt eine Auseinandersetzung mit Ordnungssystemen voraus. Von Unordnung und Chaos hatten die Deutschen nach diesen Kriegsjahren genug. Alles, was Sicherheit und Verlässlichkeit versprach, bekam daher nun einen deutlich höheren Stellenwert. Ja, Sicherheit und Verlässlichkeit zählen nun mehr als Wohlstand, Freiheit und Gerechtigkeit. Hauptsache, man wusste, woran man war. Eine schlechte Herrschaft wurde einer unkalkulierbaren Revolte vorgezogen. Umgekehrt waren die deutschen Herrschersysteme vergleichsweise – im Guten und im Grauen – tatsächlich ordentlich und verlässlich.

Mit der industriellen Revolution und der modernen Wissenschaft erwiesen sich dann diese neuen deutschen Eigenschaften als segensreiche Tugenden, die sich wie selbstverständlich mit den lutherischen Charaktereigenschaften verbanden. Freies Denken kooperierte nun mit Gewissenhaftigkeit, penibles Studium mit Zuverlässigkeit. Vom Ausland mitunter belächelt, etablierten sich die Deutschen so schnell und langfristig in Wissenschaft und Wirtschaft. Gryphius hat uns ein Inferno geschildert. Aber irgendwo zwischen den Zeilen keimt auch die Hoffnung.

Reiner Pogarell

Bei den Würfelspielern

Simplicius Simplicissimus
Hans Jakob Christoffel von Grimmelshausen
1668

Deutschland im Dreißigjährigen Krieg. Der Knabe Simplicius flieht in den Wald. Soldaten haben das Dorf seines Großvaters im Spessart zerstört, die Frauen vergewaltigt und die Bauern zu Tode gequält. Er verbringt einige Zeit bei einem Einsiedler, nach dessen Tod er durch seine verwüstete Heimat zieht, „um Menschen zu suchen". Er wird von schwedischen Soldaten aufgegriffen.

Das Bauernkind Simplicius durchlebt – und überlebt – die Wirren einer heillosen Zeit. Hofnarr des schwedischen Festungskommandanten in Hanau und in Magdeburg eines kaiserlichen Generals, Strafe für einen dröhnenden Furz während eines Gastmahls von Offizieren, Gefangenschaft bei kroatischen Reitern, Musketier und Dragoner. Er lügt und betrügt, stiehlt und plündert. Ehefreuden, in Moskau militärischer Beistand des Zaren, Opernsänger in Paris, Seefahrt und Schiffbruch – und vieles, vieles mehr. Er steigt auf, stürzt ab und kommt immer wieder davon.

Thomas Mann sah in dem „Simplicissimus" ein Werk, „das in voller Frische fast drei Jahrhunderte überdauert hat … ein Erzählwerk von unwillkürlichster Großartigkeit, bunt, wild, roh, amüsant, verliebt und verlumpt."

Großartig? Ja, sehr! Die Geschichte platzt vor einer Fülle sich überstürzender Ereignisse. Tumbe Arglosigkeit, hinter der sich Scharfsinn verbirgt, Glück im schlimmsten Unglück, grober Witz und ein hintersinniger Humor, aber auch eine ungebrochene Lebenskraft helfen dem Helden Simplicius, die sich wiederholenden Katastrophen zu überstehen. Am Ende hat er genug vom eitlen Treiben und wird Einsiedler im Schwarzwald, später endgültig auf einer Insel im Meer.

Das alles wird erzählt in einer Sprache, die jeden, der das Buch aufschlägt, in ihren Bann zieht. Unflätig, derb, kraftvoll, poetisch, subtil, schön. Sätze, die über eine halbe Seite gehen und ohne Stocken an ihr Ziel gelangen. Dieses 350 Jahre alte Deutsch – wie alle älteren Texte – fesselt durch seine Fremdheit. Es ist wohlvertrautes sprachliches Gelände, in dem es jedoch wimmelt von exotischen Einsprengseln. Schabhals für „Geizkragen", gumpen für „springen", zutäppisch für „ungehobelt", heint für „heute Nacht" … und so fort.

Der Weg des Helden durch die Schrecken des Dreißigjährigen Krieges und sein weises Ende sind als Entwicklung zu Höherem gedeutet worden. Und der ganze Text als Entwicklungs- oder Bildungsroman. Goethes Wilhelm Meister oder Der Grüne Heinrich von Gottfried Keller sind bekannte Beispiele. Aber klug und geradezu allwissend ist Simplicius schon als Knabe. In einem weisen Bild beschreibt er Hierarchie und Machtstreben im Militär. Sein tölpelhaftes Auftreten verdeckt den gerissenen Kerl. Er stellt sich dumm und ist doch schlau. Er versteht vieles und muss nur wenig dazulernen. Und sein Dasein ist kein Voranschreiten auf einer leidlich geradlinigen Lebensbahn, die ihn auf Stufen einem höheren Ziel entgegenführt. Es ist ein Nacheinander von chaotischen, lebensgefährlichen Situationen, aus denen er sich immer wieder herauswindet. Dahinter ist das Weltbild und sind die religiösen Anschauungen um die Mitte des 17. Jahrhunderts zu sehen. Zwischen Weltsucht und Weltflucht, Diesseitsfreude und dem Bewusstsein, irgendwann doch als wurmzernagter Leichnam zu enden, sieht sich der Mensch schutzlos ausgeliefert einer Welt, in der das Grauen, die Zerstörung und das Leid überwiegen.

> Demnach stunden wir auf und kamen auf den Spielplatz da man mit Würfeln turnieret' und alle Schwür mit hundert tausend mal tausend Galleen [Galeeren], Rennschifflein, Tonnen und Stadtgräben voll usw. herausfluchte; der Platz war ungefähr so groß als der Alte Markt zu Köln, überall mit Mänteln überstreut und mit Tischen bestellt, die alle mit Spielern umgeben waren; jede Gesellschaft hatte drei viereckigte Schelmenbeiner [knöcherne Würfel], denen sie ihr Glück vertrauten, weil sie ihr Geld teilen, und solches dem einen geben, dem andern aber nehmen mußten: So hatte

auch jeder Mantel oder Tisch einen Schunderer (Scholderer wollte ich sagen und hätte doch schier Schinder gesagt), dieses Amt war, daß sie Richter sein und zusehen sollten, daß keinem Unrecht geschehe; sie liehen auch Mäntel, Tisch und Würfel her, und wußten deswegen ihr Gebühr so wohl vom Gewinn einzunehmen, daß sie gewöhnlich das meiste Geld erschnappten, doch faselt' es nicht, denn sie verspieltens gemeiniglich wieder, oder wenns gar wohl angelegt wurde, so bekams der Marketender oder der Feldscherer, weil ihnen die Köpf oft gewaltig geflickt wurden.

An diesen närrischen Leuten sah man sein blaues Wunder, weil sie alle zu gewinnen vermeinten, welches doch unmöglich, sie hätten denn aus einer fremden Taschen gesetzt, und ob sie zwar alle diese Hoffnung hatten, so hieß es doch: Viel Köpf, viel Sinn, weil sich jeder Kopf nach seinem Glück sann, denn etliche trafen, etliche fehlten; etliche gewannen, etliche verspielten: derowegen auch etliche fluchten, etliche donnerten; etliche betrogen und andere wurden besäbelt. Dahero lachten die Gewinner, und die Verspieler bissen die Zähn aufeinander; teils verkauften Kleider und was sie sonst lieb hatten, andere aber gewinneten ihnen das Geld wieder ab; etliche begehrten redliche Würfel, andere hingegen wünschten falsche auf den Platz und führten solche unvermerkt ein, die aber andere wieder hinwegwarfen, zerschlugen, mit Zähnen zerbissen und den Scholderern die Mäntel zerrissen. Unter den falschen Würfeln befanden sich Niederländer, welche man schleifend hineinrollen mußte, diese hatten so spitzige Rücken, darauf sie die Fünfer und Sechser trugen, als wie die mageren Esel darauf man die Soldaten setzt. Andere waren oberländisch, denselben mußte man die bayrische Höhe geben, wenn man werfen wollte: etliche waren von Hirschhorn, leicht oben und schwer unten gemacht: andere waren mit Quecksilber oder Blei und aber andere mit zerschnittenen Haaren, Schwämmen, Spreu und Kohlen gefüttert [...] Und alle diese Gattungen waren auf nichts anders als auf Betrug verfertigt, sie taten dasjenige, wozu sie gemacht waren, man mochte sie gleich wippen oder sanft schleichen lassen, da half kein Knüpfens, geschweige jetzt derer, die entweder zween Fünfer oder zween Sechser und im Gegenteil entweder zwei Eß oder zwei Daus hatten: Mit diesen Schelmenbeinern zwackten, laureten und stahlen sie einander ihr Geld ab, welches sie vielleicht auch geraubt oder wenigst mit Leib- und Lebensgefahr oder sonst saurer Mühe und Arbeit erobert hatten.

Als ich nun so da stund und den Spielplatz samt den Spielern in ihrer Torheit betrachtet, sagte mein Hofmeister, wie mir das Wesen gefalle? Ich antwortete: „Daß man so greulich Gott lästert, gefällt mir nicht, im übrigen aber lasse ichs in seinem Wert und Unwert beruhen, als eine Sach die mir unbekannt ist und auf welche ich mich noch nichts verstehe." Hierauf sagte mein Hofmeister ferner: „So wisse, daß dieses der allerärgste und abscheulichste Ort im ganzen Lager ist, denn hier sucht man eines andern Geld und verlieret das seinige darüber: Wenn einer nur einen Fuß hierhersetzt, in Meinung zu spielen, so hat er das zehente Gebot schon übertreten, welches will ‚Du sollst deines Nächsten Gut nicht begehren!' Spielest du und gewinnest, sonderlich durch Betrug und falsche Würfel, so übertrittest du das siebent und achte Gebot: Ja es kann kommen, daß du auch zu einem Mörder an demjenigen wirst, dem du sein Geld abgewonnen hast, wenn nämlich dessen Verlust so groß ist, daß er darüber in Armut, in die äußerste Not und Desperation oder sonst in andere abscheuliche Laster gerät, dafür die Ausred nichts hilft, wenn du sagst: Ich hab das Meinig darangesetzt, und redlich gewonnen; denn du Schalk bist auf den Spielplatz gangen, der Meinung, mit eines andern Schaden reich zu werden: Verspielest du denn, so ists mit der Buß darum nicht ausgericht, daß du des Deinigen entbehren mußt, sondern du hasts, wie der reiche Mann, bei Gott schwerlich zu verantworten, daß du dasjenige so unnütz verschwendet, welches er dir zu dein und der Deinigen

Lebensaufenthalt verliehen gehabt! Wer sich auf den Spielplatz begibt zu spielen, derselbe begibt sich in eine Gefahr, darinnen er nicht allein sein Geld, sondern auch sein Leib, Leben, ja was das allerschrecklichste ist, sogar seiner Seelen Seligkeit verlieren kann. Ich sage dir dieses zur Nachricht, liebster Simplici, weil du vorgibst, das Spielen sei dir unbekannt, damit du dich all dein Leben lang davor hüten sollest."

Ich antwortete: „Liebster Herr, wenn denn das Spielen ein so schrecklich und gefährlich Ding ist, warum lassens dann die Vorgesetzten zu?" Mein Hofmeister antwortete mir: „Ich will nicht sagen darum, dieweil teils Offizier selbst mitmachen; sondern es geschieht deswegen, weil es die Soldaten nicht mehr lassen wollen, ja auch nicht lassen können, denn wer sich dem Spielen einmal ergeben oder welchen die Gewohnheit oder vielmehr der Spielteufel eingenommen, der wird nach und nach (er gewinne oder verspiele) so verpicht darauf, daß ers weniger lassen kann als den natürlichen Schlaf; wie man denn siehet, daß etliche die ganze Nacht durch und durch raßlen, und für das beste Essen und Trinken hinein spielen, und sollten sie auch ohne Hemd davongehen: Das Spielen ist bereits zu unterschiedlichen Malen bei Leib- und Lebensstraf verboten und aus Befehl der Generalität durch Rumormeister, Profosen, Henker und Steckenknecht mit gewaffneter Hand öffentlich und mit Gewalt verwehret worden; aber das half alles nichts."

Gerd Schrammen

Auch in Gerd Schrammen: Lese-Lust. Schönes Deutsch von den Anfängen bis heute. IFB Verlag Deutsche Sprache 2016.

Religiöse Inbrunst in Hexametern

Der Messias
Friedrich Gottlieb Klopstock
1748

> Sing, unsterbliche Seele, der sündigen Menschen Erlösung,
> Die der Messias auf Erden in seiner Menschheit vollendet
> Und durch die er Adams Geschlecht zu der Liebe der Gottheit
> Mit dem Blute des heiligen Bundes von neuem geschenkt hat.
> Also geschah des Ewigen Wille. Vergebens erhub sich
> Satan wider den göttlichen Sohn; umsonst stand Judäa
> Wider ihn auf; er tat's, und vollbrachte die große Versöhnung.
> Aber, o Tat, die allein der Allbarmherzige kennet,
> Darf aus dunkler Ferne sich auch dir nahen die Dichtkunst?

So beginnt Klopstocks episches Gedicht „Der Messias", und es endet, gut 20.000 Verse später, so:

> Jesus nahte dem Thron. Da wurde stiller die Stille;
> Und die Posaune rief den Seelen nicht mehr; die Väter
> Standen; noch folgten die Engel; nicht lang, so blieben auch sie stehn,
> Sanken nieder, dass sie anbeteten. Gabriel hatte,
> keiner der Endlichen sonst, des Thrones unterste Stufe
> mit dem Messias betreten. Da kniet' er, beinah unsichtbar
> Durch den herunterströmenden Glanz, und schaute zu Gott auf.
> Siehe, der Hocherhabene war, der Unendliche war, er
> Den noch alle kennen, dem alle danken noch werden,
> Aller Freudentränen noch weinen, Gott und der Vater
> Unseres Mittlers, der Allbarmherzige war in voller
> Gottesliebe verklärt! Der Sohn des Vaters, des Bundes
> Stifter, er der erwürgt vom Anbeginne der Welt ist,
> Den noch alle kennen, dem alle danken noch werden,
> Aller Freudentränen noch weinen, siehe, das Opfer
> Für die Sünde der Welt, der Getötete war, der Erstandne,
> Jesus, der Mittler, der Allbarmherzige war in voller
> Gottesliebe verklärt! So sahen den Vater die Himmel

Aller Himmel! So sahen den Sohn des Vaters aller
Himmel Himmel! Indem betrat die Höhe des Thrones
Jesus Christus und setzte sich zu der Rechten des Vaters.

Der Messias ist das Hauptwerk des in Quedlinburg am Harz geborenen tiefreligiösen protestantischen Pietisten Friedrich Gottlieb Klopstock (1724–1803). Die ersten drei Gesänge erschienen bereits 1748, doch erst 1773 – 25 Jahre später – konnte der Dichter sein Werk mit dem 20. Gesang vollenden. Obwohl es als episches Großgedicht auftritt, bietet es, im Gegensatz zu vergleichbaren Heldenepen wie Homers Odyssee oder Vergils Aeneis, keine erzählbare Geschichte jenseits seiner Verse. Dafür kreist es mit nie nachlassender religiöser Inbrunst unablässig um das Wunder der Auferstehung und feiert Jesus Christus in immer neuen Anläufen als Erlöser der Menschheit. Aus der Bibel entlehntes Personal findet sich in dem Gedicht reichlich: Enos, Seth, Jared, Jethro, Lebbäus, Salem, Selith, Jedidoth treten auf, Engel und Teufel, Seraphim und Cherubim und viele andere mehr. Doch sämtliche Figuren erscheinen so blutleer wie die Szenen und Dialoge in einem entrückten Raum auf Wolken schwebend spielen – was an die Bildsprache spätbarocker Illusionsfresken erinnert.

In seiner religiösen Dauer-Inbrunst berührt uns das gigantische Preisgedicht deswegen heute fremd. Man sollte sich freilich nicht täuschen: Auch seine Zeitgenossen, von dem Über-Werk maßlos überfordert, lasen den Messias höchstens in Ausschnitten. Klopstock selbst bekümmerte das wenig. Inspiriert von heilsgeschichtlich angelegten Werken der Weltliteratur wie Dantes Göttlicher Komödie oder John Miltons Paradise Lost hatte er schon als Gymnasiast nach dem größtmöglichen Stoff für ein epochales Großgedicht gesucht: „Geheiligter Schatten Miltons, zürne nicht über meine Vermessenheit, wenn ich dir nicht allein nachzueifern, sondern mich sogar an einen noch gewaltigeren und herrlicheren Stoff zu wagen gedenke!“

Und dennoch oder vielleicht gerade deswegen bedeutete der Messias, so wenig er auch gelesen wurde, um 1750 eine literarische Revolution. Was die Zeitgenossen bewunderten, war ja nicht was, sondern wie Klopstock schrieb. Das war neu und unerhört. In seinem heiligem Ernst und in seinem hohen Ton bedeutete ein Werk wie der Messias nichts weniger als den größten denkbaren Bruch mit dem bis weit in die 60er Jahre des 18. Jahrhunderts herrschenden französischen Geschmack, dem bekanntlich Friedrich II. und auch noch der junge Goethe bis an die Schwelle der 1770er Jahre huldigten.

Über einhundert Jahre lang hatte der aus Frankreich importierte sechshebige jambische Alexandriner mit seinem alternierenden Metrum und stets ermüdender Mittelzäsur die deutsche lyrische Literatur beherrscht. Wie ein mechanisch und kurzatmig tickendes Uhrwerk war er noch um 1750 in der verspielt-galanten deutschen Rokokoliteratur überall präsent. Dagegen zeigte Klopstock jetzt, welch großer Schwung und gesammelter Ernst sich zum Ausdruck bringen ließ, wenn man sich eines Verses zu bedienen verstand, den vor ihm im Deutschen noch niemand ausprobiert hatte: des aus der griechischen und römischen Antike entlehnten Hexameters. Stellt man die beiden Versarten einander gegenüber, lässt sich der dadurch gewonnene neue Freiraum sogar quantifizieren:

> Alexandriner: ᵕ – ᵕ – ᵕ – / ᵕ – ᵕ – ᵕ – (ᵕ): Du siehst, wohin Du siehst / nur Eitelkeit auf Erden… (Gryphius)
>
> Hexameter: – ᵕ (ᵕ) – ᵕ (ᵕ) – ᵕ (ᵕ) – ᵕ (ᵕ) – ᵕ ᵕ – ᵕ: Sing, unsterbliche Seele, der sündigen Menschen Erlösung… (Klopstock)

So festgelegt der Alexandriner mit seinen 12 bzw. 13 kleinen Trippelschritt-Silben war, so viel Freiheit bot jetzt der Hexameter mit seiner variablen Anzahl unbetonter Silben (zwischen 13 und 17). Das kam nicht nur der deutschen Sprache mit ihrem reichen Schatz an Flexionsendungen sehr entgegen, sondern ermöglichte auch den heroischen Ton, den strömenden Rhythmus, den großen Gesang.

Doch es war nicht allein der königliche Langvers, den Klopstock für die deutsche Literatur eroberte, sondern gleich ein ganzes Paket aus der Antike stammender weiterer Strophenformen wie reimlose Odenmaße oder der freie, an Pindar erinnernde Vers, musterhaft umgesetzt in seinem hymnischen Gedicht „Die Frühlingsfeier". Und da Klopstock all diese Neuerungen mit großer Souveränität in eigene Gedichte umsetzte, erfüllte das seine Landsleute mit ungeheurem Stolz auf die Leistungen ihrer Literatur und Sprache.

In seiner konsequenten Ablehnung französischer Vorbilder und dem radikalen Verzicht auf alles Reimgeklingel fand Klopstock vor allem in jungen Poeten wie denen des Göttinger Hains begeisterte Nachahmer. Auch keiner der ihm folgenden Weimarer Klassiker konnte es sich erlauben, an seiner Versschule vorbeizugehen. Die Homer-Übersetzungen von Johann Heinrich Voss oder das Gesamtwerk Friedrich Hölderlins etwa sind ohne sein Vorbild gar nicht denkbar. Mit großem Pomp wie er noch keinem Dichter vor ihm zuteilgeworden war, wurde Klopstock 1803 in Hamburg zu Grabe getragen. Das beschriebene Missverhältnis zwischen seinem Ruhm und seiner Rezeption jedoch begleitete ihn über seinen Tod hinaus. Lessing brachte es in seinem bekannten Epigramm auf den Punkt:

Wer wird nicht einen Klopstock loben?
Doch wird ihn jeder lesen? Nein.
Wir wollen weniger erhoben
Und mehr dafür gelesen sein.

Dirk Schindelbeck

Neuer Stil, neue Wissenschaft

Die Geschichte der Kunst des Alterthums
Johann Joachim Winckelmann
1764

Welch eine Laufbahn: Der Sohn eines Stendaler Schusters wird Oberaufseher der Altertümer in und um Rom und Begründer der Klassischen Archäologie und der Kunstgeschichte! Johann Joachim Winckelmann (1717–1768) hat sich mühsam, aber zielstrebig emporgearbeitet. Die Eltern, die sich den aufgeweckten Jungen wohl nur als Pastor vorstellen können, schicken ihn auf die Stendaler Lateinschule. Später kommt er mit einem Stipendium auf das Cöllnische Gymnasium in Berlin. 1738 schreibt er sich in Halle für das Theologiestudium ein, das er schon zwei Jahre später beendet. Dann schlägt er sich durch als Bibliotheksgehilfe, Hauslehrer, Konrektor, um schließlich 1748 als Bibliothekar des Grafen von Bünau in Nöthnitz bei Dresden Zuarbeiter zu dessen Geschichte des Deutschen Reiches zu werden.

Seit seiner Schulzeit liest Winckelmann mit Leidenschaft lateinische und griechische Autoren im Original. Später beschäftigen ihn auch medizinische und mathematische Schriften und die Philosophie der Aufklärung. Aber die Antike bleibt der Fluchtpunkt seiner dürftigen Verhältnisse und seines männlich orientierten Schönheitssinnes. In Dresden schult er sein Kunsturteil in der damals schon grandiosen Gemäldegalerie, doch an originalen Antiken lernt er neben Münzen und Gemmen nur die wenigen, aber bedeutenden Marmorstatuen der königlichen Sammlung kennen. Das Ziel seiner Sehnsucht ist Rom. 1754 kündigt er dem Grafen von Bünau, zieht nach Dresden und verfaßt seine Schrift „Gedancken über die Nachahmung der Griechischen Werke in der Malerei und Bildhauer-Kunst“, die ihn schlagartig bekannt macht. Nicht nur die Thesen sind neu, auch in seiner Sprache schlägt er einen ungewohnten, hohen Ton an. Winckelmann polemisiert gegen die noch immer herrschende effekthaschende, unernste Kunst des Rokoko und die realistische Malerei der Holländer. Er setzt dem ein Idealbild des antiken Griechenlands entgegen, wie er es sich nach seiner ausgedehnten Lektüre vorstellt, empfiehlt dem zeitgenössischen Künstler aber nicht, die Antike zu kopieren, sondern zu versuchen, sich ihre idealische Anschauung zu eigen zu machen. Von den neueren Künstlern hätten dies allenfalls Raffael und Michelangelo erreicht.

Um nach Rom zu kommen und dort eine Anstellung zu erhalten, ist Winkelmann jedes Mittel recht. Er nimmt Kontakt zum päpstlichen Nuntius am sächsisch-polnischen Hofe auf und tritt 1754 zum Katholizismus über. Im Herbst 1755 trifft er in Rom ein. Hier lebt er auf, indem er alle erreichbaren Antiken studiert, ausmißt, notiert. Seine bisher mehr theoretischen Kenntnisse werden nun von konkreter Anschauung erfüllt. Dazu pflegt er den Umgang mit Künstlern und führt vornehme Reisende durch Rom. Durch genaueste Beobachtung will er einerseits Irrtümer und Mißverständnisse, etwa durch falsche Ergänzungen, beheben, andererseits sich und andern die Augen öffnen für das idealische Wesen der besten Skulpturen. Er übt sich durch exemplarische Beschreibungen, etwa des Torso oder des Apollo im Belvedere, wie sie bisher noch in keiner Sprache zu lesen waren. Die berühmteste Beschreibung ist die des Laokoon im Belvedere. Sie ist eingebettet in seine 1764 erschienene „Geschichte der Kunst des Alterthums". Schon in den „Gedancken" hat er die von Riesenschlangen umwundene Dreiergruppe einfühlsam charakterisiert, allerdings nach einer bescheidenen kleinen Nachbildung. Jetzt aber läßt er das Original auf sich wirken und versenkt sich in die Skulpturengruppe wie es noch niemand vor ihm getan hat:

> Laocoon ist eine Natur im höchsten Schmerze, nach dem Bild eines Mannes gemacht, der die bewußte Stärke des Geistes gegen denselben zu sammeln suchet; und indem sein Leiden die Muskeln aufschwellet, und die Nerven anziehet, tritt der mit Stärke bewaffnete Geist in der aufgetriebenen Stirne hervor, und die Brust erhebet sich durch den beklemmten Othem, und durch Zurückhaltung des Ausbruchs der Empfindung, um den Schmerz in sich

zu fassen und zu verschließen. Das bange Seufzen, welches er in sich, und den Othem an sich zieht, erschöpfet den Unterleib, und machet die Seiten hohl, welches uns gleichsam von der Bewegung seiner Eingeweide urtheilen läßt. Sein eigenes Leiden aber scheint ihn weniger zu beängstigen, als die Pein seiner Kinder, die ihr Angesicht zu ihrem Vater wenden, und um Hülfe schreyen: denn das väterliche Herz offenbaret sich in den wehmütigen Augen, und das Mitleiden scheint in einem trüben Dufte auf denselben zu schwimmen. Sein Gesicht ist klagend, aber nicht schreyend, seine Augen sind nach der höhern Hülfe gewandt. Der Mund ist voll von Wehmut, und die gesenkte Unterlippe schwer von derselben; in der überwerts gezogenen Oberlippe aber ist dieselbe mit Schmerz vermischet, welcher mit einer Regung von Unmuth, wie über ein unverdientes Leiden, in die Nase hinauftritt, dieselbe schwülstig macht, und sich in den erweiterten und aufwerts gezogenen Nüssen offenbaret. Unter der Stirn ist der Streit zwischen Schmerz und Widerstand, wie in einem Punkte vereiniget, mit großer Weisheit gebildet: denn indem der Schmerz die Augenbrauen in die Höhe treibet, so drücket das Sträuben wider denselben das obere Augenfleisch niederwerts, und gegen das obere Augenlied zu, so daß dasselbe durch das übergetretene Fleisch beynahe ganz bedeckt wird. Die Natur, welche der Künstler nicht verschönern konnte, hat er ausgewickelter, angestrengeter und mächtiger zu zeigen gesuchet: da, wohin der größte Schmerz geleget ist, zeiget sich auch die größte Schönheit. Die linke Seite, in welche die Schlange mit dem wütenden Bisse ihren Gift ausgießet, ist diejenige, welche durch die nächste Empfindung zum Herzen am heftigsten zu leiden scheint, und dieser Theil des Körpers kann ein Wunder an Kunst genennet werden. Seine Beine wollen sich erheben, um seinem Uebel zu entrinnen; kein Theil ist in Ruhe: ja die Meißelstriche selbst helfen zur Bedeutung einer erstarreten Haut.

Dieser Text ließ den Laokoon zu einem heftig diskutierten Gegenstand für Lessing, Herder, Schiller, Goethe und viele andere werden, so daß er selbst von heutigen Touristen für die berühmteste Skulptur der Vatikanischen Sammlung gehalten wird.

1757 wird Winckelmann Bibliothekar des Kardinals Archinto und zwei Jahre später, nach dessen Tod, Bibliothekar und Berater des Kardinals Albani, eines gebildeten Laien, der gerade dabei ist, sich eine zweite große Antikensammlung zuzulegen. Trotz dieser Verpflichtungen kann Winckelmann in Italien herumreisen, die Ausgrabungen in Herculaneum und Pompeji sowie die griechischen Tempel von Paestum kennenlernen. Seine Beobachtungen teilt er in einer Reihe kleinerer Schriften mit, die alle in Deutschland erscheinen. Dazu publiziert er auf Französisch die Gemmensammlung des Barons Philipp von Stosch in Florenz. Als sein Hauptwerk gilt die „Geschichte der Kunst des Alterthums", die er nach langen Jahren des Sammelns Ende 1761 beendet, die aber wegen des Siebenjährigen Krieges erst 1764 in Dresden erscheinen kann. Nicht nur für Gelehrte, sondern für ein breiteres, gebildetes Publikum geschrieben, wird sie ein europaweiter Erfolg. Das Werk gliedert sich in zwei Teile, in die „Untersuchung der Kunst nach dem Wesen derselben" und „nach den Umständen der Zeit unter den Griechen betrachtet". Es breitet alles aus, was der Autor an Quellen und materiellen Zeugnissen kennt, nicht nur von den geliebten Griechen, sondern auch den Ägyptern, Phöniziern, Persern, Etruskern und Römern. Zum ersten Mal werden eine sachliche Beschreibung und eine Stilanalyse der Kunst dieser Völker gegeben, zum ersten Mal auch eine Entwicklungsgeschichte besonders der griechischen Kunst, die – nach dem Maßstab der Idealität der griechischen Kunst – von den ersten Anfängen zu einer allmählichen Entfaltung, zur Blüte und schließlich zum Verfall führt. Die Bedingung von Entfaltung und Blüte ist für Winckelmann die Freiheit. Diese Einsicht war neben dem Postulat der absoluten Vorbildlichkeit der griechischen Kunst der Grund seines Erfolges unter den sich gegen den Spätfeudalismus und das überlebte Rokoko emanzipierenden Bürgern. Immer wieder kommt er auf die Freiheit zu sprechen. Es seien nur wenige Stellen zitiert:

> In Absicht der Verfassung und Regierung von Griechenland ist die Freyheit die vornehmste Ursache des Vorzugs der Kunst. Die Freyheit hat in Griechenland allezeit den Sitz gehabt, auch neben dem Throne der Könige, welche väterlich regiereten, ehe die Aufklärung der Vernunft ihnen die Süßigkeit einer völligen Freyheit schmecken ließ, und Homerus nennet den Agamemnon einen Hirten der Völker, dessen Liebe für dieselben, und Sorge für ihr Bestes, anzudeuten. Ob sich gleich nachher Tyrannen aufwarfen, so waren sie es nur in ihrem Vaterlande, und die ganze Nation hat niemals ein einziges Oberhaupt erkannt. Daher ruhete nicht auf einer Person allein das Recht, groß in seinem Volke zu seyn, und sich mit Ausschließung anderer verewigen zu können (S. 130).
>
> Durch die Freyheit erhob sich, wie ein edler Zweig aus einem gesunden Stamme, das Denken des ganzen Volks. Denn wie der Geist eines zum Denken gewöhnten Menschen sich höher zu erheben pflegt im weiten Felde, oder auf einem offenen Gange, auf der Höhe eines Gebäudes, als in einer niedrigen Kammer, und in jedem eingeschränkten Orte, so muß auch die Art zu denken unter den freyen Griechen gegen die Begriffe beherrschter Völker sehr verschieden gewesen seyn. Herodotus zeiget, daß die Freyheit allein der Grund gewesen von der Macht und Hoheit, zu welcher Athen gelanget ist (S. 132).
>
> Endlich, da die Zeiten der völligen Erleuchtung und Freyheit in Griechenland erschienen, wurde auch die Kunst freyer und erhabener (S. 225).

Noch vor Erscheinen dieses epochalen Werkes wird Winckelmann 1763 vom Papst zum Prefetto dell'Antichità di Roma ernannt. 1765 erreicht ihn das Angebot Friedrichs des Großen, Bibliothekar und Leiter der Antikensammlung in Berlin und

Potsdam zu werden, doch Winckelmann verlangt das Doppelte des Gehalts, das der König zu geben bereit ist.

Die wachsende Fülle neuentdeckter Werke in Rom und Italien lässt den rastlosen Wissenschaftler schon bald an eine erweiterte Auflage der „Geschichte der Kunst des Alterthums" denken, die aber erst 1776 aus seinem Nachlass in Wien erscheint. Winckelmann ist jetzt ein berühmter Mann und seine Verpflichtungen in Rom nehmen immer weiter zu. So denkt er an einen ruhigen Platz zum Arbeiten, womöglich in Deutschland. Am 10. April 1768 bricht er zusammen mit dem Bildhauer Bartolomeo Cavaceppi zu einer Reise über die Alpen auf. Doch unterwegs wird er „mit einer großen Schwermuth befallen". In Wien empfängt ihn noch die Kaiserin Maria Theresia, doch dann entschließt sich Winckelmann zur Rückkehr nach Italien, das er nicht mehr entbehren kann. In Triest am 1. Juni angekommen, wartet er auf seine Schiffsverbindung, freundet sich mit Francesco Arcangeli, einem andern Hotelgast, an und verbringt mit ihm die folgenden Tage. Bei einem Streit am 8. Juni fügt ihm Arcangeli Messerstiche zu, denen Winckelmann noch am selben Tag erliegt.

Volker Michael Strocka

Eine Mythologie, die niemand kennt

Volkslieder
Johann Gottfried Herder
1778

Das Wort „Volkslied“ ist eine Erfindung von Johann Gottfried Herder (in Anlehnung an das englische „popular song“). Herder hatte solche Lieder schon in jungen Jahren zu sammeln begonnen oder von anderen sammeln lassen; kein Geringerer als Goethe half ihm dabei, den Herder 1771 in Straßburg getroffen hatte: „Ich habe aus dem Elsaß zwölf Lieder mitgebracht, die ich auf meinen Streifereien aus den Kehlen der ältesten Mütterchen aufgehascht habe,“ schreibt ihm Goethe. „Ein Glück, denn ihre Enkel singen sie nicht mehr. Ich habe sie bisher als meinen Schatz an meinem Herzen getragen. Alle Mädchen, die Gnade vor meinen Augen finden wollen, müssen sie lernen und singen.“

Volkslieder waren die Popmusik des 18. Jahrhunderts, „voll von einer Mythologie, die niemand im Städtgen kennt, als der Narr, der das Volkslied gemacht hat“, so Georg Christoph Lichtenberg; er sah im Volkslied die Antwort des kleinen Mannes auf die gespreizte Kunstlyrik der Minne- und Meistersänger, einen Kontrapunkt zu den kunstvoll komponierten, nach der Reformation zur Erbauung der Gläubigen ersonnenen Kirchenliedern. Dieser sozusagen akademischen Musik setze das Volkslied „das Unmittelbare und scheinbar Unzusammenhängende“ entgegen, „womit es die empfangene Empfindung weder erklärt noch betrachtet oder schildernd ausschmückt, sondern sprunghaft und blitzartig, wie sie es erhalten, wiedergibt, und gleichsam im Fluge plötzlich und ohne Übergang, wo man es am wenigsten gedacht, die wunderbarsten Aussichten eröffnet […] So ist das Volkslied, in seiner unausgesetzt lebendigen Fortentwicklung, recht eigentlich das poetische Signalelement der Völkerindividuen“ (Josef von Eichendorff).

Während seiner Zeit als Prediger in Bückeburg stellte Herder dann seine berühmte Volksliedsammlung zusammen. Diese enthielt auch viele Beiträge von außerhalb des deutschen Sprachgebiets. Denn „alle unpolizierten Nationen sind singend. Und wie denn nun auch ihr Gesang sei, es ist und ist meistens ein Sammelplatz all ihrer Wissenschaft, Religion, Bewegung der Seele, Merkwürdigkeiten der Vorwelt, Freuden und Leiden ihres Lebens."

Dieser „Sammelplatz von Wissenschaft, Religion und Seele" wurde ein großer Verkaufserfolg; Herders Sammlung wurde mehrfach neu aufgelegt, erweitert, gekürzt und umgestellt. Am weitesten bekannt wurde sie unter dem Titel „Stimmen der Völker in Liedern", herausgegeben von Karoline Herder und Johannes von Müller 1807, vier Jahre nach Herders Tod. Hier als pars pro toto die ersten Strophen von Lied Nr. 8 aus Herders ursprünglicher Sammlung. Es ist das Ännchen von Tharau, aus dem Samländisch-Niederdeutschen ins Hochdeutsche übersetzt:

Ännchen von Tharau ist's, die mir gefällt,
Sie ist mein Leben, mein Gut und mein Geld.

Ännchen von Tharau hat wieder ihr Herz
Auf mich gerichtet in Lieb' und in Schmerz.

Ännchen von Tharau, mein Reichthum, mein Gut,
Du meine Seele, mein Fleisch und mein Blut!

Käm alles Wetter gleich auf uns zu schlahn,
Wir sind gesinnt, beieinander zu stahn.

Zweihundert Jahre später sang Drafi Deutscher „Marmor, Stein und Eisen bricht", eine der in Deutschland meistverkauften Schallplatten der 1960er Jahre. Irgendwelche Ähnlichkeiten?

Walter Krämer

Tintenklecksendes Säkulum!

Die Räuber
Friedrich Schiller
1781

„Das Theater glich einem Irrenhause, rollende Augen, geballte Fäuste, stampfende Füße, heisere Aufschreie im Zuschauerraum! Fremde Menschen fielen einander schluchzend in die Arme, Frauen wankten, einer Ohnmacht nahe, zur Thüre. Es war eine allgemeine Auflösung wie im Chaos, aus deßen Nebeln eine neue Schöpfung hervorbricht!"

So schildert ein Augenzeuge eine der spektakulärsten Uraufführungen in der deutschen Theatergeschichte: „Die Räuber" des gerade 22-jährigen Friedrich Schiller, am 13. Januar 1782 im Mannheimer Nationaltheater.

Schiller (1759–1805) war ohne Erlaubnis seines Stuttgarter Fürsten Karl Eugen „außer Landes" nach Mannheim gereist und hatte unerkannt in einer Loge des ausverkauften Theaters der Aufführung beigewohnt. Mit seinem Bühnenerstling, der ganz revolutionär der Bewegung des „Sturm und Drang" und dessen Geniekult entsprach, hatte Schiller gut sieben Jahre vor der Französischen Revolution ein weithin vernehmbares Zeichen des Kampfes für Freiheit und gegen Tyrannei gesetzt. Als Untertitel bzw. als „Widmung" hatte er denn auch in der zweiten Auflage der Räuber gewählt: „In tirannos" – „Gegen die Tyrannen".

Schiller hatte sich schon früh an der Idee der Freiheit begeistert. Eine bedeutende Rolle nahm dabei der um zwanzig Jahre ältere Christian Friedrich Schubart (1739–1791) ein, von 1777 bis 1787 ohne Verhör, ohne Anklage und ohne Urteil auf der Festung Hohenasperg bei Ludwigsburg inhaftiert, der während seiner Haft das revolutionäre Gedicht „Die Fürstengruft" verfasst hatte. Schiller dürfte sich von diesem Gedicht animiert gefühlt haben, zum Beispiel von der Strophe: „Nun ist die Hand herabgefault zum Knochen, Die oft mit kaltem Federzug Den Weisen, der am Thron zu laut gesprochen, In harte Fesseln schlug."

Die „Räuber“ spielen – so Schiller selbst – in „Teutschland“; die Handlung erstreckt sich über „ohngefähr zwei Jahre“, tatsächlich sind es 15 Monate, in der Ritterzeit. Sie sind ein revolutionäres Drama, das auf einer uralten menschlichen Konstellation aufbaut, für die bereits Kain und Abel stehen: dem Zerwürfnis zweier ungleicher Brüder. Bei Schiller sind dies Franz und Karl Moor, die beiden Söhne des Grafen Moor.

Franz führt sich gleich im 1. Akt, 1. Szene, selber ein. Er ist der zweitgeborene der beiden Brüder, er fühlt sich zurückgesetzt, auch in der Zuneigung des Vaters:

> „Ich habe große Rechte, über die Natur ungehalten zu sein, und bei meiner Ehre! Ich will sie geltend machen. – Warum bin ich nicht der erste aus Mutterleib gekrochen? Warum nicht der einzige? Warum musste sie mir diese Bürde von Hässlichkeit aufladen? Gerade mir? … Warum gerade mir die Lappländernase? Gerade mir dieses Mohrenmaul? Diese Hottentottenaugen? Wirklich, ich glaube, sie hat von allen Menschensorten das Scheußliche auf einen Haufen geworfen und mich daraus gebacken.“

Dann aber besinnt er sich:

> „Nein! Nein! Ich tu ihr Unrecht. Gab sie uns doch Erfindungsgeist mit …“

Er meint damit seine intriganten Fähigkeiten. Sein Monolog endet denn auch mit dem Plan:

> „Frisch also! Mutig ans Werk! – Ich will alles um mich her ausrotten, was mich einschränkt, dass ich nicht Herr bin. Herr muss ich sein, dass ich das mit Gewalt ertrotze, wozu mir die Liebenswürdigkeit gebricht.“

In der 2. Szene des 1. Aktes stellt sich dann Karl ebenfalls mit einem Monolog vor. Er ist der ältere der beiden Moor-Brüder, studiert unbekümmert vor sich hin, macht Schulden und ist sich der Liebe seiner Amalia gewiss. Was er von den Lebensumständen hält, bringt er so zum Ausdruck:

> „Mir ekelt vor diesem tintenklecksenden Säkulum … Der lohe Lichtfunke Prometheus' ist ausgebrannt, dafür nimmt man itzt die Flamme von Bärlappenmehl – Theaterfeuer, das keine Pfeife Tabak anzündet. Da krabbeln sie nun wie die Ratten auf der Keule des Herkules, und studieren sich das Mark aus dem Schädel, was das für ein Ding sei, das er in seinen Hoden geführt hat? … Pfui! Pfui über das schlappe Kastratenjahrhundert, zu nichts nütze … Nein, ich mag nicht daran denken. Ich soll meinen Leib pressen in eine Schnürbrust und meinen Willen schnüren in Gesetze … Das Gesetz hat noch keinen großen Mann gebildet, aber die Freiheit brütet Kolosse und Extremitäten aus … Ah! Dass der Geist Hermanns noch in der Asche glimmte! – Stelle mich vor ein Heer Kerls wie ich, und aus Deutschland soll eine Republik werden, gegen die Rom und Sparta Nonnenklöster sein sollen."

Weil Karl die besondere Zuneigung des Vaters besitzt, hat Franz angefangen, auf raffinierte Weise gegen ihn zu intrigieren, und veranlasst den Vater, Karl zu enterben. Dann sperrt er den Vater in einen Turm und erklärt Karl für tot. Damit erhält er nicht nur den Moor'schen Besitz, sondern auch Amalia, die Geliebte Karls, sie wird seine Mätresse.

Franz ist ganz und gar Materialist. Er spekuliert über psychophysische Zusammenhänge und nutzt seine vermeintlichen Erkenntnisse, nämlich dass man über die Psyche die Physis zerstören könne, in diesem Fall mit der Absicht, das Leben des Vaters. Schier rasend, dass sein Vater immer noch nicht tot ist, spekuliert er ungeduldig:

> „Es dauert mir zu lange … Soll sich mein hochfliegender Geist an den Schneckengang der Materie ketten lassen?"

Er setzt schließlich an, „den Körper vom Geist aus zu verderben". Objekt dieses Denkens ist der Vater. Schiller lässt hier einfließen, was er in seiner ersten und dritten Dissertation, mit den Titeln „Philosophie der Physiologie" und „Versuch über den Zusammenhang der tierischen Natur des Menschen mit seiner geistigen" entwickelt hatte.

Währenddessen tut sich Karl mit einer Räuberbande zusammen. In der Auflistung der Personen zu Beginn des Dramentextes werden die Räuber „Libertiner“, später „Banditen“ genannt, mit Libertiner sind also zunächst Freigeister gemeint. Einer der „Libertiner“ ist Spiegelberg, er beschwört die anderen:

> „Wenn noch ein Tropfen deutschen Heldenbluts in euren Adern rinnt – kommt! Wir wollen uns in den böhmischen Wäldern niederlassen, dort eine Räuberbande zusammenziehen.“

Die Räuber sind aber nicht alle gleich. Den einen geht es um Gier und Zerstörung. Karl und anderen geht es um humanistische Ideale. Einer seiner Vertrauten sagt denn auch über Karl:

> „Er mordet nicht um des Raubes willen …. Selbst sein Dritteil an der Beute, das ihn von Rechts wegen trifft, verschenkt er an Waisenkinder, oder lässt arme Jungen von Hoffnung studieren.“

Abstrakter beschreibt Karl den neuen Menschen, den er sich vorstellt, so:

> „Das Gesetz hat noch keinen großen Mann gebildet, aber die Freiheit brütet Kolosse und Extremitäten aus.“

Gleichwohl geht es in der Räuberbande heftig und deftig zu. Die erste Strophe des Räuberliedes spiegelt die Stimmung wider:

> „Stehlen, morden, huren, balgen
> Heißt bei uns nur die Zeit zerstreun.
> Morgen hangen wir am Galgen,
> Drum lasst uns heute lustig sein.“

Als die Gewalt eskaliert, wird Karl tatsächlich mitschuldig am Tod Unschuldiger. Am Ende erobert er das väterliche Schloss zurück, Franz legt selbst Hand an sich, der Vater stirbt in den Armen des zum Räuber verkommenen Sohns. Amalia aber, von Franz zur Mätresse gezwungen, wird von Karl, einem Schwur folgend, getötet. Schließlich verlässt Karl die Bande und gibt sich selbst in die Hände der Justiz, wohlwissend, dass ihm der

Tod durch den Strang bevorsteht. Er verlässt die Räuberbande mit den Worten:

> „Ich höre von diesem Nun an auf, euer Hauptmann zu sein. Mit Scham und Grauen leg ich hier diesen blutigen Stab nieder, worunter zu freveln ihr euch berechtigt wähntet … O über mich Narren, der ich wähnete die Welt durch Gräuel zu verschönern, und die Gesetze durch Gesetzlosigkeit aufrecht zu halten."

Nach der Regieanweisung „Wirft ihnen seine Waffen verächtlich vor die Füße" sagt er: „Ich geh, mich selbst in die Hände der Justiz zu überliefern." Und dann folgt ein Wort, das heute in aller Munde ist, wobei die wenigsten wissen, woher es stammt:

> „Dem Mann kann geholfen werden."

Karl meint mit dem „Mann" einen „armen Schelm" mit „eilf" Kindern. Dieser soll tausend Louisdore Belohnung dafür bekommen, dass er den großen Räuber lebendig ausliefert. „Er geht ab", heißt es in der Regieanweisung lapidar.

Josef Kraus

Ein Genie am Wochenbett

Brief an seinen Vater
Wolfgang Amadeus Mozart
1783

„Selbst am Maßstab der Zeit gemessen, gehört Mozarts Briefdeutsch zum originellsten, das man zitieren kann“ (Rüdiger Görner). Wie Mozart komponierte, aus dem Vollen schöpfend, stürmisch, impulsiv, die hergebrachten Regeln mit den Füßen tretend, so schrieb er auch. Wer hier nach wohlgesetzten, grammatisch korrekten Sätzen sucht, wird geradezu brutal enttäuscht. Aber schönere Beispiele dafür, wie das pralle Leben in die Sprache überschwappt, wie sich Enthusiasmus und Begeisterung in Worten widerspiegeln, wird man nicht viele finden. Insofern darf man auch in dem folgenden Brief eine Sternstunde, wenn nicht der deutschen Sprache, so doch der Sprache im Abstrakten sehen. Wie werden Gedanken zu Wörtern? Wie finden die Ideenstürme in unserem Kopf einen Weg aus diesem Kopf heraus?

Mozart kennt hier keine Umwege – was ihm in den Sinn kam, fand sich zeitgleich auf dem Briefpapier. In dem folgenden Beispiel ging es Mozart vor allem darum, seinem Vater die von diesem überaus misstrauisch beäugte Schwiegertochter Constanze näher ans Herz zu legen. Und was eignet sich dafür besser als die Ankunft eines Enkelsohns?

Vienne ce 18 de juin 1783

Mon très cher Père!
Ich gratuliere, Sie sind Gros=Papa! – gestern früh den 17. um halb 7 uhr ist mein liebes Weib glücklich mit einem großen, Starken und kugelrunden Buben entbunden worden; – um halb 2 uhr Nachts fiengen die Schmerzen an – folglich – war es mit dieser Nacht um alle ruhe und schlaf für beyde getan. – um 4 uhr schickte ich um meine Schwiegermutter – und dann um die Hebamme; – um 6 uhr kamm sie im Stuhl – und um halb 7 uhr war alles vorbey. – Meine Schwiegermutter bringt nun alles das

üble was sie ihrer tochter ledigerweise zugefügt hat, nun wieder mit allem guten herein. – sie bleibt den ganzen tag bey ihr. –

Mein liebes Weib, welche ihnen die Hände küsst, und meine liebe schwester vom Herzen umarmt, befindet sich, so viel es diese umstände zulassen, recht gut; – Ich hoffe zu Gott, daß, da sie sich gut hält, sie ihr kindbett auch glücklich überstehen wird. – auf das Milchfieber habe ich Sorge! – denn sie hat ziemliche Brüste! – Nun hat das Kind wider meinen Willen, und doch mit meinem Willen eine Säug=Amme bekomen! – Meine frau sie seye es im Stande oder nicht, sollte niemalen ihr kind stillen das war imer mein fester vorsatz! – allein, einer andern Milch solle Mein kind auch nicht hineinschlucken! – sondern bey Wasser, wie meine Schwester und ich, will ich es aufziehen. – allein – die Hebamme, meine schwiegermutter, und die meisten leute hier haben mich ordentlich gebeten ich sollte das nicht thun, nur aus dieser ursache weil hier die meisten kinder beym Wasser darauf gehen, indem die leute hier nicht damit umgehen können – das hat mich nun bewegt – nachzugeben – denn – ich möchte mir nicht gerne einen Vorwurf machen lassen. –

Nun wegen der gevatterschaft! – hören sie was mir geschehen ist. – ich liess die glückliche Entbindung meiner frau gleich dem Baron Wetzlar |: als meinem wahren guten freund :| benachrichtigen; – er kamm gleich darauf selbst – und offrirte sich zum gevattern – ich konnte es ihm nicht abschlagen – und dachte bey mir, ich kann ihn deswegen doch Leopold nennen – und als ich das dachte – so sagte er vol freuden – Ah, nun haben sie einen Raymundl – und küsste das kind – was war also zu thun – ich liess den Buben also Raymund Leopold taufen. – Ich kann ihnen aufrichtig gestehen daß wenn sie mir nicht ihre Meynung darüber in einem Briefe geschrieben hätten, ich mich sehr Embaraßirt würde empfunden haben – und ich wollte nicht gut Stehen, ob ich es ihm nicht etwa rund abgeschlagen hätte! – ihr brief tröstet mich aber daß sie mit meinem Verfahren nicht unzufrieden seyn werden! – er heisst Ja doch auch Leopold. – Nun muß ich schlüssen, – ich küsse ihnen sammt meiner kindbetterin 1000mal die hände, und wir umarmen 1000mal unsere liebe schwester und Ewig dero gehorsamste Kinder.

W. u. C. Mozart

Walter Krämer

Neue Perspektiven

Pomona für Teutschlands Töchter
Sophie von La Roche
1784

Die *Geschichte des Fräuleins von Sternheim,* die Christoph Martin Wieland (1733–1813) bei Weidmann und Reich in Leipzig 1771 herausgegeben hatte, machte Sophie von La Roche, geb. Gutermann (1730–1807), sofort berühmt. Als sie zwölf Jahre später unter dem Titel *Pomona für Teutschlands Töchter* ihre eigene Frauenzeitschrift lancierte, war nicht ausgemacht, dass ihr ein zweiter durchschlagender Erfolg gelingen könnte, hatte sich doch in der Zwischenzeit der Kontext grundlegend gewandelt. Anders als La Roches *Sternheim*, der als einer der ersten deutschsprachigen 'Original'-Romane die Erlebnisse einer empfindsamen Protagonistin überzeugend aus ihrer eigenen Perspektive schilderte, hatten weder ihre Erzählung *Der Eigensinn von Liebe und Freundschaft* aus dem Jahr 1772 noch der dreiteilige Roman *Rosaliens Briefe* aus den Jahren 1779–1781 an diesen Erfolg anknüpfen können. Das Thema der weiblichen Erziehung und der gesellschaftlichen Rolle der Frauen war inzwischen in aller Munde, bei Schriftstellern und Reformern. Erschwerend hinzu kam der Wandel von La Roches persönlichen Lebensumständen. Dem glanzvollen Leben in Ehrenbreitstein hatte die Entlassung ihres Ehemannes Georg Michael Frank La Roche (1720–1788) aus dem Dienst des Trierer Kurfürsten 1780 ein Ende gemacht. Sophie von La Roche war nicht länger Mittelpunkt eines Salons, in dem sich die bedeutendsten deutschsprachigen Literaten der Zeit trafen, neben Wieland und Lavater namentlich jüngere Autoren wie Goethe, die Brüder Jacobi, Heinse. Die Familie hatte nach Speyer übersiedeln müssen, wo sie auf finanzielle Unterstützung durch Dritte angewiesen war. Warum also nicht versuchen, mit dem Schreiben Geld zu verdienen?

Die offensive Vorrede, die La Roche für ihre Pomona verfasst, entsteht in eben dieser Situation:

An meine Leserinnen.

Das *Magazin für Frauenzimmer* und das *Jahrbuch der Denkwürdigkeiten für das schöne Geschlecht* - - - zeigen meinen Leserinnen, was teutsche Männer uns nützlich und gefällig achten. *Pomona* - - wird Ihnen sagen, was ich als Frau dafür halte - - Aber ich werde Ihnen auch Auszüge und Nachrichten von Schriften geben, die in Engelland, Italien und Frankreich für uns geschrieben werden, und was mein Briefwechsel mit verschiedenen Personen, die sich in diesen Landen aufhalten, mir Neues liefern wird, so daß ein Heft immer, wie dieses erste - - - von teutschen Gedanken und Sachen spricht - - dann Eines von angenehmen französischen Nachrichten - - - ein anderes von Englischen und Italienischen Neuigkeiten, die meinem Geschlecht einiges Vergnügen geben können. Es sollte mich aber freuen, wenn mir, nach dem Lesen dieses ersten Heftes gesagt würde, was meine Leserinnen von Pomona wünschen - - - Sophie la Roche.

Mit der neuen Zeitschrift, die im Selbstverlag erschien, knüpfte sie an den alten Ruhm an; einmal im Monat sollten damit die Frauen angesprochen werden, eine Zielgruppe, die ausdrücklich und direkt als „meine Leserinnen“ in den Blick genommen wird. Die weibliche Ausrichtung ist Programm. Dafür stehen nicht nur die Leserinnen, sondern auch die Autorin, die allein schon mit ihrem Namen für das Gedruckte bürgt. War dieser bei La Roches ersten drei Veröffentlichungen entweder gar nicht oder nur verdeckt als Titelzusatz „Von der Verfasserin des Fräuleins von Sternheim“ aufgetaucht, erscheint er nun prominent sowohl auf dem Titelblatt des ersten Heftes der Zeitschrift wie als Unterschrift der Vorrede, beinahe bescheiden wird der dem Ehemann 1775 verliehene Adelstitel weggelassen. Zur Nennung des Namens passt, dass das eigene Ich in der Vorrede selbst das Wort ergreift, wiederum ausdrücklich als Frau. Es setzt sich damit ganz bewusst von den „teutschen Männern“ ab, die in ihren Zeitschriften nur darlegen, was Männer als „nützlich und gefällig“ für Frauen ansehen. Im Unterschied dazu spricht hier eine Frau, ja, nur in der *Pomona* ist das Sprecher-Ich identisch mit den Funktionen der Autorin und Herausgeberin. Die Vorrede erschafft mit Pomona die Figur, die genau dies verkörpert. Wie Ovids Baumnymphe, die sich ganz dem Gartenbau und dem Ziehen von Obst hingibt (Ovid, Metamorphosen, XIV, 625ff.), lanciert sie die Zeitschrift, plant und verantwortet sie. Pomona ist vor allem Frau und bezieht in allen Fragen Position als solche; sie stellt in „Auszügen und Nachrichten von Schriften ... für uns", also die Frauen, Wissen und Debatten aus Deutschland und seinen Nachbarländern vor und lässt die Leserinnen parallel dazu an ihrem Briefwechsel mit Personen teilhaben, die ihr aus verschiedenen Ländern „Neues liefern". Die Leserinnen werden zu Mitarbeit und Kommunikation eingeladen: Pomona wartet auf Mitteilungen, „was meine Leserinnen von Pomona wünschten."

Pomona lief, wie die meisten Zeitschriften in der Nachfolge der Moralischen Wochenschriften der Frühaufklärung, nur zwei Jahre. La Roches Verweis auf ihre Konkurrentinnen, das in Straßburg 1782 von David Christian Seybold (1747–1804) gestartete *Magazin für Frauenzimmer* und das in Kehl 1783 von G. W. F. Jahn (?) herausgebrachte *Jahrbuch zur Erläuterung der Denkwürdigkeiten des schönen Geschlechts*, das mit einem Porträt, einer Widmung und einem Widmungsgedicht an sie aufmacht, belegt, dass ihre Zeitschrift weder die erste noch die einzige war, die sich ausschließlich an Frauen wandte. Aber ihr wohl kalkulierter Vorstoß auf den Zeitschriftenmarkt sollte sich auszahlen. Das Unternehmen sicherte der Autorin den neuerlichen Durchbruch, denn dank ihrer Zeitschrift etablierte sie sich endgültig auf dem literarischen Markt: Schon im Juniheft des ersten Jahrgangs musste La Roche *Pomon*a, die von der Kritik überwiegend wohlwollend aufgenommen worden war, gegen unbefugte Nachdrucke verteidigen; Briefe, die sie in Pomona veröffentlicht hatte, konnten umgehend auch in selbständigen Ausgaben erscheinen, ebenso ihre „Moralischen Erzählungen". Ab 1787 fand sie Verleger für ihre Reiseberichte aus der Schweiz, Frankreich, Holland und England, bis zu ihrem Tod auch für weitere Romane und ihre autobiographischen Schriften. La Roches *Pomona* trug entscheidend dazu bei, das Segment „Literatur für ein weibliches Publikum“ im literarischen System ihrer Zeit zu verankern, wenngleich sie als Autorin nun oft negative Kritiken erhielt, insbesondere von ihren einstigen Anhängern unter der jungen Schriftstellergeneration.

Helga Meise

Der Geist der Achtsamkeit und des Respekts

Über den Umgang mit Menschen
Adolph Freiherr von Knigge
1788

Es gibt nur wenige Bücher, die so viel an Missverständnissen hervorgerufen, zugleich aber auch so viele unter ihrer Flagge segelnde Nachahmer gefunden haben wie die 1788 erschienene Schrift „Über den Umgang mit Menschen" des Adolph Freiherr von Knigge (1752–1796). Längst hat sich aus dem Namen des Verfassers eine eigenständige Gattung von Ratgebern herausgemendelt: Ob Öko-Knigge, iPad-Knigge oder Knigge der Weltreligionen – es gibt kaum einen Bereich des modernen Lebens, der nicht seine Bearbeiter und seinen Absatzmarkt gefunden hätte. Dabei warten solche Ratgeber mit stets demselben Rezept auf: „richtiges" wird vom „falschen" Benehmen unterschieden, so als ob es nur darum gehe, für den zwischenmenschlichen Bereich eine Art Straßenverkehrsordnung, säuberlich nach Geboten und Verboten getrennt, anzutrainieren. Die Verpackung moderner Knigge-Nachfolger hat sich im Laufe der Jahre dabei allerdings stark gewandelt. Früher schlicht als Benimmbuch bezeichnet, preisen sich aktuelle Vertreter der Gattung gern unter modischen Schlagworten wie „Persönlichkeitstraining / Umgangsformen" an.

Der Freiherr selbst wäre erstaunt zu sehen, was unter seinem Namen heute verkauft wird. Ihm, einem Menschenfreund, lag jedoch nichts ferner als ein starres Regelwerk zur Erreichung eigensüchtiger Ziele wie z. B. gesellschaftlicher Anerkennung aufzustellen, er forderte stattdessen eine Haltung der Achtsamkeit und des Respekts. Im Kern beinhaltete das nichts anderes als seine Lesart des Kategorischen Imperativs: „Handle so, dass Dein Handeln jederzeit zur Maxime eines allgemeinen Gesetzes werden kann." Wie sehr es ihm um eine ethisch motivierte Haltung und wie wenig um einen Katalog von Verhaltensmaßregeln zu tun war, zeigt vor allem das neunte Kapitel des dritten Buches, welches das Verhalten von uns Menschen gegenüber Tieren zum Thema hat:

Der Gerechte erbarmet sich auch seines Viehes – das ist ein vortrefflicher Spruch ja, der edle, der gerechte Mann martert kein lebendiges Wesen. Wenn doch die hartherzigen, grausamen oder, um billiger zu urteilen, zum Teil nur leichtsinnigen, verwilderten Menschen, deren Augen sich an der Qual eines rastlos umhergetriebenen Hirsches oder an der Todesangst eines in dem Schauplatz der Barbarei auf den Tod gehetzten Viehs weiden können; wenn die Unbesonnenen, die mit dem Leben eines armen Geschöpfs, das in ihre kindischen Hände fällt, wie mit einem Balle spielen, Fliegen und Käfern Beine ausreißen oder sie spießen, um zu sehn, wie lange ein also leidendes Tier in konvulsivischer Pein fortleben kann; wenn die vornehmen Müßiggänger, die, um die Ehre zu haben, am schnellsten der lieben Langeweile in den Rachen zu reiten oder zu fahren, ihre armen Pferde auf den Tod jagen; wenn diese und alle, die nicht erweicht werden durch den Anblick der geängsteten, duldenden, von dem grausamsten aller Raubtiere, von dem Menschen, mit kaltem Blute, nicht aus Hunger, sondern aus Mutwillen nur gemarterten Kreatur; nicht erweicht werden durch das anklagende Seufzen und Winseln dieser unglücklichen Geschöpfe zu ihrem und unserm gemeinschaftlichen Schöpfer; wenn sie doch nur bedenken wollten, daß diese Tiere zwar zu unsrer Nahrung auf der Erde sind, nicht aber, um von uns gepeinigt zu werden, und daß keine Kreatur das Recht haben könnte, mit dem Leben einer andern Kreatur, der Gott einen Odem eingeblasen hat, sein Spielwerk zu treiben; daß dies Versündigung an dem Vater aller lebendigen Wesen ist; daß ein Tier ebenso schmerzhaft Mißhandlung, barbarischen Mißbrauch größerer Stärke und Wehe fühlt als wir, und vielleicht noch lebhafter, da seine ganze Existenz auf sinnlichen Empfindungen beruht; daß diese Existenz vielleicht seine erste Stufe ist, um auf der Leiter der Schöpfung dahinauf zu steigen, wo wir jetzt stehen; daß Grausamkeit gegen unvernünftige

Wesen unmerklich zur Härte und Grausamkeit gegen unsre vernünftigen Nebengeschöpfe führt – wenn sie doch das alles fühlen und ihr Herz dem sanften Mitleiden gegen alle Kreaturen eröffnen wollten!

Es gibt so zarte Männlein und Weiblein, die gar kein Blut sehn können, die zwar mit großem Appetit ihr Rebhühnchen verzehren, aber ohnmächtig werden würden, wenn sie eine Taube abschlachten sehn müßten; Leute, deren Federn und Zungen mit moralischem Gifte und Dolche den Freund und Bruder verfolgen, aber mitleidig einer matten Fliege das Fenster öffnen, damit sie fern von ihren Augen – zertreten werden könne; die ihre Bedienten in dem rauhesten Wetter ohne Not stundenlang umherjagen, aber dagegen herzlich den armen Sperling bedauern, der, wenn es regnet, ohne Paraplü und Überrock herumfliegen muß. Zu diesen süßen Seelchen gehöre ich nicht, halte auch nicht alle Jäger für grausame Menschen – aber ich verlange nur, daß man nicht ohne Zweck und Nutzen Tiere martern noch ein vornehmes Vergnügen darin suchen solle, mit wehrlosen Geschöpfen einen ungleichen Krieg zu führen.

Ich habe immer nicht begreifen können, welche Freude man daran haben kann, Tiere in Käfigen und Kästen einzusperren. Der Anblick eines lebendigen Wesens, das außerstand gesetzt ist, seine natürlichen Kräfte zu nützen und zu entwickeln, darf keinem verständigen Manne Freude gewähren. Wer mir daher einen schönen Vogel in einem Bauer schenken will, dem kann ich vorhersagen, daß das einzige Vergnügen, welches er mir dadurch verschaffen kann, das sein wird, sein Bauer zu öffnen und das arme Tier aus der Sklaverei in Gottes freie Luft hinausfliegen zu lassen; auch ist eine Menagerie, in welcher wilde Tiere mit großen Kosten in kleinen Verschlägen aufbewahrt werden, meiner Meinung nach ein sehr ärmlicher Gegenstand der Unterhaltung.

Noch abgeschmackter aber scheint es mir, wenn man sich an einem Vogel ergötzt, der seinen schönen wilden Gesang hat vergessen müssen, um vom Morgen bis zum Abend die Melodie einer elenden Polonaise zu pfeifen, oder wenn man Geld ausgibt, um einen Hund zu sehn, den man gelehrt hat, eine Reverenz wie ein Tanzmeister zu machen und auf den Wink seines Meisters anzudeuten, wieviel schöne Junggesellen in der Versammlung sind.

Habe ich aber diejenigen getadelt, die grausam gegen Tiere verfahren, so muß ich doch auch sagen, daß andre in die entgegengesetzte Übertreibung fallen, indem sie mit dem Viehe wie mit Menschen umgehen. Ich kenne Damen, die ihre Katze zärtlicher umarmen als ihre Ehegatten; junge Herrn, die ihren Pferden sorgsamer aufwarten als ihren Oheimen und Basen, und Männer, die gegen ihre Hunde mehr Zärtlichkeit, Schonung und Nachsicht beweisen als gegen ihre Freunde, die sich von jenen müssen mit Flöhen bevölkern lassen. Indessen scheinen manche Tiere in besserm Rufe zu stehn als andre. Niemand schämt sich zu bekennen, daß er Flöhe habe; Läuse hingegen darf kein Mensch von Erziehung mit sich führen, und doch ist beides Ungeziefer und an Geselligkeit geben die letztern den erstern nichts nach.

Dirk Schindelbeck

Bildung, Bildung, Bildung

Ideen zu einem Versuch, die Gränzen der Wirksamkeit des Staates zu bestimmen
Wilhelm von Humboldt
1792

Wilhelm von Humboldt, älterer Bruder des Weltreisenden und Naturforschers Alexander von Humboldt, ist, wenn es um Bildungsdebatten geht, stets in aller Munde, vor allem mit seinem neuhumanistischen Bildungsideal sowie als Begründer des modernen Gymnasiums und der modernen Universität. 1810 hat er die Berliner Universität gegründet, die ursprünglich Friedrich-Wilhelms-Universität hieß und seit dem 8. Februar 1949 nach Humboldt benannt ist.

Humboldts Schrifttum ist nicht leicht zu überschauen und nicht immer leicht zu lesen. Hier geht es um eine Jugendschrift, die den umständlichen Titel trägt: „Ideen zu einem Versuch, die Gränzen der Wirksamkeit des Staates zu bestimmen". Humboldt hat sie als 25-Jähriger verfasst. Nur Teile davon wurden in Schillers Zeitschrift „Neue Thalia" und in der „Berlinischen Monatsschrift" veröffentlicht. Humboldt hat die „Ideen" dann beiseitegelegt, um sie eines Tages zu überarbeiten. Dazu kam es nicht, so dass sie erst 1851 posthum zum Vorschein kamen. Vermutlich ist das der Grund, warum diese Schrift in der Geschichte der Staatstheorie – bedauerlicherweise – keine Rolle spielt.

Beeinflusst sind die „Ideen" zunächst von der Französischen Revolution. 1789, nur wenige Wochen nach dem Sturm auf die Bastille, hatte der junge Humboldt Paris besucht. Anfangs begeisterten ihn die Parolen der Revolutionäre: Freiheit, Gleichheit, Brüderlichkeit. Bald jedoch überwog eine ambivalente Haltung, die ausufernden Gewalttätigkeiten schreckten Humboldt ab. Vor allem sorgte er sich um die in der Revolution schlummernde Möglichkeit einer Totalität und Omnipotenz des Staates.

Beeinflusst wurde Humboldt auch von Schiller, mit dem er sich intensiv austauschte. Dessen Ideal des „ästhetischen Staates“ entstand zeitgleich mit Humboldts „Ideen“. 1792 veröffentlicht Schiller als Briefe „Über die ästhetische Erziehung des Menschen“. Eine weitere ideelle Basis für den jungen Humboldt war Immanuel Kants Definition von Aufklärung als „der Ausgang des Menschen aus seiner selbstverschuldeten Unmündigkeit.“ Im Einklang mit diesen Vorbildern wünschte sich Humboldt in den „Ideen“ einen Staat, in dem jeder Einzelne ein selbstbestimmtes Leben führen soll:

> Der Zweck des Staats kann nämlich ein doppelter sein; er kann Glück befördern oder nur Übel verhindern wollen, und im letzteren Fall Übel der Natur oder Übel der Menschen. Schränkt er sich auf das letztere ein, so sucht er nur Sicherheit, und (durch) diese Sicherheit sei es mir erlaubt, einmal allen übrigen möglichen Zwecken, unter dem Namen des positiven Wohlstandes vereint, entgegenzusetzen. Auch die Verschiedenheit der vom Staat angewendeten Mittel gibt seiner Wirksamkeit eine verschiedene Ausdehnung. Er sucht nämlich seinen Zweck entweder unmittelbar zu erreichen, seis durch Zwang – befehlende und verbietende Gesetze, Strafen – oder durch Ermunterung und Beispiel; oder mittelbar, indem er entweder der Lage der Bürger eine demselben günstige Gestalt gibt und sie gleichsam anders zu handeln hindert, oder endlich, indem er sogar, ihre Neigung mit demselben übereinstimmend zu machen, auf ihren Kopf oder ihr Herz zu wirken strebt. Im ersten Falle bestimmt er zunächst nur einzelne Handlungen, im zweiten schon mehr die ganze Handlungsweise und im dritten endlich Charakter und Denkungsart. Auch ist die Wirkung der Einschränkung im ersten Falle am kleinsten, im zweiten größer, im dritten am größesten, teils weil auf Quellen gewirkt wird, aus welchen mehrere Handlungen entspringen, teils weil die Möglichkeit der Wirkung selbst mehrere Veranstaltungen erfordert. So verschieden indes hier gleichsam die Zweige der Wirksamkeit des Staats scheinen, so gibt es schwerlich eine Staatseinrichtung, welche

> nicht zu mehreren zugleich gehörte, da z. B. Sicherheit und Wohlstand so sehr voneinander abhängen, und was auch nur einzelne Handlungen bestimmt, wenn es durch öftere Wiederkehr Gewohnheit hervorbringt, auf den Charakter wirkt. Es ist daher sehr schwierig, hier eine dem Gange der Untersuchung angemessene Einteilung des Ganzen zu finden. Am besten wird es indes sein, zuvörderst zu prüfen, ob der Staat auch den positiven Wohlstand der Nation oder bloß ihre Sicherheit abzwacken soll, bei allen Einrichtungen nur auf das zu sehen, was sie hauptsächlich zum Gegenstande oder zur Folge haben, und bei jedem beider Zwecke zugleich die Mittel zu prüfen, deren der Staat sich bedienen darf.

Humboldt positioniert sich gegen einen patriarchalischen, paternalistischen Staatsgedanken, er setzt auf Eigenverantwortung statt Entmündigung. Nicht der Staat steht für ihn im Vordergrund, sondern das Individuum. In dessen Interesse muss der Einfluss des Staates weitgehend zurückgedrängt werden. Eine Einmischung des Staates in Privatangelegenheiten der Bürger hält Humboldt für „verwerflich". Allein für die innere und äußere Sicherheit solle der Staat zuständig sein.

Im Grundsatz geht es Humboldt hier um ein Menschenbild, das dem Individuum zutraut und zumutet, sein Leben in Freiheit und Eigenverantwortung zu meistern. Ein anderes – sozialistisches – Menschenbild kollektiviert Verantwortung, es glaubt nicht an die Vernunftfähigkeit des Individuums und möchte die Menschen qua bequemem Wohlfahrtsstaat leiten wie eine Herde von dummen Schafen. Es gehört für Humboldt aber implizit zur Menschenwürde, dass der Mensch seine Bedürfnisse möglichst aus eigenen Kräften befriedigt und nicht der Staat als allmächtige administrative Sozialagentur, als Garant für die Erfüllung von Vollkasko-Ansprüchen.

Zudem erodiert der Sozialstaat mit jeder Expansion. Denn je mehr Sozialstaat, desto weniger Sozialstaatsmoral. Humboldt ahnt das sehr konkret, wenn er schreibt:

Überhaupt wird der Verstand des Menschen doch, wie jede andre seiner Kräfte, nur durch eigene Tätigkeit, eigne Erfindsamkeit oder eigne Benutzung fremder Erfindungen gebildet. Anordnungen des Staates aber führen immer, mehr oder minder, Zwang mit sich, und selbst wenn dieser der Fall nicht ist, so gewöhnen sie den Menschen zu sehr, mehr fremde Belehrung, fremde Leitung, fremde Hilfe zu erwarten, als selbst auf Auswege zu denken …. Noch mehr aber leidet durch eine ausgedehnte Sorgfalt des Staates die Energie des Handelns überhaupt und der moralische Charakter … Wer oft und viel geleitet wird, kommt leicht dahin, den Überrest seiner Selbsttätigkeit gleichsam freiwillig zu opfern. Er glaubt sich der Sorge überhoben, die er in fremden Händen sieht, und genug zu tun, wenn er ihre Leitung erwartet und ihr folgt. Damit verrücken sich seine Vorstellungen von Verdienst und Schuld. Die Idee des erstern feuert ihn nicht an, das quälende Gefühl der letztern ergreift ihn seltener und minder wirksam, da er dieselbe bei weitem leichter auf seine Lage und auf den schiebt, der dieser die Form gab … Nicht minder sichtbar ist jener nachteilige Einfluss in dem Betragen der Bürger gegeneinander. Wie jeder sich selbst auf die sorgende Hilfe des Staates verlässt, so und noch weiter übergibt er ihr das Schicksal seines Mitbürgers. Dies aber schwächt die Teilnahme und macht zu gegenseitiger Hilfeleistung träger. Wenigstens muss die gemeinschaftliche Hilfe da am tätigsten sein, wo das Gefühl am lebendigsten ist, dass auf ihm allein alles beruhe … Was nicht von dem Menschen selbst gewählt, worin er auch nur eingeschränkt und geleitet wird, das geht nicht in sein Wesen über, das bleibt ihm ewig fremd, das verrichtet er nicht eigentlich mit menschlicher Kraft, sondern mit mechanischer Fertigkeit.

Und an anderer Stelle:

Denn je mannigfaltiger und eigenthümlicher ein Mensch sich ausbildet, je höher sein Gefühl sich emporschwingt;

desto leichter richtet sich auch sein Blik von dem engen, wechselnden Kreise, der ihn umgiebt, auf das hin, dessen Unendlichkeit und Einheit den Grund jener Schranken und jenes Wechselns enthält, er mag nun ein solches Wesen zu finden, oder nicht zu finden vermeinen. Je freier ferner der Mensch ist, desto selbstständiger wird er in sich, und desto wohlwollender gegen andre. Uns aber führt nichts so der Gottheit zu, als wohlwollende Liebe; und macht nichts so das Entbehren der Gottheit der Sittlichkeit unschädlich, als Selbstständigkeit, die Kraft, die sich in sich begnügt, und auf sich beschränkt. Je höher endlich das Gefühl der Kraft in dem Menschen, je ungehemmter jede Aeußerung derselben; desto williger sucht er ein inneres Band, das ihn leite und führe, und so bleibt er der Sittlichkeit hold, es mag nun dies Band ihm Ehrfurcht und Liebe der Gottheit, oder Belohnung des eignen Selbstgefühls sein. Daher erscheint der also gebildete Mensch in seiner höchsten Schönheit, wenn er ins praktische Leben tritt, wenn er, was er in sich aufgenommen hat, zu neuen Schöpfungen in und außer sich fruchtbar macht.

Basis für das Gelingen eines solchen Staats- und Gemeinwesens ist für Humboldt Bildung, Bildung, Bildung. Bereits in Kapitel 1 der „Ideen" schreibt er: „Denn die wichtige Untersuchung der Gränzen der Wirksamkeit des Staates muss – wie sich leicht voraussehen lässt – auf höhere Freiheit der Kräfte und größere Mannigfaltigkeit der Situationen führen. Nun aber erfordert die Möglichkeit eines höheren Grades der Freiheit immer einen gleich hohen Grad der Bildung, und das geringere Bedürfniss, gleichsam in einförmigen, verbundenen Massen zu handeln, eine größere Stärke und einen mannigfaltigeren Reichtum der handelnden Individuen."

Vor allem aber – und das ist eine der bekanntesten Passagen dieses Werkes – geht es Humboldt um eine umfassende Allgemein- und Persönlichkeitsbildung. Kapitel 2 beginnt denn auch wie folgt: „Der wahre Zweck des Menschen, nicht der, welchen die wechselnde Neigung, sondern welchen die ewig unveränderliche Vernunft ihm vorschreibt – ist die höchste und proportionirlichste Bildung seiner Kräfte zu einem Ganzen. Zu dieser Bildung ist Freiheit die erste und unerlässliche Bedingung."

Josef Kraus

Wie ein Mensch schlau und böse

Reineke Fuchs
Johann Wolfgang von Goethe
1794

Die Tiere in Goethes Reineke Fuchs sind halbe Menschen und durchaus vergleichbar mit den Figuren der Fabel. Aber sie haben Namen und heißen Isegrim, Hinz, Henning, Rückenau oder Bellyn. Das sind der Wolf, der Hahn, der Kater, die Äffin und der Widder. Sie handeln wie Menschen, vergewaltigen, betrügen, stehlen. Sie beschimpfen sich und streben doch nach Gerechtigkeit. Zu diesem Ziel veranstalten sie Gerichtsverfahren mit Anklage, Verteidigung des Beschuldigten und Urteil. Sie sind auch fromm und beschwören Gott bei manchen Gelegenheiten. Aber sie sind gleichzeitig Tiere: grausam, gefräßig, auf ständigem Beutezug. Sie beißen und töten, fressen rohes Fleisch und kauen die zarten Knöchelchen ihrer Beute.

Goethe hat die Geschichte vom listigen Fuchs aus alten Erzählungen übernommen. Es gab sie schon im Mittelalter, auf Altfranzösisch als *Roman de Renart* oder auf Niederdeutsch als *Reynke de vos*. Der Fuchs begeht die schlimmsten Schandtaten, kann aber den Kopf immer wieder aus der Schlinge ziehen. Im ganz wörtlichen Sinne. Mit Hilfe von List und Lüge entkräftet er alle Vorwürfe und steht am Ende als ehrbarer Kerl da. König Nobel – das ist der Löwe – erkennt ihn als einen Baron an und macht ihn zu seinem Kanzler.

Die Tiere leben in einer feudalen Gesellschaft. An der Spitze thront der König und herrscht über seine Untertanen. Ein Zweikampf von Kläger und Beklagtem soll über Lüge oder Wahrheit entscheiden. Das ist ein Stück Mittelalter. Man hat in Reinekes Taten auch einen Protest gegen eine ungerechte Gesellschaftsordnung gesehen. Aber das geht nicht auf. Zwar entlarvt er Missstände, zum Beispiel das sündige Leben der Pfaffen, aber Reinekes Triumph ist nicht der Sieg des Guten über das Böse. Gegen den Wolf kämpft er mit unfairen Mitteln, die mit einer Disqualifikation hätten geahndet werden müssen. Wir mögen Reinekes Schlauheit bewundern, aber er bleibt ein übler Schuft.

Die anderen fallen auf seine Lügen herein. Sie sind leichtgläubig, dumm oder ohnmächtig. Und der Wolf ist machtlos gegen Reinekes unritterliche Kampfesweise.

Goethe bietet keine erbauliche Geschichte, in der die Wertvorstellungen der Leser bestätigt werden. Seine Erzählung über das Treiben menschenähnlicher Tiere ist freilich äußerst unterhaltsam. Und sie verschafft höchstes Lesevergnügen, nicht zuletzt wegen des Hexameters. Der wurde in der Antike erfunden. Homer schrieb seine *Ilias*, Ovid seine *Metamorphosen* in Hexametern. In *Reynke de vos* dagegen hießen die ersten Verse:

Id gheschach up eynen pynxstedach,
Datmen de wolde unde velde sach
Grone staen myt loff unde gras,
Unde mannich fogel vrolich was
Myt sange in haghen unde up bomen …

Goethe machte daraus:

Pfingsten, das liebliche Fest, war gekommen! es grünten und blühten
Feld und Wald; auf Hügeln und Höhn, in Büschen und Hecken
Übten ein fröhliches Lied die neu ermunterten Vögel …

Das sind sechshebige Zeilen, Hexameter. Es sind geschmeidige Verse, deren Fluss den Leser erfasst und mit sich zieht. Die schlimmen Dinge in Goethes Tiererzählung bekommen dabei ein edles Gewand. So ist das mit der schönen Literatur: Eine Welt, wie sie nicht sein sollte, wird in gefälliger Sprache geschildert, die uns bezaubert. Ein Widerspruch, der den Leser ratlos macht. Ihm bleibt nichts, als eine Gegenwelt zu phantasieren. Bessere Zustände, in der die Schurken bestraft werden und die Friedfertigen am Leben bleiben. Solche Vorstellungen zu erzeugen ist auch Aufgabe schöner Literatur.

Trinket nur brav und haltet das Wasser

Reinekens Freunde blieben beisammen die Nacht durch und scheuchten
Seine Grillen durch muntre Gespräche. Frau Rückenau aber
War vor allen besorgt und geschäftig, sie ließ ihn behende

Zwischen Kopf und Schwanz und Brust und Bauche bescheren
Und mit Fett und Öle bestreichen; es zeigte sich aber
Reineke fett und rund und wohl zu Fuße. Daneben
Sprach sie: Höret mich an, bedenket, was Ihr zu tun habt,
Höret den Rat verständiger Freunde, das hilft Euch am besten.
Trinket nur brav und haltet das Wasser, und kommt Ihr des Morgens
In den Kreis, so macht es gescheit, benetzet den rauhen
Wedel über und über und sucht den Gegner zu treffen;
Könnt Ihr die Augen ihm salben, so ist's am besten geraten,
Sein Gesicht verdunkelt sich gleich; es kommt Euch zustatten,
Und ihn hindert es sehr. Auch müßt Ihr anfangs Euch furchtsam
Stellen und gegen den Wind mit flüchtigen Füßen entweichen.
Wenn er Euch folget, erregt nur den Staub, auf daß Ihr die Augen
Ihm mit Unrat und Sande verschließt. Dann springet zur Seite,
Paßt auf jede Bewegung, und wenn er die Augen sich auswischt,
Nehmt des Vorteils gewahr und salbt ihm aufs neue die Augen
Mit dem ätzenden Wasser, damit er völlig erblinde, Nicht mehr
wisse, wo aus noch ein, und der Sieg Euch verbleibe. ...

Vorspiel

Isegrim schwur mit heftigen Worten und drohenden Blicken:
Reineke sei ein Verräter, ein Dieb, ein Mörder und aller
Missetat schuldig, er sei auf Gewalt und Ehbruch betreten,
Falsch in jeglicher Sache; das gelte Leben um Leben!
Reineke schwur zur Stelle dagegen: er seie sich keiner
Dieser Verbrechen bewußt, und Isegrim lüge wie immer,
Schwöre falsch wie gewöhnlich, doch soll' es ihm nimmer gelingen,
Seine Lüge zur Wahrheit zu machen, am wenigsten diesmal.
Und es sagten die Wärter des Kreises: Ein jeglicher tue,
Was er schuldig zu tun ist! das Recht wird bald sich ergeben.
Nun ließ man die beiden In dem Kreise zusammen, und alle schauten begierig.

Bei den empfindlichsten Teilen

Isegrim zeigte sich wild und grimmig, reckte die Tatzen,
Kam daher mit offenem Maul und gewaltigen Sprüngen.
Reineke, leichter als er, entsprang dem stürmenden Gegner

Und benetzte behende den rauhen Wedel mit seinem
Ätzenden Wasser und schleift' ihn im Staube, mit Sand ihn zu füllen.
Isegrim dachte, nun hab er ihn schon! da schlug ihm der Lose
Über die Augen den Schwanz, und Hören und Sehen verging ihm.
Nicht das erstemal übt' er die List, schon viele Geschöpfe
Hatten die schädliche Kraft des ätzenden Wassers erfahren.
Isegrims Kinder blendet' er so, wie anfangs gesagt ist;
Und nun dacht er den Vater zu zeichnen. Nachdem er dem Gegner
So die Augen gesalbt, entsprang er seitwärts und stellte
Gegen den Wind sich, rührte den Sand und jagte des Staubes
Viel in die Augen des Wolfs, der sich mit Reiben und Wischen
Hastig und übel benahm und seine Schmerzen vermehrte.
Reineke wußte dagegen geschickt den Wedel zu führen,
Seinen Gegner aufs neue zu treffen und gänzlich zu blenden.
Übel bekam es dem Wolfe! denn seinen Vorteil benutzte
Nun der Fuchs. Sobald er die schmerzlich tränenden Augen
Seines Feindes erblickte, begann er mit heftigen Sprüngen,
Mit gewaltigen Schlägen auf ihn zu stürmen, zu kratzen
Und zu beißen und immer die Augen ihm wieder zu salben.

Isegrim aber, stärker als er, bewegte sich grimmig,
Mit zwei Zügen riß er sich los. Doch Reineke griff ihm
Ins Gesicht, verwundet' ihn hart und riß ihm ein Auge
Aus dem Kopfe, es rann ihm das Blut die Nase herunter.
Reineke rief: So wollt ich es haben! so ist es gelungen!
Blutend verzagte der Wolf, und sein verlorenes Auge
Macht' ihn rasend, er sprang, vergessend Wunden und Schmerzen,
Gegen Reineken los und druckt' ihn nieder zu Boden.
Übel befand sich der Fuchs, und wenig half ihm die Klugheit.
Einen der vorderen Füße, die er als Hände gebrauchte,
Faßt' ihm Isegrim schnell und hielt ihn zwischen den Zähnen.
Reineke lag bekümmert am Boden, er sorgte zur Stunde
Seine Hand zu verlieren und dachte tausend Gedanken.
Isegrim brummte dagegen mit hohler Stimme die Worte
Deine Stunde, Dieb, ist gekommen! Ergib dich zur Stelle,
Oder ich schlage dich tot für deine betrüglichen Taten!

Ich bezahle dich nun, es hat dir wenig geholfen,
Staub zu kratzen, Wasser zu lassen, das Fell zu bescheren,
Dich zu schmieren; wehe dir nun! du hast mir so vieles
Übel getan, gelogen auf mich, mir das Auge geblendet,
Aber du sollst nicht entgehn, ergib dich, oder ich beiße!

Also sagte der Wolf. Indessen hatte der Lose
Zwischen die Schenkel des Gegners die andre Tatze geschoben;
Bei den empfindlichsten Teilen ergriff er denselben und ruckte,
Zerrt' ihn grausam, ich sage nicht mehr – Erbärmlich zu schreien
Und zu heulen begann der Wolf mit offenem Munde.
Reineke zog die Tatze behend aus den klemmenden Zähnen,
Hielt mit beiden den Wolf nun immer fester und fester,
Kneipt' und zog; da heulte der Wolf und schrie so gewaltig
Daß er Blut zu speien begann, es brach ihm vor Schmerzen
Über und über der Schweiß durch seine Zotten, er löste
Sich vor Angst. Das freute den Fuchs, nun hofft' er zu siegen,
Hielt ihn immer mit Händen und Zähnen, und große Bedrängnis,
Große Pein kam über den Wolf, er gab sich verloren.
Blut rann über sein Haupt, aus seinen Augen, er stürzte
Nieder, betäubt. Es hätte der Fuchs des Goldes die Fülle
Nicht für diesen Anblick genommen; so hielt er ihn immer
Fest und schleppte den Wolf und zog, daß alle das Elend
Sahen, und kneipt' und druckt' und biß und klaute den Armen,
Der mit dumpfem Geheul im Staub und eigenen Unrat
Sich mit Zuckungen wälzte, mit ungebärdigem Wesen. …

Gerd Schrammen

Auch in Gerd Schrammen: Lese-Lust. Schönes Deutsch von den Anfängen bis heute. IFB Verlag Deutsche Sprache 2016.

Blumen-, Frucht - und Dornenstücke

Rede des toten Christus
Jean Paul
1796

Jean Paul irgendeiner literarischen Richtung zuzuordnen, ist keinem Literaturhistoriker überzeugend gelungen. Seine Wurzeln liegen noch sehr stark in der Aufklärung, davon zeugen seine satirischen, ästhetischen und pädagogischen Schriften ebenso wie seine politische Einstellung, die auch nach der Enttäuschung über das Scheitern der Revolution von 1789 entschieden antihöfisch-bürgerlich und republikanisch geblieben ist. Und zum Romantiker fehlte ihm die Mittelalter-Nostalgie, die Idolatrie der Nachtseiten menschlicher Existenz und das konservative Wesen. Als er für einige Zeit in Weimar auftauchte, blieb er auch hier (wie Schiller befand) „fremd wie einer der aus dem Mond gefallen ist"; Goethe sah in ihm sogar eine „orientalische" Natur. Geboren 1763 und mit wenig Aussicht auf eine Stelle in staatlicher oder pädagogischer Verwaltung, schrieb er schon als 18-Jähriger an einem ersten Romanversuch in Rousseauscher Manier. Für den französischen Philosophen und Romancier hegte er sein Leben lang höchste Bewunderung, so dass er, der als Johann Paul Friedrich Richter getauft war, sogar seinen Namen in Jean Paul änderte. Ab 1793 erschienen dann seine sofort vielgelesenen Bücher („Die unsichtbare Loge", „Hesperus", „Siebenkäs", Titan", „Flegeljahre"), die ihn zu einem der erfolgreichsten Schriftsteller des 19. Jahrhunderts machten, weit vor den Weimarer Klassikern oder romantischen Kollegen.

Heute gilt er als schwieriger Autor, selbst für die meisten Germanisten bleibt er ein bloßer Name aus der Literaturgeschichte; wenn man etwas von ihm kennt, dann seine Idylle „Leben des vergnügten Schulmeisterlein Maria Wutz aus Auenthal". Die meisten seiner einstigen Leser aber verstanden ihn gut und machten ihn zum Bestseller-Autor. Man sollte daher Jean Paul niemals mit dem Lexikon in der Hand oder Google vor Augen zu lesen beginnen, sonst wird man niemals den Zugang zu diesem wohl größten, vielfältigsten und doch heute unbekanntesten Lektüreparadies finden, das die deutsche Literatur hervorgebracht hat. „So rasch als möglich“, rät auch einer seiner besten Kenner, der Literaturwissenschaftler Robert Minder, „den Teufelskreis der wildgewordenen Lesefrüchte hinter sich bringen, bis der Satellit die Bahn gefunden hat und Luft von anderen Planeten weht. Dann aber ganz langsam diese hohe Prosa durchbuchstabieren, auskosten, einschlürfen ...“

Für jeden Schriftsteller, jedes Buch sogar gibt es eine kleinste Einheit kontinuierlicher Lektüre, die nicht unterschritten werden darf, sonst verliert man den Kontakt mit dem Buch; sie variiert von Leser zu Leser und verlangt bei Jean Paul sicher ungewöhnlichen Einsatz. Wer aber „Siebenkäs“ oder „Flegeljahre“ stückchenweise abends vor dem Einschlafen liest, wird sie nie lesen, weil er schnell die Lust verliert. Jean-Paul-Lektüre verlangt ausgedehnte Lektüre, das Pendant zu dem ausschweifenden Erzählen seiner Bücher, verlangt Zeit-Raum für ein gleichsam flanierendes Lesen, das ihm ins Netzwerk seiner Neben- und Auswege zu folgen vermag. Die Belohnung bleibt dann nicht aus, denn wie im Märchen öffnen sich auch die künstlichen Paradiese Jean Pauls nur auf dem Wege der Absichtslosigkeit.

Das gilt auch für seinen 3. Roman, dessen vollständiger Titel Erzählweise, paradoxen Inhalt und brüchige Stimmung schon andeuten: „Blumen-, Frucht- und Dornenstücke oder Ehestand, Tod und Hochzeit des Armenadvokaten F. St. Siebenkäs im Reichsmarktflecken Kuhschnappel“. Es ist eine Ehegeschichte, noch dazu in der spießigen Umgebung eines schwäbischen Provinznests, doch es ist zugleich das Ergebnis seiner eigenen bitteren Eheerfahrung und eine so in der deutschen Literatur singuläre Untersuchung jener Institution bis in ihre feinsten Verzweigungen hinein. In die zweite Auflage des Buchs hat Jean Paul den uns so modern anmutenden Text der „Rede des toten Christus vom Weltgebäude herab, daß kein Gott sei“ eingefügt, auf den ersten Blick eine befremdliche Montage. Doch geht es in dem Roman um mehr als eine humoristisch verfremdete unglückliche Ehegeschichte. „Für die Erde und die Menschen sind schon mehre Erlöser als einer gestorben … Ja mancher Schein-Pilatus ist wohl gar ein Messias." Die Sätze fallen auf dem nächtlichen Spaziergang über den Kirchhof, dem sogleich die „Rede des toten Christus" folgt, die nun tatsächlich jenes Tremendum ausspricht, das dem Martyrium der beiden Eheleute Siebenkäs die Tiefe gibt: „Wie ist jeder so allein in der weiten Leichengruft des Alls!" Als Jean Paul am 14. November 1825 starb, waren seine letzten Worte: „Wir wollen's gehen lassen."

> Ich lag einmal an einem Sommerabende vor der Sonne auf einem Berge und entschlief. Da träumte mir, ich erwachte auf dem Gottesacker. Die abrollenden Räder der Turmuhr, die elf Uhr schlug, hatten mich erweckt. Ich suchte im ausgeleerten Nachthimmel die Sonne, weil ich glaubte, eine Sonnenfinsternis verhülle sie mit dem Mond. Alle Gräber waren aufgetan, und die eisernen Türen des Gebeinhauses gingen unter unsichtbaren Händen auf und zu. An den Mauern flogen Schatten, die niemand warf, und andere Schatten gingen aufrecht in der bloßen Luft. In den offenen Särgen schlief nichts mehr als die Kinder. Am Himmel hing in großen Falten bloß ein grauer schwüler Nebel, den ein Riesenschatte wie ein Netz immer näher, enger und heißer hereinzog. Über mir hört' ich den fernen Fall der Lawinen, unter mir den ersten Tritt eines unermeßlichen Erdbebens. Die Kirche schwankte auf und nieder von zwei unaufhörlichen Mißtönen, die in ihr miteinander kämpften und vergeblich zu einem Wohllaut zusammenfließen wollten. Zuweilen hüpfte an ihren Fenstern ein grauer Schimmer hinan, und unter dem Schimmer lief das Blei und Eisen zerschmolzen nieder. Das Netz des Nebels und die schwankende Erde rückten mich in den Tempel, vor dessen Tore in zwei Gift-Hecken zwei Basilisken funkelnd brüteten. Ich ging durch unbekannte Schatten, denen alte Jahrhunderte aufgedrückt waren. – Alle Schatten standen um den Altar,

und allen zitterte und schlug statt des Herzens die Brust. Nur ein Toter, der erst in die Kirche begraben worden, lag noch auf seinen Kissen ohne eine zitternde Brust, und auf seinem lächelnden Angesicht stand ein glücklicher Traum. Aber da ein Lebendiger hineintrat, erwachte er und lächelte nicht mehr, er schlug mühsam ziehend das schwere Augenlid auf, aber innen lag kein Auge, und in der schlagenden Brust war statt des Herzens eine Wunde. Er hob die Hände empor und faltete sie zu einem Gebete; aber die Arme verlängerten sich und löseten sich ab, und die Hände fielen gefaltet hinweg. Oben am Kirchengewölbe stand das Zifferblatt der Ewigkeit, auf dem keine Zahl erschien und das sein eigener Zeiger war; nur ein schwarzer Finger zeigte drauf, und die Toten wollten die Zeit darauf sehen.

Jetzo sank eine hohe edle Gestalt mit einem unvergänglichen Schmerz aus der Höhe auf den Altar hernieder, und alle Toten riefen: »Christus! Ist kein Gott?«

Er antwortete: »Es ist keiner.«

Der ganze Schatten jedes Toten erbebte, nicht bloß die Brust allein, und einer um den andern wurde durch das Zittern zertrennt.

Christus fuhr fort: »Ich ging durch die Welten, ich stieg in die Sonnen und flog mit den Milchstraßen durch die Wüsten des Himmels; aber es ist kein Gott. Ich stieg herab, soweit das Sein seine Schatten wirft, und schauete in den Abgrund und rief: ›Vater, wo bist du?‹ Aber ich hörte nur den ewigen Sturm, den niemand regiert, und der schimmernde Regenbogen aus Wesen stand ohne eine Sonne, die ihn schuf, über dem Abgrunde und tropfte hinunter. Und als ich aufblickte zur unermeßlichen Welt nach dem göttlichen Auge, starrte sie mich mit einer leeren bodenlosen Augenhöhle an; und die Ewigkeit lag auf dem Chaos und zernagte es und wiederkäuete sich. – Schreiet fort, Mißtöne, zerschreiet die Schatten; denn Er ist nicht!«

Die entfärbten Schatten zerflatterten, wie weißer Dunst, den der Frost gestaltet, im warmen Hauche zerrinnt; und alles wurde leer. Da kamen, schrecklich für das Herz, die gestorbenen Kinder, die im Gottesacker erwacht waren, in den Tempel und warfen sich vor die hohe Gestalt am Altare und sagten: »Jesus! haben wir keinen Vater?« – Und er antwortete mit strömenden Tränen: »Wir sind alle Waisen, ich und ihr, wir sind ohne Vater.«
Da kreischten die Mißtöne heftiger – die zitternden Tempelmauern rückten auseinander – und der Tempel und die Kinder sanken unter – und das ganze Weltgebäude sank mit seiner Unermeßlichkeit vor uns vorbei – und oben am Gipfel der unermeßlichen Natur stand Christus und schauete in das mit tausend Sonnen durchbrochne Weltgebäude herab, gleichsam in das in die ewige Nacht gewühlte Bergwerk, in dem die Sonnen wie Grubenlichter und die Milchstraßen wie Silberadern gehen.
Und als Christus das reibende Gedränge der Welten, den Fackeltanz der himmlischen Irrlichter und die Korallenbänke schlagender Herzen sah, und als er sah, wie eine Weltkugel um die andere ihre glimmenden Seelen auf das Totenmeer ausschüttete, wie eine Wasserkugel schwimmende Lichter auf die Wellen streuet: so hob er groß wie der höchste Endliche die Augen empor gegen das Nichts und gegen die leere Unermeßlichkeit und sagte: »Starres, stummes Nichts! Kalte, ewige Notwendigkeit! Wahnsinniger Zufall! Kennt ihr das unter euch? Wann zerschlagt ihr das Gebäude und mich? – Zufall, weißt du selber, wenn du mit Orkanen durch das Sternen-Schneegestöber schreitest und eine Sonne um die andere auswehest, und wenn der funkelnde Tau der Gestirne ausblinkt, indem du vorübergehest? – Wie ist jeder so allein in der weiten Leichengruft des All! Ich bin nur neben mir – O Vater! O Vater! wo ist deine unendliche Brust, daß ich an ihr ruhe? – Ach wenn jedes Ich sein eigener Vater und Schöpfer ist, warum kann es nicht auch sein eigner Würgengel sein? ...

Ist das neben mir noch ein Mensch? Du Armer! Euer kleines Leben ist der Seufzer der Natur oder nur sein Echo – ein Hohlspiegel wirft seine Strahlen in die Staubwolken aus Totenasche auf euere Erde hinab, und dann entsteht ihr bewölkten, wankenden Bilder. – Schaue hinunter in den Abgrund, über welchen Aschenwolken ziehen – Nebel voll Welten steigen aus dem Totenmeer, die Zukunft ist ein steigender Nebel, und die Gegenwart ist der fallende. – Erkennst du deine Erde?«
Hier schauete Christus hinab, und sein Auge wurde voll Tränen, und er sagte: »Ach, ich war sonst auf ihr: da war ich noch glücklich, da hatt' ich noch meinen unendlichen Vater und blickte noch froh von den Bergen in den unermeßlichen Himmel und drückte die durchstochne Brust an sein linderndes Bild und sagte noch im herben Tode: ›Vater, ziehe deinen Sohn aus der blutenden Hülle und heb ihn an dein Herz!‹ ... Ach ihr überglücklichen Erdenbewohner, ihr glaubt Ihn noch. Vielleicht gehet jetzt euere Sonne unter, und ihr fallet unter Blüten, Glanz und Tränen auf die Knie und hebet die seligen Hände empor und rufet unter tausend Freudentränen zum aufgeschlossenen Himmel hinauf: ›Auch mich kennst du, Unendlicher, und alle meine Wunden, und nach dem Tode empfängst du mich und schließest sie alle.‹ ... Ihr Unglücklichen, nach dem Tode werden sie nicht geschlossen. Wenn der Jammervolle sich mit wundem Rücken in die Erde legt, um einem schönern Morgen voll Wahrheit, voll Tugend und Freude entgegenzuschlummern: so erwacht er im stürmischen Chaos, in der ewigen Mitternacht – und es kommt kein Morgen und keine heilende Hand und kein unendlicher Vater! – Sterblicher neben mir, wenn du noch lebest, so bete Ihn an: sonst hast du Ihn auf ewig verloren.«
Und als ich niederfiel und ins leuchtende Weltgebäude blickte: sah ich die emporgehobenen Ringe der Riesen-

schlange der Ewigkeit, die sich um das Welten-All gelagert hatte – und die Ringe fielen nieder, und sie umfaßte das All doppelt – dann wand sie sich tausendfach um die Natur – und quetschte die Welten aneinander – und drückte zermalmend den unendlichen Tempel zu einer Gottesacker-Kirche zusammen – und alles wurde eng, düster, bang – und ein unermeßlich ausgedehnter Glockenhammer sollte die letzte Stunde der Zeit schlagen und das Weltgebäude zersplittern ... als ich erwachte. Meine Seele weinte vor Freude, daß sie wieder Gott anbeten konnte – und die Freude und das Weinen und der Glaube an ihn waren das Gebet. Und als ich aufstand, glimmte die Sonne tief hinter den vollen purpurnen Kornähren und warf friedlich den Widerschein ihres Abendrotes dem kleinen Monde zu, der ohne eine Aurora im Morgen aufstieg; und zwischen dem Himmel und der Erde streckte eine frohe vergängliche Welt ihre kurzen Flügel aus und lebte, wie ich, vor dem unendlichen Vater; und von der ganzen Natur um mich flossen friedliche Töne aus, wie von fernen Abendglocken.

Gert Ueding

Vom Schiffbruch der Welt

Hyperion
Friedrich Hölderlin
1797

Hölderlins Romanpläne reichen zurück bis in die erste Tübinger Zeit, als er mit Hegel und Schelling im Tübinger Stift freundschaftlich umging, die Grundgedanken einer neuen Philosophie diskutierte und zusammen mit ihnen und revolutionär gesinnten Studenten um den Freiheitsbaum tanzte. Der Kampf der Griechen gegen die türkische Schreckensherrschaft bildet den historischen Hintergrund des 1794/97 erschienen Romans ab, der damit auch auf die deutsche Realität während der Koalitionskriege anspielt, ohne aber die Errungenschaften der Französischen Revolutionen damit preiszugeben. „Wohl dem Manne, dem ein blühend Vaterland das Herz erfreut und stärkt! Mir ist, als würd ich in den Sumpf geworfen, als schlüge man den Sargdeckel über mir zu, wenn einer an das meinige mich mahnt, und wenn mich einer einen Griechen nennt, so wird mir immer, als schnürt‘ er mit dem Halsband eines Hundes mir die Kehle zu.“ Hölderlins Prosasprache, das wird hier schon deutlich, ist hochgestimmt, auch rhythmisch gegliedert, der hohe und hinreißende Stil ist ihr Ideal, wechselt auch in die feinfühlig-rührende Schreibweise, während eine sachliche Berichtsebene fast durchgängig fehlt; stellenweise verwandelt sich die durchgängig rhythmische Prosa in reine Poesie, die den Vergleich mit der Lyrik des Autors nicht zu scheuen braucht. So verwunderlich das angesichts der Hoffnungslosigkeit und Bitterkeit erscheint, die Hyperions Haltung bestimmen, so gewiss kann es der Leser schon als Zeichen für die Zukunftsperspektive nehmen, die dieser Roman anvisiert. Ein Roman in Briefen, die Hyperion an den Freund Bellarmin (‚Bel Arminius‘, ein sprechender Name für den dem Schönen zugewandten deutschen Brieffreund) richtet und in denen er ihm sein Leben erzählt: von seiner idealgesinnten Jugend, seiner Liebe zu Diotima und deren unheilvollem Geschick, von dem revolutionären Kampf gegen die türkischen Unterdrücker, seinem Scheitern und dem Rückzug in die

Einsamkeit. Doch der offene Schluss des Romans („Nächstens mehr“, heißt es in der letzten Zeile), seine fragmentarische Form, hängt mit seiner innersten Gestalt zusammen. Torso ist da zunächst alles: der „Steinhaufen des Altertums“, die Ruinen Athens, „die Spartaner blieben ewig ein Fragment“ heißt es einmal, doch, so habe Diotima gesagt, der „Künstler ergänzt den Torso sich leicht.“ Hölderlin zeigt das Fragment als Zeichen für das Offene, noch Unfertige der Welt, als sprachlich anberaumten Ort einer Utopie der Freiheit, die sich, wie bei den alten Griechen mit der Schönheit verbindet. Die erinnerte Vergangenheit der griechischen Antike ist derart für den Autor, ganz winkelmannisch, mit Gegenwart und Zukunft erfüllt: eine Aufgabe, die unerledigt blieb bis heute. „Daß aber wirklich dies der Fall war bei den Griechen und besonders den Athenern … zeigt sich deutlich, wenn man nur die Gegenstände ihrer heiligen Kunst, und die Religion mit unbefangenem Auge sehn will, womit sie jene Gegenstände liebten und ehrten.“ Diesen „Frühling der Völker wiederzubringen“, ist das Sehnsuchtsbild Hölderlins, das er dem aktuellen „Schiffbruch der Welt“ und ganz besonders der deutschen Realität entgegen hält; sie geißelt er mit harten Worten in dem berühmten vorletzten Brief des Romans.

> HYPERION AN BELLARMIN
>
> So kam ich unter die Deutschen. Ich forderte nicht viel und war gefaßt, noch weniger zu finden. Demütig kam ich wie der heimatlose blinde Ödipus zum Tore von Athen, wo ihn der Götterhain empfing; und schöne Seelen ihm begegneten –.
>
> Wie anders ging es mir!
>
> Barbaren von alters her, durch Fleiß und Wissenschaft und selbst durch Religion barbarischer geworden, tiefunfähig jedes göttlichen Gefühls, verdorben bis ins Mark zum Glück der heiligen Grazien, in jedem Grad der Übertreibung und der Ärmlichkeit beleidigend für jede gutgeartete Seele, dumpf und harmonielos, wie die Scherben

eines weggeworfenen Gefäßes – das, mein Bellarmin! waren meine Tröster.

Es ist ein hartes Wort und dennoch sag ich's, weil es Wahrheit ist: ich kann kein Volk mir denken, das zerrißner wäre, wie die Deutschen. Handwerker siehst du, aber keine Menschen, Denker, aber keine Menschen, Priester, aber keine Menschen, Herrn und Knechte, Jungen und gesetzte Leute, aber keine Menschen – ist das nicht, wie ein Schlachtfeld, wo Hände und Arme und alle Glieder zerstückelt untereianderliegen, indessen das vergoßne Lebensblut im Sande zerrinnt?

Ein jeder treibt das Seine, wirst du sagen, und ich sag es auch. Nur muß er es mit ganzer Seele treiben, muß nicht jede Kraft in sich ersticken, wenn sie nicht gerade sich zu seinem Titel paßt, muß nicht mit dieser kargen Angst, buchstäblich heuchlerisch das, was er heißt, nur sein, mit Ernst, mit Liebe muß er das sein, was er ist, so lebt ein Geist in seinem Tun, und ist er in ein Fach gedrückt, wo gar der Geist nicht leben darf, so stoß er's mit Verachtung weg und lerne pflügen! Deine Deutschen aber bleiben gern beim Notwendigsten, und darum ist bei ihnen auch so viele Stümperarbeit und so wenig Freies, Ächterfreuliches. Doch das wäre zu verschmerzen, müßten solche Menschen nur nicht fühllos sein für alles schöne Leben, ruhte nur nicht überall der Fluch der gottverlaßnen Unnatur auf solchem Volke. –

Die Tugenden der Alten sei'n nur glänzende Fehler, sagt' einmal, ich weiß nicht, welche böse Zunge; und es sind doch selber ihre Fehler Tugenden, denn da noch lebt' ein kindlicher, ein schöner Geist, und ohne Seele war von allem, was sie taten, nichts getan. Die Tugenden der Deutschen aber sind ein glänzend Übel und nichts weiter; denn Notwerk sind sie nur, aus feiger Angst, mit Sklavenmühe, dem wüsten Herzen abgedrungen, und lassen trostlos jede reine Seele, die von Schönem gern sich nährt, ach! die verwöhnt vom heiligen Zusammenklang in edleren Naturen, den Mißlaut nicht erträgt, der schreiend ist in all der toten Ordnung dieser Menschen.

Ich sage dir: es ist nichts Heiliges, was nicht entheiligt, nicht zum ärmlichen Behelf herabgewürdigt ist bei diesem Volk, und was selbst unter Wilden göttlichrein sich meist erhält, das treiben diese allberechnenden Barbaren, wie man so ein Handwerk treibt, und können es nicht anders, denn wo einmal ein menschlich Wesen abgerichtet ist, da dient es seinem Zweck, da sucht es seinen Nutzen, es schwärmt nicht mehr, bewahre Gott! es bleibt gesetzt, und wenn es feiert und wenn es liebt und wenn es betet und selber, wenn des Frühlings holdes Fest, wenn die Versöhungszeit der Welt die Sorgen alle löst, und Unschuld zaubert in ein schuldig Herz wenn von der Sonne warmem Strahle berauscht, der Sklave seine Ketten froh vergißt und von der gottbeseelten Luft besänftiget, die Menschenfeinde friedlich, wie die Kinder sind – wenn selbst die Raupe sich beflügelt und die Biene schwärmt, so bleibt der Deutsche doch in seinem Fach und kümmert sich nicht viel ums Wetter!

Aber du wirst richten, heilige Natur! Denn, wenn sie nur bescheiden wären, diese Menschen, zum Gesetze nicht sich machten für die Bessern unter ihnen! wenn sie nur nicht lästerten, was sie nicht sind, und möchten sie doch lästern, wenn sie nur das Göttliche nicht höhnten! –

Oder ist nicht göttlich, was ihr höhnt und seellos nennt? Ist besser, denn euer Geschwätz, die Luft nicht, die ihr trinkt? der Sonne Strahlen, sind sie edler nicht, denn all ihr Klugen? der Erde Quellen und der Morgentau erfrischen euern Hain; könnt ihr auch das? ach! töten könnt ihr, aber nicht lebendig machen, wenn es die Liebe nicht tut, die nicht von euch ist, die ihr nicht erfunden. Ihr sorgt und sinnt, dem Schicksal zu entlaufen und begreift es nicht, wenn eure Kinderkunst nichts hilft; indessen wandelt harmlos droben das Gestirn. Ihr entwürdiget, ihr zerreißt, wo sie euch duldet, die geduldige Natur, doch lebt sie fort, in unendlicher Jugend, und ihren Herbst und ihren Frühling könnt ihr nicht vertreiben, ihren Äther, den verderbt ihr nicht.

O göttlich muß sie sein, weil ihr zerstören dürft, und dennoch sie nicht altert und trotz euch schön das Schöne bleibt! –

Es ist auch herzzerreißend, wenn man eure Dichter, eure Künstler sieht, und alle, die den Genius noch achten, die das Schöne lieben und es pflegen. Die Guten! Sie leben in der Welt, wie Fremdlinge im eigenen Hause, sie sind so recht, wie der Dulder Ulyß, da er in Bettlersgestalt an seiner Türe saß, indes die unverschämten Freier im Saale lärmten und fragten, wer hat uns den Landläufer gebracht?

Voll Lieb und Geist und Hoffnung wachsen seine Musenjünglinge dem deutschen Volk heran; du siehst sie sieben Jahre später, und sie wandeln, wie die Schatten, still und kalt, sind, wie ein Boden, den der Feind mit Salz besäete, daß er nimmer einen Grashalm treibt; und wenn sie sprechen, wehe dem! der sie versteht, der in der stürmenden Titanenkraft, wie in ihren Proteuskünsten den Verzweiflungskampf nur sieht, den ihr gestörter schöner Geist mit den Barbaren kämpft, mit denen er zu tun hat.

Es ist auf Erden alles unvollkommen, ist das alte Lied der Deutschen. Wenn doch einmal diesen Gottverlaßnen einer sagte, daß bei ihnen nur so unvollkommen alles ist, weil sie nichts Reines unverdorben, nichts Heiliges unbetastet lassen mit den plumpen Händen, daß bei ihnen nichts gedeiht, weil sie die Wurzel des Gedeihns, die göttliche Natur nicht achten, daß bei ihnen eigentlich das Leben schal und sorgenschwer und übervoll von kalter stummer Zwietracht ist, weil sie den Genius verschmähn, der Kraft und Adel in ein menschlich Tun, und Heiterkeit ins Leiden und Lieb und Brüderschaft den Städten und den Häusern bringt.

Und darum fürchten sie auch den Tod so sehr, und leiden, um des Austernlebens willen, alle Schmach, weil Höhers sie nicht kennen, als ihr Machwerk, das sie sich gestoppelt.

Gert Ueding

Freie und knechtische Wissenschaft

Ueber die Hoffnung, daß es besser werde mit dem Menschengeschlechte
Christian Jacob Kraus
vor 1807

Hochschullehrer, die in den Sprach- und Wirtschaftswissenschaften gleichermaßen ausgewiesen sind, dürfte es heute kaum noch geben. Etwas weniger ungewöhnlich war eine solche Konstellation, als Christian Jacob Kraus (1753–1807) an der Königsberger Universität lehrte. Als veritabler Universalgelehrter der deutschen Spätaufklärung befasste er sich nicht nur mit Volkswirtschaft (damals „Staatswirthschaft" genannt) und Allgemeiner Sprachwissenschaft („Glottologie"), sondern auch mit Philosophie, Geschichte, Literatur, Mathematik und Statistik; all diese Wissensgebiete waren Gegenstand seiner Vorlesungen zur „Encyklopädie der Wissenschaften". Er war überzeugt, ein „rechtschaffener Gelehrter", gleich welcher Fachrichtung, müsse auch etwas von anderen Wissenschaften verstehen.

In Osterode (Ostpreußen) als Sohn eines Arztes geboren, studierte Kraus ab 1771 Theologie, Mathematik, Sprachkunde und Philosophie in Königsberg, später auch in Göttingen, und erwarb in Halle den Magistergrad. Nach dem frühen Tod beider Eltern musste er selbst für seinen Lebensunterhalt sorgen. Die Hofmeistertätigkeit bei dem Reichsgrafen Heinrich Christian von Keyserlingk befreite ihn 1777 von seinen materiellen Sorgen; die Anstellung hatte ihm Kant vermittelt, der große Stücke auf ihn hielt. Im Keyserlingkschen Hause, damals das „geistige Zentrum" Königsbergs, lernte er bedeutende Zeitgenossen wie den Philosophen Moses Mendelssohn (1729–1786) kennen. Um wichtige englisch- und französischsprachige Schriften zur Aufklärung im Original lesen zu können, lernte er beide Sprachen weitestgehend im Selbststudium, durch das Auswendiglernen eines englischen und französischen Wörterbuchs.

1781 setzte sich Kant erneut für ihn ein, und Kraus wurde Professor für Praktische Philosophie an der Königsberger Universität. Ab 1790 wandte Kraus sich verstärkt der Staatswirtschaft zu, einer Materie, die ihm nach eigenem Bekunden eigentlich gar nicht lag. Von entscheidendem Einfluss war hier der schottische Aufklärer Adam Smith (1723–1790), der in seiner Schrift „An Inquiry into the Nature and Causes of the Wealth of Nations“ (1776) für den Wirtschaftsliberalismus eintrat; das Werk wurde später zu einem Klassiker der Volkswirtschaftslehre. Mit seinen vornehmlich für künftige Staatsdiener bestimmten Vorlesungen zur Staatswirtschaft, in denen er auch Grundzüge der Gewerbekunde, Finanz- und Polizeiwissenschaft vermittelte, trug Kraus ganz entscheidend zur Verbreitung des wirtschaftsliberalen Ansatzes bei, nicht nur in Preußen, und wurde zu dem seinerzeit neben Kant einflussreichsten Lehrer an der Königsberger Universität.

Was Kraus unter Aufklärung verstand, hat er in einer akademischen „Gelegenheitsrede“ mit dem schönen Titel „Ueber die Hoffnung, daß es besser werde mit dem Menschengeschlechte“ zum Ausdruck gebracht:

> Man kann alle Wissenschaften auf eine *freie* – liberale, oder *knechtische – servile – Art treiben. Liberal* ist, was zur Bildung der Persönlichkeit beiträgt, *servil*, was diese nicht fördert, sondern wohl gar hindert, das Denken, Prüfen, Überlegen unterdrückt und aufhält. Daher ist *Aufklärung* von *Gelehrsamkeit* unterschieden, und eins kann ohne das andre sehr wohl bestehen [...] Aufklärung ist kein Wissen, sondern das Prinzip des Denkens, der eignen Beurtheilung. Sie gränzt oft an Dünkel und Wahn, doch ohne sie hat Gelehrsamkeit keinen Werth. Nur etwas aus sich selbst gesponnen, durch eignes Nachdenken gefunden, durch eignes Urtheil erkannt zu haben, ist mehr werth, als alle durch andre erlernte Weisheit. Daher sind auch Dummheit und Gelehrsamkeit einander nicht entgegen. Vielmehr steht der Gelehrsamkeit Unwissenheit, der Aufklärung Dummheit gegenüber.

Für Sprachwissenschaftler von Interesse ist Kraus namentlich durch seine langjährigen Studien zur Zigeunersprache (heute:

Romani) und durch die kritische Besprechung eines vergleichenden Wörterbuchs, das Peter Simon Pallas (1740–1811) im Auftrag Katharinas II. herausgab („Linguarum totius orbis vocabularia comparativa“, 1786). Unter den zweihundert europäischen und asiatischen Sprachen, die in diesem Wörterbuch miteinander verglichen werden, war auch die Zigeunersprache, und um nachzulesen, was Pallas darüber berichtet hatte, beschaffte Kraus sich über seinen Freund Johann Georg Hamann (1730–1788) ein Exemplar des Wörterbuchs. Sein Interesse an den Zigeunern begründete Kraus folgendermaßen:

> Die Zigeuner, aus einem philosophischen Gesichtspunkte, als eine Erscheinung in der Menschheit betrachtet, zeigen sich von drei interessanten Seiten einer genaueren Untersuchung würdig. Ihre originale Sprache, ihr uneuropäischer Körper, und ihr unbürgerlicher Character sind drei Aufgaben für den Forscher.

Kraus begnügte sich nicht damit, sich mit der einschlägigen Literatur zum Thema auseinanderzusetzen, er nahm auch eigene empirische Untersuchungen vor. Wie er selbst berichtet, nutzte er den Umstand, dass eine Gruppe von Zigeunern 1784 im Königsberger Gefängnis inhaftiert worden war, um sie eingehend zu ihrer 'originalen' Sprache zu befragen:

> Vorigen Sommer nehmlich wurden etliche und funfzig Seelen, Männer, Weiber und Kinder hier eingebracht, die ich verschiedene Tage hinter einander examinirt, und deren Sprache ich so vollständig, als vielleicht noch kein Gelehrter vor mir, ausgefragt habe. Ihre Sprache ist das einzige Mittel, den wahren Ursprung dieses Volks auszuforschen, und nach dieser ihrer Sprache zu urtheilen, sind sie wirkliche Ostindianer.

Nachdem Kraus Pallas' vergleichendes Wörterbuch im Hinblick auf die Zigeunersprache eingesehen hatte, fasste er den Entschluss, es für die damals einflussreiche „Allgemeine Literatur-Zeitung“ zu rezensieren. An dieser Besprechung, die wie seine Romani-Studien von einem zugleich sprachwissenschaftlichen und historisch-anthropologischen Forschungsinteresse geleitet ist, arbeitete Kraus monatelang sehr intensiv, so dass am Ende eine regelrechte „Abhandlung" daraus wurde. Sie zeugt, wie er selbstironisch schrieb, von seiner „abscheulichen Gelehrsamkeit" und von der „Dreistigkeit, wie er mit Kaiserinnen umspringt". In der 1787 im Druck erschienenen Rezension, die Kraus auf einen Schlag in Gelehrtenkreisen berühmt machte, erläutert er eindringlich, welchen Stellenwert er der „kritischen Methode" beimaß:

> Sie sichtet die Wissenschaften, und wenn sie die Reichthümer der Gelehrsamkeit vermindert, so erhöht sie ihren Werth, sie hat sie nur von der Spreu gereinigt [...] Sie räumt vor uns auf, entkräftet verjährte Meinungen, entlarvt Lügen, wirft Vorurtheile zu Boden, setzt uns ins Klare.

In dieser Besprechung wird in der Tat 'aufgeräumt', werden 'verjährte Meinungen' entkräftet. Pallas hatte sich wie andere vor ihm damit begnügt, die Sprachen anhand ausgewählter Wörter miteinander zu vergleichen – ein Verfahren, das Kraus nun als unwissenschaftlich entlarvt. Allein ein Vergleich, der im Rahmen einer „philosophischen Universallinguistik" auch den Bau der Sprachen berücksichtigt, sei wissenschaftlich fundiert: „Und sonach kann eine kurze Vergleichung der charakteristischen Züge des grammatischen Baues der Sprachen vortrefflich dazu dienen, dem ebenso mühsamen u. weitläuftigen, als misslichen und verführerischen Geschäfte der Wortvergleichung zum voraus sichere Wege vorzuzeichnen, und die gefundenen Resultate genauer auf ihren wahren Gehalt zurück zu bringen." Dieser Ansatz wurde dann im 19. Jahrhundert von der historisch-vergleichenden indoeuropäischen Sprachwissenschaft systematisch weiter ausgebaut.

Dass Kraus zu Lebzeiten nur wenige seiner Schriften in den Druck gab und somit seine Teilhabe am wissenschaftlichen Diskurs im Wesentlichen auf das Gespräch und die Korrespondenz mit bedeutenden Gelehrten beschränkte, ist in den äußerst hohen Anforderungen begründet, die er an die „Autorenschaft" stellte. Kraus sah im „deutschen Schriftstellerheer“ seiner Zeit „eine Menge Sudler, Ausschreiber und Nachahmer“, deren Schreibweise er geradezu verachtete; er war vielmehr der Überzeugung, ein Autor müsse „unwiderleglich“ sein, und „die Kunst [bestehe] im Ausstreichen“.

Nicht wenige Wissenschaftler verleitet der große Publikationsdruck im heutigen Wissenschaftsbetrieb dazu, möglichst viel zu schreiben und ihre Arbeiten möglichst schnell zu veröffentlichen. Im Zuge der allgemeinen Schreibwut im öffentlichen Diskurs werden oberflächlich recherchierte, unzulänglich argumentierte, schlecht geschriebene Texte gedruckt und/oder ins Netz gestellt. Vor diesem Hintergrund muss die Zurückhaltung, die Kraus im Hinblick auf die Veröffentlichung seiner wissenschaftlichen Schriften an den Tag legte, mehr als bedenkenswert erscheinen.

Barbara Kaltz

Durch den Irrtum zur Wahrheit und zu ihrer Erkenntnis

Kannitverstan
Johann Peter Hebel
1809

Einen individualisierenden Namen hat dieser Handwerksbursche nicht, ein Jedermann ist er und kommt aus der schwäbischen Kleinstadt nach Amsterdam, in diese „große und reiche Handelsstadt" „voll prächtiger Häuser, wogender Schiffe und geschäftiger Menschen". Das darf man alles ruhig symbolisch nehmen. Eine naive Existenz trifft auf die moderne, entwickelte, ökonomisch dynamische Zivilisation. Dort geht es anders zu: Wird der Ex-Kurs also eine Ausfahrt, eine Öffnung des Lebens hin zur ‚geschäftigen' Moderne werden? Oder wird es eine Irrfahrt? Behauptet sich das Einfache, Traditionelle gegenüber den neuen Lebens- und Kommunikationsformen? (Der vermeintliche ‚Herr Kannitverstan' ist ein global operierender Kaufmann!) Oder geht es unter? „Durch den Irrtum zur Wahrheit und zu ihrer Erkenntnis", so heißt es schon zu Beginn. Auf den wörtlichen Sinn kommt es nicht unbedingt an; den kann man immer missverstehen. Entscheidend ist, ob man den tieferen, versteckten ‚geistigen' Sinn des Wortes versteht.

Die große Stadt scheint den Handwerksburschen wirklich von seinem rechten Weg abzubringen. Ein besonders „großes und schönes Haus" fällt ihm gleich „in die Augen". Das Eigene, das lebensgeschichtlich Erfahrene ist für die staunende Begegnung mit dem Fremden der Bezugspunkt. Am Ende findet der Handwerksbursche auf neue Weise zum Eigenen zurück. Was er aber hier in Amsterdam zunächst sieht, ist nur die Fassade des Hauses; er wird schon dahinter schauen müssen. Und das tut er, auf seine Weise.

Auf die Frage, wem das prächtige Haus denn gehöre, antwortet man kurzweg, wie es dann fast sprichwörtlich geworden ist: „Kannitverstan". Und so ergeht es dem Tuttlinger auch auf seine Frage nach dem Eigentümer eines besonders großen Schiffes, aus dem zahllose „Kisten und Ballen“ aus „Ostindien“ herausgetragen werden, und nach dem armen Mann, der in einer prächtigen Leich zu Grabe getragen wird. Der brave Tuttlinger ist selbst ein Herr Kannitverstan, ein etwas schlichter Provinzler, dem man gerne mit freundlich-milder Ironie begegnet, wohl auch als heutiger Leser. Doch diese Naivität ist eben Hebels literarische Inszenierung; sie hat es in sich.

> Der Mensch hat wohl täglich Gelegenheit, in Emmendingen und Gundelfingen, so gut als in Amsterdam Betrachtungen über den Unbestand aller irdischen Dinge anzustellen, wenn er will, und zufrieden zu werden mit seinem Schicksal, wenn auch nicht viel gebratene Tauben für ihn in der Luft herum fliegen. Aber auf dem seltsamsten Umweg kam ein deutscher Handwerksbursche in Amsterdam durch den Irrthum zur Wahrheit und zu ihrer Erkenntniß. Denn als er in diese große und reiche Handels-Stadt, voll prächtiger Häuser, wogender Schiffe und geschäftiger Menschen, gekommen war, fiel ihm sogleich ein großes und schönes Haus in die Augen, wie er auf seiner ganzen Wanderschaft von Duttlingen bis nach Amsterdam noch keines erlebt hatte. Lange betrachtete er mit Verwunderung dieß kostbare Gebäude, die 6 Camine auf dem Dach, die schönen Gesimse und die hohen Fenster, größer als an des Vaters Haus daheim die Thür. Endlich konnte er sich nicht entbrechen, einen Vorübergehenden anzureden. „Guter Freund, redete er ihn an, könnt ihr mir nicht sagen, wie der Herr heißt, dem dieses wunderschöne Haus gehört mit den Fenstern voll Tulipanen, Sternenblumen und Levkoien?“ – Der Mann aber, der vermuthlich etwas wichtigeres zu thun hatte, und zum Unglück gerade so viel von der deutschen Sprache verstand, als der Fragende von der holländischen, nemlich Nichts, sagte kurz und schnauzig: Kannitverstan; und schnurrte vorüber. Dieß war ein holländisches Wort, oder drey, wenn mans recht betrachtet, und heißt auf deutsch soviel, als: *Ich kann euch nicht verstehn.* Aber der gute Fremdling

glaubte, es sey der Name des Mannes, nach dem er gefragt hatte. Das muß ein grundreicher Mann seyn, der Herr Kannitverstan, dachte er, und gieng weiter. Gaß aus Gaß ein kam er endlich an den Meerbusen, der da heißt: Het Ey, oder auf deutsch: das Ypsilon. Da stand nun Schiff an Schiff, und Mastbaum an Mastbaum; und er wußte anfänglich nicht, wie er es mit seinen zwey einzigen Augen durchfechten werde, alle diese Merkwürdigkeiten genug zu sehen und zu betrachten, bis endlich ein großes Schiff seine Aufmerksamkeit an sich zog, das vor kurzem aus Ostindien angelangt war, und jezt eben ausgeladen wurde. Schon standen ganze Reihen von Kisten und Ballen auf- und nebeneinander am Lande. Noch immer wurden mehrere herausgewälzt, und Fässer voll Zucker und Caffee, voll Reis und Pfeffer, und salveni Mausdreck darunter. Als er aber lange zugesehn hatte, fragte er endlich einen, der eben eine Kiste auf der Achsel heraus trug, wie der glückliche Mann heiße, dem das Meer alle diese Waaren an das Land bringe. „*Kannitverstan*," war die Antwort. Da dachte er: Haha, schauts da heraus? Kein Wunder, wem das Meer solche Reichthümer an das Land schwemmt, der hat gut solche Häuser in die Welt stellen, und solcherley Tulipanen vor die Fenster in vergoldeten Scherben. Jezt gieng er wieder zurück, und stellte eine recht traurige Betrachtung bey sich selbst an, was er für ein armer Mensch sey unter so viel reichen Leuten in der Welt. Aber als er eben dachte: Wenn ichs doch nur auch einmal so gut bekäme, wie dieser Herr Kannitverstan es hat, kam er um eine Ecke, und erblickte einen großen Leichenzug. Vier schwarz vermummte Pferde zogen einen ebenfalls schwarz überzogenen Leichenwagen langsam und traurig, als ob sie wüßten, daß sie einen Todten in seine Ruhe führten. Ein langer Zug von Freunden und Bekannten des Verstorbenen folgte nach, Paar und Paar, verhüllt in schwarze Mäntel, und stumm. In der Ferne läutete ein einsames Glöcklein. Jezt ergriff unsern

Fremdling ein wehmüthiges Gefühl, das an keinem guten Menschen vorübergeht, wenn er eine Leiche sieht, und blieb mit dem Hut in den Händen andächtig stehen, bis alles vorüber war. Doch machte er sich an den Lezten vom Zug, der eben in der Stille ausrechnete, was er an seiner Baumwolle gewinnen könnte, wenn der Zentner um 10 Gulden aufschlüge, ergriff ihn sachte am Mantel, und bat ihn treuherzig um Excüse. „Das muß wohl auch ein guter Freund von euch gewesen seyn, sagte er, dem das Glöcklein läutet, daß ihr so betrübt und nachdenklich mitgeht." *Kannitverstan*! war die Antwort. Da fielen unserm guten Duttlinger ein paar große Thränen aus den Augen, und es ward ihm auf einmal schwer und wieder leicht ums Herz. Armer Kannitverstan, rief er aus, was hast du nun von allem deinem Reichthum? Was ich einst von meiner Armuth auch bekomme: ein Todtenkleid und ein Leintuch, und von allen deinen schönen Blumen vielleicht einen Rosmarin auf die kalte Brust, oder eine Raute. Mit diesen Gedanken begleitete er die Leiche, als wenn er dazu gehörte, bis ans Grab, sah den vermeynten Herrn Kannitverstan hinabsenken in seine Ruhestätte, und ward von der holländischen Leichenpredigt, von der er kein Wort verstand, mehr gerührt, als von mancher deutschen, auf die er nicht acht gab. Endlich gieng er leichten Herzens mit den andern wieder fort, verzehrte in einer Herberge, wo man Deutsch verstand, mit gutem Appetit ein Stück Limburger Käse, und, wenn es ihm wieder einmal schwer fallen wollte, daß so viele Leute in der Welt so reich seyen, und er so arm, so dachte er nur an den Herrn Kannitverstan in Amsterdam, an sein großes Haus, an sein reiches Schiff, und an sein enges Grab.

Die Geschichte ist hochgradig konstruiert. Ihr Ergebnis nimmt sie zu Beginn schon vorweg, als wollte sie selbst davor warnen, sie allzu schlicht zu lesen. Der Leser meint, sie zu durchschauen, wähnt sich in seiner Kumpanei mit dem Erzähler viel klüger als der biedere Schwabe – und wird am Ende sich selbst belehren lassen müssen. Drei Mal erhält der brave Tuttlinger dieselbe Antwort: „Kannitverstan“: Das scheint definitiv. Er muss durch dieses massive Miss- bzw. Nicht-Verstehen hindurch. Das Missverstehen muss vollzogen, ja erlitten werden. Am Ende versteht er zwar noch immer falsch, und dennoch findet er zu einer tieferen „Erkenntniß“. Das ist etwas anderes. Indem er sich der grundsätzlichen Zeitlichkeit menschlicher Existenz melancholisch bewusst wird, findet er Trost in eben dieser Einsicht selbst.

Über sein erstes Verstehen kommt der naive Tuttlinger auf seine Weise hinaus, nicht durch theoretische Reflexion. Er unterstellt eine Identität der Personen, die empirisch gewiss falsch ist, in einem tieferen Sinn aber richtig. Der Tuttlinger hat seine eigene Trinitätslehre: Drei verschiedene Personen, die in ihrem Reichtum ihr gemeinsames Merkmal haben, werden zu einer, an der er schließlich begreift, was ihn beschäftigt: welchen Sinn dieser Reichtum denn haben könnte. Dieses richtige *Achtgeben* – die Rührung beim Trauerritual eingeschlossen – ist für sein Verstehen entscheidend.

Bei der melancholischen Versenkung in die Endlichkeit des Menschen, die alles relativiert, bleibt der Handwerksgeselle am Ende aber nicht stehen. Dann wäre die Geschichte wohl doch nur etwas triviale Memento-Mori-Literatur. Für Hebels Handwerker geht das Todesritual sofort über in eine Feier des Lebens. Denn er macht sich nach „einer Herberge“ auf, „wo man Deutsch verstand“, will sagen: wo man das Leben *richtig* verstand (also auch seine Muttersprache, d. h. die anfängliche, einem zukommende Sprache; deutschtümelnd ist Hebel gewiss nicht, nirgends), um dort „mit gutem Appetit ein Stück Limburger Käse“ zu verzehren. Niemandem muss man sagen, was Limburger Käse ist: ein Unterschicht-Käse, in dieser Geschichte also die genaue Antwort auf die „gebratene[n] Tauben“ ihres Beginns. Die Rede des Kalendermanns gelingt durch Konkretion. Der Gestank als Signum der Vergänglichkeit und des Todes: so kennen wir das aus der Barock-Literatur. „[D]as Fleisch reucht nach der Gruft“, heißt es in Andreas Gryphius’

Sonett *An sich selbst.* In den zahlreichen Sprichwörtern und Stilleben zum Käse gehören Maden und Käse und Gestank tatsächlich oft zusammen. Aber bei Hebel „reucht" der Käse nach dem vitalen Leben: „Käs' und Brot sind besser als der bittre Tod." – ein altes Sprichwort.

Der Limburger Käse kommentiert und korrigiert in Hebels Geschichte die Amsterdamer Welt, also die eigentliche, großstädtische Moderne. Zur schönen Leich gehört der Leichenschmaus. Das eine geht nicht ohne das andere. Denn wer so seinen Käse isst wie nun unser Tuttlinger, der ist nicht tot, möchte man ein berühmtes Goethe-Diktum variieren. Das Einfachste ist das Lebensvollste. Der alte Hiob stirbt schließlich „lebens*satt*". Er hat sich am Leben wirklich satt gegessen.

Das Ziel der hermeneutischen Erkenntnisreise liegt nicht in der großen Stadt Amsterdam, sondern, sozusagen, im Limburger Käse: in der Bejahung des vollen und ganzen Lebens, auch in seiner Herzhaftigkeit und Deftigkeit. Wer den bescheidenen Käse richtig wahrnehmen und verstehen kann, der kann auch das „enge Grab" richtig verstehen. Der brave Tuttlinger braucht zwar etwas länger; aber er versteht's dann doch. Und noch länger braucht wohl der moderne, negativitätsversessene Hermeneutiker, wenn er es denn je versteht. Der Tuttlinger kommt im Leben an, das *sein* Leben ist. Das gelingt dem Erzähler und dem Leser in ihrem stillschweigenden Einverständnis und in der Gewissheit ihrer Überlegenheit nicht. Den Käse haben die Hermeneutiker dieser Geschichte nämlich praktisch alle übersehen.

Wolfgang Braungart

Der Philosoph als Pädagoge

Gymnasialreden
Georg Wilhelm Friedrich Hegel
1810

Man rechnet ihn zu des deutschen Volkes größten Denkern: Georg Wilhelm Friedrich Hegel. Geboren 1770 in Stuttgart, 1831 gestorben in Berlin und dort neben Johann Gottlieb Fichte auf dem Dorotheenstädtischen Friedhof begraben, gehört zu den Großen dieser Nation. Der Mann auf der Straße wird das nicht wissen. Goethe, Schiller, Kant, Nietzsche – diese Namen sind ihm halbwegs präsent. Aber Hegel? Das ist etwas für Eingeweihte. Wer liest schon seine „Phänomenologie des Geistes“ (1807) oder seine „Enzyklopädie der philosophischen Wissenschaften“ (1817), zumal diese Werke reichlich gedrechselt geschrieben sind?

Eingeprägt hat sich Hegel als der Philosoph des „Sowohl – als auch“ (Karl Jaspers). Nämlich als Philosoph des Dialektischen, der einerseits den Widerspruch, andererseits einen Weltgeist als das Treibende der Geschichte betrachtet. Die Weltgeschichte selbst sieht er als Theodizee, als Rechtfertigung Gottes. Alles Sein ist nach Hegel ein Werden, ist Entwicklung, Zeiten des Unrechts seien nur Umwege, das Erfolgreiche sei das Vernünftige und die konstitutionelle Monarchie sei die Verfassung der göttlichen Vernunft. Hegel wurde damit zum preußischen Staatsphilosophen schlechthin.

Marxisten und Sozialisten machten daraus einen Absolutismus der Proletarierklasse und der Partei. Damit und mit der Dialektik wurde Hegel zum Säulenheiligen des Marxismus. Dass der Materialismus eines Marx (das Ideelle als Erscheinungsform des Materiellen) die Umkehrung des hegelschen Idealismus (Materie als Erscheinungsform des Ideellen) war, wollte Marxisten und Sozialisten nicht stören. Ihnen zufolge bestimme allerdings nicht ein weiser Weltgeist, sondern die Wirtschaft die Geschichte. Dem aber wollte man nachhelfen, indem man qua Revolution futuristische Ersatzewigkeiten inszenierte.

Ursprünglich war Hegel Theologe; er hatte in Tübingen zusammen mit Hölderlin und Schelling studiert. Pädagoge war er nicht. Trotzdem enthält seine Philosophie wesentliche pädagogische Gedanken. Vielleicht hat das mit seinen acht Jahren Erfahrung als Hauslehrer in Bern und Frankfurt/Main zu tun. Sicher aber mit seiner Tätigkeit als Gymnasialdirektor von 1808 bis 1816. Mit Hilfe seines Freundes Friedrich Immanuel Niethammer, Oberschulrat in München, war Hegel nämlich Leiter des Egidien-Gymnasiums zu Nürnberg geworden. Diese Schule, im Jahr 1526 von Philipp von Melanchthon, dem „Praeceptor Germaniae" und Freund Luthers gegründet, heißt heute Melanchthon-Gymnasium. Hegel soll als Lehrer freundlich und milde, zugleich von unbestrittener Autorität gewesen sein. Neben seinen Fächern Philosophie und Religionslehre hatte er auch Vertretungsstunden in Griechisch, deutscher Literatur und Mathematik übernommen und uns zwischen 1808 und 1813 zahlreiche – in den aktuellen bildungspolitischen Debatten völlig unbeachtete – hochinteressante bildungstheoretische und pädagogische Schriften hinterlassen. Zum Beispiel rund 350 Seiten „Texte zur Philosophischen Propädeutik" mit einer „Philosophischen Enzyklopädie für die Oberstufe", einer „Bewusstseinslehre für die Mittelklasse" und mit einer „Religionslehre für die Mittel- und Oberklasse", ferner Gutachten, etwa „über die Stellung des Realinstituts zu den übrigen Studienanstalten" (gemeint ist mit dem Realinstitut das neusprachliche Gymnasium) und fünf Reden zu Schuljahresabschlüssen.

Hegel erweist sich darin als großer Verfechter intakter Erziehungsanstalten, aber auch als ein Förderer begabter Schüler aus finanziell schwächeren Elternhäusern, für die er Stipendien sammelte. Wie essentiell wichtig ihm eine gute Erziehung und Bildung sind, sagte er in seiner Rede zum Schuljahrabschluss am 29. September 1809: Es sind „zwei Zweige der Staatsverwaltung, für deren gute Einrichtung die Völker am erkenntlichsten zu sein pflegen, gute Gerechtigkeitspflege und gute Erziehungsanstalten; denn von keinem übersieht und fühlt der Privatmann die Vorteile und Wirkungen so unmittelbar, nah und einzeln als von jenen Zweigen, deren der eine sein Privateigentum überhaupt, der andere aber sein liebstes Eigentum, seine Kinder, betrifft."

Acht pädagogische Elemente Hegels sind es wert, in Erinnerung zu bleiben.

Erstens: Das A und O jeglicher Bildung ist für Hegel das Studium der Antike. So sagt er am 29. September 1809 über das Gymnasium: „Der Geist und Zweck unserer Anstalt ist die Vorbereitung zum gelehrten Studium, und zwar eine Vorbereitung, welche auf den Grund der Griechen und Römer gebaut ist. Seit einigen Jahrtausenden ist dies der Boden, auf dem alle Kultur gestanden hat ..." Sodann, fährt Hegel fort, „hat das höhere Studium die Literatur der Griechen vornehmlich, und dann die der Römer, die Grundlage zu sein und zu bleiben. Die Vollendung und Herrlichkeit dieser Meisterwerke muss das geistige Bad, die profane Taufe sein, welche der Seele den ersten und unverlierbaren Ton und Tinktur für Geschmack und Wissenschaft gebe." Dieses Studium forme nicht nur den Verstand, sondern den ganzen Menschen.

Zweitens: Als Gegenstände des Unterrichts nennt er in der gleichen Rede: „Religionsunterricht, deutsche Sprache nebst Bekanntmachung mit den vaterländischen Klassikern, Arithmetik, späterhin Algebra, Geometrie, Geographie, Geschichte, Physiographie, welche die Kosmosgraphie, Naturgeschichte und Physik in sich begreift, philosophische Vorbereitungswissenschaften; ferner französische, auch für die künftigen Theologen hebräische Sprache, Zeichnen und Kalligraphie."

Drittens: Hegel ist in Fragen der Bildung fernab eines blanken Nützlichkeitsdenkens. Ebenfalls am 29. September 1809 hält er fest: „Nicht jeder sogenannte nützliche Stoff, jede sinnliche Materiatur, wie sie unmittelbar in die Vorstellungswelt des Kindes fällt, nur der geistige Inhalt, welcher Wert und Interesse in und für sich selbst hat, stärkt die Seele und verschafft diesen unabhängigen Halt." Überhaupt sieht Hegel Bildung als „Aneignung von Welt jenseits des Nutzens beruflicher und ökonomischer Praxis." Wie wahr diese Überlegungen doch auch zu einer Zeit sind, in der sich „Bildung" vor allem am messbaren (Pisa-)Erfolg, an immer höheren Abiturquoten, an immer besseren Abiturnoten und schließlich am praktischen (und politischen) Nutzen messen lassen muss!

Viertens: In der Rede auf seinen Amtsvorgänger Rektor Schenk am 10. Juli 1809 zu dessen Eintritt fünfzig Jahre zuvor in den Lehrerberuf sagt Hegel: „Der Lehrer, wenn er in seinem Berufe den Samen der Erkenntnis ausgestreut hat, tritt von diesem Werke zurück; wenn auch einiges des Ausgesäten nicht gedeihlichen Boden fand, ist er im ganzen der Wirkung und des Erfolgs gewiss; … aber selten wird ihm das Glück zuteil, das Feld der Garben zumal zu überschauen und in solchem Gesamtanblick seiner Arbeit zu genießen." „Er (gemeint ist der Lehrer) hat erfahren, dass die früh ins Herz gepflanzten Schätze der alten Weisheit es sind, die mit uns unter allem Wechsel der Zustände aushalten, uns stärken und tragen; er hat erfahren, wie groß der Wert der Bildung überhaupt ist, so groß, dass ein Alter sagen möchte, der Unterschied des gebildeten Menschen von dem ungebildeten sei so groß wie der Unterschied des Menschen überhaupt zum Steine."

Fünftens: Kritisch sieht Hegel eine Erziehung „vom Kinde aus". Die spielende Pädagogik sei eine „völlige Verkehrtheit". Erzieher sollten sich nicht „zu dem kindischen Sinne der Schüler herunterlassen", sondern „diese zum Ernste der Sache heraufheben." Eine nur noch spielende Erziehung habe zur Folge, dass der Knabe „alles mit verächtlichem Sinne betrachtet." Hegel wendet sich damit gegen Rousseau, den er ursprünglich als Ideengeber der Französischen Revolution geschätzt hatte. Aber Hegel geht es in Sachen Bildung nicht um Natur-, sondern um Kulturgemäßheit. Das „Zurück zur Natur" stört ihn. Denn: „Die pädagogischen Versuche, den Menschen dem allgemeinen Leben zu entziehen und auf dem Lande herauszubilden, sind vergeblich gewesen, weil es nicht gelingen kann, den Menschen den Gesetzen der Welt zu entfremden." Auch dieser Gedanke sollte uns heute bewegen, haben wir unsere Kinder mit einer Spaß-, Wohlfühl- und Erleichterungspädagogik doch zu lange in einer ewigen Gegenwart eingekerkert.

Sechstens: Dem Staat und entsprechend gepolten Eltern schreibt Hegel etwas ins Stammbuch, woran man sich gerade in Zeiten einer fortschreitenden Verstaatlichung von Erziehung erinnern sollte: „Ein Staatsinstitut hat bei seinen Schülern die Zucht nicht erst zu bewirken, sondern vorauszusetzen." Dabei sei es höchst nötig, dass sich Schule und Familie gegenseitig nicht hinderten, dass „die eine nicht die Autorität und die Achtung der anderen schwächt." Hegel dann wörtlich in seiner Rede zum Schuljahrabschluss am 14. September 1810: „Wie der Wille, so muss auch der Gedanke beim Gehorsam anfangen. Schränkte aber das Lernen sich auf ein bloßes Empfangen ein, so wäre die Wirkung nicht viel besser, als wenn wir Sätze auf das Wasser schrieben; denn nicht das Empfangen, sondern die Selbsttätigkeit des Ergreifens und die Kraft, sie wieder zu gebrauchen, macht erst eine Kenntnis zu unserem Eigentum. Geht umgekehrt die Richtung überwiegend nach dem eigenen Räsonieren, so kommt nie Zucht und Ordnung in das Denken." Mahnend ergänzt er in seiner Rede zum Schuljahrabschluss am 2. September 1811: „So teilt sich die Schule mit der Familie in das Leben der Jugend; es ist höchst nötig, dass sie sich gegenseitig nicht hindern, die eine nicht die Autorität und die Achtung der anderen schwächt, sondern sie vielmehr einander unterstützen und zusammenwirken, um den gemeinsamen, so wichtigen Zweck zu erreichen."

Siebtens: In einer Zeit, in der in manchen deutschen Ländern die Abschaffung des Sitzenbleibens diskutiert wird oder gar schon vollzogen ist, wirkt eine Passage aus Hegels Rede zum Schuljahrabschluss vom 1. September 1813 hochaktuell: „Aber unmittelbar auch wäre das unbedingte Fortrücken in eine höhere Klasse ohne die derselben angemessenen Befähigung den Schülern selbst vielmehr nachteilig. Es ist nicht schwer einzusehen, dass es ganz in ihrem eigenen Nutzen geschieht, wenn sie ihrer Qualifikation gemäß länger, als es sonst geschehen könnte, in einer Klasse zurückgehalten werden .... Es ist zugleich schonender und ermunternder für sie, ihnen die Gelegenheit zu eröffnen, unter neuen Mitschülern sich in höhere Plätze emporzuschwingen, als sie unter den vorigen zu lassen, die ihnen einmal voraus sind und unter denen für immer zurückzustehen niederschlagender für sie sein müsste."

Achtens: In seiner Rede zum Schuljahrabschluss am 30. August 1815 wendet er sich gegen jede Art von einheitlicher Beschulung und gegen einen übertriebenen elterlichen Ehrgeiz: „Ein geordneter Stufengang und die Absonderung der ungleichen Schüler in getrennte Klassen unter eigenen Lehrern sowie andererseits Unabhängigkeit des Unterrichts der Lehrer von der Willkür und Neigung der Eltern sind Erfordernisse, welche zum Gedeihen öffentlicher Lehranstalten unumgänglich notwendig sind."

Kluge Sätze sind das, in der modernen Pädagogik leider dem Vergessen anheimgefallen. Deshalb zum Abschluss dieses Kapitels ein mahnendes Wort Hegels aus einer Rede zum Schuljahrabschluss am 2. September 1813, das in weiser Voraussicht auf die typisch deutsche Schulreformitis anzuspielen scheint: „Das Bessere tötet das Gute, ist ein sinnvolles Sprichwort; es drückt aus, dass das Streben nach dem Besseren, wenn es zur Sucht wird, das Gute nicht zustande, nicht zur Reife kommen lässt."

Josef Kraus

Ohnmacht und Bravour

Prinz Friedrich von Homburg
Heinrich von Kleist
1811

Stefan Zweig nennt ihn den „großen tragischen Dichter der Deutschen“. 1777 in Frankfurt/Oder geboren, sucht Heinrich von Kleist als ruheloser junger Mensch über das Wissen und die Wahrheit im Sinne der Aufklärung zum wahren Glück zu gelangen. Dieses Wunschbild wurde 1801 durch die Lektüre Kants und den Umgang mit dem Göttinger Philosophen Friedrich Bouterwek schwer erschüttert. Kleist mausert sich zum Irrationalisten, der die Gefühle und das Unbewusst-Primitive verherrlicht. Er versucht sich als Bauer in der Schweiz. In seiner letzten Lebensphase findet er, durch den militärischen Zusammenbruch Preußens und Österreichs (Niederlagen 1806 und 1809), zu seiner vaterländischen Sendung. Gegen diesen Hintergrund entsteht 1809/1811 sein bekanntestes Drama *Prinz Friedrich von Homburg*. Am 21. November 1811 erschießt er sich, zusammen mit der krebskranken Henriette Vogel auf einem Hügel am Wannsee bei Potsdam. In seinem Todesbrief nennt er sein Leben „das qualvollste Leben, das je ein Mensch geführt“. Seine Dramen und Novellen bilden einen Einzelfall und stifteten keine Schule.

Der Held des Schauspiels ist der Sieger in der Schlacht gegen die Schweden bei Fehrbellin am 28.6.1675, der zu früh in die Schlacht eingreift und über den die Todesstrafe verhängt wird. Auf das Urteil reagiert der Prinz von Homburg zunächst einmal nicht mit Würde und Fassung, wie es ein am klassischen Drama geschultes Publikum erwartet hätte. Szene III, 5 führt uns einen um Hilfe flehenden, flennenden Helden vor:

> DER PRINZ VON HOMBURG
> O Gottes Welt, o Mutter, ist so schön!
> Laß mich nicht, fleh ich, eh die Stunde schlägt,
> Zu jenen schwarzen Schatten niedersteigen!
> Mag er doch sonst, wenn ich gefehlt, mich strafen,
> Warum die Kugel eben muß es sein?

Mag er mich meiner Ämter doch entsetzen,
Mit Kassation, wenns das Gesetz so will,
Mich aus dem Heer entfernen: Gott des Himmels!
Seit ich mein Grab sah, will ich nichts als leben
Und frage nichts mehr, ob es rühmlich sei!

DIE KURFÜRSTIN
Steh auf, mein Sohn, steh auf! Was sprichst du da?
Du bist zu sehr erschüttert. Fasse dich!

Kleist liebt es, seine Helden zu foltern. Das grausame Spiel besteht darin, dass er, d. h. Friedrich Wilhelm Kurfürst von Brandenburg, es in einem Schreiben unserem Prinzen selbst anheimstellt, über seine Schuld und Strafe zu urteilen. Dieser schwankt, zweifelt, will den Brief nicht verstehen, versucht eine Entscheidung hinauszuschieben. Hier findet keine selbstsichere Argumentierung statt, kein Willensakt, sondern er stammelt sich, ohne zu wissen, was er will, sich selbst und Anderen ein Rätsel, unter dem unausgesetzten Drängen seiner Verlobten Natalie, d. h. aus Zeitmangel, und weil ihm die stilistisch richtige Formulierung der Antwort nicht einfallen will, in seinen katastrophalen Standpunkt hinein. Vor uns steht kein selbstherrlicher klassischer Held, sondern, vielleicht zum erstenmal in der deutschen Literatur, ein 'modernes' mitleiderregendes Geschöpf, ewig am Scheideweg, ewig vor dem Sprung ins Ungewiss-Ungewollte. Nicht mehr die Ratio lenkt den Menschen, sondern er lässt sich lenken. Natalie umgekehrt weiß genausowenig zu lesen und bringt irreführende Argumente vor:

NATALIE
Gut. Alles gut. Wie ich vorher Euch sagte,
Begnadigt seid Ihr, frei: hier ist ein Brief
Von seiner Hand, der es bekräftiget.

DER PRINZ VON HOMBURG
Es ist nicht möglich! Nein! Es ist ein Traum!

NATALIE
Lest, Lest den Brief! So werdet Ihrs erfahren.

DER PRINZ VON HOMBURG *liest*

„Mein Prinz von Homburg, als ich Euch gefangensetzte,
Um Eures Angriffs, allzufrüh vollbracht,
Da glaubt ich nichts als meine Pflicht zu tun;
Auf Euren eignen Beifall rechnet ich.
Meint Ihr, ein Unrecht sei Euch widerfahren,
So bitt ich, sagts mir mit zwei Worten -
Und gleich den Degen schick ich Euch zurück.“

Natalie erblaßt. Pause. Der Prinz sieht sie fragend an

NATALIE *mit dem Ausdruck plötzlicher Freude*
Nun denn, da stehts! Zwei Worte nur bedarfs - !
O lieber, süßer Freund!

Sie drückt seine Hand

DER PRINZ VON HOMBURG
Mein teures Fräulein!

NATALIE
O selge Stunde, die mir aufgegangen! -
Hier, nehmt, hier ist die Feder; nehmt und schreibt!

DER PRINZ VON HOMBURG
Und hier die Unterschrift?

NATALIE
Das F; sein Zeichen -
O Bork! O freut Euch doch! - O seine Milde
Ist uferlos, ich wußt es, wie die See. -
Schafft einen Stuhl nur her, er soll gleich schreiben.

DER PRINZ VON HOMBURG
Ich will den Brief noch einmal überlesen.

NATALIE *reißt ihm den Brief aus der Hand*
Wozu? - Saht Ihr die Gruft nicht schon im Münster,
Mit offnem Rachen, Euch entgegengähnen? -
Der Augenblick ist dringend. Sitzt und schreibt!

DER PRINZ VON HOMBURG *lächelnd*
Wahrhaftig, tut Ihr doch, als würde sie
Mir, wie ein Panther, übern Nacken kommen.

Er setzt sich und nimmt seine Feder

NATALIE *wendet sich und weint*
Schreibt, wenn Ihr mich nicht böse machen wollt!

Der Prinz klingelt einem Bedienten; der Bediente tritt auf

DER PRINZ VON HOMBURG
Papier und Feder, Wachs und Petschaft mir!

Der Bediente, nachdem er diese Sachen zusammengesucht, geht wieder ab. Der Prinz schreibt. – Pause. Der Prinz von Homburg, indem er den Brief, den er angefangen hat, zerreißt und unter den Tisch wirft

Ein dummer Anfang.

Er nimmt ein anderes Blatt

NATALIE *hebt den Brief auf*
Wie? Was sagtet Ihr? -
Mein Gott, das ist ja gut; das ist vortrefflich!

DER PRINZ VON HOMBURG *in den Bart*
Pah! - Eines Schuftes Fassung, keines Prinzen. -
Ich denk mir eine andere Wendung aus.

Pause. Er greift nach des Kurfürsten Brief, den die Prinzessin in der Hand hält

Was sagt er eigentlich im Briefe denn?

NATALIE *ihn verweigernd*
Nichts, gar nichts!

DER PRINZ VON HOMBURG
Gebt!

NATALIE
Ihr last ihn ja!

DER PRINZ VON HOMBURG *erhascht ihn*
Ich will nur sehn, wie ich mich fassen soll.

Er entfaltet und überliest ihn

NATALIE *für sich*
O Gott der Welt! Jetzt ists um ihn geschehn!

DER PRINZ VON HOMBURG *betroffen*
Sieh da! Höchst wunderbar, so wahr ich lebe!
Du übersahst die Stelle wohl?

NATALIE
Nein! - Welche?

DER PRINZ VON HOMBURG
Mich selber ruft er zur Entscheidung auf!

NATALIE
Nun, ja!

DER PRINZ VON HOMBURG
Recht wacker, in der Tat, recht würdig!
Recht, wie ein großes Herz sich fassen muß!

NATALIE
O seine Großmut, Freund, ist ohne Grenzen!
Doch nun tu auch das Deine du und schreib,
Wie ers begehrt; du siehst, es ist der Vorwand,
die äußre Form nur, deren es bedarf:
Sobald er die zwei Wort in Händen hat,
Flugs ist der ganze Streit vorbei!

DER PRINZ VON HOMBURG *legt den Brief weg*
Nein, Liebe!
Ich will die Sach bis morgen überlegen.

NATALIE
Du Unbegreiflicher! Welch eine Wendung? -
Warum? Weshalb?

DER PRINZ VON HOMBURG *erhebt sich leidenschaftlich vom Stuhl*
Ich bitte, frag mich nicht!
Du hast des Briefes Inhalt nicht erwogen!
Daß er mir Unreht tat, wie's mir bedingt wird,
Das kann ich ihm nicht schreiben; zwingst du mich,
Antwort, in dieser Stimmung ihm zu geben,
Bei Gott! So setz ich hin: du tust mir recht!

Er läßt sich mit verschränkten Armen wieder an den Tisch nieder und sieht in den Brief

NATALIE *bleich*
Du Rasender! Was für ein Wort sprachst du?

Der Kurfürst antwortet nicht, sondern spielt sein gnadenloses und undurchschaubares Spiel weiter. Aber Kleist versteht es auch, Mitleid zu zeigen und seinen Helden in letzter Minute zu retten. Aus dem schwärmerischen Gefühlschaoten erhebt sich ein würdiger Vertreter des Preußentums.

Roland Duhamel

Ein umgekehrter Jakobiner

Zwölf Reden über die Beredsamkeit und deren Verfall in Deutschland
Adam Müller
1812

Hugo von Hofmannsthal nahm ihn in seine Anthologie „Wert und Ehre deutscher Sprache auf", für Ernst Robert Curtius war er „einer der bedeutendsten kritischen Köpfe unserer Nation" und Carl Schmitt, der Adam Müller eigentlich wenig Sympathie entgegenbrachte, rühmte dennoch: „In seinen musterhaften Perioden sind Beispiele eines *bel canto* der Rede, wie sie in deutscher Prosa kaum wieder vorkommen."

Ebenso einig sind sich die meisten freilich in dem Missbehagen an seiner Person. Er war Heinrich von Kleists Freund, auch der Staatstheoretiker und Historiker Friedrich von Gentz schätzte ihn, natürlich auch Metternich, der ihn als treuen Vasallen sah. Goethe dagegen sprach von „falsch gesteigertem Talent", Wilhelm Grimm meinte einen durchgängig lügnerischen Zug an ihm wahrzunehmen, Hebbel nannte ihn einen „umgekehrten Jakobiner". Also einer, an dessen Charakter sich die Geister schieden, der aber unstreitig, mit den Worten von Walter Jens, „einer der großen Meister deutscher Beredsamkeit" war und ein Stilist von Gnaden, dessen „Sprachsinn eben nicht korrumpiert war". Die schon zu seiner Zeit berühmten „Zwölf Reden über die Beredsamkeit und deren Verfall in Deutschland" hat er 1812 in Wien gehalten, vor illustrem Publikum: Dorothea Schlegel oder Theodor Körner, der Erzherzog Maximilian oder Graf Stadion. Ein rhetorisches Meisterstück, auch im Vortrag, der, wie eine Zuhörerin schilderte, „gewählt" war, „zuweilen kräftig und ergreifend." Scharfsinnig analysierte er die Gründe für den Verfall der deutschen Beredsamkeit, fand sie in der allgemeinen „Beschreibsamkeit unsrer Nation", in fremdsprachlichen Einflüssen oder im fehlenden und genügsamen Publikum: „Und wenn die Natur Talente für die Beredsamkeit über Deutschland so reichlich ausstreute, wie über den Boden irgend eines anderen Landes, so sind es ja in Deutschland nur einzelne, *die hören;* es gibt kein Ganzes, keine Gemeinde, keine Stadt, keine Nation, die wie mit Einem Ohre den Redner anhörte." Und es gibt keine Kultur des Gesprächs, des „ersten aller Genüsse, weil es die Seele aller anderen Genüsse ist: auf diese einfache Formel reduziert sich das ganze verschlungene Treiben unseres Lebens." Auch das Fehlen republikanischer Traditionen gehört in diese Reihe. „Darum gedeiht in Republiken die Beredsamkeit, nicht bloß, weil jedem mitzureden erlaubt ist, sondern weil jeder frühe gewöhnt wird einzugehen in die freie Gesinnung, in das Ohr des Nachbars, weil, wer herrschen will, so vieles Unabhängige, so viel eigentümliche Weise zu hören und zu empfinden, neben sich dulden muß." Die Schilderung vom Redekampf der einstigen Freunde Burke und Fox im britischen Parlament über die Französische Revolution („Die Beredsamkeit hat nie größere Wunder getan als in dieser Nacht.") ist ein Höhepunkt von Müllers Reden und sein Hauptbeispiel für seine Auffassung rhetorischer Kunst als eines dialektischen Streits der Argumente, in welchem Spruch und Widerspruch, die eigene These und die Antithese des Gegners gegeneinander geführt werden, um des besten Ergebnisses für das Ganze, für die soziale Gemeinschaft willen.

> Können wir Deutsche von Beredsamkeit sprechen, nachdem längst aller höhere Verkehr bei uns stumm und schriftlich oder in einer auswärtigen Sprache getrieben wird? – Wenn die gesamten Staatsgeschäfte einer Nation mit der Feder abgemacht werden; wenn alle größeren Geister, welche sich in ihr regen und sie ergreifen oder doch berühren wollen, statt der Rednerbühne einen Schreibtisch bereitet finden; wenn die heiligsten und erhabensten Ideen niemals mit der Gewalt, welche die Natur in die Brust des Menschen und in seine Stimme legte, unmittelbar an das Herz der Nation schlagen können; endlich, wenn in der höheren Gesellschaft, wenn da, wo sich alle besonderen Sitten der Nation in eine einzige Sitte vereinigen, wo sich aus unzähligen Beschränkungen und Rücksichten nun die eigentümliche, vaterländische

Grazie des Lebens, des Umgangs und der Mitteilung ergeben soll; wenn in der Gesellschaft, da, wo nun endlich alles Vorlaute zur Ruhe gebracht ist, wo niemand reden darf, der nicht zu hören versteht, wo also Schicklichkeit und Anstand nun endlich eine wahre Schule der Beredsamkeit eröffnet hätten – wenn da die Sprache des Landes verdrängt ist von einer fremden, wo sollen die Redner herkommen? Etwa aus der kleinen Provinzialkrämerei des alltäglichen Lebens oder aus der Gesprächigkeit des häuslichen Elends – oder aus dem telegraphischen Verkehr, den die Philosophen und Gelehrten der einzelnen Sekten, jeder in seiner besondern Terminologie, über die weite Fläche von Deutschland hin miteinander treiben? –

Der Deutsche ist in einem unbequemen Verhältnis zur Sprache, er ringt mit ihr, sage ich, er zwingt sie, wozu sie nicht geneigt ist, und sie ihrerseits zwingt ihn durch das ewige Gesetz der Reaktion wieder dahin, wohin er nicht will. So regiert der deutsche Gelehrte auf dem Papier den Staat, gibt Gesetze, verbessert die Sitten, erfindet Terminologien, martert die Sprache und wird gegen den wirklichen Staat, die wirklichen Gesetze und Sitten nur immer feindseliger gestellt, von den äußeren Bedingungen des Lebens nur immer mehr gepeinigt, von der wirklichen Sprache zerrissen und von der eignen Terminologie verwirrt. In dem einen Augenblick hantieren wir mit der Sprache despotisch und eigenmächtig, als wenn sie ein erfundenes Wesen, eine Art von Chiffre oder Signal wäre, das man willkürlich verändert, wenn der Schlüssel in Feindes Hände gefallen ist; in dem andern Augenblick hantiert dafür die Sprache mit uns, verwandelt wider unsern Willen die Gedanken unter unsern Händen, zähmt sie, bändigt sie. –

In welchem bequemen, schwebenden Verhältnis steht dagegen der Franzose zu seiner Sprache: *Spricht* die Seele – so hat sie auch genau im Worte Platz. Daher die gewisse Befriedigung im Sprechen und in dem Gedanken des

Gesprochenhabens und Sprechenwerdens, worüber sich wohl spotten läßt und von Armut reden, die sich leichter in Schranken und zu Rate hallen ließe als der Reichtum –, während wir innerlich, wenn wir gerecht sein wollen, mit Neid anerkennen müssen, daß, wer erst die Sprache in solche Eintracht gebracht hat mit dem Gedanken, mit der Sprache auch zugleich viel anderes gewinnt, was wir entbehren müssen.

Zu dieser Harmonie der Sprache mit dem Gedanken lenken wir aber allgemach zurück, halb von der Not gedrängt, halb getrieben von einem alten, guten, ernsten und göttlichen Verlangen, das nie ganz von uns gewichen ist und das die deutsche Kunst sogar in diesen letzten Zeiten der Barbarei und Sprachverwirrung bei Ehren erhalten hat.

Gert Ueding

Hochverräterische Verbindungen

Das Fräulein von Scuderi
Ernst Theodor Amadeus Hoffmann
1818

In „Lutters Keller“ in Berlin tagten in den Jahren zwischen 1814 und 1822 die Serapionsbrüder des Kammer-Gerichts-Raths, Dichters, Musikers und Zeichners Ernst Theodor – und „aus Versehen“ und aus Liebe zu Mozart – Amadeus Hoffmann, geboren 1776 in Königsberg, gestorben 1822 in Berlin. Die Klassiker, die es ernst mit der Dichtung meinten, Goethe, Eichendorff, Jean Paul oder Wilhelm Grimm waren nicht gut auf ihn zu sprechen, ebensowenig das Preußische Ministerium des Innern. Dagegen waren zwei in Paris lebende Deutsche, Heinrich Heine und vor allem Jacques Offenbach und sein Librettist Paul Barbier mit ihrer Oper „Les contes d'Hoffmann / Hoffmanns Erzählungen“ (1881) von diesem Erzromantiker der menschlichen Nachtseiten hochbeglückt. So ist E.T.A. Hoffmann zu einem der Väter der Französischen Romantik geworden und dem eigenen Volk erst von Frankreich aus wirklich nahegebracht worden. Als Frankreichs Truppen 1806 ins damals preußische Warschau (wo Hoffmann die Musikalische Gesellschaft mitbegründet hatte und seine Es-dur-Sinfonie uraufgeführt wurde) einmarschierten, verweigerte der Regierungsrat Hoffmann den Eid auf Napoleon und lebte von 1809 bis 1813 mehr schlecht als recht in Bamberg, wo er zwei Monate Kapellmeister war und sich einer Theatertruppe anschloss, die Leipzig und Dresden bespielte. Ohne Hoffmanns, fiktiv in Lutters Keller vorgestellte Erzählung vom „Kampf der Sänger“ wäre Richard Wagners „Tannhäuser“ nicht denkbar, ohne „Meister Martin der Küfner und seine Gesellen“ nicht Wagners ins Weihevollere aufgestiegenen „Meistersinger“.

Dabei war Hoffmann zugleich Mitglied der „Immediatkommission zur Ausermittlung hochverräterischer Verbindungen und gefährlicher Umtriebe“. Seinem richterlichen Gutachten verdankte z. B. der gute Turnvater Jahn seine Entlassung aus dem Gefängnis. Doch als Hoffmann in seiner Geschichte vom

„Meister Floh“ leicht identifizierbar einen preußischen Ministerialrat verspottete, sollte, obwohl das Kapitel sogleich aus dem Verkehr gezogen und erst ein Jahrhundert später bekannt wurde, ein Disziplinarverfahren gegen ihn eingeleitet werden, dessen Ergebnis er nicht mehr erlebte.

Zu Hoffmanns Erzählungen in „Lutters Keller“ gehört auch der doppel- und dreifachbödige Krimi um den mörderischen Pariser Goldschmied René Cardillac, der zur Zeit König Ludwigs XIV., seiner Mätresse, der Maintenon, und deren Freundin Magdaleine de Scuderi um 1680 spielt und aus dem der folgende, kleine Teil entnommen ist. Hoffmann spiegelt darin die „Immediatkommission“, der er angehörte, in der „furchtbaren Chambre ardente“:

> Der König, dem Unwesen, das immer mehr überhand nahm, zu steuern, ernannte einen eigenen Gerichtshof, dem er ausschließlich die Untersuchung und Bestrafung dieser heimlichen Verbrechen übertrug. Das war die sogenannte Chambre ardente, die ihre Sitzungen unfern der Bastille hielt, und welcher la Regnie als Präsident vorstand. Mehrere Zeit hindurch blieben Regnies Bemühungen, so eifrig sie auch sein mochten, fruchtlos, dem verschlagenen Desgrais war es vorbehalten, den geheimsten Schlupfwinkel des Verbrechens zu entdecken. – In der Vorstadt Saint Germain wohnte ein altes Weib, La Voisin geheißen, die sich mit Wahrsagen und Geisterbeschwören abgab, und mit Hülfe ihrer Spießgesellen, Le Sage und Le Vigoureux, auch selbst Personen, die eben nicht schwach und leichtgläubig zu nennen, in Furcht und Erstaunen zu setzen wußte.
>
> Aber sie tat mehr als dieses. Exilis Schülerin wie La Croix, bereitete sie wie dieser, das feine, spurlose Gift, und half auf diese Weise ruchlosen Söhnen zur frühen Erbschaft, entarteten Weibern zum andern jüngern Gemahl. Desgrais drang in ihr Geheimnis ein, sie gestand alles, die Chambre ardente verurteilte sie zum Feuertode, den sie auf dem Grèveplatz erlitt. Man fand bei ihr eine Liste aller Personen, die sich ihrer Hülfe bedient hatten; und so kam es, daß nicht allein

Hinrichtung auf Hinrichtung folgte, sondern auch schwerer Verdacht selbst auf Personen von hohem Ansehen lastete. So glaubte man, daß der Kardinal Bonzy bei der La Voisin das Mittel gefunden, alle Personen, denen er als Erzbischof von Narbonne Pensionen bezahlen mußte, in kurzer Zeit hinsterben zu lassen. So wurden die Herzogin von Bouillon, die Gräfin von Soissons, deren Namen man auf der Liste gefunden, der Verbindung mit dem teuflischen Weibe angeklagt, und selbst Francois Henri de Montmorenci, Boudebelle, Herzog von Luxemburg, Pair und Marschall des Reichs, blieb nicht verschont. Auch ihn verfolgte die furchtbare Chambre ardente. Er stellte sich selbst zum Gefängnis in der Bastille, wo ihn Louvois und La Regnies Haß in ein sechs Fuß langes Loch einsperren ließ. Monate vergingen, ehe es sich vollkommen ausmittelte, daß des Herzogs Verbrechen keine Rüge verdienen konnte. Er hatte sich einmal von Le Sage das Horoskop stellen lassen.

Gewiß ist es, daß blinder Eifer den Präsidenten La Regnie zu Gewaltstreichen und Grausamkeiten verleitete. Das Tribunal nahm ganz den Charakter der Inquisition an, der geringfügigste Verdacht reichte hin zu strenger Einkerkerung, und oft war es dem Zufall überlassen, die Unschuld des auf den Tod Angeklagten darzutun. Dabei war Regnie von garstigem Ansehen und heimtückischem Wesen, so daß er bald den Haß derer auf sich lud, deren Rächer oder Schützer zu sein er berufen wurde. Die Herzogin von Bouillon, von ihm im Verhöre gefragt, ob sie den Teufel gesehen? erwiderte: „Mich dünkt, ich sehe ihn in diesem Augenblick!“

Während nun auf dem Grèveplatz das Blut Schuldiger und Verdächtiger in Strömen floß, und endlich der heimliche Giftmord seltner und seltner wurde, zeigte sich ein Unheil andrer Art, welches neue Bestürzung verbreitete. Eine Gaunerbande schien es darauf angelegt zu haben, alle Juwelen in ihren Besitz zu bringen. Der reiche Schmuck, kaum gekauft, verschwand auf unbegreifliche Weise, mochte er verwahrt sein wie er wollte. Noch viel ärger war es aber, daß jeder, der es wagte, zur Abendzeit Juwelen bei sich zu tragen, auf offener Straße oder in finstern Gängen der Häuser beraubt, ja wohl gar ermordet wurde. Die mit dem Leben davongekommen, sagten aus, ein Faustschlag auf den Kopf habe sie wie ein Wetterstrahl niedergestürzt, und aus der Betäubung erwacht, hätten sie sich beraubt, und am ganz andern Orte als da, wo sie der Schlag getroffen, wiedergefunden. Die Ermordeten, wie sie beinahe jeden Morgen auf der Straße oder in den Häusern lagen, hatten alle die selbe tödliche Wunde. Einen Dolchstich ins Herz, nach dem Urteil der Ärzte so schnell und sicher tötend, daß der Verwundete keines Lautes mächtig zu Boden sinken mußte. Wer war an dem üppigen Hofe Ludwig des XIV., der nicht in einen geheimen Liebeshandel verstrickt, spät zur Geliebten schlich, und manchmal ein reiches Geschenk bei sich trug? – Als stünden die Gauner mit Geistern im Bunde, wußten sie genau, wenn sich so etwas zutragen sollte. Oft erreichte der Unglückliche nicht das Haus, wo er Liebesglück zu genießen dachte, oft fiel er auf der Schwelle, ja vor dem Zimmer der Geliebten, die mit Entsetzen den blutigen Leichnam fand.

Vergebens ließ Argenson, der Polizeiminister, alles aufgreifen in Paris, was von dem Volk nur irgend verdächtig schien, vergebens wütete la Regnie, und suchte Geständnisse zu erpressen, vergebens wurden Wachen, Patrouillen verstärkt, die Spur der Täter war nicht zu finden […]

Argenson sah die Bemühungen der Chambre ardente scheitern, und ging den König an, für das neue Verbrechen einen Gerichtshof zu ernennen, der mit noch ausgedehnterer Macht den Tätern nachspüre und sie strafe. Der König, überzeugt, schon der Chambre ardente zu viel Gewalt gegeben zu haben, erschüttert von dem Greuel unzähliger Hinrichtungen, die der blutgierige La Regnie veranlaßt, wies den Vorschlag gänzlich von der Hand.

Man wählte ein anderes Mittel, den König für die Sache zu beleben.

In den Zimmern der Maintenon, wo sich der König nachmittags aufzuhalten, und wohl auch mit seinen Ministern bis in die späte Nacht hinein zu arbeiten pflegte, wurde ihm ein Gedicht überreicht im Namen der gefährdeten Liebhaber, welche klagten, daß, gebiete ihnen die Galanterie, der Geliebten ein reiches Geschenk zu bringen, sie allemal ihr Leben daran setzen müßten. Ehre und Lust sei es, im ritterlichen Kampf sein Blut für die Geliebte zu verspritzen; anders verhalte es sich aber mit dem heimtückischen Anfall des Mörders, wider den man sich nicht wappnen könne. Ludwig, der leuchtende Polarstern aller Liebe und Galanterie, der möge hellaufstrahlend die finstre Nacht zerstreuen, und so das schwarze Geheimnis, das darin verborgen, enthüllen. Der göttliche Held, der seine Feinde niedergeschmettert, werde nun auch sein siegreich funkelndes Schwert zücken, und wie Herkules die Lernäische Schlange, wie Theseus den Minotaur, das bedrohliche Ungeheuer bekämpfen, das alle Liebeslust wegzehre, und alle Freude verdüstre in tiefes Leid, in trostlose Trauer.

So ernst die Sache auch war, so fehlte es diesem Gedicht doch nicht, vorzüglich in der Schilderung, wie die Liebhaber auf dem heimlichen Schleichwege zur Geliebten sich ängstigen müßten, wie die Angst schon alle Liebeslust, jedes schöne Abenteuer der Galanterie im Aufkeimen töte, an geistreichwitzigen Wendungen. Kam nun noch hinzu, daß beim Schluß alles in einen hochtrabenden Panegyrikus auf Ludwig den XIV. ausging, so konnte es nicht fehlen, daß der König das Gedicht mit sichtlichem Wohlgefallen durchlas. Damit zustande gekommen, drehte er sich, die Augen nicht wegwendend von dem Papier, rasch um zur Maintenon, las das Gedicht noch einmal mit lauter Stimme ab, und fragte dann anmutig lächelnd, was sie von den Wünschen der gefährdeten Liebhaber halte? Die Maintenon, ihrem ernsten Sinne treu und immer in der Farbe einer gewissen Frömmigkeit, erwiderte, daß geheime verbotene Wege eben keines besondern Schutzes würdig, die entsetzlichen Verbrecher aber wohl besonderer Maßregeln zu ihrer Vertilgung wert wären. Der König, mit dieser schwankenden Antwort unzufrieden, schlug das Papier zusammen, und wollte zurück zu dem Staatssekretär, der in dem andern Zimmer arbeitete, als ihm bei einem Blick, den er seitwärts warf, die Scuderi ins Auge fiel, die zugegen war, und eben unfern der Maintenon auf einem kleinen Lehnsessel Platz genommen hatte. Auf diese schritt er nun los; das anmutige Lächeln, das erst um Mund und Wangen spielte, und das verschwunden, gewann wieder Oberhand, und dicht vor dem Fräulein stehend, und das Gedicht wieder auseinanderfaltend, sprach er sanft: „Die Marquise mag nun einmal von den Galanterien unserer verliebten Herren nichts wissen, und weicht mir aus auf Wegen, die nichts weniger als verboten sind. Aber Ihr, mein Fräulein, was haltet Ihr von dieser dichterischen Supplik?"– Die Scuderi stand ehrerbietig auf von ihrem Lehnsessel, ein flüchtiges Rot überflog wie Abendpurpur die blassen Wangen der alten würdigen Dame, sie sprach, sich leise verneigend, mit niedergeschlagenen Augen:

„Un amant qui craint les voleurs,
n'est point digne d'amour."

Der König, ganz erstaunt über den ritterlichen Geist dieser wenigen Worte, die das ganze Gedicht mit seinen ellenlangen Tiraden zu Boden schlugen, rief mit blitzenden Augen: „Beim heiligen Dionys, Ihr habt recht, Fräulein! Keine blinde Maßregel, die den Unschuldigen trifft mit dem Schuldigen, soll die Feigheit schützen; mögen Argenson und La Regnie das Ihrige tun."

Peter Volk

Wem Gott will rechte Gunst erweisen ...

Aus dem Leben eines Taugenichts
Joseph von Eichendorff
1826

Wer von den Größen der Germanistik und der deutschsprachigen Literatur hat sich nicht zu Eichendorffs bekanntestem und populärstem Text geäußert: Inwieweit verkörpert der Taugenichts das „deutsche Wesen", wie revolutionär oder reaktionär ist er in seiner Philister-Attacke, wie religiös, wie heimatverbunden, wohin führt sein Weg, wohin könnte er führen?

Diese und ähnliche Fragen sind für das Verständnis der deutschen Geistes- und Kulturgeschichte der vergangenen 200 Jahre ungemein wichtig, doch als der heutigen Lesart dieser Novelle angemessener finde ich die Frage, was diesen Text immer noch so populär und lesbar macht? Vielleicht ist es die Unbeschwertheit, die Leichtfüßigkeit, die Traumhaftigkeit, die Vergnüglichkeit, die aus jeder Zeile steigt und den gegenwartsverdrossenen Leser, den unzeitgemäßen, heimlichen Romantiker erheitert.

Wie viele Konflikte sind da nicht gleich auf den ersten Seiten angelegt? Der Vater-Sohn-Konflikt, der die gesamte modernistische und avantgardistische Literatur zu Beginn des 20. Jahrhunderts prägte, das Außenseitertum, das Hinausgestoßen-Werden, welches die existenzialistische Philosophie begründete, die aus Standesgründen unerlaubte Liebe, der Philister-Künstler-Konflikt usw. Bei Eichendorff wird dieses Konflikt-Potenzial allerdings in keiner Weise ausgenutzt, geschweige denn zu einer Katastrophe ausgeweitet; der Held holt einfach seine Violine hervor und schreitet lustig geigend in die weite freie Welt hinaus. „Mir war es wie ein ewiger Sonntag im Gemüt ..." „ich schämte mich, laut zu schreien, aber innerlichst jauchzte ich ..." „Ach, ich war so glücklich!" „Das Herz schlug mir vor Freude ...". Dies sind die häufigsten, sich wiederholenden Sätze, die die Laune, die Gemütsart des Titelhelden charakterisieren. Und soll es einmal auch traurig oder langweilig oder gar bedrohlich werden auf den Wegen des Taugenichts, ist gleich auch Hilfe da, sei es in Gestalt eines günstigen Zufalls, eines geneigten

Gönners, eines unverhofften Retters, oder sei es einfach nur die prächtige Schönheit der Natur oder der Musik, die den Helden wieder aufrichtet und seine Heimweh-, Außenseiter- oder Liebestränen trocknet. Er kann gar nicht verlorengehen, denn er überantwortete alle seine Wege der höchsten Autorität, Gott selbst:

> Den lieben Gott laß ich nur walten;
> Der Lerchen, Bächlein, Wald und Feld
> Und Erd´ und Himmel will erhalten,
> Hat auch mein´ Sach´ aufs Best´ bestellt,

heißt es im ersten Lied des Taugenichts, dem überaus populären „Wem Gott will rechte Gunst erweisen" und dann noch häufig in ähnlicher Weise in Prosa: „Ich befahl mich daher Gottes Führung, zog meine Violine hervor und spielte alle meine liebsten Stücke durch, dass es recht fröhlich in dem einsamen Wald erklang."

Doch nicht nur das gottgeschützte Gemüt des Titelhelden macht die Leichtfüßigkeit des Textes, seinen Zauber aus. Es sind weitere Motive und deren Ausgestaltung, die uns ungeheuer sympathisch vorkommen, etwa der Lob des Müßiggangs:

> Den ganzen Tag (zu tun hatte ich weiter nichts) saß ich daher auf dem Bänkchen vor meinem Hause im Schlafrock und Schlafmütze, rauchte Tabak aus dem längsten Rohre, das ich nach dem seligen Einnehmer gefunden hatte, und sah zu, wie die Leute auf der Landstraße hin und her gingen, fuhren und ritten.

Mit keinem erhobenen Finger wird die Faulheit des Taugenichts gestraft; allerschlimmstens steigert sich der Müßiggang zur Langeweile und zum Überdruss: „Die Glieder gingen mir von dem ewigen Nichtstun ordentlich aus allen Gelenken, und es war mir, als würde ich vor Faulheit noch ganz auseinanderfallen."

Ricarda Huch, die große neuromantische Chronistin der Romantik wusste: „Der romantische Charakter ist faul und stolz auf seine Faulheit (nur Novalis war ein Romantiker mit Riesenarbeitskraft und -lust)", und sie wusste aber auch, dass nur in Mußestunden der menschlichen Seele Flügel wachsen, so dass sie sich zur Kunst, der höchsten aller Nutzlosigkeiten, aufschwingen kann – oder wie es Friedrich Schlegel ausdrückte (und wie es dann später in den Charakteren aller großen Flaneure der Weltliteratur des 20. Jahrhunderts – von Leopold Bloom bis Ulrich – eingeschrieben stand): „O Müßiggang, Müßiggang, du bist die Lebenslust der Unschuld und der Begeisterung. Dich atmen die Seligen und selig ist, wer dich hat und hegt, du heiliges Kleinod, einziges Fragment von Gottähnlichkeit, das uns noch übrigblieb vom Paradiese."

Wer möchte sich nicht auch einem solchen nutzlosen Müßiggang straflos hingeben, zumindest doch im Urlaub! Doch auch hier erwarten einen Mühseligkeiten: das ermüdende lange Reisen, die unverständlichen Fremdsprachen, die lästigen Einheimischen. Aus alledem macht sich der Taugenichts gar nichts, sondern die Reise geht wie auf Windesschwingen: „Ich hatte eigentlich da droben ein prächtiges Leben wie der Vogel in der Luft, und brauchte doch dabei nicht selbst zu fliegen." Die Unfähigkeit, sich in einer Fremdsprache zu verständigen, wird lustig hingenommen: „Ich konnte sein Kauderwelsch gar nicht verstehen. `Parlez vous français?` sagte ich endlich in meiner Angst zu ihm. Er schüttelte mit dem großen Kopfe und das war mir sehr lieb, denn ich konnte ja auch nicht französisch." Und wenn einem ob dem fremden Land und dessen Bewohnern endlich zu lustig und zu bunt wird, wird dem Land einfach mit einer gutmütig herablassenden Geste der Rücken gekehrt: „Ich nahm mir nun fest vor, dem falschen Italien mit seinen verrückten Malern, Pomeranzen und Kammerjungfern auf ewig den Rücken zu kehren, und wanderte noch zur selbigen Stunde zum Tore hinaus." Und sogar „hohe Dinge" wie die Liebe zur Heimat und zur deutschen Muttersprache werden ohne skeptische Zutaten, mit ungebrochen sympathischer Empfindung, leicht, ja leichtfertig (denkt man als deutscher Leser nach den Katastrophen des 20. Jahrhunderts) verhandelt: „Mir aber, da ich so unverhofft deutsch sprechen hörte, war es nicht anders im Herzen, als wenn die Glocke aus meinem Dorfe am stillen Sonntagsmorgen plötzlich zu mir herüberklänge."

Eingerahmt sind all die romantischen Motive und Menschenbilder im *Taugenichts* in eine Art traumhaftes, unbekümmertes Erzählen, das in einer poetisch-witzigen, modernen Sprache, die keinerlei Verständnisschwierigkeiten bereitet, Handlungen, Episoden, retardierende Momente, Nebenfiguren häuft – ohne dass sie mit dem Hauptstrang zwingend zusammenhängen oder die Handlung vorantreiben würden – ein Erzählen, das sich selbst gefällt und selbst genug ist und den Leser, wenn er denn bereit ist, seine rationelle, auf Motivationen und logische Konsequenzen erpichte Lesart aufzugeben, hinreißt, einbezieht, einlullt wie ein altes Schlaflied, so dass er auf der vorletzten Seite dem Helden und seiner gnädigen Frau (die endlich als „nicht gnädig" und also für den Taugenichts erreichbar enthüllt wird) ins Wort fallen möchte, wenn die beiden sagen: „‚Ich kann mir noch alles nicht recht denken, es ist mir alles noch wie ein Traum!' ‚Mir auch', sagte die schöne gnädige Frau." „Mir auch!" möchte der Leser hinzufügen und nach der Lektüre wie aus einem schönen Traum aufwachen.

Vielleicht fühlen wir als Leser des 21. Jahrhunderts intellektuelle Zweifel ob der Lebbarkeit, Durchführbarkeit des Eichendorffschen romantischen Taugenichts-Lebensmodells, aber was ist diese Skepsis ob dem letzten zauberhaften Satz: „Sie lächelte still und sah mich recht vergnügt und freundlich an, und von fern schallte immerfort die Musik herüber, und Leuchtkugeln flogen vom Schloss durch die stille Nacht über die Gärten, und die Donau rauschte dazwischen herauf – und es war alles, alles gut!"

Ingeborg Fiala-Fürst

Majestätsverbrecherische Gedanken

Briefe aus Paris
Ludwig Börne
1830–1834

„Er hatte ein Leben lang rastlos gekämpft, gekämpft für ein Volk, das ihn nicht verstand, das ihn nicht schätzen konnte, für ein Vaterland, das nicht einen Fußbreit Erde hat, in der er der Ewigkeit entgegenträumen konnte." Sätze aus der Grabrede, die der Kollege Jakob Venedy auf Ludwig Börne hielt. Das war am 18. Februar 1837, mehr als 3000 Trauernde sind der Beisetzung auf dem Père-Lachaise in Paris gefolgt. Neben Heine war er der berühmteste deutsche Emigrant, beide publizierten ihre Werke bei Julius Campe, dem Verleger des Jungen Deutschland in Hamburg, beide waren aber auch Rivalen in der Publikumsgunst und überwarfen sich („Börne lebt mit Heine in Todfeindschaft", meldete Metternichs Spion nach Wien).

Geboren wurde Juda Löw Baruch drei Jahre vor der Französischen Revolution in Frankfurt, 1818 erst konvertierte er und änderte seinen Namen. Er hatte eine vorzügliche Internatsbildung genossen, drei Jahre Medizin, dann Jurisprudenz studiert und war in Gießen zum Doktor der Philosophie promoviert worden. All das war nicht unwichtig für seine spätere, die eigentliche Profession als politischer Schriftsteller, der mit seinen unerbittlichen Diagnosen und Urteilen zum Analytiker seiner Zeit und Gesellschaft wurde.

Er war zunächst vor allem Literatur- und Theaterkritiker, den selbst seine politischen Gegner zurate zogen. Doch erst mit den „Briefen aus Paris", in 4 Bänden sind sie ab 1832 bei Campe erschienen, wurde er zu eine literarisch-politischen Institution. Es war die Julirevolution von 1830, die ihn mobilisierte. „Die Leute tun mir gar nicht unrecht, die in den Briefen meine frühere Mäßigung nicht finden; aber sie tun sich selbst unrecht, daß sie sie suchten. Die Zeiten der Theorien sind vorüber, die Zeit der Praxis ist gekommen. Ich will nicht schreiben mehr, ich will kämpfen." Er kämpfte dann schreibend und aus dem liberalen Zeitkritiker wurde der radikale politische Schriftsteller, dessen „Briefe“ zu den Höhepunkten deutscher Prosa gehören. Ausgehend von den jakobinischen Publizisten des 18. Jahrhunderts, auf der Grundlage von John Locke und Adam Smith, sah er in den aktuellen Ereignissen, im Kampf der Besitzlosen mit den Besitzenden, die eigentliche Triebkraft der Geschichte. Hass, Abscheu, Erbitterung („Der Haß und der Ekel stiegen mir manchmal bis an den Hals hinauf …“) brauchen das Denken nicht zu behindern; Börne schliffen sie Blick und Gedanken klar, so dass er die sozialen, nicht die politischen Widersprüche als den eigentlichen Treibsatz der Geschichte erlebte und erkannte, deren Zeitgenosse er war. Den deutschen Adressaten der „Briefe aus Paris“ mochten solche Einsichten nur in seltenen Fällen ganz verständlich geworden sein, ihre Denkschranken hatte Börne schließlich oft genug durchbuchstabiert. Doch seinen Enthusiasmus der Freiheit, die schonungslose Beschreibung der zurückgebliebenen, versteinerten deutschen Verhältnisse, der Unterdrückung und des Machtmissbrauchs – das verstand man, das wirkte, das machte selbst den deutschen Michel unzufrieden, steckte ihn an und schärfte die Unruhe, wo sie sich zaghaft bemerkbar machte wie in Göttingen oder Frankfurt. Wolfgang Menzel, der später die Seiten wechseln und zum Verräter an der Freiheitssache werden sollte, schrieb dazu: „Der selige Lichtenberg würde sagen: ‚es sind majestätsverbrecherische Gedanken, aber in beneidenswürdigen Ausdrücken‘“.

Sechzigster Brief

Es ist wahr, der Krieg der Armen gegen die Reichen hat begonnen, und wehe jenen Staatsmännern, die zu dumm oder zu schlecht sind, zu begreifen, daß man nicht gegen die Armen, sondern gegen die Armut zu Felde ziehen müsse. Nicht gegen den Besitz, nur gegen die Vorrechte der Reichen streitet das Volk; wenn aber diese Vorrechte sich hinter dem Besitze verschanzen, wie will das Volk die Gleichheit, die ihm gebührt, anders erobern, als indem es den Besitz erstürmt? Schon die Staaten des Altertums kränkelten an diesem Übel der Menschheit; dreitausend Jahre haben das Unheil gesät, und das Menschengeschlecht nach uns wird es ernten. Frei nannten sich die Völker, wenn die Reichen ohne Vorrang untereinander die Gesetze gaben und vollzogen; die Armen waren niemals frei. Über die kurzsichtigen Politiker, welche glaubten, in den Staaten, wo Adel und Geistlichkeit ihre Vorrechte verloren, sei der ewige Friede gesichert! Eben diese, wie Frankreich und England, stehen der fürchterlichsten Revolution näher als die andern Staaten, wo noch keine freien Verfassungen bestehen. In den letztern wird dem niedern Volke durch seinen benachbarten Stand, die Bürgerschaft, die Aussicht nach den höhern, bevorrechteten Ständen versteckt. Es vermißt daher keine Gleichheit. Da aber, wo der Mittelstand sich die Gleichheit erworben, sieht das untere Volk die Ungleichheit neben sich, es lernt seinen elenden Zustand kennen, und da muß früher oder später der Krieg der Armen gegen die Reichen ausbrechen. Die heillose Verblendung des Bürgerstandes zieht das Verderben schneller und fürchterlicher herbei. Seit er frei geworden, blickt er, halb aus Furcht, halb aus Hochmut, beständig hinter sich und vergißt darüber, vor sich zu sehen, wo ein besiegter, aber noch lebendiger Feind nur darauf wartet, daß er den Blick wegwende. Diese Furcht und diesen Hochmut wissen die Aristokraten in Frankreich und England sehr gut zu benutzen. Den Pöbel hetzen sie im stillen gegen die Bürger auf und diesen rufen sie zu: Ihr seid verloren, wenn ihr euch nicht an uns anschließt. Der dumme Bürger glaubt das und begreift nicht, daß seine eigene Freiheit, sein eigener Wohlstand schwankt, solange das arme Volk nicht mit ihm in gleiche Freiheit und gleichen Wohlstand eintrete; er begreift nicht, daß, solange es einen Pöbel gibt, es auch einen Adel gibt und daß, solange es einen Adel gibt, seine Ruhe und sein Glück gefährdet bleibt. Wäre diese Verblendung nicht so unheilbringend, es gäbe nichts Lächerlicheres als sie. Diese reichen Ladenherrn von Paris, diese Bankiers und Fabrikanten, die, es sind noch keine fünfzig Jahre, sich von jedem Lump von Ludwigsritter *Canaille* mußten schelten lassen, reden, wie sie es gehört, den ganzen Tag von der Canaille, wozu sie jeden rechnen, der keinen feinen Rock trägt und keine andere Renten hat, als die ihm jeden Tag die Arbeit seiner Hände einbringt! Die Regierung, welche über die menschliche Schwäche erhaben sein sollte, benutzt sie nur, ihre Herrschsucht zu befriedigen, und statt die bürgerliche Ordnung auf Weisheit, Gerechtigkeit und Tugend zu gründen, bauen sie sie über hinfälliges Holzwerk, das sie in den Schlamm der Leidenschaften einrammeln. Die Nationalgarde, die Wache der französischen Freiheit, suchen sie zu entnerven, durch eiteln Flitter zu gewinnen. Erst kürzlich hat der König an einem Tage dreihundert Ehrenkreuze unter sie verteilt. Der *Ehre* haben sich die Fürsten immer als eines Gegengiftes der Tugend bedient, vor der sie zittern.

Gert Ueding

Ein berüchtigtes Objekt der Zensur

Berlin, wie es ist – und trinkt.
Adolf Glaßbrenner
1832–1850

Geboren 1810 in Berlin und auch als Schriftsteller ein Berliner durch und durch, gehört Adolf Glaßbrenner zu den deutschen Autoren, „die wir nicht zu den Klassikern rechnen und welche doch auf ihrem Gebiet klassisch sind", so der Philosoph Karl Rosenkranz schon 1854. Da war „Adolf Brennglas", wie er sich schon bald nach den ersten Erfolgen genannt hatte, bereits ein berühmter Mann, der preußischen Obrigkeit verhasst, der Zensur ein berüchtigtes Objekt und seinem Publikum ein unbestechlicher Aufklärer, der die Strahlen des Lichts in seiner Schreiblinse bündelt. Seit 1832, als er seine erste eigene Zeitschrift herausgab, den „Berliner Don Quixote", war er in einen nicht enden wollenden Kampf mit den Zensurbehörden verstrickt, deren Haupt ein gewisser Karl John war, einst Goethes Sekretär, jetzt ein verbissener Kettenhund der Unfreiheit. Seinen unermüdlichen und gefährlichen Schikanen verdanken wir das Hauptwerk Glaßbrenners, das seinen Ruf begründete und dem er „seine Sonderstellung in der Literaturgeschichte" verdankt, wie der Kenner der jungdeutschen Literatur H.H. Houben urteilt, nämlich *Berlin, wie es ist – und trinkt.* Dreiunddreißig Lieferungshefte im kleinen Duodezformat sind 1832 bis 1850 erschienen, mit wunderbaren Titelkupfern von Theodor Hosemann illustriert. Sie erreichten viele Auflagen, ihre Protagonisten entwickelten schnell ein Eigenleben, tauchten auf der Bühne, in Karikaturen, im Volkswitz auf und wurden von Hamburg bis Stuttgart und München nachgeahmt. Trotz oder wegen des Berliner Jargons, in dem sie geschrieben waren. Das „Berlinische" ist kein Dialekt, sondern eine aus niederdeutschen, sächsischen, märkischen und schlesischen Elementen zusammengesetzte großstädtische Umgangssprache, die auch dem nichtberliner Publikum verständlich ist und von Glaßbrenner überhaupt erst auf literarische Höhen gebracht wurde: Sie stellte das poetische Material, aus dem er seine vollkommenen Werke schuf. Und er bringt nicht irgendeine Stadt zum Sprechen, sondern die Residenzstadt Preußens, die nach den Befreiungskriegen einen enormen Aufschwung genommen hatte und auch städtebaulich das Gepräge einer Metropole zu gewinnen begann, aber in einer durchaus eigenartigen Mischung: „Hier ist Berlin, Paris, dort London, hier Krähwinkel, dort Kaserne, hier eine Demokratie, dort ein Bureau, hier ein Bethaus, dort ein lustiger Markt, und nur, wenn man aus allen diesen streitenden Eigenschaften durch seine Familienkreise gegangen ist, kommt man erst in das eigentliche Berlin zurück." So beschreibt er den Schauplatz seiner Figuren, wo sie der Welt begegnen, das politische Geschehen mit Witz und Humor kommentieren.

Gefasst in den unscheinbaren Rahmen kleiner Groschenhefte oder volkstümlicher Kalender und Almanache (auch die Dialoge des Rentiers Buffey gehören dazu) hat Glaßbrenner lange vor Alfred Döblin oder Erich Kästner den Roman Berlins, einer Hauptstadt des 19. Jahrhunderts, geschrieben. Sein Erfolgsrezept ist alt und bewährt: unterdrückte oder nicht genehme Wahrheit im Narrenkleide auftreten zu lassen, doch erschöpft es sich nicht in satirischer Absicht. Glaßbrenner hat sein Ziel „einer vollständigen Charakteristik aller niederen Volksklassen dieser Residenz" weit übertroffen. Alle diese Eckensteher, Guckkästner, Hökerinnen, Fuhrleute, Wirte, Köchinnen und Stiefelputzer, Brautleute und Kranzjungfern, die Kleinbürger, Cavaliere und Rentiers lernen wir in ihrer unverwechselbaren Eigenart, in ihrem Alltag, bei ihren Geschäften und Vergnügungen, mit ihren Träumen und Wünschen, ihrem Witz und ihrer Überlebenskunst kennen. „Der neue Roman ist der Roman des *Nebeneinanders.* Da liegt die ganze Welt! Da ist die Zeit wie ein aufgespanntes Tuch! Da begegnen sich Könige und Bettler!" So beschrieb der Kollege Karl Gutzkow den neuen, den demokratischen Roman – als habe er Glaßbrenner damit würdigen wollen. Er hat viel geschrieben bis zu seinem Tode 1876, nur weniges erreicht noch die Höhe seiner Berliner Hauptwerke. Hören wir einen Augenblick dem Guckkästner und den „Jungens" zu, die gerade sein Publikum sind.

GUCKKÄSTNER SZENEN

Szene I

Es giebt nur wenige solcher Leute in Berlin, aber die wenigen sind so originelle Käuze, besonders beim Erklären ihrer Bilder, daß ich sie nicht unbeachtet lassen darf. Abends, wenn die Sonne untergegangen ist, und die Gaslaternen aufgehen, stellen sie ihren Schemel an eine Straßenecke, wo die Passage am lebhaftesten ist, namentlich unter den Linden, in der Königsstraße u . s. w., rufen sich mit lauter Stimme einige Kunstliebhaber heran, und geben den schlechten Gemälden, welche man durch Vergrößerungsgläser betrachtet, einen großen Reiz durch die Beschreibung derselben. Sie sprechen den größten Unsinn mit einem Ernst, der durch das monotone Wiederholen ein und derselben Worte entstanden, und von so komischer Wirkung ist, daß man sich des lauten Lachens nur mit Mühe enthalten kann. Letzteres ist aber sehr nöthig, wenn man keine Grobheiten einstecken will, denn der Guckkästner und seine neben ihm stehende Frau bilden sich nicht wenig auf ihre historischen Kenntnisse ein, welche sie mit ernstgerunzelter Stirne an den Abend legen. Ich werde hier aus meinen, seit mehreren Jahren in Berlin gesammelten Guckkastenscherzen eine Scene zusammenstellen, die, wenn auch hier und da mit hellen Farben gezeichnet, doch nicht *den* Reiz geben kann, welchen eine solche Scene in der Wirklichkeit darbietet.

Guckkästner. Schauen Se auf, meine Herren, jetzt jeht's los! dumme Jungens, drängt Euch nich so rander, laßt de Musjes ran, jeder muß vor sein Loch alleene bezahlen! Schauen Sie auf, meine Herren! Hier werden Se sehen die große Schlacht bei Leipzig, wo de Preußen ihre Ehre wieder kriegen, –

Ein Junge. Ick 'seh' ja die Ehre nich, wo isten die?

Guckkästner. Schafkopp, die kann man nich jewahr werden, die haben de Leutnants in den Mund. Also hier sehen

Se die jroße Schlacht bei Leipzig; im Hinterjrunde auf einen Hügel steht der Kaiser Napoljon, un sieht durch seinen Opernkucker zu. Sein Adjudant sprengt heran und sagt: Majestät, de Schlacht is verloren! Schön, sagt er. – Rrrr! ein anderes Bild! – Dieses stellt die Schlacht bei Leipzig vor, wie se vorbei is. Die drei Monarchen lassen sich auf ein Knie nieder, un heben ihre Blicke uf den Himmel, als wollten sie sagen: Schön Dank! Hinten scheint de Sonne.

Mehrere Jungen. Na, wat soll'n det dumme Zeug!

Guckkästner. Ruhig, Jungens! Wat haben Se wieder vor, Musje's?

Die Jungen. I, hier schubsen uns immer welche von unsere Jläser wech, die nich bezahlt haben!

Guckkästner. Nimm de Karbatsche, Frau, un haue se wech! Keiner darf in ein Andern sein Loch sehen, weil er ihn in de Sperspection stört. Jeder sieht in sein eigenes Loch, un bezahlt eenen Sechser. – Ihrr! ein anderes Bild! – Hier werden Se sehen den jroßen Jroßsultan, umjeben von allen seinen Dardanellen. Der da rechts mit die weiße Hosen, det is sein Leibdardanelle. Hinten überjibt sich der Mond durch de Wolken!

Ein Junge. Ick denke, es heeßt: der Mond *bricht* durch de Wolken!

Guckkästner. Nein, det is zu jemeene, auf vornehm heeßt et überjeben! – Rrrr! ein anderes Bild! – Hier werden Sie die Schlacht bei Jena in Augenschein nehmen; auch werden Sie bemerken, wie die preuß'sche Armee auskratzt, weil se von lauter dumme Junker anjeführt wird, die ihre Nase so hoch dragen, weil se keen Pulver riechen können. Vorne liecht Eener, der nich mit kann, weil ihm ein Franzose dodtjeschlagen hat!

Zweiter Junge. Hör'n Se mal: alleweile fangen die Junker schon wieder an, hochnäsig zu werden, sagt mein Vater.

Guckkästner. *Nanu* wird's Dag! Oder vielmehr: nanu wird's Nacht! Alleweile, 1842, un *noch* Adel? Ne, des würde denn doch stören. Heut zu Dage is de Welt zu klug zu so'ne Schafsdämlichkeiten. Heut zu Dage is weiter keen Unterschied, als det Eener keene Tinte verschwenden will, wenn er sich nich Von schreibt. Doch, des sind Allodien! – Rrr! ein anderes Bild! – Sie werden sehen, daß dies ein doppeltes Bild is, denn in die Mitte is ein Strich. Auf die eine Seite sehen Sie den Studenten Sand, wie er keine Collejen mehr hört, und sich einen Dolch kooft. Er nimmt Abschied von die Natur, weil ihm die Menschheit nich versteht. – Auf die andere Seite sehen Sie ihm, wie er den Kotzebug ermordet. Seine Frau Gemahlin kommt dazu, und erhebt von hinten ein fürchterliches Jeschrei; Sand riecht Lunte, und will entfliehen, die Jandannerie packt ihm aber.

Erster Junge. Det is schade!

Guckkästner. Dummer Junge, mach' nich sonne naseweise Bemerkungen; nimm Dir in Acht, det se Dir nich inspunnen! – Rrr! ein anderes Bild!

Gert Ueding

Die Geburt des Reiseführers

Rheinreise von Mainz nach Köln
Karl Baedeker
1835

„Kings and governments may err / but never Mr. Baedeker." Das ist doch mal ein Kompliment. Es stammt von Jacques Offenbach, aus der englischen Fassung seiner Operette „La Vie Parisienne". Damals war der Baedeker die Bibel der Touristen – und auch der weniger friedlicher Menschen: Im Ersten Weltkrieg ließ die englische Palästina-Armee tausende Exemplare der englischen Ausgabe von Baedekers „Palästina und Syrien" nachdrucken und an alle Offiziere verteilen; Lawrence von Arabien hatte immer ein Exemplar dabei.

Baedekers Reiseführer waren aber nicht die ersten. Ein Vorläufer war das sogenannte „Red Book" des Londoner Verlegers John Murray. Mit diesem tat sich der Koblenzer Buchdrucker Karl Baedeker Mitte des 19. Jahrhunderts zusammen. Murray verkaufte in England deutschsprachige Baedeker zu Reisezielen, die er nicht selbst im Programm hatte, umgekehrt verkaufte Baedeker in Deutschland die englischsprachigen Bücher von Murray. Diese Zusammenarbeit funktionierte bis zum Jahr 1861, da erschien der erste englischsprachige Baedeker („The Rhine") und Murray konterte mit seinem „Switzerland"; das hatte bis dato nur Baedeker im Programm.

Der erste Baedeker, im Wesentlichen noch ein Nachdruck der sieben Jahre zuvor erschienenen „Rheinreise von Mainz bis Cöln, Handbuch für Schnellreisende" des Historikers J. A. Klein, erschien 1835. Er beginnt wie folgt:

> Geschichtliche Merkwürdigkeit, alterthümliche Kunst und herrliche Natur sind es, welche den Fremden, der zum Vergnügen reist, in's schöne Rheinthal ziehen, das so malerisch zwischen Mainz und Köln sich ausdehnt. Er durchwandert es, wie man Italien und Griechenland durchwandert. Vergangenheit und Gegenwart soll seinen Geist erheben, ein erfreuliches Phantasiebild des Gesehenen ihn für immer umschweben.

> Seit Jahren mit geschichtlichen Studien beschäftigt, dabei Rheinländer und im Rheinlande wohnend, ergreift der Verfasser seinen Gegenstand mit Vorliebe. Voll Ehrfurcht gegen die Helden, welche einst in diesem Thale wandelten, voll Bewunderung der Bürgergröße, welche sich darin entfaltete, war er abentheuerlichen Erzählungen ohne historischen Grund, Geistersagen und ähnlichen Spielen der Laune von jeher abhold. Daher tritt auch nur das Gewisse, an den Quellen möglichst Nachgesehene hier als Thatsache hervor.
>
> Doch nicht allein Geschichtliches, auch Topographisches und selbst Geognostisches sind berücksichtigt. Vorzüglich wurde dabei der Schnellreisende im Auge gehalten, der, nicht lange an Ort und Stelle weilend, mit einem Blicke übersehen möchte, was die Gegend Interessantes enthält. In gedrängter Uebersicht findet dieser das Gewünschte zusammen.

Bald folgten die ersten von Baedeker selbst recherchierten Bände „Belgien“ und „Holland“, schon damals mit der bis heute üblichen Gliederung in „Allgemeine Übersicht“, „Merkwürdigkeiten“ und „Praktische Hinweise“. Damit, und mit der Präzision seiner Texte, hatte Baedeker einen Nerv getroffen, seine Bücher galten bald als Synonym für Reiseführer überhaupt; im Englischen ist noch heute das Zeitwort „baedekering“ für „sich mittels eines Reiseführers in fremden Ländern umsehen“ in Gebrauch.

In aller Regel erwanderte Baedeker seine Reiseziele selbst und beschrieb nur, was er mit eigenen Augen gesehen hatte. So heißt es etwa in der 5. Auflage von „Deutschland und der österreichische Kaiserstaat“ über eine Dampferfahrt von Pula nach Rieka: „Der Schreiber dieser Zeilen hat die Fahrt bei Nacht gemacht und bedauert, von ihr nichts melden zu können.“ Und beim Besteigen des Mailänder Domes soll Baedeker einmal dem westfälischen Freiherrn Gisbert von Vincke begegnet sein; diesem fiel ein merkwürdiges Treiben des ihm damals noch unbekannten Landsmanns auf: Baedeker griff oft in seine Westentasche und danach sofort in seine Hosentasche. „Warum tun Sie das?“, fragte von Vincke. „Ich zähle damit die Stufen ab,“ entgegnete Baedeker. „Alle zwanzig Stufen steck ich eine Erbse von meiner Westen- in die Hosentasche, rechne oben die Endsumme aus und mache beim Hinabsteigen die Gegenprobe.“

Neben dem roten Umschlag wurden die Baedeker-Sterne schnell zum Markenzeichen. „Khanpur ist aber mindestens ebenso bedeutend [wie Laknau],“ schreibt Jules Verne in seinem Roman *Der Stahlelefant*. „Die Stadt hat 60.000 Einwohner, aber keinen Stern im Baedeker“. Diese Sterne waren lange Zeit die höchste Auszeichnung, die es weltweit im Tourismus gab.

Walter Krämer

Ein deutsches Wort geht um die Welt

Entwurf eines Planes zur Begründung und Ausführung
eines Kinder-Gartens
Friedrich Wilhelm August Fröbel
1840

Der Kindergarten ist der erfolgreichste deutsche Sprachexport. Auch das pädagogische Konzept dahinter ist das Werk deutscher Erzieher, im Hauptberuf oft Pfarrer, die hier als Pioniere wirkten. An erster Stelle ist da Friedrich Wilhelm August Fröbel zu nennen, der am konsequentesten den Übergang von den damals üblichen Bewahranstalten in Erziehungseinrichtungen vorantrieb, die diesen Namen auch verdienten. Auch der Name „Kindergarten" stammt von ihm. Der folgende Fröbel-Text entstand im Gründungsjahr des „Allgemeinen Deutschen Kindergartens" 1840; er fasst die Vorstellungen des Gründers zusammen:

> In der Pflege des Kindes [...] ist die Grundlage wie die Richtung des ganzen künftigen Lebens des Menschen gegeben. Die folgende Zeit, die späteren Jahre geben nur die erweiterte Entwickelung und bestimmtere Ausbildung. Der ersten Kindheitspflege muß daher das Frauenleben wieder ganz zugewandt werden.

Zur Erinnerung: Wir sind im Jahr 1840, da war Kinder-Kümmern Frauensache. Und war die Mutter aus welchen Gründen auch immer daran gehindert, traten andere Frauen an ihre Stelle:

> Doch nicht in allen Lebensverhältnissen, wo sich die Gewalt der Lebensforderungen zwischen die Mutterliebe und die Kinderpflege drängt, kann solche Vermittelung durch Kindermädchen und Kinderwärterinnen geschehen, was die von der Frauenliebe und dem mütterlichen Frauensinn ins Leben gerufenen Kleinkinderanstalten beweisen. Diese müssen dann eben als ein Ganzes die Vermittelung zwischen Kind und Mutter übernehmen [...].

[Aber] wie groß ist da die Klage über den oft drückenden Mangel an wahrhaft eingehender und vermittelnder Kinderwartung, wie ergreifend, ja oft Herz zerschneidend für den Kinder- und Menschenfreund sind die Erscheinungen, welche sich dort in der Behandlung der ersten Kindheit zeigen [...] Statt Entwickelung des Kinderlebens sieht man Zurückdrängung und Verdumpfung desselben; statt Pflege der unschuldigen und freien Lebensthätigkeit des Kindes sieht man Lebensabstumpfung; statt Wecken der Lebensthätigkeit sieht man Einschläfern; statt Erstarkung Erschlaffung derselben, und so statt Erhebung zur Gesundung Niederbeugung zum Kranksein; oder umgekehrt, durch unbeachtetes Sichselbstüberlassen Verwilderung und Ungebundenheit [...]
[Zwar] sehen wir, daß in den deutschen Frauen-und Jungfrauengemüthern die Ahnung von dem Wesen und der Würde des Kindes, von der hohen Wichtigkeit der Kindheit, mehr oder minder im Einzelnen wirksam ist; [...] Allein es entbehrt dieses alles noch der Kraft wegen der Vereinzelung. Es bedarf darum der Einigung des Getrennten, der Erhebung des einzelnen Gefühls zur gemeinsamen Wahrnehmung, zur geeinten Ausführung des vereinzelten Wunsches.
Und hierzu wollen wir in diesem die Hand bieten, die Mittel und den Weg zeigen. Wir laden daher hierdurch alle deutsche Frauen und Jungfrauen zur gemeinsamen Begründung und Ausführung einer allgemeinen Anstalt zur allseitigen Pflege des Kinderlebens bis zum schulfähigen Alter mit deutschem Gemüthe ein; wir fordern mit deutschem Geiste sie auf zur gemeinschaftlichen Begründung und Ausführung eines deutschen Kindergartens. Wie in einem Garten unter Gottes Schutz und unter der Sorgfalt erfahrner einsichtiger Gärtner im Einklange mit der Natur die Gewächse gepflegt werden, so sollen hier die edelsten Gewächse, Menschen, Kinder als Keime und Glieder der Menschheit, in Uebereinstimmung mit sich,

mit Gott und Natur erzogen und zu einer solchen Erziehung soll der Weg allgemein gezeigt und angebahnt werden.

Fröbel wusste, mit wem er sich hier anlegte (von 1851 bis 1860 waren Kindergärten in Preußen wegen „destruktiver Tendenzen" verboten) und baute vor. Idealerweise wachse das Kind zuhause auf. Nur in „Lebensverhältnissen, wo sich die Gewalt der Lebensforderungen zwischen die Mutterliebe und die Kinderpflege drängt" und gute „Kindermädchen und Kinderwärterinnen" nicht zur Verfügung stünden, sei auf Abhilfe zu sinnen. Und so richtete er in Bad Blankenburg in Thüringen eine „Beschäftigungsanstalt für Kinder" ein, am 28. Juni 1840 fand im dortigen Rathaus die Gründung des „Allgemeinen deutschen Kindergartens" statt. Etwas später im Jahr zog Fröbel in das benachbarte Dörfchen Keilhau um (heute Teil von Rudolstadt) und nannte seine „Beschäftigungsanstalt" von da an „Kindergarten". Noch heute gibt es in Keilhau eine „Freie Fröbelschule".

Fröbels Idee fand schnell Freunde. In Deutschland war es vor allem die Pädagogin Angelika Hartmann, die in Dresden und Köthen weitere Kindergärten einrichtete, in Amerika war es Margaret Schurz, die Frau des Freiheitskämpfers Carl Schurz; sie gründete im Jahr 1856 in Watertown im US-Bundesstaat Wisconsin den ersten Kindergarten in den USA. Weitere in Boston und New York folgten kurz darauf. Heute gibt es Kindergärten in jeder Stadt der Welt.

Walter Krämer

Ein Sittengemälde aus dem gebirgichten Westfalen

Die Judenbuche
Annette von Droste-Hülshoff
1842

Um die Mitte des 19. Jahrhunderts erschien ein kurzer Text der Annette von Droste-Hülshoff über einen tödlichen Unfall, einen Mord und einen Selbstmord. Am Ende hängt Friedrich Mergel, die Hauptgestalt der Geschichte, an einer alten Buche, in die Juden mit dem Beil einen vielsagenden Spruch eingehauen haben.

Der Text geht auf wahre Ereignisse von 1782 zurück. Ein junger Bursche erschlägt einen jüdischen Händler, dem er Geld für den Stoff zu einem Hemd schuldet. Das geschieht unweit von Paderborn am Ostrand des Teutoburger Waldes. Eine Gegend, wo die Bauern arm sind und Banden vom Holzdiebstahl leben. Die Obrigkeit hat es schwer in den westfälischen Wäldern. Übeltäter werden nicht gefasst, und Verbrechen bleiben ungestraft. So auch in der Judenbuche. Nachdem er eines Mordes verdächtigt wird, verlässt Friedrich seine Heimat. Er geht als Soldat in spanische Dienste und gerät in die Gefangenschaft der Türken. Als er zurückkehrt, gibt er sich für den einfältigen Knecht Johannes aus, der mit ihm fortgegangen war.

Man hat die Erzählung mit den Novellen von Kleist verglichen. Das ist wohl zuviel des Guten. Annette von Droste-Hülshoff schreibt einfacher, und bei ihr spritzt kein Hirn aus zertrümmerten Schädeln. Gewisse Ähnlichkeiten mit Kleist bestehen bei dem Thema der Gerechtigkeit. Dem Roßhändler Michael Kohlhaas wird sie nicht zuteil. In der Judenbuche vermögen die staatlichen Institutionen dem Recht ebenfalls nicht zum Sieg zu verhelfen. Der Tod der Hauptfigur Friedrich Mergel sieht jedoch aus wie ein Selbstgericht und Schuldeingeständnis. So scheint am Ende, auch wenn Ungereimtheiten übrig bleiben, eine Art höherer Gerechtigkeit zu triumphieren.

Friedrich Mergel, geboren 1738, war der einzige Sohn eines sogenannten Halbmeiers oder Grundeigentümers geringerer Klasse im Dorfe B., das, so schlecht gebaut und rauchig es sein mag, doch das Auge jedes Reisenden fesselt durch die überaus malerische Schönheit seiner Lage in der grünen Waldschlucht eines bedeutenden und geschichtlich merkwürdigen Gebirges. Das Ländchen, dem es angehörte, war damals einer jener abgeschlossenen Erdwinkel ohne Fabriken und Handel, ohne Heerstraßen, wo noch ein fremdes Gesicht Aufsehen erregte und eine Reise von dreißig Meilen selbst den Vornehmeren zum Ulysses seiner Gegend machte – kurz, ein Fleck, wie es deren sonst so viele in Deutschland gab, mit all den Mängeln und Tugenden, all der Originalität und Beschränktheit, wie sie nur in solchen Zuständen gedeihen. Unter höchst einfachen und häufig unzulänglichen Gesetzen waren die Begriffe der Einwohner von Recht und Unrecht einigermaßen in Verwirrung geraten, oder vielmehr, es hatte sich neben dem gesetzlichen ein zweites Recht gebildet, ein Recht der öffentlichen Meinung, der Gewohnheit und der durch Vernachlässigung entstandenen Verjährung. Die Gutsbesitzer, denen die niedere Gerichtsbarkeit zustand, straften und belohnten nach ihrer in den meisten Fällen redlichen Einsicht; der Untergebene tat, was ihm ausführbar und mit einem etwas weiten Gewissen verträglich schien, und nur dem Verlierenden fiel es zuweilen ein, in alten staubichten Urkunden nachzuschlagen.

Ein Menschenschlag, unruhiger und unternehmender als alle seine Nachbarn, ließ in dem kleinen Staate, von dem wir reden, manches weit greller hervortreten als anderswo unter gleichen Umständen. Holz- und Jagdfrevel waren an der Tagesordnung, und bei den häufig vorfallenden Schlägereien hatte sich jeder selbst seines zerschlagenen Kopfes zu trösten. Da jedoch große und ergiebige Waldungen den Hauptreichtum des Landes ausmachten, ward allerdings scharf über die Forsten gewacht aber weniger auf gesetzlichem Wege als in stets erneuten Versuchen, Gewalt und List mit gleichen Waffen zu überbieten.

Das Dorf B. galt für die hochmütigste, schlauste und kühnste Gemeinde des ganzen Fürstentums. Seine Lage inmitten tiefer und stolzer Waldeinsamkeit mochte schon früh den angeborenen Starrsinn der Gemüter nähren; die Nähe des Flusses, der in die See mündete und bedeckte Fahrzeuge trug, groß genug, um Schiffbauholz bequem und sicher außer Landes zu führen, trug sehr dazu bei, die natürliche Kühnheit der Holzfrevler zu ermutigen, und der Umstand, daß alles umher von Förstern wimmelte, konnte hier nur aufregend wirken, da bei den häufig vorkommenden Scharmützeln der Vorteil meist auf seiten der Bauern blieb. Dreißig, vierzig Wagen zogen zugleich aus in den schönen Mondnächten mit ungefähr doppelt soviel Mannschaft jedes Alters, vom halbwüchsigen Knaben bis zum siebzigjährigen Ortsvorsteher, der als erfahrener Leitbock den Zug mit gleich stolzem Bewußtsein anführte, als er seinen Sitz in der Gerichtsstube einnahm. Die Zurückgebliebenen horchten sorglos dem allmählichen Verhallen des Knarrens und Stoßens der Räder in den Hohlwegen und schliefen sacht weiter. Ein gelegentlicher Schuß, ein schwacher Schrei ließen wohl einmal eine junge Frau oder Braut auffahren; kein anderer achtete darauf. Beim ersten Morgengrauen kehrte der Zug ebenso schweigend heim, die Gesichter glühend wie Erz, hier und dort einer mit verbundenem Kopf, was weiter nicht in Betracht kam und nach ein paar Stunden war die Umgegend voll von Mißgeschick ein (oder mehrerer) Forstbeamten, die aus dem Walde getragen wurden, zerschlagen, mit Schnupftabak geblendet und für einige Zeit unfähig, ihrem Berufe nachzukommen.

In dieser Umgebung ward Friedrich Mergel geboren [...] Es war ein für die Jahreszeit ungewöhnlich heißer Tag: die Luft zitterte, kein Vogel sang, nur die Raben krächzten langweilig aus den Ästen und hielten ihre offenen Schnäbel der Luft entgegen. Brandis war sehr ermüdet. Bald nahm er seine von der Sonne durchglühte Kappe ab, bald setzte er sie wieder auf. Es war alles gleich unerträglich, das Arbeiten durch den kniehohen Schlag sehr beschwerlich. Rings umher kein Baum außer der Judenbuche. Dahin strebte er denn auch aus allen Kräften und ließ sich todmatt auf das beschattete Moos darunter nieder. Die Kühle zog so angenehm durch seine Glieder, daß er die Augen schloß. „Schändliche Pilze!", murmelte er halb im Schlaf. Es gibt nämlich in jener Gegend eine Art sehr saftiger Pilze, die nur ein paar Tage stehen, dann einfallen und einen unerträglichen Geruch verbreiten. Brandis glaubte, solche unangenehmen Nachbarn zu spüren, er wandte sich ein paarmal hin und her, mochte aber doch nicht aufstehen; sein Hund sprang unterdessen umher, kratzte am Stamm der Buche und bellte hinauf. – „Was hast du da, Bello? Eine Katze?", murmelte Brandis. Er öffnete die Wimper halb, und die Judenschrift fiel ihm ins Auge, sehr ausgewachsen, aber doch noch ganz kenntlich. Er schloß die Augen wieder; der Hund fuhr fort zu bellen und legte endlich seinem Herrn die kalte Schnauze ans Gesicht.

„Laß mich in Ruh! Was hast du denn?" Hiebei sah Brandis, wie er so auf dem Rücken lag, in die Höhe, sprang dann mit einem Satze auf und wie besessen ins Gestrüpp hinein.

Totenbleich kam er auf dem Schlosse an: in der Judenbuche hänge ein Mensch; er habe die Beine gerade über seinem Gesichte hängen sehen. „Und du hast ihn nicht abgeschnitten, Esel?", rief der Baron. – „Herr", keuchte Brandis, „wenn Euer Gnaden dagewesen wären, so wüßten Sie wohl, daß der Mensch nicht mehr lebt. Ich glaubte anfangs, es seien die Pilze!“ Dennoch trieb der Gutsherr zur größten Eile und zog selbst mit hinaus.

Sie waren unter der Buche angelangt. „Ich sehe nichts“, sagte Herr von S. – „Hierher müssen Sie treten, hierher an diese Stelle!“ – Wirklich, dem war so: der Gutsherr erkannte seine eigenen abgetragenen Schuhe. – „Gott, es ist Johannes! – Setzt die Leiter an! – so – nun herunter! – sacht, sacht! laßt ihn nicht fallen! – Lieber Himmel, die Würmer sind schon daran! Macht dennoch die Schlinge auf und die Halsbinde.“ – Eine breite Narbe ward sichtbar; der Gutsherr fuhr zurück. – „Mein Gott!“, sagte er; er beugte sich wieder über die Leiche, betrachtete die Narbe mit großer Aufmerksamkeit und schwieg eine Weile in tiefer Erschütterung. Dann wandte er sich zu den Förstern: „Es ist nicht recht, daß der Unschuldige für den Schuldigen leide; sagt es nur allen Leuten: der da“ – er deutete auf den Toten – „war Friedrich Mergel.“ – Die Leiche ward auf dem Schindanger verscharrt.

Dies hat sich nach allen Hauptumständen wirklich so begeben im September des Jahrs 1789.

Die hebräische Inschrift an dem Baume heißt: „Wenn du dich diesem Orte nahest, so wird es dir ergehen, wie du mir getan hast.“

Gerd Schrammen

Auch in Gerd Schrammen: Lese-Lust. Schönes Deutsch von den Anfängen bis heute. IFB Verlag Deutsche Sprache 2016. S. 106-113.

Ein Nest von konfiszierlichen Büchern

Deutschland. Ein Wintermärchen
Heinrich Heine
1843

Im traurigen Monat November war's,
Die Tage wurden trüber,
Der Wind riß von den Bäumen das Laub,
Da reist ich nach Deutschland hinüber.

Und als ich an die Grenze kam,
Da fühlt ich ein stärkeres Klopfen
In meiner Brust, ich glaube sogar
Die Augen begunnen zu tropfen.

Und als ich die deutsche Sprache vernahm,
Da ward mir seltsam zumute;
Ich meinte nicht anders, als ob das Herz
Recht angenehm verblute.

So beginnt Heinrich Heines „Wintermärchen“. Heine schrieb es zurück von einer Reise nach Hamburg in seiner neuen Heimat Paris. Da lebte er seit mehreren Jahren in einem teils selbst gewählten, teils erzwungenen Exil. Und wie diese Anfangszeilen zeigen, nicht ohne Heimweh ab und zu.

Aber „die freie Luft des Ortes wehete in manche Strophe weit schärfer hinein, als mir eigentlich lieb war“, schreibt Heine. Das beginnt in Aachen beim Zoll:

Ihr Toren, die ihr im Koffer sucht!
Hier werdet ihr nichts entdecken!
Die Konterbande, die mit mir reist,
Die hab ich im Kopfe stecken.

Hier hab ich Spitzen, die feiner sind
Als die von Brüssel und Mecheln,
Und pack ich einst meine Spitzen aus,
Sie werden euch sticheln und hecheln.

Im Kopfe trage ich Bijouterien,
Der Zukunft Krondiamanten,

Die Tempelkleinodien des neuen Gotts,
Des großen Unbekannten.

Und viele Bücher trag ich im Kopf!
Ich darf es euch versichern,
Mein Kopf ist ein zwitscherndes Vogelnest
Von konfiszierlichen Büchern.

Auch die Bürger Aachens kommen nicht viel besser weg:

Noch immer das hölzern pedantische Volk,
Noch immer ein rechter Winkel
In jeder Bewegung, und im Gesicht
Der eingefrorene Dünkel.

Sie stelzen noch immer so steif herum,
So kerzengerade geschniegelt,
Als hätten sie verschluckt den Stock,
Womit man sie einst geprügelt.

Oder gar erst der Klerus der schönen Domstadt Köln:

Ja, hier hat einst die Klerisei
Ihr frommes Wesen getrieben,
Hier haben die Dunkelmänner geherrscht,
Die Ulrich von Hutten beschrieben.

Der Cancan des Mittelalters ward hier
Getanzt von Nonnen und Mönchen;
Hier schrieb Hochstraaten, der Menzel von Köln,
Die gift'gen Denunziatiönchen.

Die Flamme des Scheiterhaufens hat hier
Bücher und Menschen verschlungen;
Die Glocken wurden geläutet dabei
Und Kyrie eleison gesungen.

Dummheit und Bosheit buhlten hier
Gleich Hunden auf freier Gasse;
Die Enkelbrut erkennt man noch heut
An ihrem Glaubenshasse. –

Unter rheinländischen Katholiken ist daher Heine nie ein großer Held gewesen. Und auch die mit der industriellen Revolution emporwachsenden bürgerlichen Kapitalisten waren Heines Freunde nicht:

Wir wollen auf Erden glücklich sein,
Und wollen nicht mehr darben;
Verschlemmen soll nicht der faule Bauch,
Was fleißige Hände erwarben.

Es wächst hienieden Brot genug
Für alle Menschenkinder,
Auch Rosen und Myrten, Schönheit und Lust,
Und Zuckererbsen nicht minder.

Ja, Zuckererbsen für jedermann,
Sobald die Schoten platzen!
Den Himmel überlassen wir
Den Engeln und den Spatzen.

Vier Jahre später schrieben Karl Marx und Friedrich Engels das Kommunistische Manifest.

Wie von Verleger Campe vorhergesagt und von Heine befürchtet, wurden die „Neuen Gedichte", mit dem Wintermärchen als Hauptstück, in Preußen umgehend verboten; auch anderswo in Deutschland durfte das Wintermärchen überhaupt nicht oder nur entschärft erscheinen.

Walter Krämer

„Und die Mutter blickte stumm …“

Der Struwwelpeter
Heinrich Hoffmann
1844

„Konrad, sprach die Frau Mama / ich geh aus und du bleibst da.“ Dieser klassische Vers gilt Konrad, dem Daumenlutscher. Aber nicht er, zum Weltstar wurde der Struwwelpeter:

> Sieh einmal, hier steht er,
> pfui, der Struwwelpeter!
> An den Händen beiden
> ließ er sich nicht schneiden
> seine Nägel fast ein Jahr;
> kämmen ließ er nicht sein Haar.
> Pfui, ruft da ein jeder:
> Garstger Struwwelpeter!

Ein „Strubbelpeter“ oder „Struwwelpeter“ war im Rheinfränkischen des 18. Jahrhunderts ein struppig-ungekämmter Kerl. Sogar Goethe soll sich während seiner Leipziger Studienzeit als „Frankfurter Strubbelpeter“ tituliert gesehen haben. Die Frau des Kupferstechers Stock, bei der Goethe logierte, habe ihn öfters erinnern müssen, sein Haar zu kämmen, weil es so voll Federn sei, als ob Spatzen darin genistet hätten.

Ob der Frankfurter Arzt Dr. Heinrich Hoffmann das im Jahr 1844 wusste? Er hatte für seinen 3-jährigen Sohn zu Weihnachten kein Bilderbuch gefunden, „wie es der Fassungskraft des kleinen menschlichen Wesens in solchem Alter entsprechend schien“ und zur Selbsthilfe gegriffen. Dazu hatte er sechs Geschichten gemalt und Verse dazu gereimt. Den Struwwelpeter, in dieser ersten Fassung noch „das Haar- und Nagelkind“, setzte er auf die letzte Seite. Von Familienmitgliedern und Freunden, wenige Tage nach Weihnachten von Hoffmann zur Taufe des Schwesterchens Caroline eingeladen, kam dann spontan der Vorschlag, das Büchlein drucken zu lassen. Nach anfänglichem Widerstand ließ sich Hoffmann vom Frankfurter Verleger Zacharias Löwenthal dann dazu überreden.

Diese gedruckte Urfassung hatte den Titel „Drollige Geschichten und lustige Bilder" und erschien 1845 in 1500 Exemplaren. Und trat eine Lawine los. Noch zu Lebzeiten konnte Heinrich Hoffmann mit Befriedigung feststellen, dass sich sein „Schlingel" – so nannte er den Struwwelpeter in seinen Lebenserinnerungen – die Welt erobert hatte; in Europa sowieso, in Nord- und Südamerika, am Kap der guten Hoffnung, in Indien und Australien werde man ihm begegnen. Tatsächlich erschien das Buch in fast allen europäischen Sprachen, unter anderem auch in für unsere Ohren weniger geläufigen wie Estnisch (*Kolumats*), Litauisch (*Vaikai vanagai*), Rätoromanisch, Katalanisch (*En Perot l'escabellat*), Galizisch (*Pedro Guedellas*) oder Baskisch (*Peru Tximulaze*); dazu gesellen sich Idiome wie Afrikaans *(Piet Boskasie),* Hebräisch *(Jehoshua Haparua),* Japanisch *(Bobo Atama*), Chinesisch *(Ci Wie Tou Bi De)* und Koreanisch *(Tŏbŏk mŏri P'et'ŏ).*

In Deutschland liegt das Buch auch in fast allen Mundarten vor, die zwischen Flensburg und Konstanz gesprochen werden. In der Minderheitensprache Sorbisch hat der Struwwelpeter sogar mit zwei Übersetzungen Einzug gehalten – wendisch-niedersorbisch (*Pětš ten tśeplo*), wendisch-obersorbisch (*Šešerjak*). Und auch die Esperantisten mit drei Ausgaben und die Altphilologen mit fünf Versionen auf Latein müssen auf den Struwwelpeter nicht verzichten.

Die englische Übersetzung besorgte niemand anderer als Mark Twain. Anlässlich eines Aufenthalts in Berlin zur Jahreswende 1891/1892 übertrug er den Struwwelpeter als Weihnachtsgeschenk für seine Kinder, die mit ihm in Berlin weilten. Das Buch hieß *Slovenly Peter* und wurde von Twains Tochter Clara erst 1934, lange nach dessen Tod, in Amerika veröffentlicht. Die Zeichnungen dazu lieferte der in die USA emigrierte Odenwälder Illustrator und Buchkünstler Fritz Kredel (1900–1973); sie gehören heute zu den bekanntesten Darstellungen des Struwwelpeters. Auch Hans Christian Andersen (1805–1875), hat sich, wenn auch nicht als Übersetzter, in der dänischen Erstausgabe – *Vær lydig, eller Den store Bastian* – mit einer humorvollen Widmung in Versform verewigt. Diese Ausgabe ist heute im Museum in Odense zu sehen. Andersen hatte sie 1847 den beiden Töchtern seiner Jugendliebe geschenkt, die den Titel in Bleistiftschrift mit dem Wort ‚Æv!' (= Pfui!) versahen. Trotzdem wurde eine 1995 in Dänemark aufgelegte deutschsprachige Ausgabe für den Deutschunterricht in dänischen Gymnasien und in Germanistikstudiengängen an dänischen Universitäten eingesetzt.

Auch in Deutschland gab es eine Schul-Ausgabe, den *Struwwelpeter im Erstunterricht*. Dazu die Richtlinien des Reichserziehungsministeriums vom 15. Dezember 1939: „Das Schrifttum ist dem völkischen Kerngut zu entnehmen. Für die Auswahl sind außer dem künstlerischen Wert Volkstümlichkeit und in den unteren Jahrgängen echte Kindertümlichkeit entscheidend. Dieselben Anforderungen sind an das Bildwerk im Schrifttum zu stellen."

Mit dem Erfolg meldeten sich die Nachahmer: *Der kleine Struwwelpeter*, *Ein neuer Struwwelpeter*, *Struwwelpeter-Geschichten*, *Das Struwwelpeter-Paar,* und so weiter. Darunter waren auch viele Parodien – in Fachkreisen *Struwwelpetriaden* genannt –, oft politischer Art und heute gesuchte Raritäten auf dem Büchermarkt. In Deutschland erschien bereits 1849 *Der politische Struwwelpeter*, eine Satire aus Anlass der bürgerlichen Revolution von 1848/49. In England erschien 1899 *The Political Struwwelpeter* mit dem britischen Löwen in der Titelrolle, der englische Leser auf den schlechten Zustand Großbritanniens aufmerksam machen sollte. Ebenfalls in England erschien Anfang des Ersten Weltkrieges *Swollen-headed William,* eine Hetzschrift gegen den deutscher Kaiser Wilhelm II. Deutschland konterte ein Jahr später mit dem *Kriegsstruwwelpeter*. Und im Zweiten Weltkrieg hat England mit dem *Struwwelhitler* die Größen des Dritten Reiches karikiert.

Einige Geschichten des Struwwelpeters rufen bei Pädagogen Widerstand hervor; immer wieder sind Forderungen zu hören, man möge doch den Struwwelpeter aus den heutigen Kinderstuben verbannen, oder das Mohrenkind aus der „Geschichte von den schwarzen Buben“ der politischen Korrektheit unterordnen:

Ihr Kinder, hört mir zu
Und laßt den Mohren hübsch in Ruh‘!
Was kann denn dieser Mohr dafür,
Daß er so weiß nicht ist wie ihr?

Diese Kritiker haben nicht erkannt, dass Heinrich Hoffmann gerade mit dieser Geschichte schon sehr früh für Toleranz gegenüber Menschen mit anderer Hautfarbe eintrat. Dass man die eigene dabei für überlegen hielt, war damals in Europa genauso normal wie anderswo – auch in China, Indien oder Südamerika hielt und hält man zum Teil noch immer (China!) die eigene äußere Erscheinung für etwas Besonderes. In der südafrikanischen Ausgabe *Piet Boskasie* heißt der Mohr bis heute unverändert ‚Moortjie‘ und in der neuesten spanischen Ausgabe *Pedro Melenas* ‚morito‘.

Zu den seinen Figuren im Nachhinein unterstellten Krankheitssymptomen vermerkt Hoffmann in seinen Lebenserinnerungen: „So ganz aus der Luft gegriffen war[en] übrigens die Geschichte[n] doch nicht, ein und das andere war doch auf praktischem Boden aufgewachsen; ich bin Arzt und als solcher oft einem störenden Hindernis bei der Behandlung kranker und kleiner Kinder begegnet.“

Einer dieser Kinderkrankheiten, der Hyperaktivitätsstörung, hat Hoffmann mit einer seiner Geschichten sogar den heute noch üblichen Namen „Zappelphilipp-Syndrom“ gegeben:

„Ob der Philipp heute still
Wohl bei Tische sitzen will?“
Also sprach in ernstem Ton
Der Papa zu seinem Sohn,
Und die Mutter blickte stumm
Auf dem ganzen Tisch herum.
Doch der Philipp hörte nicht,

Was zu ihm der Vater spricht.
Er gaukelt
Und schaukelt,
Er trappelt
Und zappelt
Auf dem Stuhle hin und her.
„Philipp, das mißfällt mir sehr!“

Im Jahr 2008 nahm sich ein spanischer Pharmakonzern dieser angeblichen Krankheit mit einer Sonderausgabe *(Pedro, el greñudo)* wieder an.

Udo Frank Kürschner

Eine andere Genesis

Kosmos. Entwurf einer physischen Weltbeschreibung
Alexander von Humboldt
1845

> Ich habe den tollen Einfall, die ganze materielle Welt [...] in einem Werke darzustellen [...] das zugleich in lebendiger Sprache anregt und das Gemüt ergötzt.

Es war Alexander von Humboldt, der diesen Plan nicht nur fasste, sondern auch verwirklichte, wenngleich erst in hohen Jahren.

> Jede große und wichtige Idee, die irgendwo aufglimmt, muß neben den Thatsachen hier verzeichnet sein. Es muß eine Epoche der geistigen Entwicklung der Menschheit darstellen [...] es begreift Himmel und Erde, alles Geschaffene.

Wir verstehen: Es geht Humboldt darum, eine Genesis zu verfassen. Das ist ein gewaltiges Vorhaben.

Kosmos – Entwurf einer physischen Weltbeschreibung erschien in vier Bänden zwischen 1845 und 1862. Der fünfte kam als Fragment postum heraus. Die Gesamtauflage betrug zu Humboldts Lebzeiten rund 80 000 Exemplare. Mit dem *Kosmos* übergab Humboldt seinem Publikum sowohl, wie versprochen, ein „Naturgemälde", nämlich eine wirkliche Gesamtansicht der Natur im Medium seinerzeitigen Weltwissens, als auch mit dem Anmerkungsapparat zahlreiche spezialwissenschaftliche Ergänzungen dazu. Sie wirken wie ein Untertext. Bei Quellenverweisen und Zitaten konnte er aus seiner vielsprachigen Belesenheit schöpfen: Es finden sich lateinische, englische, französische, spanische und italienische Sätze.

Im Folgenden soll ein Beispiel für die Behandlung der Gegenstände im *Kosmos* im allgemeinen und für das Zusammenspiel von laufendem Text und Anmerkungen im besonderen gegeben werden; es gibt zugleich über die Art und Weise der Darstellung eines Gegenstands bei Humboldt wie über seine Schreibweise Auskunft. Im ersten Band der Reihe, dort, wo

Humboldt sich mit dem „tellurischen Theil des Kosmos“ befasst, im Abschnitt h) über das „Luftmeer“, schreibt er:

> Die Linien, welche ich I s o c h i m e n e n und I s o t h e r e n (Linien gleicher Winter= und Sommerwärme) nenne, sind keineswegs den Isothermen (Linien gleicher Jahres=Temperatur) parallel. Wenn da, wo Myrten wild wachsen und die Erde sich im Winter nie bleibend in Schnee einhüllt, die Temperatur des Sommers und Herbstes nur noch (man möchte fast sagen: kaum noch) hinlänglich ist Aepfel zur vollen Reife zu bringen: wenn die Weinrebe, um trinkbaren Wein zu geben, die Inseln und fast alle Küsten (selbst die westlichen) flieht: so liegt der Grund davon keineswegs allein in der geringen Sommerwärme des Littorals [der Küstengegend], die unsere im Schatten der Luft ausgesetzten Thermometer anzeigen; er liegt in dem bisher so wenig beachteten und doch in anderen Erscheinungen (der Entzündung eines Gemisches von Chlor und Wasserstoffgas) so wirksamen Unterschiede des d i r e c t e n und z e r s t r e u t e n Lichtes, bei heiterem oder durch Nebel verschleiertem Himmel. Ich habe seit langer Zeit [hier folgt Fußnote 64] die Aufmerksamkeit der Physiker und Pflanzen=Physiologen auf diese Unterschiede, auf die u n g e m e s s e n e örtlich in der belebten Pflanzenzelle durch directes Licht entwickelte Wärme zu leiten versucht.
>
> (Alle Zitate sind meinem eigenen „neuen Druck [...] der Original=Ausgabe“ entnommen, Stuttgart und Augsburg 1845)

Was uns bei diesem Zitat auffällt, ist die Gedankenführung: Humboldt schlägt der Geografie zwei neue Fachbegriffe vor. Sie sollen einen Unterschied bezeichnen, den zwischen den Isothermen als Linien gleicher Jahrestemperatur und zwei neuen Linien für die Angabe von Sommer- und Wintertemperatur. Und er weist auf die Wirkung von direktem und zerstreutem Licht auf den Pflanzenwuchs hin. Sie wäre im Einzelnen noch zu erforschen. Das sollen Physiker und Biologen tun.

Seine Hinweise auf die Bedingungen des Wuchses von Pflanzen belegt Humboldt mit einem Verweis auf das gebietliche Gedeihen von Äpfeln und Weintrauben. Bezüglich der Weintrauben folgen in den Anmerkungen fast eineinhalb eng und klein bedruckte Seiten über den Weinbau einschließlich einiger Verweise auf Fachliteratur und einer Tabelle, über die Humboldt schreibt, dass sie „die europäische Weincultur" erläutere, dabei „in absteigender Scale, gleichsam die Verschlechterung des Weines nach Maaßgabe der climatischen Verhältnisse darstellend."

Die Tabelle nennt neun Orte; drei davon seien wiedergegeben, um auch von den Anmerkungen her einen Eindruck des Werkes zu vermitteln:

Orte	Bordeaux	...	Würzburg	...	Dublin
Breite	44°50'	...	49 84	...	53 23
Höhe in Toisen	4	...	88	...	0
Jahr	13°,9	...	10,1	...	9,5
Winter	6°,1	...	1,6	...	4,6
Frühjahr	13°,4	...	10,2	...	8,4
Sommer	21°,7	...	18,7	...	15,3
Herbst	14°,4	...	9,7	...	9,8
Beobachtungsjahre	10	...	27	...	13

(Das Zitat wurde gegenüber dem Original verändert: Die linke Spalte von „Orte" bis „Beobachtungsjahre" bildet im Original die obere Zeile, die obere Zeile von „Bordeaux" bis „Dublin" bildet im Original die linke Spalte. Die Zuordnung der Werte ist unverändert. Man beachte den Gebrauch des Grad-Zeichens, des Minuten-Zeichens und der Kommata. Eine Toise ist ein altfranzösisches Längenmaß unterschiedlicher Festlegung und bezeichnete schließlich eine Strecke von rund 1,90 Metern)

In der Anmerkung weist Humboldt noch einmal darauf hin, dass man „fast verwundert“ sei, beim „Vergleich der Qualität der Weine“ mitunter nur einen kleinen Unterschied in der Sommer- und Herbsttemperatur ihrer Standorte zu finden,

> aber die Frühlings=Temperaturen sind um 2° verschieden; und die B l ü t h e z e i t der Rebe bei späten Maifrösten, nach einem ebenfalls um 2° kälteren Winter, ist ein ebenso wichtiges Element als die Zeit der späten Reifung der Traube und die Wirkung des d i r e c t e n, nicht zerstreuten (d i f f u s e n) Lichtes bei unverdeckter Sonnenscheibe.

Die Zitate zeigen, dass nicht allein durch Spiralnebel hindurch und über Äonen hinweg die Darstellung des Kosmos im *Kosmos* voranschreitet, sondern auch von Einzelheit zu Einzelheit zu Einzelheit des Naturprozesses (gerade auch im Wechselspiel mit menschlicher Tätigkeit). Es wird deutlich, welch eine Fülle an Mitteilungen das Werk birgt, das dadurch selbst auch zu einem Kosmos wird. Und weil das Ganze mehr ist als die Summe seiner Teile, spricht sich im *Kosmos* holistische Ganzheitsgewissheit aus, wird der Blick auf eine pulsende, nie erstarrende, nie abgeschlossene Entwicklung gelenkt, auf den Prozeß der Selbstbewegung der Materie, auf eine ständige Wechselwirkung im Kleinen wie im Großen.

In der Geschichte der Naturwissenschaften ist Alexander von Humboldt mit seinem *Kosmos* eine rare Erscheinung. Bei allem Respekt vor der großen Leistung darf aber die sozialökonomische Unterkellerung seines Geistesgebäudes nicht vergessen werden: Ohne der herrschenden Klasse angehört zu haben und ohne Millionär gewesen zu sein, wäre Humboldt nicht Humboldt geworden. Doch hat er Geschenktes mit Geschenken erwidert. Geben wir ihm noch einmal das Wort. Es ist von 1845 und ganz gegenwärtig:

> Gleichmäßige Würdigung aller Theile des Naturstudiums ist aber vorzüglich ein Bedürfniß der gegenwärtigen Zeit,

> wo der materielle Reichthum und der wachsende Wohlstand der Nationen in einer sorgfältigeren Benutzung von Naturproducten und Naturkräften gegründet sind. Der oberflächliche Blick auf den Zustand des heutigen Europa´s lehrt, dass bei ungleichem Weltkampfe oder dauernder Zögerung notwendig partielle Verminderung und endlich Vernichtung des National=Reichthums eintreten müsse; denn in dem Lebensgeschick der Staaten ist es wie in der Natur: für die, nach dem sinnvollen Ausspruch Göthe´s, „es im Bewegen und Werden kein Bleiben giebt und die ihren Fluch gehängt hat an das Stillstehen." [...] Der Mensch kann auf die Natur nicht einwirken, sich keine ihrer Kräfte aneignen, wenn er nicht die Naturgesetze, nach Maaß= und Zahl=Verhältnissen, kennt. [...] Diejenigen Völker, welche an der allgemeinen industriellen Thätigkeit, in Anwendung der Mechanik und technischen Chemie, in sorgfältiger Auswahl und Bearbeitung natürlicher Stoffe zurückstehen; bei denen die Achtung einer solchen Thätigkeit nicht alle Classen durchdringt: werden unausbleiblich von ihrem Wohlstande herabsinken. Sie werden es um so mehr, wenn benachbarte Staaten, in denen Wissenschaft und industrielle Künste in regem Wechselverkehr miteinander stehen, wie in erneuerter Jugendkraft vorwärts schreiten.

Diesem Wort über den Zusammenhang von Naturerkenntnis und industrieller Nutzung der Güter der Natur lässt Humboldt wenige Seiten später eines über die Art und Weise des Sprechens darüber folgen, somit auch eins über die Sprache selbst, hier über die deutsche:

> G e d a n k e n und S p r a c h e stehen aber in innigem alten Wechselverkehr mit einander. Wenn diese der Darstellung Anmuth und Klarheit verleiht, wenn durch ihre angestammte Bildsamkeit und ihren organischen Bau sie das Unternehmen begünstigt, die Totalität der N a t u r = A n s c h a u u n g scharf zu begrenzen; so

ergießt sie zugleich, und fast unbemerkt, ihren belebenden Hauch auf die Gedankenfülle selbst. Darum ist das Wort mehr als Zeichen und Form, und sein geheimnißvoller Einfluß offenbart sich am mächtigsten da, wo er dem freien Volkssinn und dem eigenen Boden entsprießt. Stolz auf das Vaterland, dessen intellectuelle Einheit die feste Stütze jeder Kraftäußerung ist, wenden wir froh den Blick auf die Vorzüge der Heimath. Hochbeglückt dürfen wir den nennen, der bei der lebendigen Darstellung der Phänomene des Weltalls aus den Tiefen einer Sprache schöpfen kann, welche seit Jahrhunderten so mächtig auf alles eingewirkt hat, was durch Erhöhung und ungebundene Anwendung geistiger Kräfte, in dem Gebiete schöpferischer Phantasie, wie in dem der ergründenden Vernunft, die Schicksale der Menschheit bewegt.

Dem ist nichts hinzuzufügen. Es bleibt die Freude darüber, eines der bedeutendsten Bücher der Weltliteratur in deutscher Sprache geschrieben zu wissen und immer wieder lesen zu können.

Horst Hensel

Vom Schwarzen Meer nach Schwaben – und zurück

Die Historie von der schönen Lau
Eduard Mörike
1853

Es war einmal ... – so fangen viele Märchen an. Aber nicht alle. Das Märchen von einer traurigen Wasserfrau wurde von seinem Schöpfer auch gar nicht Märchen genannt, sondern „Historie“: die „Historie von der schönen Lau“. Diese Historie ist eingebettet in eine größere, höchst verwickelte Märchenhandlung, die vom „Stuttgarter Hutzelmännle“. Populär wurde die „Schöne Lau“ auch durch die Illustrationen, zu denen sie verschiedene Künstler anregte, etwa Moritz vom Schwind (1873) oder Friedrich Hechelmann (1993).

Eduard Mörike beginnt die „Schöne Lau“ mit der Beschreibung eines Quelltopfes am Fuße der Schwäbischen Alb:

> Der Blautopf ist der große runde Kessel eines wundersamen Quells bei einer jähen Felswand gleich hinter dem Kloster. Gen Morgen sendet er ein Flüßchen aus, die Blau, welche der Donau zufällt. Dieser Teich ist einwärts wie ein tiefer Trichter, sein Wasser von Farbe ganz blau, sehr herrlich, mit Worten nicht wohl zu beschreiben; wenn man es aber schöpft, sieht es ganz hell aus in dem Gefäß.

Die Bläue des Wassers, das ganz hell ist, wenn man es schöpft, ist allerdings nicht der Phantasie des Dichters entsprungen: Der Blautopf ist bei etwa 900 Quadratmeter Wasseroberfläche über 20 Meter tief, weshalb die Brechung des Lichts sein Wasser blau erscheinen lässt.

In diesem wundersamen Quell also hatte sich eine Wasserfrau häuslich niedergelassen. Sie hieß bei den Menschen ringsum die „arge Lau im Topf, auch wohl die schöne Lau“. Die Lau hatte die Gestalt „eines schönen natürlichen Weibes“, doch besaß sie zarte Schwimmhäute zwischen den Fingern und den Zehen. Sie war eine Fürstentochter, von Seiten ihrer Mutter „halbmenschlichen Geblüts“, was erklärt, dass sie keine Nixe war – Nixen haben Fischschwänze anstelle der Beine. Im Blautopf lebte sie nicht freiwillig, sondern im Exil. Ihr Ehegemahl, ein „alter Donaunix am Schwarzen Meer“, hatte sie dorthin verbannt, weil sie ihm nur tote Kinder geboren hatte. Warum? Sie war schwermütig, depressiv. Ihre Schwiegermutter, ein gemeines Wasserweib mit Entenfüßen, hatte geweissagt, das werde sich erst ändern, wenn sie fünfmal „von Herzen gelacht haben würde“. Deshalb saß die Lau mit ihren Zofen im Blautopf fest. Diese hatten den Auftrag, sie zum Lachen zu bringen. Jeden Spätherbst kamen die Boten des Donaunix, um zu fragen, ob das geglückt sei. Doch die Wasserjungfern mussten jedesmal antworten:

> Wir haben die ferndigen Lieder gesungen
> Und haben die ferndigen Tänze gesprungen,
> Gewonnen war es um ein Haar! –
> Kommt, liebe Herren, übers Jahr.

(*ferndig* bedeutet: „vom vorigen Jahr“). – Nun blieb es nicht aus, dass die Lau mit den Menschen am Blautopf in Berührung kam. Einmal nannte ein naseweiser Hirtenjunge sie „Laubfrosch“, worauf sie ihn packte und in ihr Wasserschloss hinunterzog. Er entkam ihr mit knapper Not, nachdem er einen schweren Gegenstand aus den Gemächern der Lau entwendet hatte. Im Tageslicht erwies er sich als ein Lot aus Blei; er warf ihn ärgerlich weg. Dass in dem Bleilot ein zaubermächtiger Krakenzahn steckte, übersah er. Dieses „Klötzle Blei“ kann man bis heute sehen an der Straße, die vom Blautopf nach Ulm führt.

Die Wirtin des Nonnenhofs gegenüber dem Kloster am Topf machte als zweite die Bekanntschaft der Lau; die Lau war erstaunlicherweise des Schwäbischen mächtig – vielleicht hatte sie es bei Donauschwaben im Banat gelernt? Durch unterirdische Wassergänge war sie jedenfalls in den Brunnen im Keller des Wirtshauses geschwommen und hatte sich der Wirtin durch ein nützliches Geschenk empfohlen, ohne dass es Verständigungsprobleme gegeben hätte. Diese ließ am Brunnen eine

Schelle einrichten, damit die Lau sich melden konnte, wenn sie einen Besuch machen wollte. Dann wurde die Lau von den Töchtern und Mägden abgetrocknet, bekleidet und ins Haus geführt. Dort sah sie

> ein Enkelein mit rotgeschlafenen Backen, hemdig und einen Apfel in der Hand, auf einem runden Stühlchen vor guter Ulmer Hafnerarbeit, grünverglaset [sitzen]. Das wollte dem Gast außer Maßen gefallen, sie nannte es einen viel zierlichen Sitz, rümpft aber die Nase mit eins, und da die Frauen sich wandten zu lachen, vermerkte sie etwas und fing auch hell zu lachen an.

Bei dem runden Stühlchen handelte es sich um einen Botschamber, zu deutsch: ein Töpfchen.

Zu einem weiteren Lachanfall brachte die Lau ein Traum, in dem der Abt des Klosters eine höchst komische Figur abgab. Sie lachte sehr herzlich: „ihr hüpfte noch wachend die Brust, daß der Blautopf oben Ringlein schlug."

Eines Tages schlug der Blautopf abermals Wellen, weil die Lau verärgert war. Das brachte den Klosterkoch auf die Idee, den Quelltopf mittels einer Bettschere festzuhalten. Also steckte er eine solche in den Rasen am Ufer; eine Bettschere verhindert das Herausfallen von Plumeaus, aber auch von Schläfern, aus dem Bett. Das Wortspiel erheiterte die Lau über die Maßen, so dass „ihr in ihren Zorn das Lachen ankam, und lachte überlaut, daß man's im Klostergarten hörte."

Zum vierten Mal lachte die Lau, als in der Spinnstube im Nonnenhof der Zungenbrecher vom Klötzle Blei, das einst im Blautopf verschwunden war, reihum aufgesagt wurde:

> „S'leit a Klozle Blei glei bei Blaubeura
> Glei bei Blaubeura leit a Klötzle Blei."

Das bekam keine der Frauen ohne Stolpern und Haspeln zuwege.

> Zum letzten mußte es die schöne Lau probieren […]. Sie wurde rot bis an die Schläfe, doch hob sie an und klüglicherweise gar langsam: S'leit a Klötzle Blei glei bei

> Blaubeuren. Die Wirtin rief ihr zu, so sei das keine Kunst, es müsse gehen wie geschmiert! Da nahm sie ihren Anlauf frisch hinweg, kam alsbald vom Pfad ins Stoppelfeld, fuhr buntüberecks und wußte nimmer gicks noch gacks. Jetzt, wie man denken kann, gab es Gelächter einer Stuben voll, das hättet ihr nur hören sollen, und mitten draus hervor der schönen Lau ihr Lachen, so hell wie ihre Zähne, die man alle sah!

Eines Tages scheint es, als käme der alte Donaunix persönlich zu Besuch, denn der Blautopf lief über und setzte die Straßen unter Wasser. Die Lau fiel deshalb vor Schreck vom Stuhl und verlor die Besinnung, weshalb man sie nicht in den Brunnen im Keller bringen konnte: sie hätte sich beim Zurückschwimmen den Hals gebrochen „im Geklüft“. Der Klosterkoch hatte die rettende Idee: er trug sie ans Ufer des Blautopfs, setzte sie dort ab und verabschiedete sich mit einem geraubten Kuss von ihr. Das veranlasste die Zofen der Lau, ihn mit Maulschellen einzudecken, was wiederum die Lau so erheiterte, dass sie „in ihrem Ohnmachtschlaf innig lachen“ musste. Das war das fünfte Mal, womit die Prophezeiung der entenfüßigen Schwiegermutter erfüllt war.

Der Nixenkönig kam wenig später tatsächlich mit großem Gefolge im Blautopf an und war höchst erfreut, dass die Voraussetzung für sein Kinderglück mit der Lau nun erfüllt war. Die Zofen eilten

> jetzo sehr mit ihrer Herrin das Putzgemach, um sie zu salben, zöpfen und köstlich anzuziehen; das sie auch gern zuließ und selbst mithalf, denn sie in ihren Innern fühlte, es sei nun ein jegliches erfüllt zusamt dem Fünften, so der alte Nix und sie nicht wissen durfte.

So aufgebrezelt – das kalte Blautopfwasser konnte dem nichts anhaben – schwamm die Lau in den Kellerbrunnen und zog zweimal an der Schelle, während der Nix und seine Begleiter im Blautopfschloss zechten. Als die Frauen und Töchter des Nonnenhofs zu ihr geeilt waren, dankte sie ihnen für ihre

Freundschaft und vermachte ihnen einen Krug voller Silbergroschen, der niemals leer werden würde. Schließlich kündigte sie an, was nun geschehen werde:

> In jedem dritten Jahr wird euch Botschaft von mir; auch mag es wohl geschehen, daß ich noch bälder komme selber, da bring ich mit auf diesen Armen ein lebend Merkmal, daß die Lau bei euch gelacht.

Ob es so weit kam und die Lau mit einem Säugling auf dem Arm vom Schwarzen Meer nach Blaubeuren schwamm, um den Frauen dort das Glück vorzuführen, das sie dank deren Witz errungen hatte, erzählt Mörike nicht; er beendet hier die Lau-Episode und kehrt zur Geschichte vom „Stuttgarter Hutzelmännle" zurück.

Mörike kannte Blaubeuren nur flüchtig; sein Vater Karl Friedrich Mörike hatte dort das Niedere Theologische Seminar besucht. Dass er – wie die Brüder Grimm ihre Märchen – die Geschichte von der Schönen Lau in Blaubeuren als Volksmärchen erzählt bekommen hat, ist ganz unwahrscheinlich. Sie ist seine eigene Schöpfung.

Die „Historie von der schönen Lau" ist ein Kunstmärchen, ein überaus poetisches Kunstmärchen, eingefügt in ein größeres, nicht minder poetisches Kunstmärchen. Sie wird erzählt in einem altmodischen, archaisierenden Deutsch mit vielen Einsprengseln aus dem Schwäbischen. Das gibt der Geschichte ihren Volkston und verleiht ihr ein überzeugendes Lokalkolorit. Die Historie sollte ihren Lesern Vergnügen machen, sie zum Schmunzeln bringen, ästhetische Erwartungen des späten Biedermeier-Zeitalters erfüllen, und das ist Mörike virtuos gelungen. Eine tiefere Botschaft transportiert sie nicht – nach politischen, sozialen oder gar Gender-Botschaften in ihr zu suchen (das wurde versucht), ist müßig. Kunstmärchen sind Kunstwerke, zweckfreie Sprachschöpfungen, die durch die Phantasie ihres Autors und seine Sprachmacht wirken – nichts sonst.

Helmut Glück

Magie der Dinge

Der Nachsommer
Adalbert Stifter
1857

Adalbert Stifter, 1805 im südlichen Böhmerwald geboren, ist der bedeutendste österreichische Epiker seines Jahrhunderts. Er studierte Rechts- und Naturwissenschaften in Wien und wurde 1848 Schulrat in Linz. 1868 schied er freiwillig aus dem Leben. Sein Roman *Der Nachsommer*, den Nietzsche „die vollkommenste deutsche Prosadichtung" nannte, stellt den reinsten Typus des Bildungsromans dar. Auch wenn es sich dabei um den jungen Heinrich Drendorf handelt, ist die gewichtige Erziehergestalt nicht Heinrichs Vater, sondern dessen zuhause nicht abgeschlossene Ausbildung wird aufs Land in das sog. Rosenhaus verlagert und dem abgeklärten, mitunter etwas schrullig wirkenden Freiherrn von Risach anvertraut. Dieser huldigt einer Art Pädagogik des Wartens, des Reifenlassens und der „naturgemäßen Entfaltung". Die Inkubationszeit besteht aus Besichtigungen, Reisen, „Umgang" und Gesprächen. Der alte Risach ist in diesem Sinne allenfalls Betreuer, nicht Lehrer. Letztere Funktion kommt vielmehr dem „Heiligtum" der Umgebung im weiteren Sinne zu, die erzieht, indem sie abfärbt. Das Rosenhaus, der Sternenhof, die elterliche Wohnung in Wien sind so etwas wie Lebensziele ihrer Bewohner. Die Umgebung besteht außerdem aus Natur und Kunst, vor allem aber aus den „Dingen" – der magische Topos des Romans. Das eigentlich zu Lernende ist die „Ehrfurcht vor den Dingen".

> Ich war schon als Knabe ein großer Freund der Wirklichkeit der Dinge gewesen, wie sie sich so in der Schöpfung oder in dem geregelten Gange des menschlichen Lebens darstellte. Dies war oft eine große Unannehmlichkeit für meine Umgebung gewesen. Ich fragte unaufhörlich um die Namen der Dinge, um ihr Herkommen und ihren Gebrauch und konnte mich nicht beruhigen, wenn die Antwort eine hinausschiebende war. Auch konnte ich es nicht leiden, wenn man einen Gegenstand zu etwas anderem

machte, als er war. Besonders kränkte es mich, wenn er, wie ich meinte, durch seine Veränderung schlechter wurde. Es machte mir Kummer, als man einmal einen alten Baum des Gartens fällte und ihn in lauter Klötze zerlegte. Die Klötze waren nun kein Baum mehr, und da sie morsch waren, konnte man keinen Schemel, keinen Tisch, kein Kreuz, kein Pferd daraus schnitzen. Als ich einmal das offene Land kennen gelernt und Fichten und Tannen auf den Bergen stehen gesehen hatte, taten mir jederzeit die Bretter leid, aus denen etwas in unserem Hause verfertigt wurde, weil sie einmal solche Fichten und Tannen gewesen waren. Ich fragte den Vater, wenn wir durch die Stadt gingen, wer die große Kirche des heiligen Stephan gebaut habe, warum sie nur einen Turm habe, warum dieser so spitzig sei, warum die Kirche so schwarz sei, wem dieses oder jenes Haus gehöre, warum es so groß sei, weshalb sich an einem andern Hause immer zwei Fenster nebeneinander befänden und in einem weiteren Hause zwei steinerne Männer das Sims des Haustores tragen. Der Vater beantwortete solche Fragen je nach seinem Wissen. Bei einigen äußerte er nur Mutmaßungen, bei anderen sagte er, er wisse es nicht. Wenn wir auf das Land kamen, wollte ich alle Gewächse und Steine kennen und fragte um die Namen der Landleute und der Hunde. Der Vater pflegte zu sagen, ich müßte einmal ein Beschreiber der Dinge werden oder ein Künstler, welcher aus Stoffen Gegenstände fertigt, an denen er so Anteil nimmt, oder wenigstens ein Gelehrter, der die Merkmale und Beschaffenheiten der Sachen erforscht.

Diese Eigenschaft nun führte mich, da ich auf dem Lande wohnte, in eine besondere Richtung. Ich legte die Mathematik weg und widmete mich der Betrachtung meiner Umgebungen. Ich fing an, bei allen Vorkommnissen des Hauses, in dem ich wohnte, zuzusehen. Ich lernte nach und nach alle Werkzeuge und ihre Bestimmungen kennen. Ich ging mit den Arbeitern auf die Felder, auf die

> Wiesen und in die Wälder und arbeitete gelegentlich selber mit.

Was ist von den „Dingen dieser Erde“ zu lernen? Die Antwort liegt in einem weiteren Schlüsselwort des Romans beschlossen: Ordnung. Überall ist diese vorhanden, im Elternhaus, im Rosenhaus, im Sternenhof, in der Natur wie in der Kunst. Stifters Ordnung meint nicht abstraktes, berechenbares Ebenmaß, sondern „Einfachheit“, „Übereinstimmung aller Teile zu einem Ganzen“ im Sinne der deutschen Klassik (Jean Paul; Schiller). Aber innerhalb des klassischen Ansatzes unseres Romans taucht Stifters Realismus wie eine Art Fremdkörper auf: Das Aufdecken der naturgegebenen Ordnung ist durchaus Aufgabe der Naturwissenschaften, deren Methode induktiv und positivistisch im modernen Sinne ist. Damit ist die bedeutendste Lernstrategie und Hauptbeschäftigung im Roman – neben dem Fragestellen – das Sehenlernen. Im Rosenhaus wie im Sternenhof werden Feste des Sehens veranstaltet, etwa die jährliche „Rosenschau“. Schule und Universität werden durch Nichterwähnen kritisiert. Die wichtigste Lehrstrategie ist damit das Zeigen. Diejenige Eigenschaft, durch die sich die Dinge in ihrer Ordnung zeigen, damit wir sie sehen, nennt Stifter Schönheit. Diejenigen Dinge, die ausschließlich zum Zeigen da sind, heißen Kunstgegenstände. Aufgrund ihrer gemeinsamen Zeigefunktion ist allerdings jede Trennung zwischen Natur und Kunst von der Hand zu weisen, womit Stifter abermals gegen die goethesche, schellingsche und vor allem hegelsche Ästhetik polemisiert. Kunst ist kein autonomes Feld. Zwischen Kunst, Kunstgewerbe, Natur und Naturwissenschaft wird nicht unterschieden.

Welche aber ist die Wirkung der wahrgenommenen Ordnung auf den Betrachter? Wie bereits erwähnt, sie färbt auf diesen ab, geht auf ihn über, indem sie ein Ruhegefühl erzeugt:

> wenn ich […] in meinem Zimmer vor meinen Gemälden stand, deren ich damals schon manche sammelte, oder vor einer kleinen Bildsäule: so verbreitete sich eine Ruhe

> […] über mein Inneres, als wäre es in seine Ordnung gerückt worden.

Das Gegenteil der Ruhe ist der Irrweg. Er führt aus dem „naturgemäßen" Ruhezustand heraus in die „Leere" oder Verfremdung. Ursachen solcher Verirrung sind die Gefühle, die blind statt sehend machen und mit krisenartigen Zuständen gleichzusetzen sind. Sie bilden die unnatürliche, „fremde Macht", „das Tierische im Menschen", den Egoismus, und lenken von „den Dingen dieser Erde" ab. „Ruhe schließt den Willen ab", was an die Entsagungslehre von Stifters älterem Zeitgenossen Arthur Schopenhauer erinnert.

> Da wir nach dem Frühmale nun so saßen, da eine anmutige Wärme das Zimmer erfüllte, da von dem Widerscheine der ganz schief die Fenster treffenden Morgensonne das Messing, das Glas und das Holz der verschiedenartigen Werkzeuge erglänzte, sagte ich zu meinem alten Gastfreunde: „Es ist seltsam, da ich von Eurer Besitzung in die Stadt und ihre Bestrebungen kam, lag mir Euer Wesen hier wie ein Märchen in der Erinnerung, und nun, da ich hier bin und das Ruhige vor mir sehe, ist mir dieses Wesen wieder wirklich und das Stadtleben ein Märchen. Großes ist mir klein, Kleines ist mir groß."
> „Es gehört wohl beides und alles zum Ganzen, daß sich das Leben erfülle und beglücke", antwortete er. „Weil die Menschen nur ein einziges wollen und preisen, weil sie, um sich zu sättigen, sich in das Einseitige stürzen, machen sie sich unglücklich. Wenn wir nur in uns selber in Ordnung wären, dann würden wir viel mehr Freude an den Dingen dieser Erde haben. Aber wenn ein Übermaß von Wünschen und Begehrungen in uns ist, so hören wir nur diese immer an und vermögen nicht die Unschuld der Dinge außer uns zu fassen. Leider heißen wir sie wichtig, wenn sie Gegenstände unserer Leidenschaften sind, und unwichtig, wenn sie zu diesen in keinen Beziehungen stehen, während es doch oft umgekehrt sein kann."

> Ich verstand dieses Wort damals noch nicht so ganz genau, ich war noch zu jung und hörte selber oft nur mein eigenes Interesse reden, nicht die Dinge um mich.
> Gegen Mittag kam derjenige meiner Koffer, den ich in das Rosenhaus bestellt hatte. Ich packte ihn aus und zeigte Gustav, der mich besuchte, manche Bücher, Zeichnungen und andere Dinge, die er enthielt, und richtete mich in meinem Zimmer häuslich ein.
> So gingen nun mehrere Tage dahin.
> In diesem Hause war jeder unabhängig und konnte seinem Ziele zustreben. Nur durch die gemeinsame Hausordnung war man gewissermaßen zu einem Bande verbunden. Selbst Gustav erschien völlig frei. Das Gesetz, welches seine Arbeiten regelte, war nur einmal gegeben, es war sehr einfach, der Jüngling hatte es zu dem seinigen gemacht, er hatte es dazu machen müssen, weil er verständig war, und so lebte er darnach.

Weil sie Gefühle wecken, sind weder Musik noch Theater die wahren Künste. Auch die abstrakte Philosophie vermag weder das Wesen der Dinge noch die Wahrheit eines geordneten Ganzen zu zeigen, sondern, abgesehen von den Naturwissenschaften, erst Literatur und Malerei:

> Da geriet ich auch auf das Malen. Die Gebirge standen im Reize und im Ganzen vor mir, wie ich sie früher nie gesehen hatte. Sie waren meinen Forschungen stets Teile gewesen. Sie waren jetzt Bilder so wie früher bloß Gegenstände. In die Bilder konnte man sich versenken weil sie eine Tiefe hatten, die Gegenstände lagen stets ausgebreitet zur Betrachtung da. So wie ich früher Gegenstände der Natur für wissenschaftliche Zwecke gezeichnet hatte, wie ich bei diesen Zeichnungen zur Anwendung von Farben gekommen war, wie ich ja vor kurzem erst Geräte gezeichnet und gemalt hatte, so versuchte ich jetzt auch, den ganzen Blick, in dem ein Hintereinanderstehendes, im Dufte Schwebendes, vom Himmel sich Abhebendes enthalten war, auf Leinwand oder Papier zu

> zeichnen und mit Ölfarben zu malen. Das sah ich sogleich, daß es weit schwerer war als meine früheren Bestrebungen, weil es sich darum handelte, ein Räumliches, das sich nicht in gegebenen Abmessungen und mit seinen Naturfarben, sondern gleichsam als die Seele eines Ganzen darstellte, zu erfassen, während ich früher nur einen Gegenstand mit bekannten Lichtverhältnissen und seiner ihm eigentümlichen Farbe in die Mappe zu übertragen hatte.

Heinrich verliebt sich in die junge Natalie Makloden. Soweit die Liebe zwischen den Geschlechtern auf der Hingabe an seine Gefühle beruht, führt sie keineswegs zur Erkenntnis und Besänftigung, sondern zur „schmerzlichen Unruhe“, was den Werdegang eines jungen Menschen ruinieren muss. Jene sollte deshalb in Ehrfurcht und Erdverbundenheit heranreifen und vor allen Dingen in den Nachsommer der Ehe münden, des Garanten eines „grundgeordneten“ und damit ruhigen Lebens. In die Verlobungszeit fällt Heinrichs nie dagewesene Reisetätigkeit, in die Wiener Heimat, mit dem Vater in dessen Geburtsgegend, mit Schwester Klotilde, die Winterreise ins Gebirge, wieder einmal ins Rosenhaus sowie schließlich die Weltreise, die durch ganz Süd- und Westeuropa (ausgenommen Belgien) führt. Zweimal haben Heinrich und Natalie sich ein Jahr lang nicht gesehen.

Roland Duhamel

Die Kunst des Weglassens

Die Emser Depesche
Otto v. Bismarck
1870

Die als „Emser Depesche“ bekannte, vom preußischen Ministerpräsidenten Otto v. Bismarck an die Norddeutsche Allgemeine Zeitung gegebene Presseerklärung darf in keinem Journalistikstudiengang weltweit als Muster eines solchen Textes fehlen; wo sonst ist in so wenigen Zeilen so viel Weltgeschichte programmiert wie hier? Die Emser Depesche löste den deutsch-französischen Krieg von 1870/71 aus, gefolgt von der Abdankung Napoleons III., der Pariser Kommune und der Umwandlung des französischen Kaiserreichs in eine Republik; sie war ferner ursächlich für die Gründung des Deutschen Reiches und die Ausrufung des preußischen Königs Wilhelm I zum Deutschen Kaiser im Schloss zu Versailles sowie für alles weitere, was daraus noch folgen sollte. Hier ist sie:

> Nachdem die Nachrichten von der Entsagung des Erbprinzen von Hohenzollern der Kaiserlich Französischen Regierung von der Königlich Spanischen amtlich mitgeteilt worden sind, hat der französische Botschafter in Ems an Seine Majestät den König noch die Forderung gestellt, ihn zu autorisieren, daß er nach Paris telegraphiere, daß Seine Majestät der König sich für alle Zukunft verpflichte, niemals wieder seine Zustimmung zu geben, wenn die Hohenzollern auf ihre Kandidatur wieder zurückkommen sollten. Seine Majestät der König hat es darauf abgelehnt, den französischen Botschafter nochmals zu empfangen, und demselben durch den Adjutanten vom Dienst sagen lassen, daß Seine Majestät dem Botschafter nichts weiter mitzuteilen habe.

Eigentlich ein harmloser Text. Der König von Preußen und der Botschafter Frankreichs treffen sich zu einem diplomatischen Tête-à-Tête, worauf Ihre Majestät dem Botschafter mitteilen lässt, das sei's nun auch gewesen, und dass er nichts weiter mitzuteilen habe. Wie kann daraus ein Krieg entstehen?

Vor allem deshalb, weil Diplomatenhirne im Jahr 1870 noch anders tickten als heute; vor allem der Begriff der „Ehre" hatte eine schon von Schopenhauer als äußerst misslich kritisierte, überragende Bedeutung. Und wenn Bismarck auf eines zählen konnte, dann war es der verquere Ehrbegriff verbunden mit dem chauvinistischen Größenwahn seiner Widersacher in Paris. Diese hatten gerade die Kandidatur eines Hohenzollern für den spanischen Königsthron verhindert. Aber das war ihnen zu wenig, sie verlangten darüber hinaus von Preußen eine Versicherung, dass dergleichen auch in Zukunft nie wieder vorkomme. Diese Versicherung konnte der gerade zur Kur in Bad Ems weilende preußische König Wilhelm verständlicherweise nicht geben. Was er dem dort anfragenden französischen Botschafter auch recht höflich zu verstehen gab, und was in diesem Sinne von Bismarcks Mitarbeiter Geheimrat Heinrich Abeken per Telegramm an seinen Chef gemeldet wurde (die eigentliche Emser Depesche). Bismarck ließ im Wesentlichen nur die Höflichkeitsfloskeln weg, und erzeugte den gewünschten Effekt: In Paris war man ob des als unbotmäßig und schroff empfundenen Tons pikiert (damals wie heute war und ist man in Frankreich schnell pikiert) und erklärte Preußen kurzerhand den Krieg. Der Rest ist bekannt.

Walter Krämer

„Gleich nach der Bibel“

Kursbuch der deutschen Eisenbahnen
Reichs-Postverwaltung
1880

Das Kursbuch der Eisenbahn dürfte einst zu den am häufigsten konsultierten Druckerzeugnissen gehört haben. Freunde dieser Literaturgattung warteten ungeduldig auf sein halbjährliches, später nur noch jährliches Erscheinen, um sich nach dem endlichen Erhalt mit Inbrunst auf sein Studium zu werfen. Für sie war es keine Frage, dass das Kursbuch es mit allen Werken der zeitgenössischen Literatur hinsichtlich Aktualität, Klarheit, innerer Dramatik („Die schnellsten Züge der Deutschen Bundesbahn“) und Poesie (vor allem im „Verzeichnis der Züge, die einen Namen tragen“ – man denke an „Rheingold“, „Blauer Enzian“, „Saphir“ usw.) aufnehmen konnte! Oder wie es bei uns zuhause – einem Pfarrhaus – hieß: „Gleich nach der Bibel kommt das Kursbuch. Und dann lange nix.“

Deutschlandweit ausgerichtet erscheint das erste Kursbuch 1845, seit 1847 unter dem Titel „Telegraph für Post-, Eisenbahn- und Dampfschiffverbindungen in Deutschland und den angrenzenden Ländern“, herausgegeben vom Fürstlich Thurn und Taxischen Oberpostamts-Sekretär Hendschel. In der schnelllebigen alten Zeit hält man allmonatliches Neuerscheinen für geboten; viel später erst besinnt man sich auf einen gemächlicheren Publikationsrhythmus. Auch in der Folge nimmt sich zunächst die Post – nunmehr die „Deutsche Reichs-Postverwaltung“ – des Fahrplanwesens an. Sehen wir uns einmal das Kursbuch aus dem Juli 1880, gedruckt im Decker's [!] Verlag Berlin, etwas näher an. Es enthält „die Eisenbahn-, Post- und Dampfschiffverbindungen in Deutschland und Österreich-Ungarn sowie die bedeutenderen Eisenbahn- und Dampfschiffverbindungen der übrigen Theile Europa's“ [!]. Das ist nun leicht untertrieben: es finden sich in Tabelle 597a auch die Schiffsverbindungen nach „Australien (einschließl. Neuseeland)“, in 599 die Verbindung von Hamburg nach New York, und dazu der Verweis auf den Anschluss „nach San Francisco (5343 km) mit

Express-Zug I. Cl[asse] in 6-7 [Tagen]". Während Amerikas Streckenbauer die Rocky Mountains und die kalifornische Sierra Nevada also bereits bezwungen hatten, waren Europas Alpen noch „in Arbeit", wie die Tabellen 529, 541 und 543 für die Strecke von Zürich nach Mailand verraten: Um 9.42 Uhr Start in Zürich Hbf – mit dem Zug nach Luzern, von dort per Schiff über den Vierwaldstätter See nach Flüelen. Hier steht schon die Nachmittagskutsche nach Andermatt bereit, wo der Reisende müde und gut durchgerüttelt um 21.50 Uhr eintrifft. Schlaftrunken steigt er am nächsten Morgen um 5 Uhr in die Kutsche über den Gotthard-Pass (10 kg Freigepäck!). Und dann endlich, tief unten im Ticino-Tal, wartet auf ihn der Zug der einstweilen erst bis Biasca fertiggestellten Gotthardbahn! Sehr weit kommt unser Reisender damit aber noch nicht: ab Locarno ist wieder Dampfschiff angesagt – über den Lago Maggiore nach Arona zur letzten, wiederum per Bahn zu bewältigenden Etappe. Nach 38 sicherlich erlebnisreichen Stunden erreicht er die Hauptstadt der Lombardei kurz vor Mitternacht. Wie eindrucksarm verfliegen dagegen die knapp dreieinhalb Stunden, die der Zug heute für dieselbe Distanz braucht – ein gut Teil davon in der Finsternis des neuen Gotthardtunnels.

Außer Fahrplantabellen enthält dieses Kursbuch natürlich auch einen „Auszug aus dem Betriebs-Reglement für die Eisenbahnen Deutschlands nebst den dazu erlassenen Special-Bestimmungen, enthaltend die Bestimmungen über die Beförderung von Personen und Reisegepäck". Gut deutsch geht es los mit den „Pflichten des Dienstpersonals" (§ 1), dann folgen seine Rechte (§ 2). Im Weiteren werden Verhalten auf den Bahnhöfen, Fahrkartenerwerb, Zugreise und schließlich das Kapitel „Gepäck" abgehandelt. Letzterer Ausdruck muss – wir sind im Land der Dichter und Denker – erst einmal definiert werden. In § 24 „Begriff des Reisegepäcks" heißt es dazu: „Als Reisegepäck wird in der Regel nur, was der Reisende zu seinem und seiner Angehörigen Reisebedürfnisse mit sich führt, namentlich Koffer, Mantel und Reisesäcke, Hutschachteln, kleine Kisten und dergleichen befördert; größere Kisten, Tonnen, sowie andere nicht zu den Reisebedürfnissen zu rechnende Gegenstände können ausnahmsweise zugelassen werden …“. Das hier schon zu beobachtende Streben nach Präzision des Ausdrucks und Klarheit der Festlegung führt an anderer Stelle zu ehrfürchtig stimmenden Satzungeheuern, etwa (§ 9): „Der Verkauf der Fahrbillets (Fahrkarten) kann auf Stationen von geringer Frequenz nur innerhalb der letzten halben Stunde, auf Stationen mit grösserer [!] Frequenz aber innerhalb einer Stunde vor Abgang desjenigen Zuges, mit welchem der Reisende befördert sein will, wenn jedoch zwischen zwei nach derselben Richtung abgehenden Zügen eine noch kürzerer Zwischenzeit liegt, nur innerhalb dieser Frist verlangt werden. Diejenigen, welche bis 5 Minuten vor Abgang des Zuges noch kein Billet gelöst haben, haben auf Verabfolgung eines solchen keinen Anspruch“. – Sollte der Reisende unterwegs zu dem Schluss kommen, dass die Fahrt im Bummelzug doch ein wenig sehr lange dauern würde, sieht § 11 immerhin vor: „Ferner wird gestattet, dass Reisende mit Billets für die gewöhnlichen Züge, welche die Fahrt unter Beachtung der in § 10 des Reglements festgestellten Bedingungen auf einer Express-, Courier- oder Schnellzugstation unterbrochen haben, ihre Reise mit einem dieser letzteren Züge, sei es in derselben oder in einer höheren Wagenklasse fortsetzen, wenn sie ein Billet auf die Bestimmungsstelle zukaufen, durch dessen Preis, einschließlich desjenigen für das bereits gelöste Billet, der Fahrpreis für die betreffende Klasse des Express-, Courier- oder Schnellzuges mindestens gedeckt ist.“ Klar?

Der folgende § 12 „Anweisung der Plätze“ bringt eine leicht feministische Note in den Betrieb: „… Allein reisende Damen sollen auf Verlangen möglichst nur mit Damen in ein Coupée [Abteil] zusammengesetzt werden. In jedem Zug muss sich mindestens je ein Damen-Coupée für Reisende der zweiten und dritten Wagenklasse befinden. Bei den nach amerikanischem Systeme gebauten Wagen [Westernkenner wissen: Großraumwagen!] findet die letztere Bestimmung nur mit den durch dieses System gebotenen Modificationen Anwendung.“

Lies: Passagiere der (nur in wenigen Zügen vorhandenen) I. Klasse wissen sich zu benehmen, beim mittleren (II. Klasse) und Kleinbürgertum (III. Klasse) kann sich frau da nicht so sicher sein. Dem weiblichen Arbeiter- und Landvolk in der IV. Klasse bleibt gegebenenfalls nur eine kräftige Ohrfeige, um sich männliche Anmache vom Leibe zu halten.

So spiegelt sich im Kursbuch auch die jeweilige Zeit. Das seit Ende der 50er Jahre entstehende Netz der Trans-Europa-Züge reflektiert das Zusammenwachsen des westlichen Europas. Die letzte im sog. Dritten Reich erschienene Ausgabe, gültig ab dem 3.7.1944 „bis auf weiteres" [!], enthält den Hinweis „Bei Fliegeralarm und Fliegerangriffen … werden Bahnhöfe möglichst rasch – auch vor planmäßiger Abfahrtszeit – von besetzten Zügen geräumt". Züge der Gattung „SFR" sind vorrangig „für Fronturlauber" vorgesehen, die sehr wenigen Schnellzüge im okkupierten Polen, dem sog. Generalgouvernement, manchmal „Nur für Deutsche – *Tylko dla Niemców*". Nach der Wiedervereinigung geben Deutsche Reichsbahn und Deutsche Bundesbahn zum ersten Mal ein gemeinsames Kursbuch heraus. Es ist vom 2. Juni 1991 bis zum 30. Mai 1992 gültig und enthält den „Kursbuchschlüssel" nicht nur in deutscher, englischer und französischer, sondern auch in sorbischer Sprache. Damit nimmt es die Praxis des Reichsbahn-Kursbuchs (DDR) auf, das auf einer halben Seite die „Allgemeinen Bemerkungen" als *Powšitkowne přispomnjenja* zusammenfasste. Zwei Jahre später war es dann allerdings mit dieser Fahrplan-Ostalgie (und dem vermutlich häufigsten in obersorbischer Sprache gedruckten Text) vorbei …

Vielen Menschen mag das Kursbuch mit seinen vielen Symbolen, Abkürzungen und besonderen Darstellungskonventionen so undurchschaubar wie eine Tafel in babylonischer Keilschrift erschienen sein. Für wenige andere aber war es ein Buch der Leidenschaft und des Träumens – besonders das „Auslandskursbuch": Wie wäre es wohl, einmal von München mit „Istanbul-" und „Vangölü- [Van-See-] Express" ins östliche Anatolien zu fahren – nur 1x umsteigen in Istanbul, mit Personenfähre vom Bahnhof Sirkeci (Europa) hinüber zum Bahnhof Haydarpascha (Kleinasien)? Ab Van verkehrt übrigens einmal pro Woche ein Anschlusszug nach Teheran …

In seinem Film „Zugvögel – einmal nach Inari“ (in Nordfinnland; zum fiktiven „1. internationalen Wettbewerb der Kursbuchspezialisten“) hat der Regisseur Peter Lichtefeld 1998 dieser Leidenschaft ein Denkmal gesetzt. Zehn Jahre später – und gut 160 Jahre nach Erscheinen des allerersten „Kursbuches“ – hat die Deutsche Bahn die Herausgabe des Gesamtkursbuchs für Deutschland eingestellt.

Gerhard Meiser

Plötzlicher Berufswechsel

Die Hochzeit des Mönchs
Conrad Ferdinand Meyer
1883

Das lange 19. Jahrhundert war die Epoche der großen Erzähler: im Deutschen die Droste-Hülshoff, Stifter, Storm, Gottfried Keller, Fontane, Emil Strauß bis zu Thomas Mann, im Französischen Balzac, Dumas, Flaubert, Maupassant, Zola, im Russischen Puschkin, Dostojewski, Tolstoi, Tschechow, im Polnischen Sienkiewicz, im Flämischen Hendrik Conscience, im Englischen Sir Walter Scott, um nur einige zu nennen. Es war, als ob sich das Jahrhundert mitten in den Umwälzungen der absolut neuen und nie dagewesenen industriellen Revolution ein letztes Mal über die Höhe des Geistes vergewissern wollte, der das alte Europa seit Homer und Aischylos ausmachte und den es vom Untergang bedroht empfand. Der Germanist Karl Petry hat Meyer in seinem *Handbuch zur deutschen Literaturgeschichte* als einen der herausragenden unter ihnen beschrieben: „Während der Zeit der Hochblüte des historischen Romans ... ist er der größte Charakterschilderer. Seine Gestalten zwingen uns zu einem leidenschaftlichen Mitempfinden, und doch hält der große Formkünstler einen kühlen und sachlichen Abstand von seinem Stoff."

Der immer wieder von Depressionen heimgesuchte, gebildete Zürcher Patriziersohn schwankte lange, ob er seine Dichtung in Französisch oder in Deutsch schreiben sollte. Wir verdanken ihm neben seiner großen Lyrik einige der besten Novellen in deutscher Sprache, darunter die *Hochzeit des Mönchs,* die er den – als Ghibelline aus Florenz verbannten – Dante 1303 am Hofe der Scaliger erzählen lässt:

> Es war in Verona. Vor einem breiten Feuer, das einen weiträumigen Herd füllte, lagerte in den bequemsten Stellungen, welche der Anstand erlaubt, ein junges Hofgesinde männlichen und weiblichen Geschlechts um einen ebenso jugendlichen Herrscher und zwei blühende Frauen. Dem Herd zur Linken saß diese fürstliche

Gruppe, welcher die übrigen in einem Viertelkreis sich anschlossen, die ganze andere Seite des Herdes nach höfischer Sitte frei lassend. Der Gebieter war derjenige Scaliger, welchen sie Cangrande nannten. Von den Frauen, in deren Mitte er saß, mochte die nächst dem Herd etwas zurück und ins Halbdunkel gelehnte sein Eheweib, die andere, vollbeleuchtete, seine Verwandte oder Freundin sein, und es wurden mit bedeutsamen Blicken und halblautem Gelächter Geschichten erzählt.

Jetzt trat in diesen sinnlichen und mutwilligen Kreis ein gravitätischer Mann, dessen große Züge und lange Gewänder aus einer andern Welt zu sein schienen. „Herr, ich komme, mich an deinem Herde zu wärmen“, sprach der Fremdartige halb feierlich, halb geringschätzig und verschmähte hinzuzufügen, daß die lässige Dienerschaft trotz des frostigen Novemberabends vergessen oder versäumt hatte, Feuer in der hoch gelegenen Kammer des Gastes zu machen.

„Setze dich neben mich, mein Dante“, erwiderte Cangrande, „aber wenn du dich gesellig wärmen willst, so blicke mir nicht nach deiner Gewohnheit stumm in die Flamme! Hier wird erzählt, und die Hand, welche heute Terzinen geschmiedet hat – auf meine astrologische Kammer steigend, hörte ich in der deinigen mit dumpfem Gesange Verse skandieren – diese wuchtige Hand darf es heute nicht verweigern, das Spielzeug eines kurzweiligen Geschichtchens, ohne es zu zerbrechen, zwischen ihre Finger zu nehmen. Beurlaube die Göttinnen“ – er meinte wohl die Musen – „und vergnüge dich mit diesen schönen Sterblichen.“ Der Scaliger zeigte seinem Gaste mit einer leichten Handbewegung die zwei Frauen, von welchen die größere, die scheinbar gefühllos im Schatten saß, nicht daran dachte zu rücken, während die kleinere und aufgeweckte dem Florentiner bereitwillig neben sich Raum machte. Aber dieser gab der Einladung seines Wirtes keine Folge, sondern wählte stolz den letzten Sitz am

Ende des Kreises. Ihm mißfiel entweder die Zweiweiberei des Fürsten – wenn auch vielleicht nur das Spiel eines Abends – oder dann ekelte ihn der Hofnarr, welcher, die Beine vor sich hingestreckt, neben dem Sessel Cangrandes auf dem herabgeglittenen Mantel desselben am Boden saß.

Dieser, ein alter, zahnloser Mensch mit Glotzaugen und einem schlaffen, verschwätzten und vernaschten Maul – neben Dante der einzige Bejahrte der Gesellschaft – hieß Gocciola, das heißt das Tröpfchen, weil er die letzten klebrigen Tropfen aus den geleerten Gläsern zusammenzunaschen pflegte, und haßte den Fremdling mit kindischer Bosheit, denn er sah in Dante seinen Nebenbuhler um die nicht eben wählerische Gunst des Herrn. Er schnitt ein Gesicht und erfrechte sich, seine hübsche Nachbarin zur Linken auf das an der hellen Decke des hohen Gemaches sich abschattende Profil des Dichters höhnisch grinsend aufmerksam zu machen. Das Schattenbild Dantes glich einem Riesenweibe mit langgebogener Nase und hangender Lippe, einer Parze oder dergleichen. Das lebhafte Mädchen verwand ein kindliches Lachen. Ihr Nachbar, ein klug blickender Jüngling, der Ascanio hieß, half ihr dasselbe ersticken, indem er sich an Dante wendete mit einer maßvollen Ehrerbietung, in welcher dieser angeredet zu werden liebte.

„Verschmähe es nicht, du Homer und Virgil Italiens“, bat er, „dich in unser harmloses Spiel zu mischen. Laß dich zu uns herab und erzähle, Meister, statt zu singen.“

„Was ist euer Thema?“ warf Dante hin, weniger ungesellig, als er begonnen hatte, aber immer noch mürrisch genug. „Plötzlicher Berufswechsel“, antwortete der Jüngling bündig, „mit gutem oder schlechtem oder lächerlichem Ausgange.“

Dante besann sich. Seine schwermütigen Augen betrachteten die Gesellschaft, deren Zusammensetzung ihm nicht durchaus zu mißfallen schien; denn er entdeckte in derselben neben mancher flachen einige bedeutende Stirnen. „Hat einer unter euch den entkutteten Mönch behandelt?“ äußerte der schon milder Gestimmte.

„Gewiß, Dante!“ antwortete, sein Italienisch mit einem leichten deutschen Akzent aussprechend, ein Kriegsmann von treuherzigem Aussehen, Germano mit Namen, der einen Ringelpanzer und einen lang herabhängenden Schnurrbart trug. „Ich selbst erzählte den jungen Manuccio, welcher über die Mauern seines Klosters sprang, um Krieger zu werden.“

„Er tat recht“, erklärte Dante, „er hatte sich selbst getäuscht über seine Anlage.“

„Ich, Meister“, plauderte jetzt eine kecke, etwas üppige Paduanerin, namens Isotta, „habe die Helena Manente erzählt, welche eben die erste Locke unter der geweihten Schere verscherzt hatte, aber schnell die übrigen mit den beiden Händen deckte und ihr Nonnengelübde verschluckte, denn sie hatte ihren in barbareske Sklaverei geratenen und höchst wunderbar daraus erretteten Freund unter dem Volk im Schiff der Kirche erblickt, wie er die gelösten Ketten“ – sie wollte sagen: an der Mauer aufhing, aber ihr Geschwätz wurde von dem Munde Dantes zerschnitten.

„Sie tat gut“, sagte er, „denn sie handelte aus der Wahrheit ihrer verliebten Natur. Von alledem ist hier die Rede nicht, sondern von einem ganz andern Falle: wenn nämlich ein Mönch nicht aus eigenem Triebe, nicht aus erwachter Weltlust oder Weltkraft, nicht weil er sein Wesen verkannt hätte, sondern einem andern zuliebe, unter dem Druck eines fremden Willens, wenn auch vielleicht aus heiligen Gründen der Pietät, untreu an sich wird, sich selbst mehr noch als der Kirche gegebene Gelübde bricht und eine Kutte abwirft, die ihm auf dem Leibe saß und ihn nicht drückte. Wurde das schon erzählt? Nein? Gut, so werde ich es tun. Aber sage mir, wie endet solches Ding, mein Gönner und Beschützer?“ Er hatte sich ganz gegen Cangrande gewendet.

„Notwendig schlimm“, antwortete dieser ohne Besinnen. „Wer mit freiem Anlauf springt, springt gut; wer gestoßen wird, springt schlecht.“

„Du redest die Wahrheit, Herr“, bestätigte Dante, „und nicht anders, wenn ich ihn verstehe, meint es auch der Apostel, wo er schreibt: daß Sünde sei, was nicht aus dem Glauben gehe, das heißt, aus der Überzeugung und Wahrheit unserer Natur.“

„Muß es denn überhaupt Mönche geben?“ kicherte eine gedämpfte Stimme aus dem Halbdunkel, als wollte sie sagen: jede Befreiung aus einem an sich unnatürlichen Stande ist eine Wohltat […]

Dantes Auge suchte den Sprecher und entdeckte denselben in einem vornehmen, jungen Kleriker, dessen Finger mit dem kostbaren Kreuze tändelten, welches er über dem geistlichen Gewande trug.

„Nicht meinetwegen“, gab der Florentiner bedächtig zur Antwort. „Mögen die Mönche aussterben, sobald ein Geschlecht ersteht, welches die beiden höchsten Kräfte der Menschenseele, die sich auszuschließen scheinen, die Gerechtigkeit und die Barmherzigkeit, vereinigen lernt. Bis zu jener späten Weltstunde verwalte der Staat die eine, die Kirche die andere. Da aber die Übung der Barmherzigkeit eine durchaus selbstlose Seele fordert, so sind die drei mönchischen Gelübde gerechtfertigt; denn es ist weniger schwer, wie die Erfahrung lehrt, der Lust ganz als halb zu entsagen.“

„Gibt es aber nicht mehr schlechte Mönche als gute?“, fragte der geistliche Zweifler weiter.

„Nein“, behauptete Dante, „wenn man die menschliche Schwachheit berücksichtigt. Es müßte denn mehr ungerechte Richter als gerechte, mehr feige Krieger als beherzte, mehr schlechte Menschen als gute geben."

„Und ist das nicht der Fall?" flüsterte der im Halbdunkel.

„Nein", entschied Dante, und eine himmlische Verklärung erleuchtete seine strengen Züge. „Fragt und untersucht unsere Philosophie nicht: wie ist das Böse in die Welt gekommen? Wären die Bösen in der Mehrzahl, so frügen wir: wie kam das Gute in die Welt?"

Diese stolzen und dunkeln Sätze imponierten der Gesellschaft, erregten aber auch die Besorgnis, der Florentiner möchte sich in seine Scholastik vertiefen statt in seine Geschichte.

Cangrande sah, wie seine junge Freundin ein hübsches Gähnen verwand. Unter solchen Umständen ergriff er das Wort und fragte: „Erzählst du uns eine wahre Geschichte, mein Dante, nach Dokumenten? oder eine Sage des Volksmundes? oder eine Erfindung deiner bekränzten Stirne?"

Dieser antwortete langsam betonend: „Ich entwickle meine Geschichte aus einer Grabschrift."

„Aus einer Grabschrift?"

„Aus einer Grabschrift, die ich vor Jahren bei den Franziskanern in Padua gelesen habe. Der Stein, welcher sie trägt, lag in einem Winkel des Klostergartens, allerdings unter wildem Rosengesträuch versteckt, aber doch den Novizen zugänglich, wenn sie auf allen vieren krochen und sich eine von Dornen zerkritzte Wange nicht reuen ließen. Ich befahl dem Prior – will sagen, ich ersuchte ihn, den fraglichen Stein in die Bibliothek zu versetzen und unter die Hut eines Greises zu stellen."

„Was sagte denn der Stein?" ließ sich jetzt die Gemahlin des Fürsten nachlässig vernehmen.

„Die Inschrift“, erwiderte Dante, „war lateinisch und lautete: ‚Hic jacet monachus Astorre cum uxore Antiope. Sepeliebat Azzolinus‘.“

„Was heißt denn das?“ fragte die andere neugierig.

Cangrande übersetzte fließend: „Hier schlummert der Mönch Astorre neben seiner Gattin Antiope. Beide begrub Ezzelin.“

„Der abscheuliche Tyrann!“ rief die Empfindsame. „Gewiß hat er die beiden lebendig begraben lassen, weil sie sich liebten, und das Opfer noch in der Gruft gehöhnt, indem er es die Gattin des Mönches nannte. Der Grausame!“

„Kaum“, meinte Dante. „Das hat sich in meinem Geiste anders gestaltet und ist auch nach der Geschichte unwahrscheinlich. Denn Ezzelin bedrohte wohl eher den kirchlichen Gehorsam als den Bruch geistlicher Gelübde. Ich nehme das ‚sepeliebat‘ in freundlichem Sinne: er gab den beiden ein Begräbnis.“

„Recht“, rief Cangrande freudig, „du denkst wie ich, Florentiner! Ezzelino war eine Herrschernatur und, wie sie einmal sind, etwas rauh und gewaltsam. Neun Zehntel seiner Frevel haben ihm die Pfaffen und das fabelsüchtige Volk angedichtet.“ „Möchte dem so sein!“ seufzte Dante. „Wo er übrigens in meiner Fabel auftritt, ist er noch nicht das Ungeheuer, welches uns, wahr oder falsch, die Chronik schildert, sondern seine Grausamkeit beginnt sich nur erst zu zeichnen, mit einem Zug um den Mund sozusagen – “

„Eine gebietende Gestalt“, vollendete Cangrande feurig das Bildnis, „mit gesträubtem, schwarzem Stirnhaar, wie du ihn in deinem zwölften Gesange als einen Bewohner der Hölle malst. Woher hast du dieses schwarzhaarige Haupt?“

„Es ist das deinige“, versetzte Dante kühn, und Cangrande fühlte sich geschmeichelt.

„Auch die übrigen Gestalten der Erzählung“, fuhr er mit lächelnder Drohung fort, „werde ich, ihr gestattet es?“ – und er wendete sich gegen die Umsitzenden – „aus eurer Mitte nehmen und ihnen eure Namen geben: euer Inneres lasse ich unangetastet, denn ich kann nicht darin lesen.“

„Meine Miene gebe ich dir preis“, sagte großartig die Fürstin, deren Gleichgültigkeit zu weichen begann.

Ein Gemurmel der höchsten Aufregung lief durch die Zuhörer, und: „Deine Geschichte, Dante!“ raunte es von allen Seiten, „deine Geschichte!“

„Hier ist sie“, sagte dieser und erzählte.

Peter Volk

Die Geburt des Sozialstaats

Gesetz betreffend die Krankenversicherung der Arbeiter
Otto von Bismarck
1884

Was den Briten ihre Magna Charta, ist den Deutschen das Sozialgesetzbuch. Dieses Nebeneinanderstellen geschieht keinesfalls in der Absicht, den deutschen Text herabzusetzen. Gesetze und Verträge formen ein Gemeinwesen oft auf Jahrhunderte, die einen mit Pauken und Trompeten, die anderen durch die Hintertür.

Das deutsche Sozialgesetzbuch betrat die gesellschaftliche Szene eher durch die Hintertür; seine unser Gemeinswesen prägende – und nicht nur wohltätige – Gewalt entfaltete sich sozusagen peu à peu. Erst dieser Tage etwa wird für alle offensichtlich, dass unsere aktuelle deutsche demografische Katastrophe auch ein Erbstück Bismarcks ist: Wer im Alter versorgt ist, braucht keine Kinder, die das für ihn tun.

Aber daran dachte damals niemand. Und dass die ersten Kranken-, Renten-, Unfall-, und Arbeitslosenversicherungen, wie wir sie heute weltweit kennen, eine gewaltige Leistung und eine deutsche Erfindung darstellen, wird ebenfalls niemand bestreiten. „Es gibt vielleicht keinen stärkeren Beweis für den bahnbrechenden Willen des deutschen Volkes als seine Arbeiterversicherung, die aus keimhaften Anfängen, fast aus dem Nichts, in einem Jahrzehnt, in den 80er Jahren [des 19. Jahrhunderts] zu einem gewaltigen Gebäude emporwuchs," liest man im Handwörterbuch der Staatswissenschaften im Jahr 1925. „Sie bedeutet einen Markstein auf dem Wege der Entwicklung zu sozialer Gerechtigkeit."

Dieses „gewaltige Gebäude", dieser „Markstein auf dem Weg zur sozialen Gerechtigkeit", war in der Tat das Ergebnis eines „bahnbrechenden Willens", wenn auch nicht des deutschen Volkes, sondern eines einzigen Mannes: Reichskanzler Otto von Bismarck. Gegen vielfachen Widerstand, gegen seine eigene Partei und gegen die meistens seiner politischen Gegner sowieso, hatte er erst den Kaiser, dann den Bundesrat und dann den Reichstag auf diese Reformen eingeschworen, die Sorge um die Gesundheit und das Überleben der Menschen, die nicht selber dafür sorgen konnten, statt wie gehabt der privaten Wohlfahrt dem Staat zu übertragen. Natürlich nicht allein aus Menschenliebe – Bismarck hoffte, damit den Sozialisten das Wasser abzugraben. Aber in England, Frankreich oder in den USA, wo die Arbeiter ebenfalls im Elend lebten, wo der Bedarf nach Abhilfe vielleicht sogar noch größer war, ist keiner der politisch Verantwortlichen auf diese Idee gekommen.

Als erstes führte Bismarck die Gesetzliche Krankenversicherung ein. Das einschlägige Gesetz passierte den Reichtag am 15. Juni des Jahres 1883 und trat im nächsten Jahr in Kraft. Hier ist es:

> Wir Wilhelm, von Gottes Gnaden Deutscher Kaiser, König von Preußen etc. verordnen im Namen des Reichs, nach erfolgter Zustimmung des Bundesraths und des Reichstags, was folgt:
>
> „*A. Versicherungszwang.*
>
> §. 1.
>
> Personen, welche gegen Gehalt oder Lohn beschäftigt sind:
>
> 1. in Bergwerken, Salinen, Aufbereitungsanstalten, Brüchen und Gruben, in Fabriken und Hüttenwerken, beim Eisenbahn- und Binnendampfschifffahrtsbetriebe, auf Werften und bei Bauten,
>
> 2. im Handwerk und in sonstigen stehenden Gewerbebetrieben,
>
> 3. in Betrieben, in denen Dampfkessel oder durch elementare Kraft (Wind, Wasser, Dampf, Gas, heiße Luft etc.) bewegte Triebwerke zur Verwendung kommen, sofern diese Verwendung nicht ausschließlich in vorübergehender Benutzung einer nicht zur Betriebsanlage gehörenden Kraftmaschine besteht,

sind mit Ausnahme der im §. 2 unter Ziffer 2 bis 6 aufgeführten Personen, sofern nicht die Beschäftigung ihrer Natur nach eine vorübergehende oder durch den Arbeitsvertrag im voraus auf einen Zeitraum von weniger als einer Woche beschränkt ist, nach Maßgabe der Vorschriften dieses Gesetzes gegen Krankheit zu versichern […]

> Betriebsbeamte unterliegen der Versicherungspflicht nur, wenn ihr Arbeitsverdienst an Lohn oder Gehalt sechszweidrittel Mark für den Arbeitstag nicht übersteigt.
>
> Als Gehalt oder Lohn im Sinne dieses Gesetzes gelten auch Tantiemen und Naturalbezüge. Der Werth der letzteren ist nach Ortsdurchschnittspreisen in Ansatz zu bringen.“

Die nächsten Paragrafen regeln die Organisation und grenzen die vom Gesetz betroffenen Personen näher ab. Der sechste Paragraf bestimmt die Leistungen:

> „Als Krankenunterstützung ist zu gewähren:
>
> 1. vom Beginn der Krankheit ab freie ärztliche Behandlung, Arznei, sowie Brillen, Bruchbänder und ähnliche Heilmittel;
>
> 2. im Falle der Erwerbsunfähigkeit, vom dritten Tage nach dem Tage der Erkrankung ab für jeden Arbeitstag ein Krankengeld in Höhe der Hälfte des ortsüblichen Tagelohnes gewöhnlicher Tagearbeiter.
>
> Die Krankenunterstützung endet spätestens mit dem Ablauf der dreizehnten Woche nach Beginn der Krankheit. […]
>
> Die Gemeinden sind ermächtigt, zu beschließen, daß bei Krankheiten, welche die Betheiligten sich vorsätzlich oder durch schuldhafte Betheiligung bei Schlägereien oder Raufhändeln, durch Trunkfälligkeit oder geschlechtliche Ausschweifungen zugezogen haben, das Krankengeld gar nicht oder nur theilweise gewährt wird, sowie daß Personen, welche der Versicherungspflicht

> nicht unterliegen und freiwillig der Gemeinde-Krankenversicherung beitreten, erst nach Ablauf einer auf höchstens sechs Wochen vom Beitritte ab zu bemessenden Frist Krankenunterstützung erhalten.
>
> Das Krankengeld ist wöchentlich postnumerando zu zahlen“

Die Regeln waren damals strikter als heute. Es folgen weitere Paragrafen zur Organisation der Kassen und zu den Modalitäten der Beitragsgestaltung (inklusive des sogenannten „Arbeitgeberbeitrags“). Aber der wichtigste Satz steht in Paragraf 1: „Personen, welche gegen Lohn oder Gehalt beschäftigt sind [...] sind gegen Krankheit zu versichern.“

Ein Jahr später folgte die gesetzliche Unfall-, weitere fünf Jahre später die gesetzliche Rentenversicherung, zunächst nur für Arbeiter, und auch nur für diese selbst. Ehefrauen und Kinder blieben außen vor. Im Jahr 1912 gab es das alles auch für Angestellte, parallel dazu dehnten immer mehr Kassen die Versicherung auch auf Familienangehörige aus, und im Jahr 1927 trat die Arbeitslosenversicherung in Kraft. Und als vorläufig letzte Schutzmaßnahme trat ab 1994 die Pflegeversicherung hinzu.

Was würde der Autor des Stichwortartikels von 1925, der damals von einem „gewaltigen Gebäude“ gesprochen hatte, heute dazu sagen? Ein riesiges Gefängnis? Jede gute Sache verwandelt sich ab einer gewissen Ausdehnung in ihr Gegenteil, und von der Fürsorge zur Zwangsbeglückung ist es nur ein kleiner Schritt. Aber dafür kann ja Bismarck nichts.

Walter Krämer

Letzte Ringe einer langen Gedankenkette

Aphorismen

Marie von Ebner-Eschenbach

1890

Marie von Ebner-Eschenbach, geboren als Freifrau Marie Dubský von Třebomyslice und später zur Gräfin erhoben, findet sich heute kaum noch im Kanon von Literaturfreunden und nur noch selten im Lektürekatalog von Schülern. Schade eigentlich, denn sie ist eine Dichterin, deren Beobachtungsgabe, Lebensklugheit und psychologischer Feinsinn selten zu finden sind. Diese Gaben hat sie sich mit viel Lektüre bereits als Heranwachsende erarbeitet; geprägt wurde sie zudem von der Vielfalt menschlichen Lebens, wie sie es einerseits in ihrer Heimatstadt und andererseits in der Weltstadt Wien erfuhr. Zur Welt gekommen ist sie 1830 auf Schloss Zdislawitz bei Kremsier in Mähren, unweit Brünn. Dort, in bäuerlichem Umfeld, verbrachte sie mit ihren sechs Geschwistern den Sommer, den Winter aber im 200 Kilometer entfernten Wien. An der dortigen Universität wurde sie 1900 erster weiblicher Ehrendoktor. Und in Wien ist sie auch im Jahr 1916 gestorben. Ihre Ehe mit einem Chemie- und Physik-Professor und späteren hohen Offizier blieb kinderlos.

Dem österreichischen Spätrealismus angehörend, gilt sie als die bekannteste Schriftstellerin ihrer Zeit im deutschsprachigen Raum. Im literarischen Leben war sie, wie man heuer sagen würde, „gut vernetzt“, unter anderem mit Franz Grillparzer (1791–1872) und Friedrich Hebbel (1813–1863). Nach wenig erfolgreichen Versuchen mit Dramen, zu denen sie sich durch Schiller und ihre vielen Besuche im Wiener Burgtheater inspirieren ließ, schuf sie ein umfassendes, in einer späteren Ausgabe zehn Bände starkes episches Werk – darunter zahlreiche Erzählungen und Parabeln. Ihr Schaffen ist durchdrungen vom Geist der Sittlichkeit und des Humanismus. Zu ihren Titeln gehört unter anderem die früher oft als Schullektüre eingesetzte, 1883 erschienene Erzählung „Krambambuli“: Hier geht es um das traurige Schicksal eines Hundes, der sich zwischen zwei „Herren“

entscheiden muss. Der Durchbruch gelang ihr aber vor allem mit ihren 800 Aphorismen.

Der Begriff Aphorismus stammt vom griechischen ἀφορίζειν ab (aphorizein = abgrenzen, genau bestimmen, definieren). Aus diesem Wortstamm ist auch der „Horizont" hervorgegangen. Mit Aphorismus (Plural: Aphorismen) ist ein knapper, geistreicher, zugespitzter, oft humorvoller, „knackiger", prosaisch abgefasster Gedanke gemeint. Manchmal ist es nur ein Gedankensplitter, der einer Einsicht, einer Erkenntnis, einer Lebensweisheit entspringt. Manche nennen einen Aphorismus das Sprichwort Gebildeter – verwandt mit Sentenz, Aperçu, Bonmot.

Für Marie von Ebner-Eschenbach entspringt ein Aphorismus nicht einem spontanen Eindruck oder Einfall, für sie ist er die Frucht eines langen Reflektierens. Das heißt für sie: Wer einen Aphorismus verstehen will, der muss ihn im wahrsten Sinn des Wortes „nachvollziehen", seine Genese spekulativ zu rekapitulieren versuchen. Dementsprechend ist für Marie von Ebner-Eschenbach ein Aphorismus „ein letzter Ring einer langen Gedankenkette." Auch andere Giganten der deutschen Sprache sehen darin weit mehr als nur eine Wortspielerei oder eine Schnapsidee:

> „Ein Aphorismus, rechtschaffen geprägt und ausgegossen, ist damit, dass er abgelesen wird, noch nicht entziffert; vielmehr hat nun dessen Auslegung zu beginnen, zu der es einer Kunst der Auslegung bedarf."
> (Friedrich Nietzsche)

> „Ein Aphorismus braucht nicht wahr zu sein, aber er soll die Wahrheit überflügeln. Er muss mit einem Satz über sie hinauskommen."
> (Karl Kraus)

> „Der Aphorismus deckt sich nie mit der Wahrheit; er ist entweder eine halbe Wahrheit oder anderthalb."
> (Karl Kraus)

Nun hat uns die Freifrau bzw. Gräfin also eine Sammlung von 800 Aphorismen hinterlassen, aus dem vielfältigen Leben der

Autorin gegriffen: des Adels in Wien und des mährischen Landvolkes in Böhmen. Dahinter steckt eine scharfe Beobachtungsgabe, viel Empathie, viel Güte, Nachsicht, da und dort Humor, da und dort Strenge. Auch viel psychologisch und pädagogisch Wertvolles findet sich darin, zuweilen fast schon Sozialrevolutionäres. Ihrem sozialkritischen Roman „Das Gemeindekind" (1887) hat sie den Aphorismus vorangestellt:

> „Es gäbe keine soziale Frage, wenn die Reichen von jeher Menschenfreunde gewesen wären."

Zu dem Leitmotiv dieses Romans passt ein anderer Ebner-Eschenbach'scher Aphorismus:

> „Der Arbeiter soll seine Pflicht tun, der Arbeitgeber soll mehr als seine Pflicht tun."

Wie ein heftiger Widerspruch gegen die heute um sich greifende Pädagogik der Verwöhnung und der „Helikoptereltern" wirken Ebner-Eschenbachs pädagogisch geprägte und wohl auch so intendierte Aphorismen:

> „Der ans Ziel getragen wurde, darf nicht glauben, es erreicht zu haben."

> „Verwöhnte Kinder sind die unglücklichsten; sie lernen schon in jungen Jahren die Leiden der Tyrannen kennen."

Und so mancher Erzieher, Sozialpädagoge, Lehrer und Ausbilder mag sich selbst heute noch wiederfinden in dem Satz:

> „Es gibt keine schüchternen Lehrlinge mehr, es gibt nur noch schüchterne Meister."

Schön wäre es, wenn die real existierende Bildungspolitik und Bildungsforschung sich etwas hinter den Spiegel steckte, was ebenfalls von Ebner-Eschenbach stammt. Gerade in einer Zeit, in der Lehrpläne zu inhaltslosen und kompetenzorientierten Leerplänen geworden sind, gilt immer noch:

> „Man muss schon etwas wissen, um verbergen zu können, dass man nichts weiß."

> „Wer nichts weiß, muss alles glauben."

Allen Menschen, die heute einem Sofortismus frönen, die nach dem Prinzip „Genuss ohne Reue“, „Genuss sofort“ leben, empfiehlt die Dichterin erst einmal Pflichtgefühl, Ausdauer, Durchhaltevermögen und Askese:

> „Tue deine Pflicht so lange, bis sie deine Freude wird.“
>
> „Je kürzer der Fleiß, je länger der Tag.“
>
> „So weit deine Selbstbeherrschung geht, so weit geht deine Freiheit.“
>
> „Es schreibt keiner wie ein Gott, der nicht gelitten hat wie ein Hund.“
>
> „Beständiges unwillkürliches Lernen ist Sache des Genies.“
>
> „Wer sich keine Annehmlichkeiten versagen kann, wird sich nie ein Glück erobern.“

Hier kann Marie von Ebner-Eschenbach ihrem mährischen Landsmann Sigmund Freud die Hand reichen. Ihm wird ja immer noch angekreidet, dass er der große Künder des Lustprinzips gewesen sei. Fast das Gegenteil ist wahr. Von Freud stammt die Aussage: Dass der Mensch nur glücklich sei, ist nicht im Plan der Schöpfung vorgesehen. Und von Freud stammt auch der Appell: Wenn man Befriedigung, Erfüllung, Glück, Stolz erfahren will, muss man zunächst einmal Bedürfnis- und Triebaufschub praktizieren. Will sagen: Kein Erfolg, keine Errungenschaft, wie es ja schon dessen Wortstamm „ringen“ zum Ausdruck bringt, fällt einem in den Schoß. Und selbst große kulturelle Leistungen sind erst möglich, wenn das Triebhafte domestiziert, sublimiert, das heißt verfeinert und erhöht worden ist. Dass solche Einsicht oft erst mit den Jahren kommt, belegt einer der 800 Sinnsprüche:

> „Die Jugend lernt, im Alter versteht man.“

Auch Spöttisches findet sich darunter.

> „Einen mit Weisheit Gesalbten darf man nie warm werden lassen, sonst trieft er.“

> „Wo wäre die Macht der Frauen, wenn die Eitelkeit der Männer nicht wäre?“
>
> „Die öffentliche Meinung ist die Dirne unter den Meinungen.“
>
> „Die glücklichsten Sklaven sind die erbittertsten Feinde der Freiheit.“
>
> „Die glücklichen Pessimisten! Welche Freude empfinden sie, so oft sie bewiesen haben, dass es keine Freude gibt.“

Etwas sehr Kluges hat Ebner-Eschenbach über die sprachlichen und kulturellen und damit ideellen Eigenheiten einer Nation gesagt:

> „Der Geist einer Sprache offenbart sich am deutlichsten in ihren unübersetzbaren Worten.“

Man denkt dabei an deutsche Wörter wie Gemütlichkeit, Biergarten, Kindergarten, Ohrwurm oder Schnapsidee. Bei aller Güte und Warmherzigkeit, mit der Ebner-Eschenbach die Welt und die Menschen um sich herum betrachtete, muss sie die Erfahrung belastet haben, dass es so viel Dummheit auf diesem Planeten gibt:

> „Der Gescheitere gibt nach! Eine traurige Wahrheit; sie begründet die Weltherrschaft der Dummheit.“

Aber solche Blitze im Dunkel der Dummheit lassen dann doch wieder hoffen.

Josef Kraus

Thilde, halte dich propper!

Mathilde Möhring
Theodor Fontane
1891

Nach dem Tod des Vaters, eines kleinen Buchhalters, leben die Frauen Möhring in einer Mietwohnung in der Georgenstraße in Berlin. Die Tochter Mathilde hat ein anmutiges Profil. Der Vermieter nannte sie auch einmal „appetitlich“. Aber wirklich schön ist sie nicht. Sie hat strähniges Haar, eine „griese“ Haut und – was mag das sein? – einen „Blechblick“.

Der Referendar Hugo Großmann, Untermieter bei den Möhrings, schätzt Mathildes Warmherzigkeit und deren vernünftige Art und Tüchtigkeit. Und er schaut über ihre kleinbürgerliche Abkunft hinweg. Beide heiraten und gehen in eine Kleinstadt in Westpreußen, wo Hugo das Amt eines Bürgermeisters antritt. Nach Hugos frühem Tod – er war immer ein wenig zart und nicht so recht fürs rauhe Leben geeignet – kehrt Mathilde nach Berlin zurück. Sie studiert und wird Lehrerin.

Der Roman *Mathilde Möhring* ist das Gegenstück zu Effi Briest (1895), dem bekannteren und berühmteren Text Fontanes. Effi geht an den rigiden Normen der preußischen Adels- und Beamtenkaste zugrunde. Mathilde emanzipiert sich ein Stück von den gesellschaftlichen Zwängen des kaiserlichen Deutschlands, indem sie eine Ausbildung absolviert und einen Beruf ausübt. Am Ende kann sie ohne Mann existieren und für sich und ihre Mutter sorgen.

Fontane erzählt das mit freundlicher Ironie. In zwanglosem Plauderton, anmutig, aber ungekünstelt.

Ganz ohne Mann hätte Thilde den gesellschaftlichen Aufstieg indessen kaum geschafft. In Effi Briest stürzen zwei Männer die Heldin ins Verderben. Mathilde dagegen gelangt dank ihrer Verlobung und Heirat zu einem besseren Leben. Die Ehe mit einem Bürgermeister hebt ihr Ansehen, und die Pension einer Beamtenwitwe erleichtert den Einstieg in die Selbständigkeit.

Thildes Chancen, geliebt zu werden, so lehrte uns der Erzähler am Anfang, waren nicht groß. Ihre Fähigkeiten zu lieben sind gering. Zum zögerlich gegebenen Jawort drückt sie lediglich ihre „schmalen Lippen“ auf Hugos Stirn. Einem innigeren Kuß weicht sie aus. Für ihren Ehemann bringt sie gütiges Wohlwollen und warmherzige Zuwendung auf. Aber das große Erlebnis der Liebe bleibt ihr versagt. Das ist die bedenkliche Seite dieser weiblichen Erfolgsgeschichte.

Nun denn, – also ja.

Hugo nickte und fand bestätigt, was Doktor Birnbaum eben über Thilde gesagt hatte. Wie richtig, wie gescheit war das alles! Und er freute sich über ihre tapferen und aufgeklärten Ansichten.

Es ist ein merkwürdiges Mädchen, grübelte er, nicht eigentlich schön, wenn man sie nicht zufällig im Profil sieht, aber klug und tapfer, ich möchte sagen, ein echtes deutsches Mädchen, charaktervoll, ein Wesen, das jeden glücklich machen muß, und von einer großen Innerlichkeit, geistig und moralisch.

In dieser Richtung gingen von Stund an Hugos Gedanken, und als er vielleicht zwei Wochen vor Weihnachten, Mitte Dezember, wieder in sein eigenes Zimmer hinüberquartiert* wurde, was der alten Möhring eine heimliche Genugtuung verursachte, hatte sich die Überzeugung bei ihm festgesetzt, daß Thilde ganz die Frau sei, die für ihn passe. So gewiß er sich für einen ästhetisch fühlenden und mit einer latenten Dichterkraft ausgerüsteten Menschen hielt, so war er im Leben selbst doch von großer Bescheidenheit, beinah zaghaft, und hatte kein rechtes Vertrauen zu seinem Wissen und Können.

„Ich bin ein unnützer Brotesser“, hatte er zu Rybinski gesagt, der ihn lachend mit der Versicherung getröstet hatte: „Dann gerade schmeckt’s am besten.“ Und diese Beurteilung seiner selbst war richtig, und weil sie richtig war, war auch das richtig, daß Thilde für ihn passe. Sie hatte gerade das, was ihm fehlte, war quick, findig, praktisch. Er wollte sich noch vor Weihnachten ihres Jaworts versichern. Daß ihm das nicht versagt würde, davon hielt er sich überzeugt. Denn schließlich war er doch immer ein Bürgermeistersohn, während Thilde – so viel sah er wohl – auf Geburtsstolz verzichten mußte.

„Fräulein Thilde“, sagte er, als sie gleich am ersten Abend seiner Wiederumquartierung ihm den Tee brachte und kleingeschnittenen Schinken und Butterbrot, „Fräulein Thilde, Sie sind sich immer gleich gegen mich in Ihrer Güte, und weil Sie glauben, es würde mir alles noch schwer, so haben Sie auch den Schinken schon zerschnitten. Sie haben mich gepflegt und verwöhnt und mir all die Wochen über erst gezeigt, wie glücklich man im Leben sein kann. Eine liebevolle Hand ist das, was man im Leben am meisten braucht. Aber setzen Sie das Teezeug erst hin. Und nun geben Sie mir Ihre liebe kleine Hand, denn es ist eine kleine Hand, und treten Sie hierher mit mir ans Fenster und sehen Sie mit mir auf das Bild da, das Gewölk, das am Mond vorüberzieht und sich wieder aufhellt im Vorüberziehen. Es läßt sich vielleicht ausdeuten, aber ich mag es nicht, und auch ohne das, nur angesichts dieses Bildes, frage ich Sie, ob ich Ihre liebe kleine Hand auch noch weiter behalten darf, lange noch – ein Leben lang.“

Sie gab nicht unmittelbar Antwort und beschäftigte sich vielmehr damit, das Rouleau herunterzulassen. Dann faßte sie ihn sachte beim Arm, führte ihn vom Fenster weg bis an das hochlehnige Sofa zurück und sagte, während sie sich auf die andere Seite des Tisches stellte und beide Hände auf die Kante legte: „Sie sind noch so angegriffen, ich höre es an Ihrer Stimme, in der noch die Krankheit zittert, und daran, daß Sie gerade den Mond in unser Gespräch gezogen haben. ... Ach, Herr Großmann, der Mond ist nichts für Sie, Sie brauchen Sonne ... Sonne gibt mehr Kraft.“

„Das mag schon sein, aber das ist keine Antwort, Fräulein Thilde. Sie sollen ja nur ‚ja‘ oder ‚nein‘ sagen.“

„Nun denn, – also ja. Obwohl es noch lange dauern wird, bis es dahin kommen kann …“

Ich bin fürs Ernste, fürs Hergebrachte und auch für Religion, nicht bloß fürs Standesamt. Alles, meine ich, muß seinen Zweck haben. Ich rechne darauf, daß du mir durch Arbeit den Beweis deiner Liebe gibst. Erst das Examen. Das andere findet sich. Dafür will ich schon sorgen … Aber nun komm, daß wir‘s Mutter sagen. Oder nein, heute lieber nicht. Du bist noch nicht fest genug auf den Füßen, ich werde es ihr selbst sagen, heute Abend im Bett, und morgen früh kommst du dann. Ob sie sich freut, weiß ich nicht, aber ja wird sie schon sagen.“

Sie stellte die kleine Teekanne vor ihn hin und was sonst noch auf dem Tablett stand. Und als sie alles geordnet und die Decke geradegezupft hatte, nahm sie das Tablett unter den linken Arm, bückte sich zu ihm herab und gab ihm einen Kuß auf die Stirn. Er wollte sie, vielleicht in unklarer Vorstellung von Bräutigamsrecht und -pflicht, festhalten und einen Sturm auf ihre schmalen Lippen versuchen, aber sie entwand sich ihm sanft. An der Türe legte sie den Zeigefinger an die Lippen und nickte ihm nochmals zu.

Das geplante Bettgespräch hatte stattgefunden und war unter Vermeidung aller Umschweife mit dem Satz begonnen worden:

„Mutter, weißt du was?“

„Was denn, Thilde?“

„Ich habe mich mit ihm verlobt.“

Die Alte richtete sich auf wie ein Gespenst, sah Thilde an und sagte dann: „Jott, was soll nu aus mir werden?“

„Gar nichts, Mutter, du bleibst, was du bist, und ein Esser ist weniger. Und wenn du was brauchst, dann schick ich es dir.“

„Ja, kann er denn … hat er denn was?“

„Noch nicht, Mutter. Aber wenn ich ihn bloß erst habe, so richtig verlobt vor Gott und Menschen, dann wird es schon werden. Er sieht ja doch aus wie auf der Kanzel, und so einer kommt immer an. Ich werde ihn schon anbringen."

„Und wirklich verlobt und nicht bloß so gesagt, und nachher sitzt du da, wie so ganz, ganz arme und unglückliche Mädchen dasitzen."

„Mutter, was du nur immer denkst! Vater hat doch gesagt: ‚Thilde, halte dich propper!', und hab ich etwa nicht? Und nu kommst du immer mit solchen Geschichten. Oder denkst du wirklich, daß ich so dumm bin?"

Gerd Schrammen

Auch in Gerd Schrammen: Lese-Lust. Schönes Deutsch von den Anfängen bis heute. IFB Verlag Deutsche Sprache 2016.

Die Komik des Scheiterns

Der Schmetterling
Wilhelm Busch
1895

Wie stark das Bild eines Künstlers durch seinen Erfolg entstellt werden kann, lässt sich an kaum einem anderen besser studieren als an Wilhelm Busch. Für die meisten ist er der Autor von „Max und Moritz“ und anderer scheinbar nur vergnüglicher Bildergeschichten geblieben, eine Art Spaßmacher für entspannte Lesestunden. Nur langsam beginnt sich herumzusprechen, dass er einer der größten Zeichner seiner Epoche war, ein genialer und fast schon moderner Maler, und ein Poet dazu, dessen so einfach klingende Verse Ergebnis höchster Kunstfertigkeit sind – und der darüber hinaus einige kleine Prosastücke geschrieben hat, die ihn auch als einen der großen Stilisten deutscher Sprache zeigen. 1895 ist seine Erzählung „Der Schmetterling“ erschienen, in der Busch nicht nur auf verkappte Weise autobiographisch Rechenschaft von seiner Lebensreise gibt, sondern auch ein virtuoses Spiel mit überlieferten Formen und Motiven, Bildern und Topoi treibt, das weit über seine Zeit hinausweist. Er knüpft dabei an eine Haupttendenz seines ganzen Werkes an, in dem das Misslingen eine eigene Qualität erhält und die Komik des Scheiterns auf ihre dunklen Quellen hin durchsichtig wird. Buschs Erzählung scheint zunächst wie die Variante eines romantischen Musters, dem Eichendorff mit seiner Novelle „Aus dem Leben eines Taugenichts“ ein so spätes und schönes Denkmal gesetzt hat. Auch Buschs Held, der ganz prosaisch Peter heißt, liebt es, „so herumzustreifen in leichtsinniger Freiheit“; so begegnet er einem bunten, noch nie erblickten Schmetterling und jagt ihm von nun an nach, ohne jemals seiner habhaft zu werden. Das Unerreichbare treibt ihn weiter, die Schmetterlingsjagd ist der Faden, auf dem Peters Abenteuer aufgereiht sind: die Begegnungen mit närrischen Leuten, verschlagenen Bauern und eulenspiegelnden Handwerkern, dem Jägernazi, der ein Klosterbruder hatte werden sollen und vor allem der hexenschönen Lucinde, die alle betört, die ihr begegnen. Doch was ist, sieht man genauer hin, aus der „holden Erinnerung“ geworden, der man mit den Worten Thomas Manns so gerne nachhängt, sobald die Rede auf den romantischen Taugenichts kommt? In Buschs Geschichte ist daraus eine bizarre Collage von Motiven, Anspielungen und Zitaten aus aller Herren Ländern und Literaturen geworden. Schwankszenen, wie den Schildbürgern abgeguckt, Streiche, wie von Eulenspiegel inspiriert, Verwandlungen, wie nur das Märchen sie kennt. Die Tiere sprechen so vernehmlich wie die Haarbeutel im Wirtshaus, und in Lucinde verkörpert erscheint die nie alternde, so verführerische wie unzuverlässige Frau Welt, die, nun wieder ganz Hexe, die Gestalt des herrlichen Schmetterlings annehmen kann, dem alle Welt hinterherjagt und die sich bis heute in unseren Leinwandgöttinnen verwandelt wiederfindet. Es ist eine verkehrte Welt, in der es als das schönste Kompliment gilt, als größter Halunke beschimpft zu werden und auch die schlimmste Desillusionierung niemanden davon abhält, einem herrlich bunten Flatterding hinterherzulaufen. Zum Schluss kehrt der arg blessierte Held an seinen Ausgangspunkt zurück, „gleich links von der Welt und dann rechts um die Ecke, nicht weit von der guten Stadt Geckelbeck, wo sie alles am besten wissen“, um nun unerkannt „als stilles, geduldiges, nutzbares Haustier“ die Wunden zu pflegen, die des Lebens Schmetterlingsjagd geschlagen. Der Schmetterling aber, und auch dies bedeutet er Busch, ist überdies wie in der Literaturgeschichte vieler Völker, das Symbol vollkommener Schönheit, also einen Schwur schon wert. Und ganz trostlos endet die Geschichte daher nicht. Wenn Peter am Ende von seiner Tätigkeit als Flickschneider berichtet, erblicken wir ein ironisches Selbstporträt seines Schöpfers als neuen Meister einer anderen Schönheit: „Durch reichhaltige Übung steigerte sich meine Geschicklichkeit nicht bloß in der Wiederherstellung des Alten und Verfallenen, sondern ich schuf auch Neues nach eigener Maßnahme aus dem Vollen und Ganzen heraus. Der Ruf meiner Kunst drang bis nach Geckelbeck...“

Als ich den Wald verließ, lag die angenehmste Landschaft vor mir ausgebreitet; Wiesen, von Hecken umgeben; ein See; ein Dorf im Dunst der Ferne. Die Nacht war schwül gewesen; der Tag wurde es noch mehr. Die Schwalben flogen tief; und eine graue Wolke, wie ein Sack voll Bohnen, stand lauernd am Horizont. Die Sonne verfinsterte sich; ein Schatten machte sich über der Gegend breit; die Wolke, nunmehr mit einer langen gelblichen Schleppe geziert, war drohend heraufgestiegen. In ihrem Innern grollte es bereits; ein Wind erhob sich, und dann kam rauschend und prasselnd die ganze Bescherung.

In der Wiese, wo ich mich befand, war Heu gemacht; an der Hecke bemerkt ich eine kleine Hütte von Zweigen; ich schlüpfte spornstreichs hinein. So geht's, wenn man nicht erst zusieht! Ich fiel direkt in zwei offene Weiberarme und wurde auch umgehend so heftig gedrückt und abgeküßt, daß ich, der so was nicht gewohnt war, in die peinlichste Angst geriet.

„Hö! Hö!“ schrie ich aus Leibeskräften. „Satan, laß los!“

Gleichzeitig schlug ein blendender Blitz in den nächstliegenden Heuhaufen, und ein Donnergepolter folgte nach, als wäre das Weltall von der Treppe gefallen.

Meine zärtliche Unbekannte ließ mich los und sprang vor die Hütte. „Ätsch! Fehlgeschossen! Hier saß ich!“ rief sie spottend in die Wolken hinauf, und dann tanzte sie lachend um den brennenden Heuschober.

Die blitzenden Zähne; das schwarze Haar, durchflochten mit goldenen Münzen; unter dem grauen, flatternden Röcklein die zierlichen Füße; dies alles, kann ich wohl sagen, schien mir äußerst bemerkenswert.

Mit dem letzten Krach war das Wetter vorübergezogen. Vergnüglich und unbefangen, als sei zwischen uns beiden nichts vorgefallen, setzte sich das Mädel wieder zu mir in die Hütte. Sie machte die Schürze auf. Es waren gedörrte Birnen drin, meine Lieblingsfrüchte, und als ich sie essen sah, wollt ich auch zulangen. Aber jedesmal kniff sie die Knie zusammen, zischte mich an und gab mir neckisch einen Knips vor die Nase. Schließlich erwischt ich doch eine beim Stiel. Sofort krümmte sich diese Birne und biß mich in den Finger, daß das Blut herausspritzte. Ich hatte eine Maus beim Schwanze. „Au!“ rief ich und schlenkerte sie weit weg. „Wart, Hex, jetzt krieg ich dich!“

Aber schon war die hübsche Zauberin aufgesprungen und hatte mir sämtliche Birnen vor die Füße geschüttet. Dies Mäusegekrabbel! Die meisten liefen weg; nur eine war mir unter der Hose hinaufgeklettert, das Rückgrat entlang, bis an die Krawatte, wo sie nicht weiter konnte, und nagte hier wie verrückt, um herauszukommen, und bevor ich mich noch ausziehen konnte, hatte sie auch schon, wie sich später zeigte, ein zirkelrundes Loch durch Hemd, Weste und Frack gefressen.

Als ich mich von dieser Aufregung wieder einigermaßen gesammelt hatte, sah ich mich um nach dem Blitzmädel, der Hexe; denn ich hatte Mut gefaßt und wollte ihr mal recht ins Gewissen reden von wegen der Zauberei, und darnach, so nahm ich mir vor, wollte ich ihr zur Strafe für ihre Schändlichkeit einige herzhafte Küsse geben. Ich suchte und suchte, in der Hütte, in der Hecke. Nichts Lebendiges war zu bemerken, außer ein Laubfrosch, ein Zaunigel, viele Maikäfer und der Schwanz einer silbergrauen Schlange, die grad in einem Mausloch verschwand.

Weiterhin schlich der Jägernazi herum, als ob er was verloren hätte. Er sah recht verstört aus und ging an mir vorbei, ohne mich zu beachten.

Auch ich war etwas trübselig geworden; denn nicht nur spukte mir das Mädel im Schädel, sondern als ich Frack, Hemd und Weste ablegte, um den Mäuseschaden zu besichtigen, fehlte mir auch mein goldenes Medaillon, das ich bisher immer so sorgsam bewahrt hatte.

Nach dem Gewitter hatte sich die Luft empfindlich abgekühlt, so daß mir abends die Zähne im Munde klapperten. Daher schien es mir ratsam, mich nach einem Quartier umzusehn, wo ich unter Dach und Fach übernachten konnte. Ich versteckte mein Netz, näherte mich einem einsamen Bauernhofe und besah die Gelegenheit. Aus einer offenen Luke im Giebel hing Stroh heraus; eine Leiter stand davor. Zu Nacht, als alles still geworden, stieg ich hinauf. Es war ein einfacher Bretterboden. Ich machte mich so leicht wie möglich. Kracks! da brach ich schon durch.

Ich fiel weich, auf ein Bett, wie ich merkte! Aha! dacht ich. Das trifft sich gut! Dies ist sicher die Fremdenkammer! und wollte mir's bequem machen. Aber neben mir rührte sich was. „Kunrad!" rief eine Weiberstimme. „Kunrad, der Sack ist durch die Decke gefallen."

„Dummheit! Du träumst! Dreh dich um!" gab eine schläfrige Männerstimme zur Antwort.

„Kunrad!" kreischte die Frau. „Der Sack hat Haar auf dem Kopf!!"

„Ich komm schon!" klangs munter aus dem anderen Bett herüber. Es schien mir nicht ratsam, noch länger zu verweilen. Ich trat klirrend in ein Gefäß voll Flüssigkeit; ich tappte mit den Händen in fünf, sechs offene Mäuler. Die Kinder heulten, die Frau schrie: Ein Dieb! Ein Dieb! und der Bauer fluchte und schwur, daß er ihn schon kriegen und durch und durch stechen wollte, wenn er nur gleich einen Säbel hätte.

Gert Ueding

Ich seh‘ etwas, was du nicht siehst

Über eine neue Art von Strahlen
Wilhelm Conrad Röntgen
1896

Eher zufällig, beim Experimentieren mit elektrischen Strömen in luftleeren Glasgefäßen, gelang dem Würzburger Physikprofessor Konrad Röntgen im Jahr 1895 die Entdeckung des Jahrhunderts. Diese elektrischen Ströme brachten einen Fluoreszenzschirm zum Leuchten, der neben der Röhre stand. Das war nichts Neues, Elektronenstrahlen können das, das war bekannt. Dann rückte Röntgen den Bildschirm weiter weg, ob geplant oder aus Zufall, weiß man nicht – und siehe da: Der Schirm leuchtete immer noch. Das war mit Elektronenstrahlen nicht möglich, die reichen nur wenige Zentimeter weit. Also musste das eine andere, eine „neue Art“ von Strahlen sein.

Und was für eine! Röntgen selbst sprach von „X-Strahlen“ (noch heute werden Röntgenstrahlen auf Englisch x-rays genannt) und publizierte eine „Vorläufige Mittheilung“ in den Sitzungsberichten der Würzburger Physikalisch-Medizinischen Gesellschaft. Die schlug in der damals technikbegeisterten Medienlandschaft ein wie eine Bombe, die Zeitungen überschlugen sich, kurz darauf war Röntgen neben Bismarck und Kaiser Wilhelm der bekannteste lebende Deutsche überhaupt. Und als er im Jahr 1901 den ersten Nobelpreis für Physik erhielt, war man sich einig, dass nicht der Preis dem Forscher, sondern der Forscher dem Preis den Glanz verleihe. Hier ist der Bericht, mit dem alles begann:

> „1. Lässt man durch eine Hittorf’sche Vacuumröhre, oder einen genügend evacuirten Lenard’schen, Crookes’schen oder ähnlichen Apparat die Entladungen eines grösseren Ruhmkorff’s gehen und bedeckt die Röhre mit einem ziemlich eng anliegenden Mantel aus dünnem, schwarzem Carton, so sieht man in dem vollständig verdunkelten Zimmer einen in die Nähe des Apparates gebrachten, mit Bariumplatincyanür angestrichenen Papierschirm bei

jeder Entladung hell aufleuchten, fluoresciren, gleichgültig ob die angestrichene oder die andere Seite des Schirmes dem Entladungsapparat zugewendet ist. Die Fluorescenz ist noch in 2 m Entfernung vom Apparat bemerkbar.

Man überzeugt sich leicht, dass die Ursache der Fluorescenz vom Entladungsapparat und von keiner anderen Stelle der Leitung ausgeht.

2. Das an dieser Erscheinung zunächst Auffallende ist, dass durch die schwarze Cartonhülse, welche keine sichtbaren oder ultravioletten Strahlen des Sonnen- oder des elektrischen Bogenlichtes durchlässt, ein Agens hindurchgeht, das im Stande ist, lebhafte Fluorescenz zu erzeugen, und man wird deshalb wohl zuerst untersuchen, ob auch andere Körper diese Eigenschaft besitzen. Man findet bald, dass alle Körper für dasselbe durchlässig sind, aber in sehr verschiedenem Grade. Einige Beispiele führe ich an. Papier ist sehr durchlässig: hinter einem eingebundenen Buch von ca. 1000 Seiten sah ich den Fluorescenzschirm noch deutlich leuchten; die Druckerschwärze bietet kein merkliches Hinderniss. Ebenso zeigte sich Fluorescenz hinter einem doppelten Whistspiel; eine einzelne Karte zwischen Apparat und Schirm gehalten macht sich dem Auge fast gar nicht bemerkbar. Auch ein einfaches Blatt Stanniol ist kaum wahrzunehmen; erst nachdem mehrere Lagen über einander gelegt sind, sieht man ihren Schatten deutlich auf dem Schirm. – Dicke Holzblöcke sind noch durchlässig; zwei bis drei cm dicke Bretter aus Tannenholz absorbiren nur sehr wenig. – Eine ca. 15 mm dicke Aluminiumschicht schwächte die Wirkung recht beträchtlich, war aber nicht im Stande, die Fluorescenz ganz zum Verschwinden zu bringen. – Mehrere cm dicke Hartgummischeiben lassen noch Strahlen hindurch. – Glasplatten gleicher Dicke verhalten sich verschieden, je nachdem sie bleihaltig sind

(Flintglas) oder nicht; erstere sind viel weniger durchlässig als letztere. – Hält man die Hand zwischen den Entladungsapparat und den Schirm, so sieht man die dunkleren Schatten der Handknochen in dem nur wenig dunklen Schattenbild der Hand. – Wasser, Schwefelkohlenstoff und verschiedene andere Flüssigkeiten erweisen sich in Glimmergefässen untersucht als sehr durchlässig. – Dass Wasserstoff wesentlich durchlässiger wäre als Luft habe ich nicht finden können. – Hinter Platten aus Kupfer, resp. Silber, Blei, Gold, Platin ist die Fluorescenz noch deutlich zu erkennen, doch nur dann, wenn die Plattendicke nicht zu bedeutend ist. Platin von 0,2 mm Dicke ist noch durchlässig; die Silber- und Kupferplatten können schon stärker sein. Blei in 1,5 mm Dicke ist so gut wie undurchlässig und wurde deshalb häufig wegen dieser Eigenschaft verwendet. – Ein Holzstab mit quadratischem Querschnitt (20 × 20 mm), dessen eine Seite mit Bleifarbe weiss angestrichen ist, verhält sich verschieden, je nachdem er zwischen Apparat und Schirm gehalten wird; fast vollständig wirkungslos, wenn die X-Strahlen parallel der angestrichenen Seite durchgehen, entwirft der Stab einen dunklen Schatten, wenn die Strahlen die Anstrichfarbe durchsetzen müssen. – In eine ähnliche Reihe, wie die Metalle, lassen sich ihre Salze, fest oder in Lösung, in Bezug auf ihre Durchlässigkeit ordnen."

Dann geht Röntgen auf Faktoren ein, welche die Durchlässigkeit von Röntgenstrahlen beeinflussen, und legt so den Grundstein für die medizinische Diagnostik des 20. Jahrhunderts. Ein Patent auf seine Erfindung lehnte er ab, er sah sie als Geschenk für die Welt.

Walter Krämer

Wo bitte geht's zum Hilbertraum?

Vortrag auf dem Internationalen Mathematikerkongress in Paris
David Hilbert
1900

Auch Mathematiker können die Welt verändern. Ingenieure, Physiker oder die modernen Kryptografen wissen das. Aber von den Grundlagen der Mathematik sind solche Anwendungen so weit weg wie das kleine Einmaleins von der Integralrechung.

Hier hat ein deutscher Mathematiker, David Hilbert aus Göttingen, der Welt gezeigt, wo diese Grundlagen noch einer Klärung harren. Sein Appell, genau das zu tun, das berühmte „Hilbertprogramm", hat die Mathematik seither nicht losgelassen. Stattgefunden hat der Appell auf dem zweiten Internationalen Mathematikerkongress in Paris, parallel zur Weltausstellung 1900. Es gab sechs Sektionen: Arithmetik und Algebra, Analysis, Geometrie, Mechanik und Mathematische Physik, Geschichte und Bibliografie der Mathematik sowie Unterricht und Methodologie der Mathematik. Hilbert, damals 39 und schon weltberühmt, wurde um ein Grundsatzreferat in einer gemeinsamen Sitzung der 5. und 6. Sektion gebeten. Aber statt der erwarteten Festrede mit den üblichen Rückblicken auf vergangene Erfolge sah er nach vorn:

> Wer von uns würde nicht gerne den Schleier lüften, unter dem die Zukunft verborgen liegt, um einen Blick zu werfen auf die bevorstehenden Fortschritte unserer Wissenschaft und in die Geheimnisse ihrer Entwicklung während der künftigen Jahrhunderte! Welche besonderen Ziele werden es sein, denen die führenden mathematischen Geister der kommenden Geschlechter nachstreben? Welche neuen Methoden und neuen Tatsachen werden die neuen Jahrhunderte entdecken – auf dem weiten und reichen Felde mathematischen Denkens?

Und dann zeigte Hilbert diese „besonderen Ziele“ und „neuen Methoden“ auf – eine Liste von zehn ungelösten mathematischen Problemen (in der schriftlichen Fassung auf 23 erweitert), welche für Generationen von Mathematikern zum Leitfaden ihres Schaffens werden sollten. Wer eines dieser Probleme löste, war sofort ein Held. Deren berühmtester ist Kurt Gödel, er zeigte, dass eines von Hilberts Problemen überhaupt nicht lösbar ist. Drei gelten immer noch als offen, weltweit arbeiten die Mathematiker daran bis heute.

Walter Krämer

Lustschloss oder Luftschloss?

Reigen
Arthur Schnitzler
1903

Der Nervenarzt Dr. Arthur Schnitzler (1862–1931), Dramatiker, Novellist und Romancier, bildete um die vorletzte Jahrhundertwende den Kern der sogenannten Wiener Gruppe. Sein skandalgebeuteltes Stück *Reigen* wirkt nach über hundert Jahren kein bisschen veraltet. Da der Verleger S. Fischer Bedenken hatte, das Buch in seinen Verlag zu übernehmen, ließ der Autor auf eigene Kosten 200 Exemplare drucken. Als es 1903 dennoch in einem Wiener Verlag erschien, erregte es außerordentliches Aufsehen.

Das Werk besteht aus zehn Verführungsszenen, die ein abgeschlossenes Ganzes bilden: Im ersten Auftritt kommen die Liebhaber A und B zusammen, im zweiten B und C, im dritten C und D, dann D und E usw. bis zuletzt J, den Reigen schließend, wieder auf A trifft. Schon der Titel stellt ein zielloses Liebeskarussell in Aussicht, sinnlose Addition der Sexspiele ohne Stillstand, Anfang oder Ende, einen makabren Totentanz der Lusthatz unter Aufsicht des Sensenmannes, gegen den, im Sinne des Zeitgenossen und Mitbürgers Sigmund Freud, nur Eros Front zu machen imstande ist. Die Akteure besitzen weder Eigennamen, die sie als einmalige Wesen ausweisen könnten, noch einen Individualwillen. Sie empfinden das Dasein als sinnlos, „so leer, so nichtig." – „Ich habe keine Ahnung, wozu ich lebe!" Nie kommt es zur Kommunikation, nie werden richtige Antworten gegeben, immer nur Worte, Lügenmärchen und Ausreden. „Frag nicht. Ich bitt dich, frag nicht." Der mittlere Auftritt V kritisiert die scheinheilige Ehemoral der Zeit. Glück und Liebe sind Blendwerk: „Glück gibt's nicht. Überhaupt gerade die Sachen, von denen am meisten g'redt wird, gibt's nicht … zum Beispiel die Liebe."

Der ungeschminkte Realismus und der schwarze Humor der leicht wienerisch gefärbten Dialoge sind entwaffnend. Keine

Gesellschaftsschicht der K.u.K.-Metropole, von der Prostituierten bis zum Grafen, bleibt verschont. Im nachstehenden Auszug trifft es den Dichter und „das süße Mädel“. Immer geht es auch um Machtspiele. In der Regel spielen die Männer ihr höheres Bildungswissen aus; oft sind sie die sozial Überlegenen:

Der Dichter: Es ist seltsam, ich kann mich nicht mehr erinnern, wie du aussiehst.

Das süsse Mädel: Dank schön!

Der Dichter *ernst*: Du, das ist beinah unheimlich, ich kann mir dich nicht vorstellen. – In einem gewissen Sinne hab ich dich schon vergessen – Wenn ich mich auch nicht mehr an den Klang deiner Stimme erinnern könnte … was wärst du da eigentlich? – Nah und fern zugleich … unheimlich.

Das süsse Mädel: Geh, was redst denn – ?

Der Dichter: Nichts, mein Engel, nichts. Wo sind deine Lippen … *Er küsst sie.*

Das süsse Mädel: Willst nicht lieber Licht machen?

Der Dichter: Nein … *Er wird sehr zärtlich.* Sag, ob du mich liebhast.

Das süsse Mädel: Sehr … o sehr!

Der Dichter: Hast du schon irgendwen so liebgehabt wie mich?

Das süsse Mädel: Ich hab dir ja schon gesagt – nein.

Der Dichter: Aber … *Er seufzt.*

Das süsse Mädel: Das ist ja mein Bräutigam gewesen.

Der Dichter: Es wär mir lieber, du würdest jetzt nicht an ihn denken.

Das süsse Mädel: Geh … was machst denn … schau …

Der Dichter: Wir können uns jetzt auch vorstellen, daß wir in einem Schloß in Indien sind.

Das süsse Mädel: Dort sind s' gewiß nicht so schlimm wie du.

Der Dichter: Wie blöd! Göttlich – ah, wenn du ahntest, was du für mich bist.

Das süsse Mädel: Na?

Der Dichter: Stoß mich doch nicht immer weg; ich tu dir ja nichts – vorläufig.

Das süsse Mädel: Du, das Mieder tut mir weh.

Der Dichter *einfach*: Ziehs aus.

Das süsse Mädel: Ja. Aber du darfst deswegen nicht schlimm werden.

Der Dichter: Nein.

Das süsse Mädel *hat sich erhoben und zieht in der Dunkelheit ihr Mieder aus.*

Der Dichter *der währenddessen auf dem Diwan sitzt:* Sag, interessierts dich denn gar nicht, wie ich mit dem Zunamen heiß?

Das süsse Mädel: Ja, wie heißt du denn?

Der Dichter: Ich werd dir lieber nicht sagen, wie ich heiß, sondern wie ich mich nenne.

Das süsse Mädel: Was ist denn da für ein Unterschied?

Der Dichter: Na, wie ich mich als Schriftsteller nenne.

Das süsse Mädel: Ah, du schreibst nicht unter deinem wirklichen Namen?

Der Dichter *nah zu ihr.*

Das süsse Mädel: Ah … geh! … nicht.

Der Dichter: Was einem da für ein Duft entgegensteigt. Wie süß. *Er küßt ihren Busen.*

Das süsse Mädel: Du zerreißt ja mein Hemd.

Der Dichter: Weg … weg … alles das ist überflüssig.

Das süsse Mädel: Aber Robert!

Der Dichter: Und jetzt komm in unser indisches Schloß.

Das süsse Mädel: Sag mir zuerst, ob du mich wirklich liebhast.

Der Dichter: Aber ich bete dich ja an. *Küßt sie heiß.* Ich bete dich ja an, mein Schatz, mein Frühling … mein ...

Das süsse Mädel: Robert … Robert …

- -

Der Dichter: Das war überirdische Seligkeit … Ich nenne mich …

Das süsse Mädel: Robert, o mein Robert!

Der Dichter: Ich nenne mich Biebitz.

Das süsse Mädel: Warum nennst du dich Biebitz?

Der Dichter: Ich heiße nicht Biebitz – ich nenne mich so … nun, kennst du den Namen vielleicht nicht?

Das süsse Mädel: Nein.

Der Dichter: Du kennst den Namen Biebitz nicht? Ah – göttlich! Wirklich? Du sagst es nur, daß du ihn nicht kennst, nicht wahr?

Das süsse Mädel: Meiner Seel, ich hab ihn nie gehört!

Der Dichter: Gehst du denn nie ins Theater?

Das süsse Mädel: O ja – ich war erst neulich mit einem – weißt, mit dem Onkel von meiner Freundin und meiner Freundin sind wir in der Oper gewesen bei der Cavalleria.

Der Dichter: Hm, also ins Burgtheater gehst du nie?

Das süsse Mädel: Da krieg ich nie Karten geschenkt.

Im Gegensatz zu Freuds Lustprinzip weicht bei unserem vorgeblichen Klassiker der Erotik der genussvolle Augenblick, der Gipfel der Wollust und letzte Lebenssinn, durchweg zurück. Er lässt sich nicht einfangen. Er begeht das schlimmste der schnitzlerschen Verbrechen, die Selbsttötung durch Langeweile. Er wird zum Ritual, zur Autosuggestion:

Der Gatte: Nichts ist es … ein Rausch.

Die junge Frau *nachdenklich:* Ein Rausch.

Der Gatte: Nein, es ist nicht einmal ein Rausch. Wie immer – teuer bezahlt, das ist gewiß!

Rausch heißt das hoffnungslose Streben, dem Nichts des Augenblicks Intensität abzugewinnen. Dieser aber zieht sich zurück. Das indische Lustschloss wird zum Luftschloss. Austauschbar gegen die berühmte leere und gestrichelte Linie, Verzweiflung der Regisseure. Den Liebesakt gibt es nicht, nur das Vor- und Nachspiel.

Roland Duhamel

Die Realität der Fabulation

Gedächtnisstörungen bei der Korsakoffschen Psychose
Alfred Döblin
1905

Zu schreiben begonnen hatte Alfred Döblin (1878–1957) schon als Gymnasiast, doch erst 1929, vier Jahre bevor er als Jude und Sozialist aus Deutschland fliehen musste, gelangte er durch seinen Großstadtroman *Berlin Alexanderplatz* zu internationalem Ruhm. Heute evoziert der Name des Dichters meist nur noch den Titel dieses Romans; dass Döblin auch viele Jahre als Nervenarzt praktizierte, ist wenig bekannt. Im Jahr 1900 begann Döblin in Berlin das Studium der Medizin; später wechselte er nach Freiburg, wo er 1905 bei dem Psychiater Alfred Erich Hoche (1865–1943) promovierte. Das Thema der Dissertation hatte Hoche angeregt; es geht darin um Gedächtnisstörungen bei einer infolge von chronischem Alkoholmissbrauch auftretenden Psychose, die erstmals von dem russischen Psychiater Sergej Korsakoff (1854–1900) näher beschrieben wurde. Typisch sind hier, wie Döblin eingangs näher erläutert, insbesondere Fehlleistungen des Gedächtnisses, Merkunfähigkeit, Desorientierung und Neigung zur Konfabulation:

> Die Gedächtnistäuschungen, Fehlerinnerungen, Paramnesien [Erinnerungstäuschungen, -verfälschungen], die einen weiteren Zug in dem Bilde dieser Amnesie stellen, erscheinen bald als falsche zeitliche Lokalisierungen der Erinnerungsbilder, – die Patienten geben etwa an, den Arzt, der eben im Zimmer war, vor einem Jahr gesehen zu haben, – bald in Form sogenannter Confabulationen, d.h. der Patient gibt nie erlebte phantastische Dinge für erlebt aus. Abenteuerliche Räubergeschichten, merkwürdige Seefahrten, Begegnungen mit exotischem Getier werden vorgebracht und mit reichem, oft minutiösem Detail ausgeschmückt. Schliesslich finden wir den Kranken gänzlich unorientiert über die Zeit, den Ort, an dem er sich befindet, die Personen, denen er sich gegenüber sieht.

Diese Konfabulationen vergleicht Döblin sodann bemerkenswerterweise mit den „poetischen Fabulationen“, wobei er sich auf den „Essai sur l'imagination créatrice“ (1900) des seinerzeit einflussreichen französischen Psychologen Théodule Ribot (1839–1916) beruft:

> Das Charakteristische dieser eigentümlichen Fabulationen tritt vielleicht schärfer hervor, wenn wir sie mit den normalen Fabulationen, den poetischen vergleichen. Es handelt sich in beiden Fällen um Verbindungsstörungen: Das wirklich Erlebte wird dislociert; Erträumtes, Erlesenes, Gedachtes, Halluciniertes wird vermengt, commutiert. Nun unterscheiden sich die Korsakoff-Fabulationen von den poetischen nebenbei bemerkt zunächst durch äussere Eigentümlichkeiten der Produzierenden im Augenblick der Produktion: Nach den Erfahrungen Ribots [...]: der Dichter mit Erregungssymptomen, ‚schwachem contrahierten Puls, bleicher kalter Haut, glühendem Kopfe, glänzenden blutunterlaufenen Augen', der Kranke in völliger Ruhe, legt mit nüchterner Stimme seine Fabulationen hin; hier ein aussergewöhnlicher kurzer Augenblick, dort langdauernder Zustand. Der Dichter, wenn er überhaupt das Gedichtete für erlebt ansprechen sollte, tut dies nur im Augenblicke dieser Inspiration; der Patient glaubt immer an die Realität jeder Fabulation. Und nun der Kernpunkt: Bei der poetischen Fabulation, der poetischen Dislokation und Confusion (Commutation) von Erlebtem, Erlesenen, Geträumten associiert eine Vorstellung, die man auch Zielvorstellung nennen kann, rapide einzelnes von ihr Dislociertes und Konfundiertes; bei der Psychose wird nicht erst von einer gleichsam aktiven Vorstellung aus, durch das Vorherrschen einer Vorstellung, disirciert und konfundiert; die Dissociation ist bei der Psychose primär vorhanden. Ferner geschieht bei der Psychose die Association an eine sich aufdrängende Vorstellung sehr langsam.

Döblin untersucht in seiner Dissertation nur einen einzigen Fall von Korsakoffscher Psychose, einen 54-jährigen Landwirt, der im Juli 1904 mit deutlichen Anzeichen von Desorientierung in die von Hoche geleitete Nervenklinik aufgenommen wurde. In der Anamnese heißt es:

> Von sehr guter körperlicher und geistiger Veranlagung. 1875 verheiratet, 4 Kinder, glückliche Ehe. In seiner Gemeinde als Waisenrat in geachteter Stellung. Allmählich zunehmender Alkoholismus. Seit 4 Jahren sollen schon Hallucinationen bestehen. Nach Angabe von Sohn und Schwiegertochter hatte G. vor 2 Jahren das 'Delirium', seit 1 Jahr Ascites [Bauchwassersucht] und Ödeme, die sich in Krankenhausbehandlung bessern. Seit der Zeit des 'Deliriums' soll er 'nie ganz richtig' gewesen sein. Je nachdem er mehr oder weniger trank, wechselte sein geistiger Zustand. Wenn er viel getrunken hatte, äusserte er Eifersuchtsideen, deren Grundlosigkeit er in Zeiten geringerer Alkoholexcesse zugab. Unter dem Einflusse der Abstinenz traten Juli 1904 plötzlich Verwirrtheit, Mangel des Orientierungsvermögens, motorische Erregung, Unruhe, Schlaflosigkeit, Temperatursteigerung auf.

Zur „Exploration" dieses Falles führte Döblin mehrere Monate lang ausführliche Gespräche mit dem Patienten, bei denen er auch die Merkfähigkeit für Farben, den Tast- und Geruchssinn, das Erkennen von Farben und Melodien sowie die Rechenfähigkeit prüfte. Die von ihm erstellten Gesprächsprotokolle sind auszugsweise in der Dissertation wiedergegeben; im Protokoll der Befragung am 21. November 1904 heißt es etwa:

> Erkennt den Referent nicht, fragt höflich, mit wem er das Vergnügen habe und freut sich, den Referenten kennen zu lernen. Weist den Wärter an, als der Referent am Bett steht, einen Stuhl zu besorgen und schilt den Wärter wegen einer Unaufmerksamkeit. Als Referent behauptet, ihn zu kennen und zum Beweis dafür ihn beim Namen

> anredet, besinnt sich Patient lange und spricht den Unterredner für einen Bekannten an, mit dem er vor 2-3 Jahren im Wirtshause zu Hasel [Dorf im Landkreis Lörrach] gesessen habe; es sei eine flüchtige Bekanntschaft gewesen; Näheres wisse er nicht mehr. Er will hier in Hasel sein; das Jahr ist 1856, Herbst. Er selbst sei geboren 1856. Er sei 1870 im Kriege gewesen, (ist richtig), gibt richtig das Regiment an. Gleich nach dem Kriege habe er sich verheiratet, im Jahre 1856. Auf den Widerspruch aufmerksam gemacht, erklärt er lachend, das könne nicht stimmen, Referent solle in seinen Papieren nachsehen. Über geographische Verhältnisse ist er hinreichend orientiert. Aber der Kaiser, der jetzt regiert, heisse Friedrich V., er kenne ihn selbst, er habe ihn im Kriege gesehn. Die Religionen kennt er. Luther hat die evangelische Religion gestiftet; er habe Luther vor rund 20 Jahren gesehen, in Freiburg i. B. Gesprochen hat Patient nicht mit ihm, denn er kann sich doch nicht als einfacher Landwirt vor Luther hinstellen. Luther war ein starker kleiner Mann mit fester Stimme, es war ein großes Gedränge um ihn. Rechnen kann er mit dem kleinen Einmaleins sicher, aber nicht schnell; er wiederholt stets mit lauter Stimme die Frage. Grössere Aufgaben kann er überhaupt nicht lösen; 6 x 13 soll gelöst werden: Patient rechnet 6 x 10 = 60, dann 6 x 3 = 18; und sagt dann: 'Macht 18.' Auf die vorzunehmende Addition aufmerksam gemacht, rechnet er noch einmal, vergisst aber dann den ersten Summanden und verlangt nach Papier.

Gerade das Protokoll vom 3. Dezember 1904 zeugt vom Orientierungsverlust des Patienten und seiner Tendenz zur Konfabulation:

> Erkennt den Referent nicht. Wir sind in St. Louis. Wir schreiben 1890, er ist 90 Jahre alt. Geboren 1850. Die Zehn Gebote heissen, Januar, Februar, März, Januar, Februar. – Er ruft den 'Knecht' an, zum Vieh herunterzugehen. 'Wo sind wir?' 'In Constantinopolitan.' 'Was er da

wolle? Er habe sich trauen lassen, sei hier auch zur Schule gegangen. Das Jahr hat fünf Monate, bis Mai, er kann die übrigen fliessend hersagen. Die übrigen Monate gehören nicht zum Jahre; sie sind dem 'ehrwürdigen Fürsten Bismark' – zum Present gemacht. 'Und was soll Fürst Bismark mit den Monaten?' Er verleiht sie an verdiente Bürger.

Die Dissertation weist in der Schreibweise bereits Merkmale auf, die charakteristisch sind für Döblins späteres dichterisches Werk – präzise Beobachtung, distanzierte Beschreibung, Liebe zum Detail. Sie ist zudem ein frühes Zeugnis des Beziehungsgeflechts zwischen Literatur und Psychiatrie, das sein gesamtes literarisches Schaffen durchziehen sollte. 1913 forderte Döblin in seinem Berliner Programm einer modernen Poetologie des Romans: „Man lerne von der Psychiatrie, der einzigen Wissenschaft, die sich mit dem seelischen ganzen Menschen befaßt". Jahrzehnte später verwies Döblin in einem Brief an Paul Lüth (1921–1986), der ihn in einem Beitrag „in der schon landesüblichen Weise" mit James Joyce (1882–1941) und dessen Roman Ulysses (1922) „zusammenbringen" wollte, erneut auf die Bedeutsamkeit seiner Erfahrungen als Psychiater für sein literarisches Schaffen: die „Assoziationstechnik", die auch in *Berlin Alexanderplatz* eine „große Rolle" spiele, kenne er „genauer als Joyce, nämlich vom lebenden Objekt, von der Psychoanalyse" (1947).

Barbara Kaltz

Dämmernde Zwischengrade

Die Verwirrungen des Zöglings Törleß
Robert Musil
1906

„Robert Musil ist in Südösterreich geboren, fünfundzwanzig Jahre alt, und hat ein Buch geschrieben, das bleiben wird.“ So beginnt Alfred Kerr seine Besprechung in der Ausgabe vom 21. Dezember 1906 des *Berliner Tags*. Und fährt fort wie folgt: „In diesem jungen und wohl bald verrufenen, verzeterten, bespienen Werk, das auf den Index ornatloser Pfaffen gesetzt wird, wenn ein halbes Dutzend Menschen es nur erst gelesen hat, sind Meisterstrecken. Das Starke seines Werkes liegt in der ruhigen, verinnerlichten Gestaltung abseitiger Dinge dieses Lebens, – die eben doch in diesem Leben sind. Die unser Hexenprozeßverfahren heute straft. „Nachtseiten“ sagt der Feuilletonist; also Nachtseiten. Für jeden sind sie nicht vorhanden: insofern sein Leib oder die Konjunktur seines Schicksals es mit sich brachten, daß er in keine dieser Nebenwelten je geriet; aber vorhanden sind sie.

Und als Episoden im Gesamtschauspiel der Menschenexistenz haben sie dargestellt zu werden ein Recht, das Kinder oder Kaffern durch Stimmkraft und Faustgewalt nicht ernsthaft erschüttern können. Mögen sie beim Lesen des Buches umfallen (ich höre bereits ihr Gemecker), – es zeigt neue Stufungen im Seelischen.

Was ihr da erblickt, sind dämmernde Zwischengrade: vom Aug' eines Unterscheiders umrissen, mit den Nerven eines Beteiligten empfunden, in der Handschrift eines Dichters nacherzählt. Ich erinnere mich des Friedrich Schlegelschen Satzes: „Wenn man einmal aus Psychologie Romane schreibt oder liest, so ist es sehr inkonsequent und klein, auch die langsamste und ausführlichste Zergliederung unnatürlicher Lüste, gräßlicher Marter, empörender Infamie … scheuen zu wollen.“ Hundert Jahre vergingen, seit er das schrieb. Indessen war Dostojewski da… Aber ihr werdet trotzdem zetern, meckern und schäumen.

Musils Erzählung ist ohne Weichlichkeit. Es steckt darin keine, sozusagen, Lyrik. Er ist ein Mensch, der in Tatsachen sieht, – nur aus ihrer Sachgestaltung erwächst ihm dasjenige Maß von „Lyrik", das in den Dingen etwa steckt. Man bemerkt Lichter und Dunkles. Das Buch gibt, was mir wertvoll erscheint, die Luftstimmung zwischen dem Räumlichen und dem Seelischen… Bei der Erinnerung an das Buch hat man die Erinnerung an Dinge, die visionär aufleben und doch Wirklichkeit sind. Einzelheiten haften im visuellen Gedächtnis. (Das ist vielleicht der Prüfstein für die Gestaltungsart eines Schriftstellers; ob seine Szenen in visuellem Gedächtnis wiederkehren oder in einer abstrakteren Gedächtniserscheinung.)

Ein kleiner Wald etwa, mit einem Haus darin; das Atmosphärische darum; alles verflochten mit einer Seelenstimmung … nein: so gemalt, daß die Vorgänge, die Bäume, das Wetter, die Beleuchtung, der Inhalt des Hauses und die zeitweiligen Gäste darin, eine Dame Bozena, die Schüler eines mährischen Konvikts in ihrer Uniform, die niedlichen Degen an der Seite, die Gerätschaften des Zimmers, und das Eckchen Gewölk, das von oben hereinsieht, – daß alles wie ein Bestandteil der Seele des Zöglings Törleß wirkt … und dämmerig sichtbar bleibt. Frei von Empfindsamkeit. Tatsachendarstellung. Nicht „gemalt" ist die Stimmung, sondern das Dargestellte wirft sie ab."

„Ein Konvikt. ... Ferne Beziehungen zu den Eltern (etwa einem Draht ohne Strom ähnlich). Ein Suchen in erkenntnisloser Einsamkeit. Irgendeine Annäherung zu einem auftauchenden Menschen, der Schatten einer inneren Beziehung – ein Verbleichen. Zwischendurch Episoden bei einem Frauenzimmer a.D. Dann: Ein Zögling, Basini, begeht Diebstähle; kommt hierdurch in die Gewalt, auf Gnad' und Ungnade, zweier festen Mitschüler, Reiting und Beineberg. Der junge Törleß, anfangs Zuschauer, geht nachtwandlerisch, seinen Rätseln folgend, ins unabgesteckte Reich des Scheuelvollen, des Brauchlosen… wird hineingezogen... und gewahrt in der vollziehenden Sekunde „Das bin nicht ich!... nicht ich! [...] Es handelt sich um Leute, die nicht, gleich Kannibalen, tiefer stehen als wir. Sondern die vielleicht, da sie in anderen Teilen ihres Lebens oft zu unseren gesetzlich anerkannten Empfindungen kommen, einen Zug mehr besitzen als wir; die so fühlen können wie wir, aber zugleich noch anders fühlen können; die um eine Gliederung reicher sind, vor der wir erschauern. Oder doch die Augen aufreißen. Oder auch nicht mehr die Augen aufreißen. Musil, der den Törleß gemalt hat und sein Erlebnis, hat zum erstenmal in Fleisch und Blut und Nerven einen hingestellt, bei dem die Fremdheit aufhört."

Der von Törleß und seinen Kameraden gequälte Basini stellt sich dem Schuldirektor und gibt die Diebstähle zu. Törleß flieht aus dem Internat, wird wieder aufgefangen und zu einem Gespräch mit der Schulleitung gebeten. Musil führt den Leser wie folgt auf diese Szene hin:

> Ja, es gibt tote und lebendige Gedanken. Das Denken, das sich an der beschienenen Oberfläche bewegt, das jederzeit an dem Faden der Kausalität nachgezählt werden kann, braucht noch nicht das lebendige zu sein. Ein Gedanke, den man auf diesem Wege trifft, bleibt gleichgültig wie ein beliebiger Mann in der Kolonne marschierender Soldaten. Ein Gedanke, – er mag schon lange vorher durch unser Hirn gezogen sein, wird erst in dem Momente lebendig, da etwas, das nicht mehr Denken, nicht mehr logisch ist, zu ihm hinzutritt, so dass wir seine Wahrheit fühlen, jenseits von aller Rechtfertigung, wie einen Anker, der von ihm aus ins durchblutete, lebendige Fleisch riss ... Eine große Erkenntnis vollzieht sich nur zur Hälfte im Lichtkreise des Gehirns, zur andern Hälfte in dem dunklen Boden des Innersten, und sie ist vor allem ein Seelenzustand, auf dessen äußerster Spitze der Gedanke nur wie eine Blüte sitzt.
>
> Nur einer Erschütterung der Seele hatte es für Törleß noch bedurft, um diesen letzten Trieb in die Höhe zu treiben.

Ohne sich um die betroffenen Gesichter ringsum zu kümmern, gleichsam nur für sich, knüpfte er hieran an und sprach, ohne abzusetzen, die Augen geradeaus gerichtet, bis zu Ende:

« ... Ich habe vielleicht noch zu wenig gelernt, um mich richtig auszudrücken, aber ich will es beschreiben. Eben war es wieder in mir. Ich kann es nicht anders sagen, als dass ich die Dinge in zweierlei Gestalt sehe. Alle Dinge; auch die Gedanken. Heute sind sie dieselben wie gestern, wenn ich mich bemühe, einen Unterschied zu finden, und wie ich die Augen schließe, leben sie unter einem anderen Lichte auf. Vielleicht habe ich mich mit den irrationalen Zahlen geirrt; wenn ich sie geradeaus gewissermaßen der Mathematik entlang denke, sind sie mir natürlich, wenn ich sie geradeaus in ihrer Sonderbarkeit ansehe, kommen sie mir unmöglich vor. Doch hier mag ich wohl irren, ich weiß zu wenig von ihnen. Ich irrte: aber nicht bei Basini, ich irrte nicht, als ich mein Ohr nicht von dem leisen Rieseln in der hohen Mauer, mein Auge nicht von dem schweigenden Leben des Staubes, das eine Lampe plötzlich erhellte, abwenden konnte. Nein, ich irrte mich nicht, wenn ich von einem zweiten, geheimen, unbeachteten Leben der Dinge sprach! Ich – ich meine es nicht wörtlich – nicht diese Dinge leben, nicht Basini hatte zwei Gesichter – aber in mir war ein zweites, das dies alles nicht mit den Augen des Verstandes ansah. So wie ich fühle, dass ein Gedanke in mir Leben bekommt, so fühle ich auch, dass etwas in mir beim Anblicke der Dinge lebt, wenn die Gedanken schweigen. Es ist etwas Dunkles in mir, unter allen Gedanken, das ich mit den Gedanken nicht ausmessen kann, ein Leben, das sich nicht in Worten ausdrückt und das doch mein Leben ist...

Dieses schweigende Leben hat mich bedrückt, umdrängt, das anzustarren trieb es mich immer. Ich litt unter der Angst, dass unser ganzes Leben so sei und ich nur hie und da stückweise darum erfahre ... o ich hatte furchtbare Angst ... ich war von Sinnen ... »

Diese Worte und Gleichnisse, die weit über Törleß' Alter hinausgingen, kamen ihm in der riesigen Erregung, in einem Augenblicke beinahe dichterischer Inspiration leicht und selbstverständlich über die Lippen. Jetzt senkte er die Stimme, und wie von seinem Leide ergriffen, fügte er hinzu:

« ... Jetzt ist das vorüber. Ich weiß, dass ich mich doch geirrt habe. Ich fürchte nichts mehr. Ich weiß: Die Dinge sind die Dinge und werden es wohl immer bleiben; und ich werde sie wohl immer bald so, bald so ansehen. Bald mit den Augen des Verstandes, bald mit den anderen ... Und ich werde nicht mehr versuchen, dies miteinander zu vergleichen ... »

Er schwieg. Er fand es ganz selbstverständlich, dass er nun gehen könne, und niemand hinderte ihn daran.

Alfred Kerr (Vorschlag und Beratung: Karl Corino)

Belehrung durch Beispiele

Gründungsmanifest des Deutschen Werkbundes
Mehrere Autoren
1907

Der Deutsche Werkbund wurde am 6. Oktober 1907 in München gegründet. Aus ihm ging später das Bauhaus hervor. Man kann ihn als Antwort auf die Frage sehen: Was hat Kunst mit dem Leben zu tun? Die hier propagierten Ideen und Konzepte haben weltweit ausgestrahlt. Aus dem Gründungsmanifest:

> Unter allen Umständen muß sich die Erziehung [des Kunstgewerbe-Nachwuchses] ihres letzten Zieles, einer Veredelung der gewerblichen Arbeit, bewusst bleiben. Programm und Lehrinhalt haben daher in engster Beziehung zur Arbeit zu stehen: Je enger die Verbindung mit dem Gewerbe ist, um so sicherer wird die Erziehung davor bewahrt bleiben, sich von der Arbeit zu entfernen und sich unbestimmten, sogenannten rein künstlerischen Tendenzen hinzugeben. Auf der anderen Seite freilich wäre es kurzsichtig, die Erziehung auf die jeweiligen Moderichtungen des Kunstgewerbes in den einzelnen Berufen einzustellen. Dies hieße nicht erziehen, sondern abrichten. Es kann nur darauf ankommen, alle im Schüler schlummernden Fähigkeiten derart zur Entfaltung zu bringen, dass er im späteren Leben ohne große Mühe den wechselnden Anforderungen der gewerblichen Praxis gewachsen bleibt. Aufgabe des Gewerbes muß es daher sein, seinen Nachwuchs die Mannigfaltigkeit gewerblicher Arbeit an den ihm gestellten Aufgaben bewältigen zu lehren und in ihm die Freude und Liebe zum Beruf zu wecken. Die gewerbliche Entwicklung drängt darauf hin, die allenthalben vorhandenen Ansätze der Erziehung gewerblichen Nachwuchses in leistungsfähigen Großbetrieben auf das eifrigste zu befördern und auszubauen. Gerade auf diesem Gebiet liegen die dringendsten Aufgaben der Zeit; denn fehlt der berufsfreudige Nachwuchs, so muß ein Gewerbe verkümmern. Keine Staatshilfe

> kann in solchem Falle den Schwund an Menschenkraft und lebendiger Fähigkeit aufhalten. Keine Propaganda vermag dem Gewerbe diese Kraft zu ersetzen. Es hat sich dann selbst die Wurzeln seiner Triebkraft durchschnitten. Für die Hebung der gewerblichen Arbeit bietet das Erziehungswesen die kräftigste Handhabe – denn in der Jugend liegt stets das Programm für die Zukunft.
>
> Aber es wird auch nötig sein, in dem großen Publikum der Käufer und Abnehmer aufklärend und belehrend zu wirken, um die gute Arbeit immer mehr zur Anerkennung zu bringen. An programmatischen und rein theoretischen Ausführungen, wie überhaupt an literarischer Darstellung der Ideen der neueren Kunstbewegung ist kein Mangel. Allein es wird sich darum handeln, tatsächliche Belehrung an konkreten Beispielen zu geben ...

Prominente Werkbündler waren Friedrich Naumann, Walter Gropius, Ludwig Mies von der Rohe oder der nachmalige Bundespräsident Theodor Heuß; er stand von 1918 bis 1933 als Geschäftsführer an dessen Spitze. Aber es gab auch Feinde. Der österreichische Stararchitekt Adolf Loos zum Beispiel hielt den Werkbund für überflüssig, seiner Meinung nach hatte die Form aus der Funktion zu folgen. Und die Nazis hassten den Werkbund sowieso; sie lösten dieses „Werkzeug des internationalen Kulturbolschewismus“ 1934 auf.

Im Jahr 1949 wurde der Werkbund durch den Architekten Hans Schwippert, den Erbauer des Bonner Bundeshauses, neu gegründet. Seine Mitglieder entwarfen die vielbestaunten deutschen Pavillons für die Weltausstellungen in Brüssel 1957 („der eleganteste der ganzen Ausstellung“ – Londoner Times) und in Toronto 1967. Man sei damit „zurückgekehrt vom Kolossalen in den ruhigen Garten der klugen Kinder Europas“.

Walter Krämer

Bleibe im Lande und nähre dich redlich ...
Die Indianerin
Ludwig Thoma
1907

Ludwig Thoma (1867–1921), der große Bauernromane schrieb, Erzählungen und Theaterstücke in bayrischer Sprache verfasste und viele Jahre auch Mitarbeiter des „Simplicissimus" war, ist heute wohl in erster Linie als der Verfasser der Lausbubengeschichten bekannt. Der erste Band, 1905 erschienen, wurde ein großer Verkaufserfolg. Schon im Jahr darauf schrieb Thoma den Folgeband (Tante Frieda. Neue Lausbubengeschichten) – unter Zeitdruck, denn er musste eine Gefängnisstrafe wegen Beleidigung und Gotteslästerung in Stadelheim antreten, die ihm die Veröffentlichung eines antiklerikalen Gedichts im „Simplicissimus" eingebracht hatte.

Mit den – deutlich autobiografisch gefärbten – Lausbubengeschichten wollte Thoma seine Leser nicht nur unterhalten und erheitern. In einem Brief an Josef Hofmiller (1872–1933) schrieb er, die Jugend sei „doch eine recht ernste Sache; die ernsteste", und distanzierte sich von „der in Deutschland üblichen Art, Gymnasialerinnerungen zu schreiben": „Aber ein Bengel, der gute Augen hat und mit seinen Ausdrucksmitteln schildert, wie er die Menschen sieht, ist doch was andres, als der erfolgreiche alte Herr, der ein bißchen seine steife Würde ablegt, um wieder ganz Pennäler zu sein" (1917).

Welche 'Ausdrucksmittel' Ludwig, der Ich-Erzähler der Lausbubengeschichten, einsetzte, illustriert die Geschichte von der 'Indianerin' sehr schön. Die vermeintlich schlichte, noch etwas kindliche Sprache erinnert mit ihrer einfachen Syntax und der bemüht 'korrekten' Ausdrucksweise hier und da an das Genre Schulaufsatz; im Unterschied zu zahlreichen anderen Werken Thomas sind Anklänge an die bayrische Mundart hier abgesehen von Formen doppelter Verneinung („kein Gymnasium nicht") und fehlenden Kasusendungen („der Seitz mit die grüne Augen") kaum greifbar. Ludwig beginnt seine Erzählung mit den Worten:

> Auf einmal ist die Cora zu uns gekommen, und ich habe gar nichts von ihr gewußt. Sie ist die Tochter vom Onkel Hans, der in Bombay ist, weil er nichts gelernt hat und davongejagt worden ist. Aber jetzt hat er viel Geld und eine Teepflanzung, und er schaukelt in einer Hängematte, und die Sklaven müssen fächeln, daß keine Fliege hinkommt.
>
> Die Cora hat mir gleich gefallen. Sie hat schwarze Augen und schwarze Haare und lacht furchtbar. Aber nicht so, wie die Rosa von der Tante Theres, die immer die Hand vortut, daß man ihre abscheulichen Zähne nicht sieht. [...]

Cora lädt Ludwig zu einem Besuch in Indien ein, wenn er „mit dem Gymnasium fertig" sei, worauf er antwortet:

> Ich habe gesagt, das dauert mir zu lang, und man braucht doch kein Gymnasium nicht, wenn man nach Indien will. In den Büchern steht immer, daß ein Knabe durchbrennt und auf dem fremden Erdteil furchtbar viel Geld kriegt und auf Weihnachten als reicher Mann heimkommt. Das möchte ich auch [...]

Mit ihrer exotischen Erscheinung erregt Cora alsbald großes Aufsehen, in der Männerwelt auch Wohlgefallen: Der „Apothekerprovisor" Seitz, der sonst „so protzig tut", verspricht Ludwig nun auf einmal, ihm „Bärenzucker" [Lakritz] zu schenken, der „Reiser Franz" verliebt sich hoffnungslos in sie, und Onkel Pepi riskiert im Beisein seiner Frau einen kleinen Scherz, was ihm allerdings schlecht bekommt.

Dass der 'Bengel' Ludwig in der Tat 'gute Augen' hatte, wird gerade in seiner Schilderung der Tanten Theres und Elis deutlich. Beide, samt Anhang zu Besuch gekommen, lassen es an giftigen Bemerkungen über Cora nicht fehlen, die von Misstrauen gegenüber allem Fremden und Intoleranz, kleinkarierter Engstirnigkeit und Missgunst zeugen:

> Am Nachmittag ist die Tante Theres gekommen mit ihrer Rosa, und der Onkel Pepi ist auch gekommen mit der Tante Elis. Wir sind im Gartenhaus gesessen und haben

Kaffee getrunken. Meine Mutter war sehr lustig, weil so viele Leute beisammen waren, und Cora hat gleich die Kaffeekanne genommen und hat eingeschenkt. Sie hat den Onkel Pepi gefragt, ob er hell oder dunkel will. Da hat er gesagt, er mag dunkel gern, und hat Cora angeschaut und hat gelacht. Die Tante Elis hat seine Tasse weggezogen und hat gesagt, er darf nicht gleich trinken, weil der Kaffee zu heiß ist. Meine Mutter hat gelacht und hat gesagt, ob sie will, daß der Onkel Pepi noch schöner wird, weil man schön wird, wenn man den Kaffee kalt trinkt. Die Tante Elis ist rot geworden und hat gesagt, er ist ihr schön genug, und für andere Leute braucht er nicht schön zu sein. Cora hat gemeint, es ist Spaß, weil sie die Tante Elis noch nicht recht kennt, und sie hat mit dem Finger gedroht und hat gefragt, ob vielleicht die Tante eifersüchtig wird, wenn der Onkel Pepi noch schöner wird. Da hat die Tante Elis gesagt, daß man in Deutschland nicht eifersüchtig sein muß, weil die Frauen in Deutschland anständig sind. Meine Mutter hat ihre Haube gerichtet. Das tut sie immer, wenn sie ärgerlich wird. Aber Cora hat getan, als wenn sie nichts merkt, und hat der Tante Theres eingeschenkt, und dann hat sie der Rosa einschenken wollen. Aber die Rosa hat geschwind ihre Hand über die Tasse gehalten und hat gesagt, sie trinkt später und schenkt sich schon selber ein. [...]

Da hat sich der Onkel Pepi getraut und hat gesagt, daß der Kaffee ausgezeichnet ist, und er hat noch nie einen so guten getrunken. Die Tante Elis hat die Augen zu ihm hingedreht und hat gesagt, wenn er mehr Gehalt hätte, und wenn sie nicht jeden Pfennig anschauen muß, dann hätten sie alle Tage einen feinen Bohnenkaffee. Cora hat freundlich den Onkel angelacht und hat gesagt, wenn er vielleicht ihren Papa in Bombay besucht, kann er den allerbesten trinken. Da ist die Tante Elis wieder rot geworden und hat gesagt, daß der Onkel Pepi daheim gut aufgehoben ist und nicht fortzureisen braucht. Und die Tante

Theres hat furchtbar mit dem Kopf genickt und hat mit ihrer Stricknadel in die Zähne gestochen. Und dann hat sie ganz langsam gesagt: „Bleibe im Lande und nähre dich redlich!“ [...]

Und Tante Theres hat gesagt, sie erlaubt ihrer Rosa nicht, daß sie zu viel verkehrt mit dieser exotischen Erscheinung. Meine Mutter hat ganz verwundert geschaut. Sie versteht es nicht, warum alle so bös sind auf Cora. Sie hat sich gefreut auf Deutschland, und jetzt schimpfen die Verwandten darauf. Tante Elis hat gesagt, wenn man nicht blind ist, sieht man es schon, daß dieses Mädchen keine Erziehung hat. [...] Tante Theres hat so stark gestrickt, daß sie mit den Nadeln geklappert hat, und sie hat gesagt, wie sich die Cora gegen die jungen Herren benimmt, das ist eine Schande. Vielleicht geht so was in Bombay, aber nicht hier in Weilbach, wo man noch Anstand hat, und sie hat kein Korsett nicht an. [...]

Rosa hat ihren Kopf so hineingesteckt, als wenn sie sich schämen muß wegen ihre Verwandte, und alle haben nicht gesehen, daß hinten am Zaun der Apotheker Seitz vorbei ist. Er ist dort gestanden und hat immer gegrüßt, aber ich habe mit Fleiß getan, als wenn ich ihn nicht kenne. Da ist er gegangen und hat immer umgeschaut. Wie er fort war, hat die Tante Theres immer noch geredet und hat gesagt, daß es in der ganzen Stadt aufgefallen ist, wie neulich die Cora den Herrn Provisor Seitz angelacht hat. Sie glaubt, daß der Provisor ein solches Benehmen sich gar nicht erklären kann.

Da habe ich gesagt, vielleicht ist der Seitz deswegen am Zaun gestanden, daß man es erklärt. Die Rosa ist mit ihrem Kopf in die Höhe und hat gefragt: „Wer war am Zaun?“ „Der Seitz mit die grüne Augen“, habe ich gesagt. „Der Lausbub lügt“, hat Tante Theres gerufen. „Ich lüge nicht“, habe ich gesagt, „der Seitz ist immer dort gestanden und hat mit seinem Hut geschwenkt, aber niemand hat auf ihn aufgepaßt; da ist er weg.“ Die Rosa hat mich

> angefahren, warum ich nichts gesagt habe. Weil die Tante geredet hat, und man darf keine älteren Leute nicht unterbrechen, habe ich gesagt. Da haben sie mich giftig angeschaut, und die Tante Theres hat meine Mutter gefragt, ob sie kein Wort findet gegen mich, weil ich schuld bin, wenn der Provisor beleidigt ist. „Es ist wahr, Ludwig", hat meine Mutter gesagt, „du mußt uns das nächste Mal aufmerksam machen."
>
> „Das nächste Mal!" hat die Tante geschrien. „Glaubst du vielleicht, daß so ein Mann wie der Herr Seitz sich so etwas gefallen laßt?" [...]

Der Schluss der Geschichte zeugt einmal mehr von dem Scharfblick des 'Bengels'; anders als die gutherzige Mutter, die sich auf das Verhalten der Verwandten keinen Reim machen kann, versteht Ludwig sehr genau, was dahintersteckt:

> Meine Mutter ist auf ihrem Stuhl gesessen und hat den Kopf geschüttelt. Sie hat nicht gewußt, was die Tanten haben. Aber ich weiß es, und sie ärgern sich, weil der Seitz seine Augen nicht so weit heraushängt, wenn er bloß die Rosa sieht.

Barbara Kaltz

Großraumbüroluftatmosphäre

Ein Vormittag
Robert Walser
1907

Robert Walser, 1878 in Biel in der Schweiz geboren, starb am Ersten Weihnachtstag 1956 bei einem Spaziergang nach einem fast fünfundzwanzigjährigen Aufenthalt als Patient der Heil- und Pflegeanstalt Herisau in Appenzell-Außerrhoden. Nach einer Lehre bei der Bernischen Kantonalbank 1892–1895 arbeitete er ab 1897 als Commis und Hilfsbuchhalter bei der Allgemeinen Versicherungs-AG und verdiente auch in der Folgezeit seinen Lebensunterhalt immer wieder als Schreibkraft in Versicherungs-Büros oder Bank-Kontoren. Sein Versuch, sich ab 1902 in der Literaturmetropole Berlin als freier Schriftsteller zu etablieren, scheiterte, trotz dreier durchaus positiv aufgenommener Romane wie „Der Gehülfe", „Geschwister Tanner" und „Jakob von Gunten". In den zwanziger Jahren schrieb er fast nur noch für das Feuilleton verschiedener Wochen- und Monatszeitschriften.

Dass er einer der größten Zauberer der deutschen Sprache war, wurde von vielen seiner weitaus berühmteren Kollegen wie Franz Kafka, Hermann Hesse oder Robert Musil durchaus erkannt. Walser selbst jedoch blieb eine größere Breitenwirkung zeit seines Lebens versagt: Zu kunstvoll und oft geradezu ungegenständlich war seine Art zu schreiben, zu unspektakulär erschienen seine Stoffe. Dafür wusste er als Meister der literarischen Miniatur und des unerwarteten sprachlichen Einfalls aus einer wie nebensächlich mitgeteilten Beobachtung oder einem Spaziergangeindruck ein literarisches Kabinettstück zu machen. Als geradezu meisterlich muss seine Behandlung des Adjektivs gelten – wie etwa die Beschreibung der ach so zäh dahinrinnenden Minuten im folgenden Text –, ebenso wie die durch seine Sätze mitschwingende vordergründig als Naivität daherkommende feine Ironie. Der im Folgenden auf ein gutes Drittel komprimierte Originaltext erschien im September 1907 in der Monatszeitschrift Simplizissimus:

Ein Vormittag

Nehmen wir an, es sei Montagvormittag.... Zuoberst im Saal steht das Pult des Vorstehers. Es ist zehn Minuten nach acht, Chef Hasler überfliegt mit gutgezielten Blicken den Raum. Zwei fehlen, und das ist natürlich wieder der Helbling und der Senn. In diesem wichtigen Moment schießt Buchhalter Senn hustend und pustend herein, steckt mit rasender Behendigkeit seine Nase in seine Bücher und tut, als sei er bereits stundenlang an dem Arbeitchen. Zehn Minuten sind vergangen. Es ist zwanzig nach acht. «Unerhört sei doch das jetzt bald», denkt Hasler, da tritt Helbling auf, ganz und gar vermontaget, und schießt wie ein Pfiff an seinen Ort und Stelle. Wirklich, entschuldigen, das hätte er sich können. In Haslers Gehirn taucht folgender Gedanke auf: «Das hat nun aber bald jetzt keine Art mehr.» Er geht leise zu Helbling und stellt sich hinter ihm auf und fragt ihn, warum er nicht, wie die andern, zur rechten Zeit erscheinen könne. Helbling erwidert kein Wort.

Halb neun. Helbling zieht seine Sackuhr hervor, um ihr Gesicht mit dem Gesicht der großen Bureauuhr zu vergleichen. Er seufzt, es sind erst zehn kleine, winzige, dünne, zarte, spitze Minuten verflossen, und vor ihm stehen dicke, behäbige Stunden. Er bemüht sich, zu versuchen, ob es ihm möglich sei, den Gedanken zu fassen, daß er jetzt arbeiten müsse. Der Versuch hat immerhin das Gesicht der Uhr ein wenig verschoben. Helbling liebt die Minuten, die gegangen sind, aber dafür haßt er die, die noch kommen.

Fünf Minuten vor neun. Wie entsetzlich langsam für Helbling die Zeit geht. Er fragt sich, warum es nicht schon neun Uhr sein könne, das wäre wenigstens schon eine Stunde. An diesen fünf Minuten schält er so lange herum, bis sie langsam vorüber sind. «Ich sollte eigentlich nicht soviel auf die Uhr schauen, das kann nicht gesund sein», denkt er und fängt an, seinen Schnurrbart zu liebkosen. Das merkt einer seiner Kollegen, Meier vom Land, dieser wendet sich zu Meier von der Stadt hinüber und sagt leise zu ihm: «Ist das nicht eine Schande, wie jetzt der Helbling wieder seine Zeit totschlägt.» Ein Rechteck von Köpfen dreht sich auf diese geflüsterte Bemerkung um. Das wird von Hasler beobachtet, er geht leise zu Helbling und stellt sich hinter ihn auf. «Was machen Sie da, Helbling?»

Und jetzt antwortet der freche Mensch wieder nichts. «Sie können wohl so gut sein und mir antworten, wenn ich Sie etwas frage. Zuerst kommen Sie eine halbe Stunde zu spät, dann besinnen Sie sich noch, ob Sie arbeiten sollen. Zeigen Sie, was haben Sie geleistet?» Und Hasler prüft, was Helbling getan hat, drei Zahlen und den Versuch zu einer vierten. Ob das alles sei? Hasler schwimmt in seine Festung zurück. Helbling nimmt Gelegenheit, schnell einmal «auszutreten». Inzwischen ist es halb zehn geworden. Von draußen her tönt eine helle, schöne weibliche Stimme in den Saal hinein. Einige heben die Federhalter aufrecht und überlassen sich dem Genuß des Zuhörens. Helbling scheint auch wieder einmal musikliebend zu sein. Außerdem gähnt er jetzt mehrere Male. Eine Sekunde später tätschelt er sich mit der flachen Hand auf die Backe, um Zeit verstreichen zu lassen.

Zehn Uhr! «Erst die Hälfte», denkt Helbling mit dem Gefühl, eine Unsumme von Melancholie zu unterdrücken. Ob er wohl gut täte, wieder ein bißchen «auszutreten»? Er wagt es nicht recht. Er fängt an, sich vorzumalen, es sei zwölf Uhr. Indem er sich seinen Träumereien hingibt, ist Hasler hinter ihn geschlichen: «Was machen Sie da?» «Ich bin jetzt am <Ausland>-Zusammenstellen.» «Ich glaube, Sie sind bald eher im Ausland als am <Ausland>-Zusammenstellen. Wenn alles Ermahnen jetzt nichts nutzt, werde ich mit Herrn Direktor ein Wort reden, passen Sie gut auf.»

Der ganze Saal ist angenehm aufgeregt, ein Konflikt Helbling-Hasler bringt immer erwünschte Luftveränderung. Helbling schrittwechselt zu Meier vom Land hinüber und bittet ihn, ihm behilflich zu sein, Zahlen abzulesen. Eine feierliche Blechmusik geht unten in der Straße vorüber, selbst der für das meiste Geschehen unempfindliche Chef der Korrespondenz ist aufgesprungen. Dieses Vorkommnis ist mit fünfzehn Minuten in Anrechnung zu bringen. Jetzt ist es dreiviertel elf. Helbling ist halb unvernünftig geworden, er tupft alle Augenblicke seine Stirn an den Rand des Pultes und netzt sich die Nase mit Tinte. Zehn Minuten sind verrieben worden, jetzt sind es noch vier entzückend wenige Minuten bis elf. Um elf Uhr tritt Helbling «schon wieder» aus. Er sei wieder einmal ausgetreten, der Lump, heißt es in der Mitte des Saales. Von der Straße her tönen die Räder von schnellfahrenden Wagen herauf, Helbling verbringt eine gute Viertelstunde damit hinüberzuschauen. Zum noch Anfangen mit Arbeiten ist es jetzt seiner Meinung nach doch wohl zu spät. Senn macht sich abdampffertig, Helbling sieht zu, wie sich Senn abfliegefertig macht. Zwei Minuten vor zwölf setzten sich verschiedene die Hüte auf, Helbling ist bereits auf der Straße, Hasler ist schon fünf Minuten vorher gegangen. Der Vormittag ist überstanden.

Dirk Schindelbeck

Der Nachdruck des Walser-Textes erfolgt mit freundlicher Genehmigung der Robert-Walser-Stiftung, Bern, aus: Robert Walser: Sämtliche Werke in Einzelausgaben, herausgegeben von Jochen Greve, Band 2: Geschichten, © Suhrkamp Verlag Zürich 1978 und 1985.

Ein Titel als Programm

Raubmenschen
Max Dauthendey
1911

In dem kurzen und lebhaften Porträt, das Franz Blei ihm gewidmet hat, ist von Max Dauthendeys Prosa nicht die Rede. Blei schildert ihn als verletzlichen Menschen, eine anima candida, fremd in der Welt und jünglingshaft in Gefühle versponnen: „Ich habe nie einen wehrloseren und unbewehrteren Menschen getroffen". Eigentlich, meint Blei, sei Dauthendey Maler, und tatsächlich hat er gezeichnet und Aquarelle gemalt, deren prunkende Farben an Nolde erinnern. Und er hat gemalt, wenn er schrieb, sogar die (unbedeutenden) Dramen und erst recht seine (selten ganz gelungenen) Gedichte erstaunen durch ihre expressive Ausdruckskraft oder impressionistische Bildlichkeit. Die Germanistik, mit ihrem Gespür für das Unwesentliche, hat Dauthendey dennoch meist, wenn überhaupt, als Lyriker gewürdigt und mit den üblichen Etiketten als Neuromantiker und Impressionist abgeheftet. Seine wahre Bedeutung aber liegt in seiner Prosa, in seinen Erzählungen und in den beiden Romanen „Josa Gerth" (1893) und „Raubmenschen" (1911).

Ähnelten schon die Bilder in „Josa Gerth" den avantgardistischen Erfindungen der zeitgenössischen Malerei, so wirken sie in den „Raubmenschen" vollends wie Vorwegnahmen der kühnen Expressionen des „Blauen Reiters", der 1911, im Erscheinungsjahr des Buches, gegründet wurde. „Als der Wagen aus dem Wald auf die Landstraße rollte, wurde unser Pferd am Wagen winziger als eine braune Ameise, verkleinert von den hochgeschwungenen, blendenden Riesenfackeln, die der Atlant hoch in den Äther schleuderte. Es war, als sei das ganze Meer zu einer weißen explodierenden Sonne geworden, deren gezackte Korona mit weißglühenden Strahlenhörnern hinaus in die Himmelshöhe stieß. Das Licht hatte die Wassermauer verschlungen ..." Dauthendey steigert sich zu einer gärenden, hemmungslosen Vergleichskunst, die jeden Gegenstand, jedes Ereignis zum Rauschmittel der Sinne macht. Die Welt ist ihm Figur und

Farbe, in dauernder Umwälzung begriffen. „Wie riesenhafte, dunkle Blutegelrüssel, so hoben sich die Kraterberge aus der Erdebene da drunten in dem unermeßlichen Tal. Jeder Kraterberg schien sich an dem Himmel festzusaugen, als wollte die Erde hier sich mästen, dem Himmelslicht und Himmelsfeuer die Kraft aussaugend."

Das Buch ist auch ein Roman der Natur, in dem sein Autor, der unermüdlich Reisende und zuletzt 1918, mit 51 Jahren, in Java einsam Gestorbene, seine Erlebnisse verarbeitet hat. Und es ist ein Liebes- und exotischer Abenteuerroman, mit unheimlichen Zufällen und rätselhaften Drohungen, schicksalhaften Irrfahrten und Verschwörungen, mit Verfolgung, Überfall und Rettung aus höchster Not. Das beginnt schon an der Atlantikküste, wo dem Erzähler ein rätselhaftes Mädchen begegnet, und kulminiert in Mexiko, wo die europäischen Protagonisten dem verbrecherischen Intrigen- und Umsturzwesen der Polizei und der Staatskräfte ausgeliefert sind. Der Titel „Raubmenschen" ist Programm, das räuberische Wesen des Menschen stellt sich, sogar in der Begegnung mit der Natur, als eigentlicher Sündenfall heraus. Dessen Opfer sind auch die drei Frauen, die dem Erzähler auf seiner Reise begegnen. Sie verkörpern die verschiedenen Stadien der Abenteuerreise, ja die enttäuschte oder unbefriedigt bleibende Liebe ist der eigentliche Beweggrund des Abenteuers. „Die Liebesleidenschaft, die tiefer als der Hunger greift, belebt mit Glück und Unglück den Lebenden am stärksten. Sie ist des Lebens höchstes Mittel zur Belebung."

Der erzählerischen Erforschung dieses vitalen Untergrundes menschlicher Geschicke widmet Dauthendey auch die meisten seiner Erzählungen und Novellen. Auch in ihnen zeigt sich ein erstaunliches und zu Unrecht vergessenes Erzählwerk der deutschen Literatur in schönstem Lichte.

> Als das Schiff am nächsten Nachmittag in Vera Cruz landete, wo wir am Kai durch die Drogengerüche, durch Scharen blau eingepackter Zuckerhüte gingen, vorbei an den Haufen praller Kaffeesäcke und entlang an Wänden aufgestapelter goldbrauner Tabakbündel, und das kleine

Hafenstädtchen mit den weißen niederen Häusern hell am Meer lag und aussah, als wäre es aus weißen Stücken Würfelzucker aufgebaut – da wollte ich eben der Dame und ihrem Mann sagen: „Wenn dieses ganze heiße Land, die Tierra caliente, voll so guter Menschen ist wie voll guter süßer Gerüche hier am Hafen, dann kann ich mir schon ein seliges Einsamkeitsleben für Sie beide hier im Innern des Landes vorstellen."

Aber ich mußte mit dem Satz an mich halten, denn die junge Frau war ebenso wie ich vom ersten Schritt in das Land begeistert und fragte mich in einer Gedankenverbindung, die ihre Violine, ihre Einsamkeit und ihr Glück betraf, echt fraulich mitten unter Kaffee, Zucker, Tabak und Drogen:

„Kennen Sie vielleicht die Apollohymne, die man in Delphi ausgegraben hat? Sie ist auf einen Stein gemeißelt, und die Franzosen, die jetzt die Ausgrabungen in Delphi leiten, haben sie eben erst entdeckt. Mein Professor, der mir in Paris Harmonielehre gab, hat mir eine Abschrift davon besorgt und als Abschiedsgeschenk mitgegeben. Er hat mir die Apollohymne vorgespielt. Sie ist wundervoll und im Fünfvierteltakt geschrieben, was sehr selten ist. Wenn Sie uns auf unserer Sternwarte besuchen, werde ich sie bis dahin gelernt haben und sie Ihnen vorspielen."

Während sie noch sprach, waren wir aus dem Hafen um eine Ecke gebogen, und zu gleicher Zeit mußten wir alle drei, ihr Mann, sie und ich, uns die Nase zuhalten, denn ein pestilenzialischer Gestank wehte uns aus den offenen Gossen der holperig gestalteten Straßen entgegen – so scharf, so faulig und so fieberverpestet, daß wir den Atem anhalten mußten und kaum weitergehen konnten.

Und nicht genug damit – wir zögerten plötzlich auch weiterzugehen bei dem überraschenden und ungekannten Anblick von Hunderten von Aasgeiern, die alle Dächer die lange Straße hinauf dunkel schäumten. Erschreckend war der Anblick der kahlen Schädel und nackten Hälse dieser schwarzen Riesenvögel. Einige hopsten in den Gassen und suchten mit ihren hakigen Schnäbeln nach Abfällen. Sie waren groß wie ausgewachsene Adler und schauten ebenso furchtbar drein. Drei, vier zankten sich mitten auf der Straße, beanspruchten die ganze Straßenbreite für sich, schlugen mit den Flügeln um sich und kreischten dazu ohrenbetäubend und gellend. Andere schwangen sich von den Dächern herab, als wollten sie uns hinterrücks überfallen. Andere flatterten, die Luft peitschend, daß es sauste, die lange Straße hinauf, die leer im Mittagslicht lag, nur auf dem Gesimsen der flachen Dächer waren die Straßen belebt von den langen schwarzen Zeilen der menschengroßen Vögel, die unruhig ruckten, sich stießen und aufkrächzten. Es schien, als wäre die weiße Stadt ausgestorben und nur von schwarzen Aasgeiern bevölkert.

Haifische im Meere, Aasgeier in den Lüften und Fiebergestank auf der Erde – ich glaube, in dieser Raubwelt wird sich schwer der Friede zu einer Apollohymne finden, dachte ich. Aber ich sagte nichts, sondern trat hinter das schweigende Ehepaar und schritt auf schmutzigen glitschigen Stufen in ein kleines französisches Hotel hinein; das Haus war uns vom Kapitän empfohlen worden.

An meiner Schulter vorüber flog, ehe ich noch in der Tür war, durch das offene Speisezimmerfenster im Parterre ein Kotelettknochen in die Gassenmitte hinaus, und wie unter einem schwarzen Unwetter verfinsterte sich der Mittagshimmel, und mit höllischem Gekrächz stürzte ein schwarzer Knäuel von ungefähr fünfzig Riesenvögeln auf den armseligen Knochen. Eine wilde Balgerei, bei der die schwarzen Federn vor den weißen Häuserwänden in die Luft stoben, brach hinter mir los. Im Hausgang des kleinen Hotels kam ich mir dann vor, als hätte ich mich aus einer Schlägerei gerettet.

Während die junge Frau vorausging, flüsterte mir der Astronom ins Ohr:

„Es sieht nicht nach Apollohymnen hier aus – Raubwelt überall.“ – Nach Tisch ließ ich mich in ein Gastzimmer führen, um etwas auszuruhen, und als ich mich im Zimmer umsah, bemerkte ich eine dünne Sandschicht auf der Tischdecke, eine Sandschicht auf den Plüschmöbeln, grauen Sand, fein wie Streusand, überall. Ich schlug das Moskitonetz am Bett zurück, da sah ich auch das weiße Bett von einer grauen Sandschicht bedeckt. Der Zimmerboy erklärte mir, daß am Vormittag ein Sturmwind gewesen sei, und daß der Dünensand bei solchem Sturm durch die geschlossenen Fenster und geschlossenen Türen in alle Häuser in Vera Cruz eindringe.

In demselben Augenblick höre ich im Nebenzimmer, in welches sich das Ehepaar begeben hatte, um auszuruhen, ein leises Lamentieren, und dann kam der junge Astronom an die geschlossene Verbindungstür und rief mir durch das Türbrett zu:

„Denken Sie doch! Als wir eben unser Gepäck bekommen und meine Frau ihren Violinkasten aufmacht, ist der ganze Kasten voll von roten Ameisen. Die haben sich auf der Reise über das Kolophonium hergemacht, haben den ganzen Vorrat von Darmsaiten angenagt, und das dünne Holz der schönen Violine selbst ist in dem heißen Lagerraum auf der Seereise gesprungen. Das Instrument, das teure Instrument, ist unbrauchbar ...“ Ich hörte die junge Frau drüben leise weinen und sich die Nase schnauben.

Raubwelt überall! Das war der Empfang in der Tierra caliente.

Gert Ueding

Ein geschmückter Tänzer mit Klumpfüßen

Deutsche Stilkunst
Eduard Engel
1912

Eduard Engels „Deutsche Stilkunst“ ist das schönste und zugleich genaueste Porträt der deutschen Sprache, das wir besitzen. Wer es nur als Lehrbuch oder Nachschlagewerk für den besseren Ausdruck benutzt, greift viel zu kurz oder hat seine Größe und wahre Absicht nicht verstanden. Von den kleinsten Einheiten, den Wörtern, bis zu Satz, Periode, Rede und Schrift entsteht Strich für Strich das Bild einer reichen, geschmeidigen, unterscheidungsstarken, aber auch nicht ungefährdeten Sprache – und dieses Bildnis ist bezaubernd schön, weil der Autor nicht nur als souveräner Kenner, sondern auch als Liebender schreibt. An ihrem „unerschöpflichen Wortreichtum“, ihrer „ganz einzigen Freiheit von Wortstellung und Satzbau“ erfreut er sich und lässt auch auf die Zeichensetzung nichts kommen, ist sie doch „für das leichte Verstehen notwendig“. Man merkt jedem Satz des Autors Begeisterung und scharfsinnige Empfindlichkeit an. So ist ein Prosawerk ersten Ranges entstanden, das an Ort und Stelle die Tugenden selber vorführt, die es beschreibt.

Nach der 1. Auflage folgten dreißig weitere bis zur letzten 1931: Damit verschwand das Buch vom Markt – nicht etwa, weil es keine Leser mehr fand oder seine Mission erfüllt hätte, sondern weil der jüdische Gelehrte und Schriftsteller Engel nicht mehr veröffentlichen durfte. Dass sein Werk die Grenzen des Lehrbuchs so weit überschreitet, verdanken wir der Bildung und Leidenschaft seines Autors. Engel kannte die gesprochene deutsche Sprache wie kein anderer aus seiner täglichen Arbeit. Von 1871 bis 1919 war er amtlicher leitender Stenograph im Deutschen Reichstag, hat also, schreibt er, „mehr Reden als irgend ein andrer mitangehört“, „zehntausende lange und kurze Reden … auf ihre Form geprüft.“ Das Ergebnis in fast 50 Jahren: „formvollendete Redner nur vier oder fünf, sprachlich und künstlerisch schöne Reden vielleicht zwanzig, gewiss nicht dreißig.“ Die niederschmetternde Erfahrung hat ihn nicht verzweifeln lassen, sie wurde zum kräftigen Motor seiner „Stilkunst“. Dass sie sein Bild von der deutschen Sprache nicht einschwärzte, verdankte er seiner immensen literarischen Bildung, die weit über die deutschen Grenzen hinausging. Er kannte Shakespeare so gut wie Byron oder E.A. Poe, verkehrte freundschaftlich mit Fontane, Zola oder Daudet. Der oberste Heilige in seinem literarischen Kalender aber war und blieb Goethe, mit dem er beinah wie mit einem Zeitgenossen umging, ihm gelegentlich auch mal eine Ungeschicklichkeit einräumte.

Durch das familiäre Verhältnis zu 'seinen' Autoren (zu denen besonders noch der Prosakünstler Nietzsche gehörte) gewinnt seine „Stilkunst“ ihre Lebendigkeit. Man kann das Buch auch als Wegweiser in und durch das Schatzhaus der deutschen Literatur seit Luther lesen. Engel war ein Meister des Zitierens, wie es – Jean Paul ausgenommen – sonst keinen in unserer Literatur gibt. Er leitet jedes Kapitel mit einem Zitat ein, bringt es als Beleg oder Glanzlicht, als ironischen Kommentar oder abschreckendes Beispiel. Niemals aufgesetzt, niemals, um mit Namen und Belesenheit zu prunken. „An einer Seite Prosa wie an einer Bildsäule arbeiten“, zitiert er Nietzsche und folgt ihm überhaupt im Lobpreis des Hörens als Bedingung des guten Schreibens: das sei bei uns so selten, weil der Deutsche sein inneres Ohr in der Nachttischschublade verschlossen habe. Wer „auf die Tonwirkung des Geschriebenen verzichtet, beraubt sich eines der stärksten Eindrucksmittel.“

Wie ein Bildnis Caravaggios gewinnt Engels Sprachporträt Tiefe und Körperlichkeit auch durch dunkle Kontraste. So kommt eine dramatische Note ins literarische Spiel. Denn nicht bloß die „Schreibsamkeit“ der Deutschen bedroht ihre Sprache, sondern auch die so sprachverlassenen Wissenschaften und die kaum noch zu bändigende „Fremdwörterei“. Beide Gesichtspunkte spielen in der heutigen Sprachdiskussion eine wichtige Rolle; Engel hat Bedenkenswertes dazu beizutragen. „Die Sprache ist gleichsam die äußerliche Erscheinung des Geistes der Völker, ihre Sprache ist ihr Geist und ihr Geist ihre Sprache, man kann sich beide nicht identisch genug denken“, lässt er Wilhelm von Humboldt sagen.

Und gilt diese Einsicht nicht auch für unseren alltäglichen Sprachgebrauch? Aber natürlich, antwortet Engel und weist damit ausdrücklich den Verdacht zurück, sein Kampf gegen die „Fremdwörterei“ verdanke sich etwa „schrullenhaftem Hass“ oder bloßer „Schulmeisterei“. Ihm geht es nicht um Verdeutschung um jeden Preis, sein Grundsatz lautet: „kein Fremdwort für das, was Deutsch gesagt werden kann“. Die Wirkungsabsicht ist auch in diesem Punkt wieder sein wichtigstes Kriterium, bestehe sie nun in formelhafter „Scheinklarheit“, im bewusst gebrauchten „Nebelwesen des Fremdworts“, in „Wissensprotzerei“ oder in gezielter Unverständlichkeit. In diesen Kapiteln verwandelt sich der Sprachliebhaber in den beißenden Polemiker. Besonders lustvoll nimmt er sich der Germanisten an, die deshalb so heißen, weil sie nichts von der deutschen Sprache verstehen: „Vielen Germanisten versagt das Deutsche bis zum Lallen.“ Die Beispiele, die Engel häuft, vermitteln ein eigenes Lektürevergnügen. Was, so fragt man sich, würde ihm angesichts heutiger Schöpfungen aus geisteswissenschaftlicher Werke wohl einfallen? Er hätte jedenfalls noch sehr viel mehr Grund als zu seiner Zeit zu fragen: Welches Recht haben eigentlich die Deutschen, „die Sprache anderer Völker zu bestehlen und die gestohlenen Wörter pöbelhaft verunstaltet in die eigene Sprache einzuflicken?“ Und: „Mit welchem Recht untersteht sich ein Deutscher, Wörter der ihm anvertrauten Sprache zu verdrängen, zu unterdrücken, auszurotten, um an ihre Stelle die verpöbelten, gestohlenen Wörter fremder Sprache zu setzen?“

„Der Zustand“, so ist der 1. große Abschnitt von Engels Buch lakonisch überschrieben:

> Fast jeder höher gebildete Deutsche klagt, und mit Recht, über den Deutschen Unterricht in unseren Schulen; wie viele aber ziehen daraus den notwendigen Schluß: Folglich muß ich selbst im reifern Alter nach- und zulernen? Wie viele Deutsche Schriftsteller haben wenigstens eines unsrer mancherlei nützlichen Hilfsbücher für gu-

tes Deutsch durchgearbeitet? Den meisten Deutschen Schreibern wird nach ihrer Überzeugung die Deutsche Prosa durch die Geburt als Deutscher mitgegeben, zu erlernen ist da nichts. Verse sind Zeilen mit leeren Rändern, Prosa Zeilen ohne Rand, und – „die Hauptsache bleibt doch der Inhalt". Mit Verlaub, der Inhalt des meisten Geschriebenen ist weder so neu, noch so bedeutsam, daß man von ihm als von einer Hauptsache sprechen darf. „Es haben seit Jahrtausenden so viele bedeutende Menschen gelebt und gedacht, daß wenig Neues mehr zu finden und zu sagen ist" (Goethe). Der Durchschnittsdeutsche hält sich schon für einen Schriftsteller, wenn er irgend etwas zu sagen hat; der Franzose nur dann, wenn er schreiben gelernt hat. Voltaire hatte sich auf den Inhalt seiner Schriften ebenso viel einbilden dürfen wie die Mehrzahl unsrer heutigen Prosaschreiber; von ihm aber rührt der feine Satz her: „Die Dinge, die man sagt, wirken weniger als die Art, wie man sie sagt; denn die Menschen haben alle ungefähr dieselben Gedanken über das jedermann Zugängliche; der Unterschied besteht im Ausdruck oder Stil." Also die gleiche Auffassung wie bei Goethe.

Kein großer Deutscher Prosaschreiber hat sich allein auf den Inhaltswert seines Buches verlassen; jeder hat seine Arbeit für Kunst gehalten und aus allen Kräften das Seine getan, sie künstlerisch zu gestalten. Luther, unser gewaltiger Sprachherrscher, gesteht: „Ich meinte auch, ich wäre gelehrt, und weiß mich auch gelehrter denn aller hohen Schulen Sophisten von Gottes Gnaden; aber nun sehe ich, daß ich auch noch nicht meine angeborne Deutsche Sprache kann." Und Lessing, der Begründer neudeutscher Prosa, beabsichtigte keinen verblüffenden Witz, als er schrieb: „Meine Prosa hat mir von jeher mehr Zeit gekostet als Verse."

Schreiber, die sich zur Entschuldigung ihrer schlechten Prosa auf ihren großartigen Inhalt berufen, hat Bürger abgetrumpft: „Wer schlecht schreibt, und schriebe er auch noch so vortreffliche Sachen, ist ein geschmückter Tänzer mit Klumpfüßen." Heine geht so weit, nur vom Dichter gute Prosa zu erwarten: „Um vollendete Prosa zu schreiben, ist unter andern auch eine große Meisterschaft in metrischen Formen erforderlich", ein Satz, der bei Gottfried Keller, in einem Brief an Freiligrath, lautet: „Es hat sich neuerdings herausgestellt, daß fast nur noch die verpönten Versemacher eine ordentliche Prosa schreiben können."

Die höchsten Ansprüche an die Prosa als Kunst stellte Nietzsche. Er forderte, „zu wissen, daß Kunst in jedem guten Satz steckt". Feiner noch als Heine und Keller begründete er die dichterische Grundlage eines guten Prosastils: „Man beachte doch, daß die großen Meister der Prosa fast immer auch Dichter gewesen sind. Fürwahr man schreibt nur im Angesicht der Poesie gute Prosa! Denn diese ist ein ununterbrochener artiger Krieg mit der Poesie: alle ihre Reize bestehen darin, daß beständig der Poesie ausgewichen und widersprochen wird." Nietzsches Empörung über den Zustand der neusten Deutschen Prosa grollt aus dem Satze: „Keins der jetzigen Kulturvölker hat eine so schlechte Prosa wie die Deutschen. Der Grund davon ist, daß der Deutsche nur die improvisierte Prosa kennt. An einer Seite Prosa wie an einer Bildsäule arbeiten, kommt ihm vor, als ob man ihm aus dem Fabellande vorerzählte." Ach, wie zufrieden wollten wir sein, wenn jeder Schreiber an einer Seite Prosa nur wie der Schuster an einer Sohle arbeiten wollte.

Natürlich rächt sich die Kunstlosigkeit der Schreiber an ihren Werken. Ranke verdichtete seine Erfahrungen über das Versinken wissenschaftlicher Bücher in den Satz: „Es bleiben nur die schöngeschriebenen Geschichtswerke." Erschreckend groß, bei weitem größer als in andern Ländern, ist der schnelle Untergang der berühmtesten Deutschen Gelehrtenbücher. Die Wissenschaft von gestern hat gar geringen Sachwert für den Leser von morgen, und die Kunst der Darstellung, wodurch allein gelehrte Bücher gerettet werden konnten, ist in Deutschland zu selten. Auf jeden noch lebendigen Deutschen Prosaband aus dem 18. Jahrhundert kommen zwanzig französische oder englische, und das 19. Jahrhundert hat an diesem Verhältnis wenig geändert. Ungeheuer ist der Verlust geistigen Volksvermögens in Deutschland durch den selbst vortreffliche ältere Werke vernichtenden Stil.

Kein Volk besitzt einen solchen Schatz von Liedern zum Preise der Muttersprache wie das Deutsche. Mit tiefem Gefühl wird Schenkendorfs „Muttersprache, Mutterlaut!" in und außer der Schule schmelzend vorgetragen. Die Franzosen haben kein einziges nennenswertes Lob- und Liebeslied auf ihre Sprache; wie innig aber ist das Herzensverhältnis noch des letzten französischen Schriftstellers zur Sprache seines Vaterlandes! In Deutschland kann man es zum weltberühmten Manne der Feder bringen, sich im äußersten Hochmut neben „die freien Meister der Sprache, unsre Klassiker" zu stellen erdreisten, aber sprachlich selbst unter einem mittelmäßigen Deutschen Zeitungschreiber stehen. Man beachte z. B. den Unterschied zwischen Deutscher und französischer Bücherbesprechung! Ein Deutscher Schreiber muß schon von aller Sprachlehre und Wortschatzkunde verlassen sein, um unsern Besprechern eine Bemerkung über seine „etwas mangelhafte Form" abzuzwingen; der Franzose läßt kein Buch ohne ein Urteil über Sprache und Stil durch, und wehe dem französischen Schriftsteller, der sprachlich nicht auf der Höhe guter französischer Wortkunst steht.

Gert Ueding

Ein Geheimtipp der deutschen Literatur

Der Kramladen des Glücks
Franz Hessel
1913

Franz Hessel ist immer noch ein Geheimtipp der deutschen Literatur, obwohl er zu deren bedeutenden Prosaschriftstellern gehört und einen Ton in sie gebracht hat, dem man nirgendwo anders, oder so jedenfalls nicht, begegnet. 1880 in Stettin geboren, 1941 in der Emigration im südfranzösischen Sanary-sur-Mer gestorben, gehörte er zu dem kleinen, doch herausragenden Kreis von Autoren, die Ernst Rowohlt in seinem Verlag versammelt hatte. Befreundet mit Karl Wolfskehl, Franziska von Reventlow und vor allem mit Walter Benjamin, sogar zeitweise in der Münchner Boheme zuhause, blieb er doch meist am Rande der Geschehnisse. Drei Romane (das Manuskript eines vierten ging in den Kriegswirren verloren) hat er geschrieben, eine Reihe von seltsam-wunderschönen Erzählungen und Gedichten, auch Feuilletons und schließlich das von Benjamin gerühmte und jeden Berlin-Besuch noch heute vertiefende Grundbuch des Flaneurs: „Spazieren in Berlin". Nicht zu vergessen: Er war auch ein bedeutender Übersetzer, der Casanova, Stendhal, Balzac, Proust in der deutschen Sprache einbürgerte.

„Der Kramladen des Glücks" von 1913 ist Hessels erster Roman, ein meisterliches Debut, er enthält schon alle Motive und Ideen in nuce, die er in allen späteren Werken in immer neuen Perspektiven entfalten wird. Ein Roman der Sehnsucht nach der verlorenen Kindheit, eine Erkundung des fremden Lebens und die Bildungsgeschichte des Beobachters, der auf der Grenze von Hier und Dort steht, nicht dazu gehört, aber auch nicht weichen kann. Gustav Behrendt heißt der merkwürdige Held dieses Buches, und er hat alle diese Züge mit seinem Autor gemein. Er spaziert durch das Leben, hat alle Sinne aufs Beobachten gestellt und findet sein Glück im Schauen auf die Welt. Das beginnt schon beim Knaben, dessen liebster Platz das Fenster ist, der sich auch als Schüler, als Student immer als einen Danebenstehenden erfährt („er stand dabei und freute sich über die klugen und eifrigen Freunde“) und dem Bruder in einem langen Brief schreibt, dass er am liebsten allein sei: „Es ist doch wunderschön, halbe Tage lang kein Wort reden zu müssen, ungekannt herumzulaufen und irgendein geringer Student zu sein.“ Beobachtung heißt die Muse auch des Lebensflaneurs, doch inspiriert sie alle Sinne, nicht nur das Auge: „O wäre ich doch blind und ein Krüppel und hörte nur deine Stimme“, notiert sich Gustav ins Tagebuch. Ein Begehren, das keine Überwältigung will, frei ist von der Lust nach Verzehr oder Angleichung. Glück kommt aus selbstvergessenem Versenken, ist eine Einwanderung in den Gegenstand, ohne ihn zu versehren, gar zu verändern, mit anderen Worten: Die Erfahrung größter Nähe durch das Medium der Ferne. „Ich habe Freude an den Dingen, die mich nichts angehen“, bekennt Gustav ein andermal. Eben deswegen steht er auf bestem Fuß mit ihnen. Er respektiert ihre Selbständigkeit und so begegnen sie auch ihm freundlich, das Verhältnis ist brüderlich, die streichelnde Hand verrät die Sehnsucht, zu sein wie eine dieser schlummernden Monaden: „Haben nicht vielleicht die sogenannten toten Gegenstände ihr eigenstes Glück, ihre Wollust, wenn sie die süße Berührung der blutbewegten und atmenden Wesen in regungsloser Hingabe auskosten?“ fragt der Held einer anderen Erzählung Hessels.

Die Liebe freilich rührt an den desperaten Grund von Gustavs Existenz. Nicht mitspielen können, unbeteiligt sein, für das Leben immer empfangsbereit und ihm doch ewig fremd gegenüberstehend, das ist die Schattenseite von der Tugend des Flaneurs. Seine unbändige Lust am Basar der Wirklichkeit, am kunterbunten Kram des Lebens ist auch der Ausdruck eines verzehrenden Mangels und enthält den Verzicht auf Erfüllung. „Alle Bilder, die ich sehe, alle Musik, die ich höre, Theater, Gedichte machen mir nur eine Sehnsucht: wirklicher zu werden, etwas Wirkliches aus dieser Erregung zu machen, ein Fest.“

Was Gustav nicht gelingt, hat sein Autor in seinem eigenen Medium erreicht, indem er große Literatur aus den Erregungen seines Lebens machte, und siehe: es ist auch ein Fest daraus geworden, an dem wir lesend teilnehmen.

Am Vorabend der Abreise war das Fest, auf das Gustav mit schwerem Herzen ging. Der große Saal der Brauerei war mit grellen Stoffen behangen, und darunter wandelten und tanzten so seltsam kostümierte Gestalten, daß Gustav am Eingang stehenblieb und sich vor Verwunderung nicht hineinwagte.

In buntgeblümten Hemden, die sich bauschten und anschmiegten, drehten sich überschlanke Mädchen mit Mienen und Bewegungen aus alten Bildern. Durch ihr Haar knisterte seltsames Schlinggewächs, und die nackten Füße staken in Sandalen. Arm in Arm gingen Jünglinge in Togen und Chitonen. Ein rasselnder Legionär hielt einen musizierenden Engel umschlungen, der sich ängstlich nach seinen regenbogenfarbenen Flügeln umsah. Ein brauner Faun küßte in die Halbhandschuhe einer kleinen Biedermeierin. Ein großer Araber mit Patriarchenbart taumelte in verwildertem Ländler durch die Reihen. Seine Dame verschwand ganz in den Falten seines Burnus. Man sah nur die Perle auf ihrer Stirn schimmern.

[…]

Gustav zog sich zurück und geriet in eine Tannenecke neben ein blondes Mädchen in Lumpen. Sie sahen sich beide an und mußten übereinander lachen.

»Mein Gott«, sagte sie, »ich bin eben als Gänseliesel gekommen. Das ist vielleicht veraltet, aber doch immer noch das einfachste. Erst wollte ich mir ein Beardsleykostüm schneidern. Aber das ist gar nichts für mich. Da muß man sich so haben.«

Sie war, das merkte er, aus Berlin und sehr vernünftig. Zu ihrem Kostüm gehörten nackte Beine, und die durfte man streicheln. Es war auch sehr nett, daß ihr Haar immer wieder aufging, es war schwer, kornblond, und man durfte helfen, es wieder zusammenzubinden.

Dabei unterhielt sie ihn von den verschiednen Leuten, die vorbeikamen und ihr zunickten.

»Du bist aber ganz neu hier, kleiner Pierrot«, sagte sie, »du weißt ja rein gar nichts.«

Gustav wäre gern den ganzen Abend bei ihr geblieben. Aber ein Mönch in violetter Kutte holte sie fort, und er sah die beiden zu einem Tisch auf der Galerie gehen, wo ein rotmanteliger Dionysos Hof hielt, umgeben von dienender Mythologie.

Gustav stand auf und sah in die Wunderwelt. Da verließ eine Frau in Jünglingskleidung ihren Tänzer, einen schwer gepanzerten Ritter, und kam gerade auf ihn zu. Ihre schlanken Beine staken in schwarzen Trikots und machten elastische Schritte. Das weiße Oberkleid war antikisch zugeschnitten. Nun traf ihn der Blick der weit offnen Augen. Er fragte unwillkürlich: »Wer bist du?«

Sie war schon fast an ihm vorbei, drehte sich um und sagte: »Das hat man mir gestern auseinandergesetzt. Irgendetwas sehr Entlegnes. Weißt du es denn nicht?«

»Ach ich«, sagte Gustav, »ich weiß rein gar nichts.«

»Das ist ja ganz tröstlich«, meinte sie belustigt. »Kannst du tanzen?«

»Ja, aber nur richtigen Walzer wie in der Tanzstunde. Die hiesigen Tänze habe ich noch nicht gehabt.«

»Auch das ist tröstlich«, sagte sie, »komm, mein geliehener Pierrot.«

Sie tanzte mit ihm erst durch den Saal und dann hinaus in den halbdunklen Gang. Gustav mußte achtgeben, daß sie beim Drehen nicht an die aufgestapelten Stühle und Tische stießen.

» Wir tanzen Kehraus«, sagte sie, »der Karneval geht zu Ende.«

Er sah in ihre nahen Augen, die noch weiter und seltsamer erschienen in der Dämmerung des Vorsaals. Er fühlte den Atem und fast die Form ihrer Lippen.

»Geht der Karneval schon zu Ende?« sagte er und wußte nicht recht, was er meinte. »Ich glaube, er fängt eben erst an.«

Die Lippen vor ihm lächelten gleichmäßig einladend. Aber es war ein Lächeln ohne Ansehn der Person, als wäre die Lächelnde der Karneval selbst.

Wie es geschah, daß er sie küßte mitten im Tanz, wußte er selbst nachher nicht. Vielleicht hatte sie ihn zuerst geküßt. »Runder Bambino«, sagte sie und hielt ein im Tanz. Dann schaute sie um und meinte seufzend: »Ich muß nun wieder in den Saal.«

Dort tanzte der Gepanzerte mit der Tila und sah mit grimmiger Ruhe herüber auf Gustavs Dame. Und plötzlich stand er vor ihnen, verneigte sich zeremoniell und nahm die Dame weg.

Gustav war wieder allein und konnte wieder zusehn.

Gert Ueding

Kaiserwahn

Der Untertan
Heinrich Mann
1914

Anfang 1914, wenige Monate vor dem Ersten Weltkrieg, veröffentlichte Heinrich Mann seinen Roman *Der Untertan.* Es ist ein umgekehrter Erziehungsroman – gewissermaßen eine Parodie auf denselben. Nicht das Heranreifen zur entfalteten und verantwortlichen Persönlichkeit schildert der Text. Sondern die Entwicklung zum fiesen Schleimer, dessen buckelnde Unterwürfigkeit und blinde Verherrlichung von Macht alle menschlichen Qualitäten verdrängt.

Diederich Heßling ist ein weiches Kind. Er braucht Mutterliebe. Aber er versteht es auch, Streit zwischen den Eltern zu schüren, indem er die Mutter beim Vater anschwärzt. Der stürzt auf der Treppe, und Diederich freut sich. In der Schule schmückt er zum Geburtstag des Klassenlehrers dessen Rohrstock, mit dem er selbst geprügelt wurde. Die Ähnlichkeit zwischen Heßling und „häßlich" bedeutet was. Diederich hat einen häßlichen Charakter. Er ist ein schäbiger Kerl.

Die Musterung erlebt Heßling als armes Würstchen. Kein Vergleich mit dem kecken Felix Krull in dem Roman von Heinrich Manns Bruder Thomas. Vor den versammelten Militärärzten spielt Felix Komödie und macht die Herren lächerlich. Als Rekrut erleidet Heßling eine Verletzung am Fuß und schafft es, vom Militärdienst befreit zu werden. Das ist eine Episode, die Heinrich Mann zum Teil wörtlich dem Bericht seines Bruders über dessen Ausbildung in der Infanterie des Königreichs Bayern entnommen hat. Thomas ließ seine Beziehungen spielen und wurde nach zweieinhalb Monaten wegen „Untauglichkeit" nach Hause geschickt.

Die große Sache in Diederichs Leben ist der Kaiser. Ihn verehrt er, für ihn würde er sterben. Als Wilhelm II. an Massen von jubelnden Menschen vorbei durchs Brandenburger Tor reitet, stürmt Diederich ihm nach. Er gerät auf einen Reitweg im Tiergarten. Blind vor Begeisterung stolpert er und stürzt in eine

Schlammpfütze. Der Kaiser sieht das und lacht. Im Verlauf der Handlung kommt Heßling immer näher an den Kaiser heran. Auf seiner Hochzeitsreise läuft er in Rom der Kutsche des Monarchen nach und hält Wache vor seiner Residenz.

Um seinem Kaiser gleich zu sein, läßt Diederich seinen Bart zur „deutschen Mannestracht" umgestalten. Die Spitzen der Lippenbehaarung steil nach oben. Wie sein Kaiser betrachtet er sich bei einer Rede vor der Belegschaft seiner Papierfabrik als Betriebsherr „von Gottes Gnaden". Er will seine Arbeiter und Angestellten zu herrlichen Zeiten führen. So hatte auch Wilhelm gesprochen.

Heinrich Mann zeichnet einen Menschen, den es wohl millionenfach in Deutschland gab. Zu seiner Zeit, davor und danach. Und es gibt keinen Zweifel, daß Untertanen von der Art Heßlings einige Jahrzehnte später nicht mehr dem Kaiser, sondern einem neuen Anführer nachliefen. Viele, die mit ihm marschierten, trugen auch seinen Bart. Und er wollte Deutschland ebenfalls zu ungeahnter Größe emporführen und führte es in eine Katastrophe von ungeahnten Ausmaßen. Gehorsam halfen die neuen Untertanen ihm dabei.

Im *Untertan* werden Menschen und Dinge ins Lächerliche gezerrt. Der Text ist eine Karikatur. Aber um 1900 gab es in Deutschland nicht nur den macht- und prunkversessenen Kaiser Wilhelm, der markige Sprüche von sich gab und eine konservative politische Klasse um sich versammelte. Es gab auch Liberale und Demokraten. Kritische Journalisten spotteten in der satirischen Zeitschrift *Simplicissimus* über Kaiser, Kirche und Militär. Die Sozialdemokraten errangen bei der Reichstagswahl 1890 die Mehrheit. Politisch bewußte Arbeiter schlossen sich in Gewerkschaften zusammen. Sie wollten nicht mitmachen beim Kaiserwahn und stellten die minderwertigen Verhältnisse in Frage. In *Der Untertan* sind es die Gegenfiguren zu Heßling und Gegenbilder zum verklemmten Untertanengeist. Der Rechtsanwalt Buck und dessen Vater; der Maschinenmeister Fischer, der protestierende und von einem Soldaten erschossene

Arbeiter Karl. Aber alle scheitern, sind zu schwach oder zu opportunistisch, um den schlechten Verhältnissen zu trotzen.

Am Ende darf Heßling ein Denkmal zu Ehren des Reichsgründers Wilhelm I. einweihen. Aber die Natur greift störend ein. Ein Unwetter mit Blitzen, Donner und sintflutartigem Regen stoppt Heßlings vaterländische Rede. Die Pferde scheuen, Tribünen und Zelte stürzen zusammen, losgerissene Fahnen treiben durch die Luft. Das Fest wird zum Chaos. Diederich sucht Schutz unter dem Rednerpult. Der kaiserliche Mummenschanz bricht in sich zusammen. Es ist ein „Umsturz der Macht" mit Hilfe der Natur. Ein Bild für eine Umwälzung der wirklichen Verhältnisse, wie sie Heinrich Mann vorschwebte – und sich später ereignete.

Biertrinker

Diederich war Konkneipant geworden.

Und für diesen Posten fühlte er sich bestimmt. Er sah sich in einen großen Kreis von Menschen versetzt, deren keiner ihm etwas tat oder etwas anderes von ihm verlangte, als daß er trinke. Voll Dankbarkeit und Wohlwollen erhob er gegen jeden, der ihn dazu anregte, sein Glas. Das Trinken und Nichttrinken, das Sitzen, Stehen, Sprechen oder Singen hing meistens nicht von ihm selbst ab. Alles ward laut kommandiert, und wenn man es richtig befolgte, lebte man mit sich und der Welt in Frieden. Als Diederich beim Salamander zum ersten Male nicht nachklappte, lächelte er in die Runde, beinahe verschämt durch die eigene Vollkommenheit!

Und das war noch nichts gegen seine Sicherheit im Gesang.

Diederich hatte in der Schule zu den besten Sängern gehört und schon in seinem ersten Liederheft die Seitenzahlen auswendig gewußt, wo jedes Lied zu finden war. Jetzt brauchte er in das Kommersbuch, das auf großen Nägeln in der Lache von Bier lag, nur den Finger zu schieben und traf vor allen anderen die Nummer, die gesungen werden sollte. Oft hing er den ganzen Abend mit Ehrerbietung am Munde des Präses: ob vielleicht sein Lieblingsstück darankäme. Dann dröhnte er tapfer: „Sie wissen den Teufel, was Freiheit heißt", hörte neben sich den dicken Delitzsch brummen und fühlte sich wohlig geborgen in dem Halbdunkel des niedrigen altdeutschen Lokals, mit den Mützen an der Wand, angesichts des Kranzes geöffneter Münder, die alle dasselbe tranken und sangen, bei dem Geruch des Bieres und der Körper, die es in der Wärme wieder ausschwitzten. Ihm war, wenn es spät ward, als schwitze er mit ihnen allen aus demselben Körper. Er war untergegangen in der Korporation, die für ihn dachte und wollte. Und er war ein Mann, durfte sich selbst hochachten und hatte eine Ehre, weil er dazu gehörte!

Das Bier! Der Alkohol! Da saß man und konnte immer noch mehr davon haben, das Bier war nicht wie kokette Weiber, sondern treu und gemütlich. Beim Bier brauchte man nicht zu handeln, nichts zu wollen und zu erreichen, wie bei den Weibern. Alles kam von selbst. Man schluckte: und da hatte man es schon zu etwas gebracht, fühlte sich auf die Höhen des Lebens befördert und war ein freier Mann, innerlich frei. Das Lokal hätte von Polizisten umstellt sein dürfen: das Bier, das man schluckte, verwandelte sich in innere Freiheit. Und man hatte sein Examen so gut wie bestanden. Man war „fertig", war Doktor! Man füllte im bürgerlichen Leben eine Stellung aus, war reich und von Wichtigkeit: Chef einer mächtigen Fabrik von Ansichtskarten oder Toilettenpapier. Was man mit seiner Lebensarbeit schuf, war in tausend Händen. Man breitete sich, vom Biertisch her, über die Welt aus, ahnte große Zusammenhänge, ward eins mit dem Weltgeist. Ja, das Bier erhob einen so sehr über das Selbst, daß man Gott fand!

Gern hätte er es jahrelang so weitergetrieben. Aber die Neuteutonen ließen ihn nicht. Fast vom ersten Tage an hatten sie ihm den moralischen und materiellen Wert einer völligen Zugehörigkeit zur Verbindung geschildert;

allmählich aber gingen sie immer unverblümter darauf aus, ihn zu keilen.
Vergebens berief sich Diederich auf seine anerkannte Stellung als Konkneipant, in die er sich eingelebt habe und die ihn befriedige. Sie entgegneten, daß der Zweck des studentischen Zusammenschlusses, nämlich die Erziehung zur Mannhaftigkeit und zum Idealismus, durch das Kneipen allein, soviel es auch beitrage, noch nicht ganz erfüllt werde. Diederich zitterte; nur zu gut erkannte er, worauf dieses hinauslief. Er sollte pauken! Schon immer hatte es ihn unheimlich angeweht, wenn sie mit ihren Stöcken in der Luft ihm die Schläge vorgeführt hatten, die sie einander beigebracht haben wollten; oder wenn einer von ihnen eine schwarze Mütze um den Kopf hatte und nach Jodoform roch. Jetzt dachte er gepreßt:
'Warum bin ich dabeigeblieben und Konkneipant geworden! Nun muß ich ran.' Er mußte.

Drückeberger

Arg verkatert stand er tags darauf, inmitten anderer junger Leute, die alle, wie er selbst, ganz nackt ausgezogen waren, vor dem Stabsarzt. Dieser Herr sah angewidert über all das männliche Fleisch hin, das ihm unterbreitet war; an Diederichs Bauch aber ward sein Blick höhnisch. Sofort grinsten alle ringsum, und Diederich blieb nichts übrig, als auch seinerseits die Augen auf seinen Bauch zu senken, der errötet war. Der Stabsarzt hatte seinen vollen Ernst zurück. Einem, der nicht so scharf hörte, wie es Vorschrift war, erging es schlecht, denn man kannte die Simulanten! Ein anderer, der noch dazu Levysohn hieß, bekam die Lehre: „Wenn Sie mich wieder mal hier belästigen, dann waschen Sie sichwenigstens!“ Bei Diederich hieß es:
„Ihnen wollen wir das Fett schon wegkurieren. Vier Wochen Dienst, und ich garantiere Ihnen, daß Sie aussehen wie ein Christenmensch.“

Damit war er angenommen. Die Ausgemusterten fuhren so schnell in ihre Kleider als brenne die Kaserne. …

Beim Dienst im Gelände hat Diederich Schmerzen im Fuß. Er simuliert eine ernsthafte Verletzung. Dank des Eingreifens eines Korpsbruders wird er vorzeitig entlassen.

Vier Wochen lang blieb er zu Hause. … Wenn er zum Essen ging, sah er sich um, ob ein Bekannter ihn bemerkte. Endlich mußte er sich den Neuteutonen wohl zeigen. Er trat herausfordernd auf. „Wer von euch noch nicht dabei war, hat keine Ahnung. Ich sage euch, da sieht man die Welt von einem anderen Standpunkt. Ich wäre überhaupt dabeigeblieben, meine Vorgesetzten rieten es mir, ich sei hervorragend qualifiziert. Na, und da – “ Er starrte schmerzlich vor sich hin.

„Das Unglück mit dem Gaul. Das kommt davon, wenn man ein zu guter Soldat ist. Der Hauptmann läßt einen in seinem Dogcart fahren, damit der Gaul mal bewegt wird, und da ist das Unglück passiert. Natürlich habe ich den Fuß nicht geschont und zu früh wieder Dienst gemacht. Die Sache verschlimmerte sich erheblich, der Stabsarzt gab mir anheim, für jede Eventualität meine Angehörigen zu benachrichtigen.“

Dies sagte er knapp und männlich.

„Da hättet ihr nun den Hauptmann sehen sollen. Täglich kam er selbst, nach den größten Märschen, mit bestaubter Uniform, wie er war. So was gibt es auch nur beim Militär. Wir sind in den bösen Tagen wahre Kameraden geworden. Hier die Zigarre ist noch von ihm. Und als er mir dann eingestehen mußte, der Stabsarzt wolle mich fortschicken, ich kann euch versichern, das war einer der Augenblicke im Leben, die man nicht vergißt. Der Hauptmann und ich, wir kriegten beide gleichzeitig feuchte Augen.“

Alle waren erschüttert. Diederich sah tapfer um sich.

„Na, jetzt soll man sich also wieder in das bürgerliche Leben hineinfinden. Prost.“

Gerd Schrammen

Auch in Gerd Schrammen: Lese-Lust. Schönes Deutsch von den Anfängen bis heute. IFB Verlag Deutsche Sprache 2016. S. 142-149

Ein ewiger Kreislauf

Der Untergang des Abendlandes
Oswald Spengler
1918

„Der Untergang des Abendlandes" – dieser Titel ist auch hundert Jahre nach dem Erscheinen des Werkes in aller Munde. Konservative benutzen ihn gerne, um ihre Sorge über die Zukunft Europas auszudrücken; Progressive, um sich über diese Sorgen lächerlich zu machen. Aber wenige werden das Buch mit seinen mehr als 1.200 Seiten – zuzüglich 50 Seiten Register – wohl komplett gelesen haben (falls sie überhaupt eine einzige Zeile davon kennen). „Der Untergang des Abendlandes. Umrisse einer Morphologie der Weltgeschichte" ist 1918 in einem ersten Band mit dem Untertitel „Gestalt und Wirklichkeit" und 1922 in einem zweiten Band mit dem Untertitel „Welthistorische Perspektiven" erschienen. Da war Oswald Spengler 32; es gibt Hinweise, dass er sein Hauptwerk später grundlegend überarbeiten wollte. Da er aber schon mit 56 Jahren starb, kam es dazu nicht.

Spengler (geboren 1880 in Blankenburg am Harz, gestorben 1936 in München) war Sohn eines Postbeamten und von 1907 bis 1911 an Gymnasien in Lüneburg, Saarbrücken, Düsseldorf und noch am längsten in Hamburg Lehrer für Biologie, Chemie, Physik und Mathematik; um sich auf sein schriftstellerisches Werk zu konzentrieren, hat er mehrere ihm angebotene Professuren (Leipzig, Göttingen) abgelehnt. Angeregt wurde dieses monumentale Werk vielleicht durch die Zweite Marokko/Agadir-Krise 1911 und den erzwungenen Verzicht des Deutschen Reiches auf eine Kolonie Marokko oder durch den Untergang der Titanic im April 1912. In der Endphase dürfte auch die Katastrophe des Ersten Weltkrieges von 1914 bis 1918 eine Rolle gespielt haben. Am wahrscheinlichsten ist, dass sich Spengler von einem anderen Werk hat inspirieren lassen, von Otto Seecks sechsbändiger, in den Jahren 1895 bis 1920 erschienener „Geschichte des Untergangs der antiken Welt".

Ideell beeinflusst wurde Spengler vor allem von Goethe und Nietzsche. „Von Goethe habe ich die Methode, von Nietzsche die Fragestellungen, und wenn ich mein Verhältnis zu diesem in eine Formel bringen soll, so darf ich sagen: ich habe aus seinem Ausblick einen Überblick gemacht … So empfinde ich das, was mir zu meiner eigenen Überraschung zuletzt unter den Händen entstanden ist, als etwas, das ich trotz des Elends und Ekels dieser Jahre mit Stolz nennen will: als eine deutsche Philosophie."

Der „Untergang" ist ein geschichtsphilosophisches Werk, mit dem der Autor Jahrtausende Kulturgeschichte erklären und kommende Entwicklungen voraussagen will. Spengler dazu wörtlich in der Einleitung: „In diesem Buche wird zum ersten Mal der Versuch gewagt, Geschichte vorauszubestimmen. Es handelt sich darum, das Schicksal einer Kultur, und zwar der einzigen, die heute auf diesem Planeten in Vollendung begriffen ist, der westeuropäisch-amerikanischen, in den noch nicht abgelaufenen Stadien zu verfolgen." Spengler empfiehlt dabei den „Blick auf die historische Formenwelt von Jahrtausenden, … wenn man wirklich die große Krisis der Gegenwart begreifen will."

Spenglers Buch ist durchaus nicht pessimistisch: „Der Begriff einer Katastrophe ist in dem Worte nicht enthalten. Sagt man statt Untergang Vollendung, ... so ist die pessimistische Seite einstweilen ausgeschaltet, ohne daß der eigentliche Sinn des Begriffs verändert worden wäre." So betrachtet hätte das Buch sogar den Titel tragen können: „Die Vollendung der abendländischen Kultur". Eine solche Vollendung hat Spengler denn auch im Sinn, wenn er sein voluminöses Werk mit der Sentenz beschließt: „Ducunt fata volentem, molentem trahunt". Frei übersetzt: „Den Willigen führt das Schicksal, den Zauderer schleppt es hinterher."

Die Grundannahme von Spenglers Werk lautet: Die Weltgeschichte verläuft in einem Zyklus von Aufstieg und Niedergang. „Haben die für alles Organische grundlegenden Begriffe, Geburt, Tod, Jugend, Alter, Lebensdauer, in diesem Kreise vielleicht einen strengen Sinn, den noch niemand erschlossen hat?"

fragt er in der Einleitung. „Liegen, kurz gesagt, allem Historischen allgemeine biographische Urformen zugrunde? Der Untergang des Abendlandes, zunächst ein örtlich und zeitlich beschränktes Phänomen wie das ihm entsprechende des Untergangs der Antike, ist, wie man sieht, ein philosophisches Thema, das in seiner ganzen Schwere begriffen alle großen Fragen des Seins in sich schließt."

Diese Gedanken sind beeinflusst von Goethe als Mitbegründer der vergleichenden Pflanzenmorphologie und dessen biologisch-morphologischer Metaphorik (siehe Spenglers Untertitel: „Umrisse einer Morphologie der Weltgeschichte" und Goethes 1790 erschienene Schrift „Versuch die Metamorphose der Pflanzen zu erklären"). Für beide gibt es in allem Leben Phasen der Jugend, der Reifung, des Alterns und des Absterbens. Solche Zyklen unterstellt Spengler auch für Kunst, Gesellschaft, Politik und Staat. „Kulturen sind Organismen. Weltgeschichte ist ihre Gesamtbiographie." Die Dauer einer jeden Hochkultur setzt Spengler mit rund einem Jahrtausend an.

Spengler identifiziert für die zurückliegenden 5.000 Jahre insgesamt acht Hochkulturen, die alle ihre Frühzeit, ihre Hochblüte, ihr Verfallsstadium und schließlich ihr Sterben durchlaufen:

1. Ägyptische Kultur: ab ca. 3000 v. Chr., inkl. kretisch-minoische Kultur
2. Babylonische Kultur: ab ca. 3000 v. Chr.
3. Indische Kultur: seit 1500 v. Chr.
4. Chinesische Kultur: seit 1400 v. Chr.
5. Antike, griechisch-römische Kultur: seit 1100 v. Chr.
6. Arabische, d. h. auch frühchristliche und byzantinische Kultur: seit Christi Geburt
7. Mexikanische Kultur: seit ca. 200 n. Chr.
8. Abendländische Kultur: seit 900 n. Chr. in Westeuropa, später Nordamerika.

Für Spengler ist letztere „vielleicht die letzte der großen Hochkulturen“. Mit der neunten, der russischen Kultur identifiziert Spengler einen weiteren Kulturkreis, dem die Zukunft des dritten Jahrtausends gehöre. Erste Anzeichen hierfür sieht Spengler in der russischen Religiosität und Dichtung (vor allem bei Dostojewskij).

Alle Kulturen werden laut Spengler in der Verfallsphase zu Zivilisationen. Dabei sei Kultur Religion, Zivilisation aber Irreligion, mit einer Überbewertung des Geldes und einer Verstädterung „formloser Wählermassen“. Der späte Zustand einer Zivilisation zeige zudem „das Greisenhafte statt des Jugendlichen; Geschichtslosigkeit; Künstlichkeit und Erstarrung aller Lebensbereiche; Herrschaft der anorganischen Weltstadt anstelle des lebensvollen bäuerlich geprägten Landes; kühler Tatsachensinn anstelle der vormaligen Ehrfurcht vor dem Überlieferten; Materialismus und Irreligiosität; anarchische Sinnlichkeit, panem et circenses (Brot und Spiele!), Unterhaltungsindustrien; Zusammenbruch der Moral und Tod der Kunst; Zivilisationskriege und Vernichtungskämpfe; Demokratie, Imperialismus und die Heraufkunft formloser Gewalten“.

In diesem Sinn kann man Samuel P. Huntingtons „Kampf der Kulturen“ von 1996 als Fortsetzung von Spenglers „Niedergang des Abendlandes“ sehen. Nach Huntington verlaufen die großen Konfliktlinien der Menschheit seit 1989 nicht mehr entlang ideologischer, sondern entlang kultureller Grenzen. Dabei sei die Religion der wohl am tiefsten greifende Unterschied, mit dem islamischen Kulturkreis als dem mit Abstand aggressivsten. Dem Westen dagegen stehe ein Niedergang bevor, die Kraft seiner Kultur verblasse. Die Anzeichen der „inneren Fäulnis“ des Westens sind für Huntington, wie wenn er bei Spengler abgeschrieben hätte, unübersehbar: Geburtenrückgang, Überalterung, Zunahme der Asozialität, Auflösung der Familienbande, Zunahme egomanischer Attitüden, Schwinden der Autorität von Institutionen, Hedonismus, Rückgang des Sozialkapitals, etwa der Mitgliedschaft in Vereinen, das Schwinden des zwischenmenschlichen Vertrauens, Nachlassen des Arbeitsethos und zunehmender Egoismus, abnehmendes Interesse an Bildung ...

Ein jedes ehemaliges Kulturgebiet, so wiederum Spengler, findet sich am Ende bewohnt von primitiven (in Spenglers Verständnis: nicht entwicklungsfähigen) Volksmassen, den Fellachen. Mit dem damit einhergehenden Niedergang der Freiheitsidee werde jedoch auch der Rationalismus diskreditiert und der Hunger nach Metaphysik stärker. In der Folge würden die Fellachen geprägt sein von einer „Zweiten Religiosität", nämlich einer demütigen Annäherung an den Mythos der Vorzeit sowie einer Reprimitivierung in den Religionsformen und einer Neigung zum Synkretismus. Folge ist laut Spengler: „Der Krieg ist der Schöpfer, der Hunger der Vernichter aller großen Dinge. Dort wird das Leben durch den Tod gehoben, oft bis zu jener unwiderstehlichen Kraft, deren bloßes Vorhandensein schon den Sieg bedeutet; hier weckt der Hunger jene hässliche, gemeine, ganz unmetaphysische Art von Lebensangst, unter welcher die höhere Formenwelt einer Kultur jäh zusammenbricht und der nackte Daseinskampf menschlicher Bestien beginnt." Am Ende eines solchen Zyklus bleibe stets derjenige Sieger, der es verstanden habe, die anarchischen Tendenzen während der Zeit des Kulturzerfalls am besten zu beherrschen und für sich selbst zu neutralisieren. Das Beispiel der Römer zeige dies.

Ein Wesensmerkmal des Abendlandes ist für Spengler das Faustische – ganz im Sinne von Goethes „Dr. Faustus": das Rast- und Ruhelose, das Expansive, das ständig Strebende, das stets nach dem Höchsten und Tiefsten Suchende: „Deshalb haben die altnordischen Stämme, in deren urmenschlicher Seele das Faustische sich bereits zu regen begann, in grauer Vorzeit eine Segelschifffahrt erfunden, die sie vom Festland befreite. Die Ägypter kannten das Segel, aber sie zogen nur den Vorteil der Arbeitsersparnis daraus. Sie fuhren wie früher mit ihren Ruderschiffen die Küste entlang, … ohne die Idee der Hochseefahrt, das Befreiende und Symbolische in ihr zu empfinden." Und an anderer Stelle: „Die faustische Kultur war deshalb im stärksten Maße auf Ausdehnung gerichtet, sei sie politischer, wirtschaftlicher oder geistiger Natur; sie überwand alle geographisch-stofflichen Schranken; sie suchte ohne jeden praktischen Zweck, nur um des Symbols willen, Nord- und Südpol zu erreichen; sie hat zuletzt die Erdoberfläche in ein einziges Kolonialgebiet und Wirtschaftssystem verwandelt."

Gelegentlich wurde angesichts solcher Passagen unterstellt, Oswald Spengler sei ein Ideengeber des Nationalsozialismus gewesen. Ein glühender Verfechter der Weimarer Republik war er tatsächlich nicht, aber die Nazis mochte er ebensowenig, und die Nazis mochten Spengler nicht. Er redet zwar von Rasse, aber nicht im Sinn der NS-Rassenideologie: „Man glaube doch nicht, dass je ein Volk durch die bloße Einheit der leiblichen Abstammung zusammengehalten wurde und diese Form auch nur durch zehn Generationen hätte wahren können. Es kann nicht oft genug wiederholt werden, dass diese physiologische Herkunft nur für die Wissenschaft und niemals für das Volksbewusstsein vorhanden ist und dass kein Volk sich je für dieses Ideal des ‚reinen Blutes' begeistert hat." Das erste Kabinett Hitler nannte Spengler ein „Faschingsministerium". Über das Buch „Mythus des XX. Jahrhunderts" des NS-Chefideologen Alfred Rosenberg schrieb Spengler: Das ist ein „Buch, an dem nichts stimmt außer den Seitenzahlen." Und an anderer Stelle: „Der Nationalsozialismus war zum guten Teil ein Einbruch tartarischen Wollens in das Grenzgebiet des Abendlandes, so undeutsch, ungermanisch, unfaustisch wie nur möglich – platt wie die großen asiatischen Ebenen." Die NSDAP nannte Spengler eine „Organisation der Arbeitslosen durch die Arbeitsscheuen". In einem Brief an den NS-Reichsleiter Hans Frank schrieb er 1936 „... da ja wohl in zehn Jahren ein Deutsches Reich nicht mehr existieren wird!"

Und zehn Jahre später hat das Deutsche Reich bekanntlich nicht mehr existiert.

Josef Kraus

Poesie als Sprach- und Kulturkritik

Das Wort
Stefan George
1919

Zur Moderne gehören seit der Romantik unabdingbar Sprachreflexion und Sprachkritik. Ein grundsätzlicher Zweifel an der Kraft der Sprache macht sich um 1900 auch in der Literatur breit und hat für sie größte Bedeutung: Ob sich überhaupt in irgendeiner Weise noch etwas verlässlich sagen lasse, ob der Sprache überhaupt zu trauen sei? Die Wahrheit sei nichts als „ein bewegliches Heer von Metaphern", sagt Nietzsche. Solcher Skepsis korrespondiert aber zur selben Zeit ein Verständnis der poetischen Sprache, das emphatischer nicht sein könnte: Wenn überhaupt, dann spreche allein noch die Poesie wahr und gültig auf ihre ganz eigene, ja einzigartige Weise. Melancholie und höchstes Pathos sind zwei Seiten derselben Medaille. So auch in einem häufig interpretierten Gedicht Stefan Georges (1868 – 1938):

Das Wort

Wunder von ferne oder traum
Bracht ich an meines landes saum

Und harrte bis die graue norn
Den namen fand in ihrem born –

Drauf konnt ichs greifen dicht und stark
Nun blüht und glänzt es durch die mark...

Einst langt ich an nach guter fahrt
Mit einem kleinod reich und zart

Sie suchte lang und gab mir kund:
›So schläft hier nichts auf tiefem grund‹

Worauf es meiner hand entrann
Und nie mein land den schatz gewann...

So lernt ich traurig den verzicht:
Kein ding sei wo das wort gebricht.

Stefan Georges lyrisches Werk polarisiert bis heute, weil es so unmissverständlich mit jedem Gedicht sagt: Hier geht es um Sprach-Kunst; sie muss sich unterscheiden von der ‚normalen Sprache'. Sie will nicht verstanden werden als mitteilende, funktionale Kommunikation. In dieser Sprach-Kunst feiert sich die Sprache selbst. Kein Lyriker um 1900 ist dabei so kompromisslos wie der Binger Winzersohn; keiner spricht aber auch in so vielen poetischen Tönen. Liedhaftes gibt es bei ihm, Spruchdichtung, Naturlyrik, kühlsten Ästhetizismus und ergreifende Innigkeit: „Sieh mein kind ich gehe. / Denn du darfst nicht kennen / Nicht einmal durch nennen / Menschen müh und wehe."

Aber es gibt auch einen ganz anderen, einen gar nicht leisen und melancholischen George. Spätestens mit dem Gedichtband *Der Siebente Ring* von 1907 zeigt er sich, inzwischen ein bekannter Autor, als oft schroffer und harscher poetischer Kulturkritiker. Worauf aber gründet sich seine Kritik? Auf welche Werte? Auf welchen normativen Horizont bezieht er sich? Einerseits auf den neuen, vom Meister selbst in seinem Werk verkündeten und im poetischen Kult verehrten Gott Maximin, andererseits auf die Sprach-Kunst, die Poesie selbst. Also auf das „Wort" als Kunst. Seit seinen Anfängen um 1890 lässt George keinen Zweifel daran: Das poetische Wort muss Kunst sein und nichts anderes. Und das eine ist ins andere übersetzbar; auch der neue Gott Maximin ist eine poetische Geburt des Dichters George. In diesem Sinne bleibt George dann doch ein Ästhetizist. Doch muss uns das heute noch kümmern? Ja, es muss.

Denn hier, in diesem 1919 entstandenen und berühmt gewordenen Gedicht aus dem letzten Gedichtband *Das Neue Reich* (1928) nennt George einen ganz „tiefen grund" für die Emphase, die der Sprach-Kunst gilt. Dieser „tiefe grund" sind Rang und Würde der Sprache selbst. Die moderne Evolutionsforschung kann uns darüber belehren, dass die ungeheure Dynamik, die in die Entwicklung der Gattung ‚Mensch' vor vielen Tausend Jahren gekommen ist, höchstwahrscheinlich damit zusammenhängt, dass der Mensch zu sprechen begonnen hat, dass er zur Sprache gefunden hat. Jetzt kann er seine Erinnerungen auch ‚kommunizieren', also sprachliche Gemeinschaft mit anderen haben; jetzt kann er sich erinnern und Erinnerung weitergeben; jetzt kann er Zukunft planen; jetzt kann er Arbeit koordinieren und teilen; jetzt wird ihm Welt sprachlich zugänglich und begreifbar – und damit ein ungeheurer, sich ständig verändernder und entwickelnder symbolischer Kosmos.

Dieses Gedicht ‚Das Wort', das auch große philosophische Aufmerksamkeit gefunden hat, besonders die Martin Heideggers, spricht von einem poetischen Ich, das aus der realen ‚Ferne' oder aus der inneren ‚Ferne', dem Reich der Phantasie („traum"), „wunder" mitbringe, Kostbarkeiten, welcher Art auch immer, die aber nun in Sprache gefasst werden müssen. Erst dann sind sie für unseren Geist ‚greifbar' und können ihre Wirkung in der sozialen und kulturellen Welt entfalten. Diese Sprachfindung ist jedoch ein Geschenk des Schicksals, für das man bereit sein und auf das man warten können muss. Die „graue norn" ist eine germanische Schicksalsgöttin. Sie findet den Namen – die Namengebung ist in allen Kulturen ein kultureller Akt von höchster Bedeutung – für die Dinge „in ihrem born", im Brunnen also. Man darf hier mit dem Beginn von Thomas Manns ‚Joseph-Roman' wohl sagen: im tiefen „Brunnen der Vergangenheit", im Brunnen der Kultur, ja in der Poesie selbst. Denn der Brunnen ist auch ein altes Symbol für die Poesie, das George immer wieder nutzt. Berühmt geworden ist ebenso Conrad Ferdinand Meyers Gedicht ‚Der römische Brunnen' von 1882, das sich ebenfalls so verstehen lässt.

Eine Kultur, so kann ich jedenfalls etwas allgemeiner sagen, ist nach diesem ersten Teil des Gedichtes auf ihre ‚poetischen Quellen' angewiesen. Aus ihnen muss sie schöpfen, sie muss sie wecken, wenn ihre „wunder" wirksam werden, wenn sie 'blühen und glänzen' sollen in ihrer Gegenwart. Aber die „norn" ist selbst schon „grau" und alt geworden. So freilich, als eine Alte und Graue, eröffnet sie uns eine grundlegende Einsicht. Man darf hier vielleicht sogar an Hegels berühmtes, melancholisches Diktum aus den ‚Grundlinien einer Philosophie des Rechts' denken: „Wenn die Philosophie ihr Grau in Grau malt, dann ist eine Gestalt des Lebens alt geworden, und mit Grau in Grau lässt sie sich nicht verjüngen, sondern nur erkennen; die Eule der Minerva beginnt erst mit der einbrechenden Dämmerung ihren Flug.“ Erst aus dem Abstand, erst wenn wir dabei sind, etwas zu verlieren, wenn sich eine Epoche abschließt und zu entziehen beginnt, begreifen wir sie ganz und damit auch die Größe des Verlustes, den wir erleiden.

Nach dieser ersten Gruppe von drei zweizeiligen Kurzstrophen setzt das Gedicht mit einer weiteren Dreiergruppe neu ein. Wieder kehrt der lyrische Sprecher ans heimische Ufer zurück; wieder bringt er etwas Besonderes mit: ein „kleinod reich und zart“. Doch diesmal misslingt die Sprachfindung. Und damit ‚gewinnt‘ der Gegenstand auch keinen sprachlichen Ausdruck und verflüchtigt sich. Diesen „schatz“ bekommt „mein land“ nicht; er kann also nicht geteilt werden und kann keine Gemeinschaft (‚communio‘) bilden.

Die Schluss-Strophe zieht darum dieses ‚traurige‘ Fazit: Wer die Sprache nicht hat, der hat auch keine Welt. Das gilt erst recht für die poetische Sprache, in der eine Kultur das feiert, was uns erst eigentlich hat zu Menschen werden lassen. Der Schlussvers ist jedoch mindestens doppeldeutig: So soll es nämlich auch sein („kein ding sei“): Wer die Sprache nicht hat, wer ihr Geschenk nicht zu würdigen weiß, der hat auch die ‚Kleinode‘ der Welt nicht verdient.

Wolfgang Braungart

„Ein tolles Buch"

In Stahlgewittern
Ernst Jünger
1920

In seinen im Herbst 2017 posthum erschienenen Kriegstagebüchern vom September 1944 nennt Heinrich Böll die Stahlgewitter „ein tolles Buch". Dessen Autor Ernst Jünger (1895–1998) hatte – anders als Böll – in mehr als einer Weise „Ein Jahrhundertleben" (so der Titel der großen Jünger-Biographie von Heimo Schwilk). Wie alle großen Gestalten wurde er außergewöhnlich angefeindet (vor allem in Deutschland) und außergewöhnlich verehrt (vor allem in Frankreich). Einer der größten Bewunderer Jüngers war François Mitterrand; er besuchte Jünger 1985 in dessen Wohnort Wilflingen in Oberschwaben, wo dieser im Forsthaus der Stauffenberg'schen Forstverwaltung seit 1951 lebte, und empfing ihn 1993 im Elysée-Palast zu Besuch. Ernst Jünger war auch als Ehrengast geladen, als Mitterrand und Bundeskanzler Kohl am 22. September 1984 in Verdun mit einem symbolischen Händedruck die „Versöhnung über den Gräbern" bekräftigten. Mit seinen Gedanken habe Jünger, so Mitterand, „uns den Weg zur Größe der Nationen gewiesen".

Geprägt wurde Jünger durch sein Abenteurertum, seine Reiselust und seine Liebe zur Entomologie: Schon als Jugendlicher übte sich Jünger als Insektenkundler; sein Vater hatte dem 13-Jährigen einen ersten Käferkasten geschenkt. Am Ende umfasst Jüngers Sammlung rund 40.000 Exemplare. Mit 18 Jahren floh er aus der Schule in die französische Fremdenlegion, von wo ihn sein Vater mit Hilfe des Auswärtigen Amtes nach einigen Wochen zurückholte.

Nach dem Notabitur meldet sich Jünger als Kriegsfreiwilliger. Aus den 14 Notizbücher umfassenden Tagebuchaufzeichnungen, die er ab Januar 1915 fast vier Jahre lang an der Front und in Lazaretten anfertigte, ist dann „In Stahlgewittern" (ursprünglicher Untertitel „Aus dem Tagebuch eines Stoßtruppführers") entstanden. Dieser Roman, eigentlich eine Chronik, knapp 300 Seiten stark, erstmals 1920 im Selbstverlag erschienen und „Den Gefallenen" gewidmet, begründete Jüngers Literaten-Ruhm.

André Gide würdigte das Werk als „das bewegendste Kriegsbuch, das ich je gelesen habe" („incontestablement le plus beau livre de guerre que j'ai lu"). Die Stahlgewitter beginnen mit der Ankunft an der Front und einem Rückblick auf die 1914 unter der Jugend ausgebrochene Kriegsbegeisterung: „Der Zug hielt in Bazancourt, einem Städtchen der Champagne. Wir stiegen aus. Mit ungläubiger Ehrfurcht lauschten wir den langsamen Takten des Walzwerkes der Front, einer Melodie, die uns in langen Jahren Gewohnheit werden sollte. … Der Atem des Kampfes wehte herüber und ließ uns seltsam erschauern. Ahnten wir, daß fast alle von uns verschlungen werden sollten an Tagen, in denen das dunkle Murren dahinten aufbrandete zu unaufhörlich rollendem Donner – der eine früher, der andere später? Wir hatten Hörsäle, Schulbänke und Werktische verlassen und waren in den kurzen Ausbildungswochen zu einem großen, begeisterten Körper zusammengeschmolzen. … Da hatte uns der Krieg gepackt wie ein Rausch. ... Der Krieg musste es uns ja bringen, das Große, Starke, Feierliche. Er schien uns männliche Tat, ein fröhliches Schützengefecht auf blumigen, blutbetauten Wiesen. … Ach, nur nicht zu Hause bleiben, nur mitmachen dürfen!"

In der Folge durchschreitet Jünger in 19 bzw. in anderen Ausgaben 20 Kapiteln die Hälfte der vom Ärmelkanal bis ins Elsass reichenden, 700 Kilometer langen Westfront des Ersten Weltkrieges. Viele Kapitel sind denn auch überschrieben mit den Namen von Regionen und Orten, an denen Jünger als einfacher Soldat, dann als Fahnenjunker, Fähnrich, Leutnant und schließlich als Kompaniechef im Einsatz war: die Champagne, Bazancourt bei Reims, Hattonchâtel bei Verdun, Les Esparges, Douchy, der Fluss Somme, Guillemont, Fresnoy, Langemarck, Regniéville, Cambrai, Flandern, der Cojeul-Bach bei Arras.

Weite Passagen der Stahlgewitter sind minutiöse, höchst realistische Schilderungen des Lebens und Sterbens an der Front: „Um Wasser flehende Verwundete kauerten am Straßenrand, bahrentragende Gefangene keuchten zurück ... Mitten im Weg lag ein totes Pferd mit riesigen Wunden, daneben dampfende Eingeweide. Zwischen den großen und blutigen Bildern herrschte eine wilde, ungeahnte Heiterkeit. …“ Und an anderer Stelle: „Aus zerschossenem Gebälk ragte ein eingeklemmter Rumpf. Kopf und Hals waren abgeschlagen, weiße Knorpel glänzten aus rötlich-schwarzem Fleisch. Es wurde mir schwer zu verstehen. Daneben lag ein ganz junger Mensch auf dem Rücken, die glasigen Augen und die Fäuste im Zielen erstarrt. Ein seltsames Gefühl, in solche toten, fragenden Augen zu blicken – ein Schaudern, das ich im Kriege nie ganz verlor.“ Über den durch einen Kopfschuß getöteten Landsturmmann Diener berichtet Jünger: „Er war verheiratet und Vater von vier Kindern. Seine Kameraden lauerten noch lange Zeit hinter den Schießscharten, um Blutrache zu nehmen. Sie weinten vor Wut. Sie schienen in dem Engländer, der das tödliche Geschoß abgefeuert hatte, einen persönlichen Feind zu sehen.“ Auch die vielen eigenen Verwundungen schildert Jünger: „Plötzlich blitzte es in dem weit ausgreifenden Wurzelwerk, und ein Schlag gegen den linken Oberschenkel warf mich zu Boden. Ich glaubte von einem Erdklumpen getroffen zu sein, doch belehrte mich die Wärme des reichlich strömenden Blutes bald, daß ich verwundet war.“

Seine innere Einstellung zum Kampf kommt immer wieder zum Ausdruck: „Ich war im Kriege immer bestrebt, den Gegner ohne Haß zu betrachten und ihn als Mann seinem Mute entsprechend zu schätzen. Ich bemühte mich, ihn im Kampf aufzusuchen, um ihn zu töten, und erwartete auch von ihm nichts anderes. Niemals aber habe ich niedrig von ihm gedacht. Wenn mir später Gefangene in die Hände fielen, fühlte ich mich für ihre Sicherheit verantwortlich und suchte für sie zu tun, was in meinen Kräften stand.“ Da und dort mischen sich Zweifel in das soldatische Tun: „Zum ersten Mal sah ich die planmäßige Zerstörung, der ich später im Leben noch bis zum Überdruß begegnen sollte; sie ist unheilvoll mit dem ökonomischen Denken unserer Epoche verknüpft, bringt auch dem Zerstörer mehr Schaden als Nutzen und dem Soldaten keine Ehre ein."

Schier zum Mythos wurde die Rettung des Bruders Friedrich Georg durch Ernst Jünger am 29. Juli 1917 auf den Schlachtfeldern von Langemarck. Der um zwei Jahre jüngere Bruder Friedrich Georg Jünger (1898–1977; ebenfalls Lyriker, Erzähler und Essayist) hatte es dem älteren als Kriegsfreiwilliger 1916 gleichgetan. Aus beider Verhältnis ist eine geistesverwandte Bruderverbindung geworden, die mit einem Buchtitel des Jahres 2012 („Brüder unterm Sternenzelt"; Autor: Jörg Magenau) recht gut charakterisiert ist.

Friedrich Georg war – zur Überraschung von Ernst – ebenfalls in die „2te Compagnie" versetzt worden. Dort tobte der Kampf der deutschen Truppen gegen die englischen, die sich vor allem aus Indern rekrutierten. Ernst rettete seinem Bruder das Leben; dieser hatte rund dreizehn Stunden mit zwei Schussverletzungen in Schulter und Lunge auf dem Schlachtfeld gelegen. In den Stahlgewittern schildert Ernst das Ereignis wie folgt:

> Man wird sich meine Sorge vorstellen können, als ich erfuhr, daß er (der Bruder Friedrich = Fritz ist gemeint) den nächtlichen Sturm mitgemacht hatte und vermißt wurde. Er war meinem Herzen der Nächste; das Gefühl eines unersetzlichen Verlustes tat sich vor mir auf. Gleich darauf kam ein Mann und teilte mir mit, daß mein Bruder verwundet in einem nahen Unterstand liege. … Welch ein Wiedersehen! Mein Bruder lag in einem von Leichengeruch erfüllten Raum inmitten einer Menge ächzender Schwerverwundeter … Das Fieber glänzte ihm aus den Augen … Wir drückten uns die Hand und berichteten …. Es war mir klar, daß er nicht an diesem Ort bleiben durfte, denn jeden Augenblick konnte der Engländer stürmen oder eine Granate dem schwerbeschädigten Betonklotz den Rest geben. Obwohl Sandvoß (ein Untergebener) sich gegen jede Schwächung unserer Kampfkraft sträubte, gab ich den fünf mit mir gekommenen Leuten

den Auftrag, Fritz zum Sanitätsunterstand ‚Kolumbusei' zu tragen und von dort Leute zur Bergung der anderen Verwundeten mitzubringen. Wir knüpften ihn in eine Zeltbahn und steckten eine lange Stange hindurch, dann nahmen ihn zwei Mann auf die Schulter .... Ich fühlte mich zugleich als Vertreter der Mutter und ihr für das Schicksal des Bruders verantwortlich.

Den Tag des Waffenstillstands (11. November 1918) erlebte Jünger nach einer schweren Verwundung, die er im August bei Cambrai erlitten hatte, in einem Lazarett in Hannover. Lapidar schreibt er dort „während der Langeweile des Liegens" all seine Verletzungen und Verwundungen auf: „Von Kleinigkeiten wie von Prellschüssen und Rissen abgesehen, hatte ich im ganzen mindestens vierzehn Treffer aufgefangen, nämlich fünf Gewehrgeschosse, zwei Granatsplitter, eine Schrapnellkugel, vier Handgranaten- und zwei Gewehrgeschoßsplitter, die mit Ein- und Ausschüssen gerade zwanzig Narben zurückließen." Fast folgerichtig endet der Roman dann ganz abrupt: „An einem dieser Tage, es war der 22. September 1918, erhielt ich vom General von Busse folgendes Telegramm: Seine Majestät der Kaiser hat Ihnen den Orden Pour le mérite verliehen. Ich beglückwünsche Sie im Namen der ganzen Division." Damit endet der Roman. Jünger hatte den höchsten Tapferkeitsorden bekommen. Dieser war bei Millionen von Soldaten insgesamt nur 600 Mal vergeben worden, zumeist an höhere Dienstgrade, sehr selten an Kompaniechefs. Jünger war einer von elf.

Die nüchterne, oft emotionslos anmutende, in höchstem Maße authentische Darstellung von Jüngers Erfahrungen ist nicht ohne Kritik geblieben. Unterstellt wurde Jünger auch, er sei Wegbereiter des Nationalsozialismus gewesen. Dabei war Jüngers Verhältnis zum Nationalsozialismus ein sehr kritisches. Die Nazis hätten den hochdekorierten Offizier des Ersten Weltkriegs gerne als Aushängeschild gehabt, aber Jünger ließ sich nicht vereinnahmen. Im Oktober 1939 erschien seine Erzählung „Auf den Marmorklippen"; sie wurde verstanden als Widerstandsparabel gegen den Nationalsozialismus. Gleichwohl nahm Jünger im Zweiten Weltkrieg den Dienst als Offizier wieder auf. In der Etappe im besetzten Paris war er vor Nachstellungen der Nazis sicher. Sein Wirken als Schriftsteller konnte er nach 1945 nicht gleich fortsetzen, weil er sich geweigert hatte, den Fragebogen der Alliierten auszufüllen. Erst 1949 feierte er mit den „Strahlungen" seine Rückkehr ins literarische Leben.

Besonders fällt auf, wie Ernst Jünger in Frankreich verehrt wurde und wird. Der damalige französische Botschafter in Bonn, François Scheer, sagte anlässlich des Todes Jüngers, dieser werde in Frankreich als Freund gesehen. *Le Figaro* und *Libération* widmeten dem Verstorbenen seitenlange Nachrufe. Dagegen waren die Nachrufe zu Jüngers Tod in Deutschland eher pflichtgemäß, wenig inspiriert, 08/15-mäßig und reichlich knapp. Es war von Ernst Jünger als „Jahrhundertfigur", „Jahrhundertgestalt", „Jahrhundertdiagnose", „menschgewordenes Jahrhundert" die Rede. Auch die Würdigungen Jüngers durch Bundespräsident Roman Herzog (Jünger als „einzigartiger Zeuge der Zeit") und Bundeskanzler Helmut Kohl (Jünger als „unbeugsamer Geist") verflüchtigten sich schnell im Blätterwald. Nur die FAZ hob auf Jüngers Ungebundenheit und „innere Freiheit" ab. Jüngers schriftstellerisches Werk aber kam kaum zur Sprache. Da hätte man ja einiges daraus lesen müssen.

Josef Kraus

Nachdruck der Textauszüge mit freundlicher Genehmigung des Verlags Klett-Cotta aus Ernst Jünger: In Stahlgewittern, Mit einem Nachwort von Helmuth Kiesel, Stuttgart 2014.

Die hopsenden Möpse

Turngedichte
Joachim Ringelnatz
1921

Im Jahr 1920 landet Hans Bötticher einen Coup. Es soll alles auf einmal geschehen und ihm endlich Erfolg als Dichter bringen. Er heiratet die Freundin Leonharda Pieper, von der er auch Unterstützung bei seiner Arbeit als Autor erhofft. Und er wechselt seinen Namen und nennt sich „Joachim Ringelnatz". Dann kann es losgehen. Es erscheinen im kleinen Alfred-Richard-Meyer-Verlag in Berlin-Wilmersdorf *Joachim Ringelnatzens Turngedichte*, das erste Werk unter dem neuen Namen.

In einem kleinen Heft findet man nach einer vielversprechenden Titelseite mit martialischen Abbildungen aufrechter Deutscher und dem Text für einen *Turner-Marsch* (*Melodie: Leise flehen meine Lieder*) das Vorwort eines nicht genannten Herausgebers, der von dem leider verschollenen Dichter Joachim Ringelnatz berichtet, der gerne mehr als die dann folgenden vierzehn Gedichte geschrieben hätte, aber schon mit ihnen große Ziele anzustreben und zu erreichen verspricht. Dieser Herausgeber ist natürlich er selbst.

Die Gedichte sind bis heute in zahllosen Ausgaben nachzulesen. Man kennt sie, das Vorwort dagegen nicht:

> Joachim Ringelnatzens Turngedichte sind kein abgeschlossenes Vermächtnis. Aus Briefen des allzufrüh Verschollenen (datiert vom 7. Mai 1918 aus der Laurahütte auf Schikoku) geht hervor, daß der Sammlung ein starker Umfang zugedacht war. Aber hat jener verhängnisvolle Seesturm, der uns den Dichter ins rätselhafte Schicksal entführte, auch viele und schönste Erwartungen zerstört, so dürfte andererseits das vorliegende Fragment selber Stürme entfesseln auf dem Gebiet der Literatur wie auf den Gefilden der Volkswohlfahrt. Denn indem der Verfasser als Erster erkannte, daß parallel und gleichzeitig mit den bisher gebräuchlichen Leibesübungen eine turnerische Ausbildung der Sprache und des Denkvermögens

gepflegt werden müsse, um das deutsche Volk wieder auf die herzerquickende Höhe von 1813 zu bringen – hat er vielleicht die wichtigste sozialhygienische Frage des Jahrhunderts gelöst. Den trockenen Lehrmeisterstil verschmäht seine epochale neue Methode. Die scheinbar ganz leicht hingeworfenen Strophen spielen durch alle Saiten dichterischer Empfindung, vom lichtesten Ton burlesker Scherzhaftigkeit bis zum tiefsten Grollen weltmüder Philosophie.

„Nicht zur Maschine erniedrigen soll die Turnerei den Menschen!" – schreibt er an den Magistrat von Kulkwitz – „sondern ihn zum geistbeschwingten Titanen erheben."

Sie wird's.

Wenn einmal diese olympischen Verse dem obligatorischen Turnunterricht einverleibt sind, dann soll eine köstliche Jugend aufkeimen, dann werden sinnige Söhne und markige Töchter ihren beiden Turnvätern Denkmäler schmieden.

Piassava, den 30. Dezember 1919

Anmerkung. Die Gedichte sind während oder zwischen den betreffenden Übungen herzusagen.

Dies also das wunderbar absurde und schwülstige Vorwort des fiktiven Herausgebers. Es folgen die Gedichte und zum Schluss ein Verzeichnis der benutzten Quellen, das Ringelnatz offensichtlich mit Sorgfalt und heimlichen Vergnügen zusammengestellt hat:

- Das deutsche Turnen, von Prof. Dr. Rudolf Gasch, Göschen.
- Die Schnupftabaksdose, Verlag R. Piper u. Co, München.
- Théodore Cahu, Celles qui se donnent, Paris, E. Flammarion.
- Das Berliner Adreßbuch, 1916, drei Bände.

- Jacobus Schnellpfeffer, die Gedichte eines Gefühllosen, München und Berlin, Verlag zum toten Kind, 1903 (sehr selten).
- Deutsches Reimlexikon, Verlag Philipp Reclam jun.
- Petri Burmanni, Poematum libri quattuor, Amstelaedami, 1645.
- Das Geheimnis des Fiakers, von F. Hume, Verlag Robert Lutz (vergriffen).
- The vicar of wakefield, by Himself, o. O. 1789.
- Duden, 9. neubearbeitete Auflage 1919.
- Berliner Morgenpost, 22. Jahrgang, Nr. 351, 4. Spalte, 4. Zeile von unten.

(An dieser Stelle sei auch Herrn Dietrich Oberzel für die gütige Übersetzung des Wortes „Knock-out" nochmals gedankt.)

Das neue Werk des neuen Autors Ringelnatz ist ein großer Erfolg und begründet seinen Ruhm. Aber nicht überall versteht man ihn. So ist in der „Monatsschrift für Turnen, Sport und Spiel" vom Februar 1921 ohne Angabe des Verfassers die folgende Rezension zu lesen:

> In Alfred Richard Meyers Verlag, Berlin Wilmersdorf, erschien ein kleines Heftchen „Joachim Ringelnatzens Turngedichte", das den Anspruch erhebt, „Stürme zu entfesseln auf dem Gebiete der Literatur wie auf den Gefilden der Volkswohlfahrt", „eine turnerische Ausbildung der Sprache und des Denkvermögens" zu pflegen, „die wichtigste sozialhygienische Frage des Jahrhunderts" zu lösen, durch eine „epochale neue Methode" den „trockenen Lehrmeisterstil" zu beseitigen und „eine köstliche Jugend aufkeimen" zu lassen. Und das alles durch Hersagen der „Gedichte" während oder zwischen Turnübungen! Und was sind es für Gedichte? Witzig sein sollende Reimereien, die den sittlichen Anstand in schamloser Weise verletzen, gemeine Zoten und Spöttereien. Vor dem Ankauf des anmaßlichen Machwerks sei gewarnt.

Eine solche Reaktion bleibt die Ausnahme. Leider, möchte man sagen. Eigentlich ist es ein Wunder, dass überhaupt jemand auf dieses Vorwort hereinfällt. Bei den Gedichten werden Vergleiche mit Christian Morgenstern angestellt. Ringelnatz aber soll sie damals noch nicht gekannt haben.

1923 erscheint dann eine Neuausgabe mit den wunderbaren Zeichnungen von Karl Arnold, diesmal ohne Vorwort, dafür mit fünfzehn weiteren Gedichten, von denen nur neun als „Turngedichte" zu bezeichnen sind, in denen dafür andere Sportarten vorkommen wie Fußball, Boxen, Ringen, Laufen oder Schwimmen. Man könnte an dieser Stelle einzelne Gedichte zitieren, wie *Klimmzug*, *Am Barren* oder *Am Hängetau*. Besser, man hat einen besonderen Grund, sich mit einem Gedicht näher zu befassen, wie bei dem folgenden, obwohl es nicht so bekannt ist:

Zum Bockspringen
(*Nach einer Fabel Ae-sops*)

Wie war die Geschichte mit Bobs Wauwau?
Ich erinnere mich nicht ganz genau,
Ob dieser Hund Bobs
 - Eins, zwei, drei - hops! -
Ob dieser Hund ein Rebhuhn gebar?
Auf welcher Seite er schwanger war,
Und inwiefern und ob's
 - Eins, zwei, drei - hops! -
Ein Dackel war, der das Rebhuhn erzeugte
Und ob er das arme Geflügel dann säugte. -
Ich glaube, der Dackel war ein Mops. -
 - Eins, zwei, drei - hops! -
Jedenfalls fraß er zu jedermanns Ärger
Nur Wickelgamaschen und Königsberger,
Auch Danziger Klops.
 - Eins, zwei, drei - hops! -
Ein seltsamer Mops war Bobs Wauwau.
 - Eins, zwei, drei - hops! - au! au!

Diese letzte Strophe enthält unbestreitbar als Resümee die Aussage:

Bobs Mops hopst.

Wer sich ein wenig auskennt mit Gedichten, denkt jetzt unweigerlich an Ernst Jandl und eines seiner berühmtesten Gedichte, mit dem Titel ottos mops, in dem es heißt:

ottos mops hopst

Erstaunlich! Da hopsen unversehens in der deutschsprachigen Lyrik die Möpse – im anzüglichen Plural, Möpse verschiedener Herren auch noch! Man hielt das Hopsen von Ottos Mops, als er 1963 auftauchte, für witzig, was es sicher war und ist, aber auch für einmalig. Nun stellt sich heraus, dass es schon 43 Jahre vorher Bobs Mops gab, der übrigens keinen eigenen Namen bekommt, Ottos Mops auch nicht.

Nur das Gedicht von Ernst Jandl ist erschöpfend analysiert worden. Nun steht bei den Germanisten als Thema für Dissertationen, gegebenenfalls auch Habilschriften, der Vergleich mit Ringelnatzens hopsendem Mops an. Auf die Ergebnisse darf man gespannt sein!

Otto Vowinckel

Wie der „eye catcher“ zu seinem Namen kam

hundert worte werbelehre
werbwart weidenmüller
1924

Die kleine Schrift des Werbefachmanns Johannes Weidenmüller (1881–1936) umfasst gerade einmal 16 Seiten. Bis heute ist sie eins der eigenwilligsten Werbefachbücher deutscher Sprache geblieben. Nicht allein, weil sie in konsequenter Kleinschreibweise daherkommt, sondern auch, weil viele der in ihr ausgebreiteten Fachbegriffe neue, ungewohnte Wortschöpfungen waren. Dabei hatte ihr Autor sie eigentlich nur als eine Art Glossar zu jenem größeren Werk verstanden, das 1926 unter dem Titel „vom begriffbau der anbietlehre“ erschien. Uns ist diese so treffende Weidenmüller-Formel längst abhandengekommen; dafür pflegen wir seit Jahrzehnten auf das Lehnwort Marketing zurückzugreifen. 1924 jedoch, im Jahr als Weidenmüllers Büchlein erschien, gab es diesen Begriff selbst im Amerikanischen noch nicht bzw. nicht in dem Bedeutungsfeld, den er heute umschreibt. So kennt das erste deutsch-englische Reklamefachwörterbuch von 1929 nur den marketing counsel und den marketing consultant und übersetzt dies mit Markterforscher und Absatzorganisator. Damit ist aber allenfalls ein kleiner Teil dessen abdeckt, was die erst in den sechziger Jahren entwickelte Marketing-Lehre mit ihren vier Säulen des Marketing-Mix (Produkt-, Preis-, Distributions- und Kommunikationspolitik) umfasst. 1924 jedoch war Weidenmüllers in der Entstehung begriffene anbietlehre da denkerisch weiter, und seine „hundert worte werbelehre“ ein wichtiger Meilenstein auf diesem Wege. Im Vorwort führt er dazu aus:

> hundert worte werbelehre – das sind nur hundert wichtige gelenkpunkte des werbewissenschaftlichen denkens ... das sind nur hundert andeutungen wieviel mühvolles beobachten, fragen, begriffbilden, ursachsuchen, wieviel denkliches, sprachliches gestalten am werk ist, um die

wissenschaftliche anbietlehre zu bauen, auf deren grundlage die künftige werbearbeit der geschäfte ihre erfolgreichen wirksicheren werbewerke bauen wird…

Unter diesen „hundert worten“ finden sich etwa „blickführung: will auge und aufmerksamkeit zwingend durch augenzeichen und sachinhalt einer werbsache leiten: vom blickfang bis zur blickfessel“ oder „platzstreuen: stellt die anbietliche nachricht (als werbsache oder als verkaufgespräch) auf den platz am verkehrstrom, sodaß gleichzeitig oder nacheinander mehrere empfer von derselben anbiettrage bestreut werden“ oder „sprachner: durchformt den wortlaut der werbsachen und verkaufgespräche nach takt-, ton-, klangführung, satzbildung, satzfügung, sprachbild – wortableitung – wortbildung – begriffbildung.“

Alle „hundert worte“ sind aus deutschen Wortstämmen gebildet. Davon mögen sich viele befremdet fühlen – allzu sehr haben wir uns in den letzten 70 Jahren im Irrglauben eingerichtet, sämtliche Begriffe der Marketingwelt seien in der Madison Avenue in New York erfunden worden.

Als Johannes Weidenmüller nach Studien der Pädagogik und der Kulturgeschichte 1908 die Werbebühne betrat, befand sich die Konsumgüterwerbung in Deutschland noch in den Kinderschuhen. Selbst große Unternehmen ließen es bei Plakaten und Anzeigen in Zeitungen und Illustrierten bewenden. Eine Werbetheorie oder gar Werbewissenschaft existierte nicht einmal im Ansatz. Zu dieser Zeit dominierte das dem Französischen entlehnte Wort „Reklame“ die öffentliche Diskussion. Dagegen wehrte sich Weidenmüller als einziger deutscher Werbefachmann sehr entschieden. Bereits 1912 verbannte er aus seinen Schriften das Wort Reklame durchgängig zugunsten von „Kundenwerbung“. Es schien ihm ja wesentlich praktischer zu sagen „ich werbe“ als „ich mache Reklame“. Noch deutlicher zeigte sich ihm die Überlegenheit des Verbs werben dann, wenn es dazu gebraucht wurde, Wirkungen (Umworbener, beworben werden etc.) zu beschreiben oder wenn es in Komposita-Begriffen auftauchte. Nicht zuletzt wollte er auch den Stilunterschied zwischen der marktschreierischen Reklame und der seriös auftretenden Werbung deutlich machen: „Vornehm wirksam, nicht Reklame / Kundenwerbung sei der Name." Noch wichtiger als all diese sprachpraktischen Erwägungen aber waren für ihn die Denk-Optionen, die sich ihm durch die durchgängige Verwendung des Worts werben/Werbung für das zu errichtende Gebäude einer Werbewissenschaft eröffneten. Werbung – das sah er als ein komplexes Phänomen, das umfassend soziologisch, psychologisch, ökonomisch, kommunikationstheoretisch, ästhetisch usw. durchdacht sein wollte.

Weidenmüller wusste, wovon er sprach. 1908 hatte er in Leipzig die erste deutsche Werbeagentur gegründet, seine „Werkstatt für neue deutsche Wortkunst". Schon damals begriff Weidenmüller seine Tätigkeit – wie heutige Werbeagenturen auch – als die eines Treuhänders; er trat gegenüber seinen Kunden als „Werbeanwalt" auf. Mit dem Ausbruch des Ersten Weltkriegs jedoch waren die Dienstleistungen einer Werbewerkstatt nicht mehr gefragt. Weidenmüller gab seinen Betrieb auf und konzentrierte sich von nun an auf die Theorie. Tief beeindruckte ihn Walter Porstmanns (1886–1959) Buch „sprache und schrift" von 1920. Hierin forderte dieser die Modernisierung der deutschen Sprache und deren Angleichung ans technische Zeitalter und empfahl dazu die konsequente Kleinschreibweise. Porstmann ging es darum, die Menge der Buchstaben-Zeichen zu vermindern, ohne dass ein Informationsverlust eintrat. In den damals bereits in der Alltagssprache angekommenen neuen Kurzworten „Kino" (für Kinematograf) oder „Auto" (für Automobil) sah er diese Entwicklung schon im Gang. All dies bestärkte Weidenmüller – wie übrigens auch die Bauhaus-Bewegung, deren Zeitschrift ja auch in durchgängiger Kleinschreibweise erschien – mit ähnlichen Wortprägungen einer modernen deutschen, wissenschaftlich exakten Werbefachsprache den Weg zu ebnen. Seine Kurzwortprägungen wie empfer (für Empfänger) oder werbwalt (für Werbeanwalt) oder auch gänzlich neue Wortschöpfungen wie anbiettrage (für Werbeträger aller

Art) oder eingeleit und ausgeleit (für „input“ und „output“) dokumentieren dies.

Doch diese Anstrengungen wurden von den Zeitgenossen weder verstanden noch honoriert. Im werbeanalytischen und werbestrategischen Denken war Weidenmüller ihnen um Jahrzehnte voraus. So fiel sein Werk (33 gedruckte und mindestens ebensoviele ungedruckte Bücher, 1200 Aufsätze) der Vergessenheit anheim. Doch einige seiner Begriffsprägungen überlebten ihren Schöpfer und gingen, ohne dass ihre Herkunft mehr erinnert wurde, nicht nur in die Werbefachfach-, sondern auch in unsere Alltagssprache ein, so z. B. „Streuweg“ und „Blickfang“. Sollte das in unseren Agenturen heute inflationär gebrauchte „eye-catcher“ am Ende gar eine Rückübersetzung von Weidenmüllers „Blickfang“ gewesen sein?

Dirk Schindelbeck

Der Sündenbock

Jud Süß

Lion Feuchtwanger

1925

Im Alter von 38 Jahren verfasste der bis dato nur wenigen bekannte Lion Feuchtwanger mit „Jud Süß“ eines der weltweit erfolgreichsten deutschsprachigen Bücher des Zwanzigsten Jahrhunderts. Es machte ihn berühmt und wohlhabend. Bis heute wird das Buch immer wieder neu aufgelegt und hat inzwischen eine Gesamtauflage von annähernd drei Millionen verkauften Exemplaren erreicht.

Seine große Bekanntheit im deutschsprachigen Raum geht auch auf die Namensgleichheit mit einem antisemitischen Hetzfilm von 1940 zurück. Nach 1945 gehörte dessen juristische Aufarbeitung zu den ersten positiven Erscheinungen in den Auseinandersetzungen mit faschistischem Gedankengut in der jungen Bundesrepublik. Es ist jedoch ein noch immer verbreitetes Missverständnis, dieser Film gehe auf das Buch von Feuchtwanger zurück. Nur die historische Person des Joseph Süß Oppenheimer ist identisch. Trotzdem haben das Buch und die Auseinandersetzungen über den Film den Ausdruck „Jud Süß“ zu einem in der deutschen Sprache prägnanten Ausdruck werden lassen.

Das Leben des Joseph Süß Oppenheimer ist umfangreich dokumentiert. Im protestantischen Württemberg des 18. Jahrhunderts war er von einem einfachen jüdischen Kaufmann zum mächtigen Finanzier und Berater des katholischen Herzogs Karl Alexander aufgestiegen; er galt als einer der reichsten jüdischen Kaufleute seiner Zeit. Diesen Reichtum verdankte er seiner engen Verbindung mit dem Herzog, dessen höfisches Prunkleben und dessen politische Intrigen sowie kriegerische Verwicklungen er maßgeblich finanzierte und damit auch förderte. Im damaligen Deutschland wie im gesamten Europa war es einmalig, dass ein katholischer Fürst einer protestantischen Bevölkerung vorstand und dabei die Wirtschaft und die Finanzen einem jüdischen Kaufmann überließ. Oppenheimer war angesehen, gefürchtet und verhasst. Noch am Tag des plötzlichen Todes des Herzogs wurde er verhaftet und später zum Tode verurteilt, was bereits damals als Justizmord angesehen wurde – nur allzu offensichtlich versuchten der Adel und die höhere Geistlichkeit wie auch die Vertreter des Bürgertums sich aus ihren eigenen Verquickungen während der Regierungszeit des verstorbenen Herzogs zu befreien, indem sie die alleinige Schuld für alles Ungemach auf einen Juden überwälzten. Mit der Hinrichtung von Süß endet auch das Buch:

> Süß wurde vom Schinderkarren losgebunden. Er stand, die Glieder steif, blinzelte. Er sah die Menschen in den Logen, die Perücken, die geschminkten Gesichter der Frauen. Er sah die Truppen, die den Platz absperrten. Ei, man hatte sich mächtig angestrengt; das waren allein um den Galgen mindestens fünf Kompagnien. Selbstverständlich hatte, sichtbarlich vornean, der Major von Röder die militärische Oberleitung. Ja, ja, es brauchte viel Strategie, ihn, den Süß, jetzt vollends aus der Welt zu schaffen. Süß sah die Zehntausende von Gesichtern, neugierige Weiber, die Münder bereit zum Keifen, Männer, bereit, befriedigt zu schmatzen und zu knurren, Kindergesichter, pausbäckig, großäugig, bestimmt, so leer und bösartig zu werden wie die Fratzen der Eltern. Er sah den Atem der Menge, weißlich dampfend, sehr leibhaft in dem hellen Frost, die gierigen Augen, die gereckten Hälse, die sich vormals so devot vor ihm gebeugt hatten. Er sah das Vogelbauer, den umständlichen, schimpflichen Apparat seiner Tötung. Und während er dies sah, drang in sein Ohr etwas Plärrendes, Kläffendes. Der Stadtvikar Hoffmann hatte es sich nicht nehmen lassen, ihn unterm Galgen zu erwarten, nochmals auf ihn einzureden, von Himmel und Erde, von Verzeihung der Menschen und Gottes, von Sühnung und Glauben. Süß sah dies und hörte dies, er schaute langsam den Stadtvikar auf und ab,

> wandte sich weg, spie aus. Aufgerissene Augen, leises, empörtes, rasch verstummendes Schnauben der Menge.
>
> Jetzt machten sich die Schinderknechte in ihren neuen, grellen Uniformen an ihn heran, öffneten ihm den Rock. Er spürte die rohen, ungefügen Hände, Ekel stieg hoch, er reckte sich, seine Steifheit war weg, er schlug um sich, wehrte sich verzweifelt. Alle Hälse wurden länger. Es war kurios anzusehen, wie der Mann in dem weißen Bart, in den Galakleidern, den blitzenden Edelstein an der Hand, sich mit den Knechten herumschlug, zappelte. Die Kinder lachten, jubelten, patschten in die Hände; auf den Tribünen begann eine geschminkte Frau schrill und anhaltend zu schreien, man mußte sie wegbringen. Das Barett des Juden fiel auf die nasse Erde, wurde in Kot gestampft. Die Henker packten ihn hart an, rissen ihm den Rock auf, sperrten ihn in den Käfig, legten ihm die Schlinge um den Hals.

Danach wurde die Leiche sechs Jahre in einem Käfig zur Schau gestellt. 1998 wurde ein Platz in der Stuttgarter Innenstadt nach Joseph Süß Oppenheimer benannt.

Feuchtwanger hält sich eng an historische Vorbilder. Seine wichtigste Abweichung besteht im Einbau einer Tochter Oppenheimers, welcher der Herzog nachstellt. Als einzigen Ausweg sieht die Tochter den Freitod. Der Vater wird geläutert, findet zur jüdischen Religion zurück und arbeitet nun auf den Sturz des Herzogs hin. Dem kommt dessen plötzlicher Tod zuvor.

Schon früh sah Lion Feuchtwanger das faschistische Verhängnis voraus. 1932 verließ er Deutschland für Vortragsreisen in England und den USA. Er kehrte nicht zurück. Seit 1933 lebte er – auf Grund seines internationalen Erfolges materiell sorgenlos – in Südfrankreich. Bei Kriegsausbruch wurden Feuchtwanger und seine Frau Marta unter lebensbedrohlichen Umständen interniert, bis es beiden mit Hilfe amerikanischer Konsulatsangehöriger gelang, in die USA zu fliehen. Bis an sein Lebensende lebte Feuchtwanger fortan in der Nähe von Los Angeles in der Villa Aurora, heute ein Begegnungszentrum deutscher und amerikanischer Künstler. Er war einer der wenigen deutschen Literaten im Exil mit umfangreichen ausländischen Lizenzeinnahmen, von denen er und seine Frau ohne materielle Not leben konnten.

Ende 1936 bis Anfang 1937 hatte Feuchtwanger die Sowjetunion besucht und war von einem der größten Massenmörder der Geschichte wie ein Staatsgast empfangen worden. Seitdem verherrlichte er Stalin, was sicher auch zur enormen Verbreitung seiner Bücher in der DDR und zu staatlichen Auszeichnungen (1953 Nationalpreis 1. Klasse) beigetragen hat, genauso wie zu einer distanzierteren Rezeption seiner Werke in der Bundesrepublik.

Deren literarische Qualität, einschließlich der des Jud Süß, ist umstritten. Feuchtwangers Stärke war das intime, detaillierte Erfassen historischer Stoffe und Persönlichkeiten und ihre einprägsame sowie schnell verständliche Schilderung. Die faktengetreue Tiefe und die Breite seiner historischen Romane sind in der deutschsprachigen Literatur seither unerreicht.

Klaus Leciejewski

Nachdruck der Textauszüge mit freundlicher Genehmigung des Aufbau-Verlags Berlin.

Das Widerfahrnis

Der Proceß

Franz Kafka

1925

Erste Sätze stellen Weichen. Und zwar in vielerlei Hinsicht: Sie schlagen den Ton an, situieren ein Geschehen, stimmen den Leser ein. Und manchmal enthalten sie in denkbar knappster Form im Keim schon all das, was im Folgenden erzählt und geschildert wird. So der berühmte Anfangssatz von Franz Kafkas Romanfragment „Der Proceß“:

> Jemand mußte Josef K. verleumdet haben, denn ohne daß er etwas Böses getan hätte, wurde er eines Morgens verhaftet.

Mit Josef K. geschieht etwas, womit er nicht gerechnet hat und das ihn aus der Bahn wirft: ein Unheil, das weiteres Unheil ankündigt. Die Verhaftung ist etwas, das ihm *widerfährt*: Widerfahrnisse sind Ereignisse, die man nicht vorhergesehen hat (oder vorhersehen konnte), etwas, das einem plötzlich zustößt. Von nun an ist alles anders. Das Widerfahrnis zerteilt die Welt und das Leben in ein Vorher und Nachher.

Das Handeln des einen ist das Widerfahrnis des anderen. Was aus der Sicht der Sanktionsorgane eine geplante, rationell durchgeführte Aktion ist, erfährt Josef K. als schmählichen Überfall. In diesem Punkt hat Kafka übrigens seine Formulierung des Anfangssatzes gegenüber der ersten, ursprünglichen Fassung verändert und nachgeschärft: In der handschriftlichen Fassung des Manuskripts lautete der letzte Teil des Satzes nämlich zunächst „ …, war er eines Morgens gefangen“. Dies in „wurde er eines Morgens verhaftet“ geändert zu haben, war ein genialer Einfall. Gefangen zu sein ist ein Zustand (und zugleich ein Gefühl); verhaftet zu werden, beschreibt hingegen eine Aktion, bei der man Objekt und Opfer von Handlungen anderer ist.

Doch die Verhaftung ist erst der Auftakt. Jeder Versuch einer Erklärung dessen, was mit ihm geschieht, scheitert; und alle Ansätze, von anderen die Gründe für seine Situation zu erfahren, verstricken Josef K. immer mehr in ein labyrinthisches System, aus dem es trotz zwischenzeitlich aufkeimender Hoffnung letztlich kein Entkommen gibt. Charakteristisch ist dafür eine bestimmte Art der Kommunikation, wie sie zum Beispiel im Disput mit den Wächtern Willem und Franz zum Ausdruck kommt. Etwa, wenn Willem großspurig verkündet:

> „Unsere Behörde, soweit ich sie kenne, und ich kenne nur die niedrigsten Grade, sucht doch nicht etwa die Schuld in der Bevölkerung, sondern wird wie es im Gesetz heißt von der Schuld angezogen und muß uns Wächter ausschicken. Das ist Gesetz. Wo gäbe es da einen Irrtum?" „Dieses Gesetz kenne ich nicht", sagte K. „Desto schlimmer für Sie", sagte der Wächter. „Es besteht wohl auch nur in ihren Köpfen", sagte K., er wollte sich irgendwie in die Gedanken der Wächter einschleichen, sie zu seinen Gunsten wenden oder sich dort einbürgern. Aber der Wächter sagte nur abweisend: „Sie werden es zu fühlen bekommen." Franz mischte sich ein und sagte: „Sieh Willem er gibt zu, er kenne das Gesetz nicht und behauptet gleichzeitig, schuldlos zu sein." „Du hast ganz recht, aber ihm kann man nichts begreiflich machen", sagte der andere. K. antwortete nichts mehr; muß ich, dachte er, durch das Geschwätz dieser niedrigsten Organe – sie geben selbst zu, es zu sein – mich noch mehr verwirren lassen? Sie reden doch jedenfalls von Dingen, die sie gar nicht verstehn. Ihre Sicherheit ist nur durch ihre Dummheit möglich.

Die Macht, auch die kleine und dumme Macht, gewinnt immer. Sie braucht sich nicht zu legitimieren, und kann dort, wo sie es dennoch versucht, jeden Unsinn erzählen. Ein Unsinn freilich, den sie selber glaubt. Zugleich entwickelt sie jedoch ein großes Geschick, die Schwächen des anderen aufzuspüren und ihm das Wort im Munde umzudrehen. Was immer er sagt oder nicht sagt, es gerät zu seinem Nachteil und wird gegen ihn verwendet.

Der Roman variiert virtuos zwei Grunddimensionen der Ausübung von Macht: Raum und Zeit. Macht hat, wer andere warten lassen kann, wer in der Lage ist, ihnen *seine* Zeit aufzuprägen. Und ferner: wer die Bewegungen des anderen dirigieren kann und ihn so – und sei es in dessen Vorstellungswelt – seiner Raumordnung unterwirft.

> K. wartete während der nächsten Woche von Tag zu Tag auf eine neuerliche Verständigung, er konnte nicht glauben, daß man seinen Verzicht auf Verhöre wörtlich genommen hatte und als die erwartete Verständigung bis Samstag abend wirklich nicht kam, nahm er an, er sei stillschweigend in das gleiche Haus für die gleiche Zeit wieder vorgeladen.

Auch ohne erneut einbestellt worden zu sein, begibt sich K. nach der ersten Verhandlung zu einem weiteren Termin und findet einen leeren Sitzungssaal vor. Trotzdem versucht er, von den anwesenden Bediensteten einige Auskünfte über seine Angelegenheit zu erhalten, ohne Erfolg. Und als es ihm schließlich gelingt, in die Räumlichkeiten der im Dachboden untergebrachten Kanzleien vorzudringen, erleidet er im Labyrinth der Gänge und Funktionsräume einen Schwächeanfall, der ihn an die Grenze seiner Wahrnehmungs- und Urteilsfähigkeit führt.

> „Wollen Sie sich nicht hier niedersetzen." „Nein", sagte K. „ich will mich nicht ausruhn." Er hatte das mit möglichster Bestimmtheit gesagt, in Wirklichkeit hätte es ihm aber sehr wohlgetan sich niederzusetzen; er war wie seekrank. Er glaubte auf einem Schiff zu sein, das sich in schwerem Seegang befand. Es war ihm als stürze das Wasser gegen die Holzwände, als komme aus der Tiefe des Ganges ein Brausen her, wie von überschlagendem Wasser, als schaukle der Gang in der Quere und als würden die wartenden Parteien zu beiden Seiten gesenkt und gehoben.

Die Wirklichkeit wankt. Was immer gesagt, gedacht oder getan wird, stellt sich schon im nächsten Augenblick wieder anders dar. Alle Sinnzuschreibung erweist sich als vorläufig und am Ende als trügerisch. Auf festem Grund steht nur die Organisation. Sie gewährt ihren Mitgliedern Ordnung und Sicherheit, einen Rahmen, in dem sie sich traumwandlerisch bewegen, obwohl auch sie immer nur einen kleinen Teilausschnitt überblicken. Gewissheit und Selbstbewusstsein gewinnen sie nur, indem sie sich mit ihr identifizieren und sich ihr rückhaltlos unterwerfen. Anpassung, Willfährigkeit und Unauffälligkeit sind hier die obersten Verhaltensmaximen:

> Nur keine Aufmerksamkeit erregen! Sich ruhig verhalten, selbst wenn es einem noch so sehr gegen den Sinn geht! Einzusehen versuchen, daß dieser große Gerichtsorganismus gewissermaßen ewig in Schwebe bleibt und daß man zwar, wenn man auf seinem Platz selbständig etwas ändert, den Boden unter den Füßen sich wegnimmt und selbst abstürzen kann, während der große Organismus sich selbst für die kleine Störung leicht an einer andern Stelle – alles ist doch in Verbindung – Ersatz schafft und unverändert bleibt, wenn er nicht etwa, was sogar wahrscheinlich ist, noch geschlossener, noch aufmerksamer, noch strenger, noch böser wird.

Für K. ist die Organisation des Gerichts ein Universum der Ungewissheit. Nichts ist klar, aber alles ist möglich. Hinter jeder Tür, jeder Geste und jedem Verhalten der niederen oder höheren Bediensteten lauert etwas, in das er keinerlei Einblick hat und von dem er zugleich abhängig ist. Es ist diese Mischung aus – unterstellter – Berechenbarkeit, Geheimhaltung, Zufall und Willkür, die der ganzen Atmosphäre ihren Stempel aufdrückt und die sich für K. in ein existenzielles Ohnmachtsgefühl verwandelt, gegen das er letztlich vergeblich ankämpft.

Das eigentlich Unheimliche besteht darin, dass alle Versuche der Sinnstiftung scheitern. Alle Erklärungsversuche versagen und münden in neue, umso größere Ungewissheit. Worum es in dem Prozess eigentlich geht, ist bis zum Schluss unklar. Es sind diese Kumulationen der Ungewissheit, gepaart mit einem elementaren Gefühl des Ausgeliefertseins und der Ausweglosigkeit, die Verhältnisse charakterisieren, die wir heute mit dem Adjektiv „kafkaesk" belegen.

Der Roman zeichnet das Portrait einer Gesellschaft, in der jedes Vertrauen, jedes Zutrauen zerfällt. Ohne ein Minimum an Gewissheit wird jedes Verhalten sinnlos. Am Ende ist es eine fundamentale Zersetzung aller Beziehungen, der Verlust jedes Grundvertrauens in Institutionen oder Personen, was die Dramatik des Geschehens ausmacht und den Sog der Erzählung bestimmt.

> Wäre er allein in der Welt gewesen, hätte er den Proceß leicht mißachten können, wenn es allerdings auch sicher war, daß dann der Proceß überhaupt nicht entstanden wäre.

Rainer Paris

Im Dickicht der Zivilisation

Der Steppenwolf
Hermann Hesse
1927

Hermann Hesse, 1877 im württembergischen Calw geboren, lebte ab 1912 in der Schweiz, ab 1919 bis zu seinem Tod 1962 in Montagnola, seinem Horst über dem Luganer See im Tessin. Seine Bücher stellen nicht unbedingt leichte Kost dar, erreichten aber trotzdem weltweit eine beispiellose Popularität. Die Hauptschwierigkeit des *Steppenwolf* bildet die Tatsache, dass vieles hier, nicht nur Harry Haller, der uns seine Lebenserfahrungen berichtet, auch die Musik, Mozart und Goethe, der Humor, Selbstmord, Glück und Leiden, der Bürger, das Ich, ja der Wolf, immer wieder neue Gesichter bekommt und Verschiedenes bedeuten kann. Hesses Beliebheit lässt sich dadurch erklären, dass hier inmitten der industriellen Nivellierung unserer Tage der Charme des Natürlichen und Primitiven, das Interesse für das Individuelle aufblüht, wie vor allen Dingen auch das erfrischende Sinnangebot, das von jedem seiner Erzählungen auszugehen scheint. Der Autor ist unter keiner parteipolitischer Tendenz rubrizierbar und trotz seines lebenslangen Hanges zum Religiösen keiner Kirche angehörig. 1946 erhielt er den Nobelpreis für Literatur.

Thema von *Der Steppenwolf* ist die existenzielle Notsituation des modernen Intellektuellen, der den inneren Wolf durch einen falschen Persönlichkeitskult zu verdrängen sucht. Ichwahn und Künste sind die Rettungswesten im chaotischen Strudel des Lebens. Bürgerlichkeit soll alles Unzivilisierte ersticken. Was verlorene Liebesmüh bleiben muss: Das höchst Erreichbare ist allenfalls der Humor, der faule Kompromiss derer, die dem „Steppenwolf"-Konflikt nicht gewachsen sind. Wir zitieren aus dem sogenannten *Tractat*, dem zentralen rationalen Text in diesem ansonsten märchenhaften Roman:

> Prüfen wir daraufhin die Seele des Steppenwolfes, so stellt er sich dar als ein Mensch, den schon sein hoher Grad von Individuation zum Nichtbürger bestimmt –

denn alle hochgetriebene Individuation kehrt sich gegen das Ich und neigt wieder zu dessen Zerstörung. Wir sehen, daß er sowohl nach dem Heiligen wie nach dem Wüstling hin starke Antriebe in sich hat, jedoch aus irgendeiner Schwäche oder Trägheit heraus den Sprung in den freien wilden Weltraum nicht nehmen konnte und an das schwere mütterliche Gestirn des Bürgertums gebannt bleibt. Dies ist seine Lage im Raum der Welt, dies seine Gebundenheit. Die allermeisten Intellektuellen, der größte Teil der Künstlermenschen gehört demselben Typus an. Nur die stärksten von ihnen durchstoßen die Atmosphäre der Bürgererde und gelangen ins Kosmische, die andern alle resignieren oder schließen Kompromisse, verachten das Bürgertum und gehören ihm dennoch an und stärken und verherrlichen es, indem sie letzten Endes es bejahen müssen, um noch leben zu können. Es reicht diesen zahlreichen Existenzen nicht zur Tragik, wohl aber zu einem recht ansehnlichen Mißgeschick und Unstern, in dessen Hölle ihre Talente gar gekocht und fruchtbar werden. Die wenigen, die sich losreißen, finden ins Unbedingte und gehen auf bewundernswerte Weise unter, sie sind die Tragischen, ihre Zahl ist klein. Den andern aber, den Gebundenbleibenden, deren Talenten oft das Bürgertum große Ehre zollt, ihnen steht ein drittes Reich offen, eine imaginäre, aber souveräne: der Humor. Die friedlosen Steppenwölfe, diese beständig und furchtbar Leidenden, denen die zur Tragik, zum Durchbruch in den Sternenraum erforderliche Wucht versagt ist, die sich zum Unbedingten berufen fühlen und doch in ihm nicht zu leben vermögen: ihnen bietet sich, wenn ihr Geist im Leiden stark und elastisch geworden ist, der versöhnliche Ausweg in den Humor. Der Humor bleibt stets irgendwie bürgerlich, obwohl der echte Bürger unfähig ist, ihn zu verstehen. In seiner imaginären Sphäre wird das verzwickte, vielspältige Ideal aller Steppenwölfe verwirk-

> licht: hier ist es möglich, nicht nur gleichzeitig den Heiligen und den Wüstling zu bejahen, die Pole zueinander zu biegen, sondern auch noch den Bürger in die Bejahung einzubeziehen. Es ist ja dem Gottbesessenen sehr wohl möglich, den Verbrecher zu bejahen, und ebenso umgekehrt, ihnen beiden aber, und allen anderen Unbedingten, ist es unmöglich, auch noch jene neutrale laue Mitte, das Bürgerliche, zu bejahen. Einzig der Humor, die herrliche Erfindung der in ihrer Berufung zum Größten Gehemmten, der beinahe Tragischen, der höchstbegabten Unglücklichen, einzig der Humor (vielleicht die eigenste und genialste Leistung des Menschentums) vollbringt dies Unmögliche, überzieht und vereinigt alle Bezirke des Menschenwesens mit den Strahlungen seiner Prismen. In der Welt zu leben, als sei es nicht die Welt, das Gesetz zu achten und doch über ihm zu stehen, zu besitzen, „als besäße man nicht", zu verzichten, als sei es kein Verzicht – alle diese beliebten und oft formulierten Forderungen einer hohen Lebensweisheit ist einzig der Humor zu verwirklichen fähig.

Die Dualität Kopf–Wolf bzw. Bürger–Steppenwolf, ist die gefahrenvolle Kopfgeburt des Bildungsphilisters. Wahrheit läge in der Auflösung des Persönlichkeitswahns, in der Preisgabe seiner Ich-Bindung. Die in der Geburt erfolgte Individuation muss rückgängig gemacht werden. Überwindung des Zeitlichen, Rückkehr ins Kosmische und Aufgehen im Sog ewigen Daseins ist unsere letzte Bestimmung, wie es schon Schopenhauers *Die Welt als Wille und Vorstellung* lehrte:

> Jede Geburt bedeutet Trennung vom All, bedeutet Umgrenzung, Absonderung von Gott, leidvolle Neuwerdung. Rückkehr ins All, Aufhebung der leidvollen Individuation, Gottwerden bedeutet: seine Seele so erweitert haben, daß sie das All wieder zu umfassen vermag.
>
> Es ist hier nicht die Rede vom Menschen, den die Schule, die Nationalökonomie, die Statistik kennt, nicht vom

Menschen, wie er zu Millionen auf den Straßen herumläuft und von dem nichts anders zu halten ist als vom Sand am Meer oder von den Spritzern der Brandung: es kommt auf ein paar Millionen mehr oder weniger nicht an, sie sind Material, sonst nichts. Nein, wir sprechen hier vom Menschen im hohen Sinn, vom Ziel des langen Weges der Menschwerdung, vom königlichen Menschen, von den Unsterblichen. Das Genie ist nicht so selten, wie es uns oft scheinen will, ist freilich auch nicht so häufig, wie die Literatur- und Weltgeschichten oder gar die Zeitungen meinen. Der Steppenwolf Harry, so scheint es uns, wäre Genie genug, um das Wagnis der Menschwerdung zu versuchen, statt sich bei jeder Schwierigkeit wehleidig auf seinen dummen Steppenwolf hinauszureden.

Daß Menschen von solchen Möglichkeiten sich mit Steppenwölfen und „zwei Seelen, ach!" behelfen, ist ebenso verwunderlich und betrübend, wie daß sie so oft jene feige Liebe zum Bürgerlichen haben. Ein Mensch, der fähig ist, Buddha zu begreifen, ein Mensch, der eine Ahnung hat von den Himmeln und Abgründen des Menschentums, sollte nicht in einer Welt leben, in welcher common sense, Demokratie und bürgerliche Bildung herrschen. Nur aus Feigheit lebt er in ihr, und wenn seine Dimensionen ihn bedrängen, wenn die enge Bürgerstube ihm zu eng wird, dann schiebt er es dem „Wolf" in die Schuhe und will nicht wissen, daß der Wolf zuzeiten sein bestes Teil ist. Er nennt alles Wilde in sich Wolf und empfindet es als böse, als gefährlich, als Bürgerschreck – aber er, der doch ein Künstler zu sein und zarte Sinne zu haben glaubt, vermag nicht zu sehen, daß außer dem Wolf, hinter dem Wolf, noch viel andres in ihm lebt, daß nicht alles Wolf ist, was beißt, daß da noch Fuchs, Drache, Tiger, Affe und Paradiesvogel wohnen. Und daß diese ganze Welt, dieser ganze Paradiesgarten von holden und schrecklichen, großen und kleinen, starken und zarten

Gestaltungen erdrückt und gefangengehalten wird von dem Wolfmärchen, ebenso wie der wahre Mensch in ihm vom Scheinmenschen, vom Bürger, erdrückt und gefangengehalten wird.
Man stelle sich einen Garten vor, mit hunderterlei Bäumen, mit tausenderlei Blumen, hunderterlei Obst, hunderterlei Kräutern. Wenn nur der Gärtner dieses Gartens keine andre botanische Unterscheidung kennt als „eßbar" und „Unkraut", dann wird er mit neun Zehnteln seines Gartens nichts anzufangen wissen, er wird die zauberhaftesten Blumen ausreißen, die edelsten Bäume abhauen oder wird sie doch hassen und scheel ansehen. So macht es der Steppenwolf mit den tausend Blumen seiner Seele. Was nicht in die Rubriken „Mensch" oder „Wolf" paßt, das sieht er gar nicht. Und was zählt er nicht alles zum „Menschen"! Alles Feige, alles Affenhafte, alles Dumme und Kleinliche, wenn es nur nicht gerade wölfisch ist, zählt er zum „Menschen", ebenso wie er alles Starke und Edle, nur weil es ihm noch nicht gelang, seiner Herr zu werden, dem Wölfischen zuschreibt.

Nicht Selbstmord bricht einer Rückkehr ins Kollektiv Bahn, sondern, wie es unser Roman vorführt, Tanz und Drogen, Musik und Mozart, und – ganz obenan – ein dröhnendes Lachen.

Roland Duhamel

Das nackte Überleben

Im Westen nichts Neues
Erich Maria Remarque
1928

„Im Westen nichts Neues“ – das ist neben Ernst Jüngers 1920 erschienenem Tagebuchroman „In Stahlgewittern“ das zweite große Literaturdokument des Ersten Weltkrieges. Beide Romane sind sich in der oft brutal anschaulichen Schilderung des Tötens und Sterbens ähnlich. Allerdings hat nur Ernst Jünger alles über vier Jahre hinweg selbst erlebt; seine „Stahlgewitter“ sind insofern noch um einiges authentischer. Erich Maria Remarque war nur wenige Wochen an der Front. Im Juni 1917 war er als Soldat eingezogen, aber bereits Ende Juli 1917 so schwer verwundet worden, dass er den Rest des Krieges in einem Lazarett verbringen musste. Sein Roman gibt die Erfahrungen wieder, die ihm dort von Verletzten und Sterbenden berichtet wurden und die er dann eine fiktive Hauptfigur, einen Kriegsfreiwilligen namens Paul Bäumer, schildern lässt. Anders als in Jüngers Darstellung des Krieges als eine Art Naturereignis leidet der Leser unmittelbarer mit, weshalb „Im Westen nichts Neues“ eher zum klassischen Antikriegsroman wurde als „In Stahlgewittern“.

Eine Rolle dürften dabei auch die politischen Umstände gespielt haben: Remarques 1928 erschienener Roman wurde 1930 in den USA verfilmt. 1931 wurde Remarque für den Friedensnobelpreis vorgeschlagen. 1933 wurde der Roman in Deutschland als „schändliches und unerwünschtes Schrifttum“ verboten und öffentlich verbrannt. Remarque verließ Deutschland denn auch sofort in Richtung Schweiz. 1938 wurde er ausgebürgert, 1947 erhielt er die US-Staatsbürgerschaft. Seine Schwester Elfriede Scholz wurde 1943 wegen „Wehrkraftzersetzung“ hingerichtet.

Der 1898 in Osnabrück geborene und 1970 in Locarno verstorbene Erich Maria Remarque hieß ursprünglich Erich Paul Remark. Den zweiten Vornamen „Maria“ hatte er sich in Anlehnung an Rainer Maria Rilke, den er verehrte, zugelegt. Remarque wollte ursprünglich Lehrer werden, war es aber nur von 1918 bis 1920, ehe er aus diesem Beruf ausschied, um Schriftsteller und Journalist zu werden.

Remarques Romanhauptfiguren sind vier Klassenkameraden: „der kleine Albert Kropp, der von uns am klarsten denkt und deshalb erst Gefreiter ist; Müller V, der noch Schulbücher mit sich herumschleppt und vom Notexamen träumt, im Trommelfeuer büffelt er physikalische Lehrsätze; Leer, der einen Vollbart trägt und große Vorliebe für Mädchen aus den Offizierspuffs hat …; und als vierter ich, Paul Bäumer. Alle vier neunzehn Jahre alt, alle vier aus derselben Klasse in den Krieg gegangen."

„Im Westen nichts Neues" beginnt recht lapidar: „Wir liegen neun Kilometer hinter der Front. Gestern wurden wir abgelöst; jetzt haben wir den Magen voll weißer Bohnen mit Rindfleisch und sind satt und zufrieden. Sogar für abends hat jeder noch ein Kochgeschirr voll fassen können; dazu gibt es außerdem doppelte Wurst- und Brotportionen – das schafft." Immer wieder dreht sich alles um Essen und Trinken, zum Beispiel wenn zwei Gänse entdeckt, geschlachtet und gebraten werden. Oder an anderer Stelle: „Dem Soldaten ist sein Magen und seine Verdauung ein vertrauteres Gebiet als jedem anderen Menschen. Drei Viertel seines Wortschatzes sind ihm entnommen …"

Diese Sätze zeigen, worum es im Krieg geht: um das nackte Überleben und um das Aufrechterhalten der vitalen Funktionen. Das Getötetwerden bzw. das Tötenmüssen folgen freilich bald: „Aber niemand hat uns in der Schule beigebracht, wie man bei Regen und Sturm eine Zigarette anzündet, wie man ein Feuer aus nassem Holz machen kann – oder dass man ein Bajonett am besten in den Bauch stößt, weil es da nicht festklemmt wie bei den Rippen." An anderer Stelle wird das Handwerk des Tötens noch drastischer dargestellt: „Der geschärfte Spaten ist eine leichtere und vielseitigere Waffe, man kann ihn nicht nur unter das Kinn stoßen, sondern vor allem damit schlagen, das hat größere Wucht; besonders wenn man schräg zwischen Schulter und

Hals trifft, spaltet man leicht bis zur Brust durch. Das Seitengewehr bleibt beim Stich oft stecken, man muss dann erst dem anderen kräftig gegen den Bauch treten, um es loszukriegen …"

Sehr realistisch und wiederkehrend sind die Darstellungen des Sterbens an der Front: „Neben mir wird einem Gefreiten der Kopf abgerissen. Er läuft noch einige Schritte, während das Blut ihm wie ein Springbrunnen aus dem Halse schießt." Oder an anderer Stelle: „Da alle Leute, die wir sehen, tot sind, lassen wir uns nicht aufhalten … Schließlich ist es ja auch nicht unsere Angelegenheit, diesen Tragbahrenhengsten die Arbeit abzunehmen." Wie den jungen Soldaten jede Minute das Sterben bewusst ist, wie sie gleichwohl stoisch und sarkastisch damit umgehen, zeigt das folgende Erlebnis: „Wir gehen zwei Tage früher an die Front. Auf dem Weg passieren wir eine zerschossene Schule. An ihrer Längsseite aufgestapelt steht eine doppelte, hohe Mauer von ganz neuen, hellen, unpolierten Särgen … Es sind mindestens hundert …. Die Särge sind ja tatsächlich für uns. In solchen Dingen klappt die Organisation."

Völlig im Kontrast dazu steht eine andere Passage, bei der es um ein amouröses Abenteuer mit französischen Mädchen geht: „Wie anders ist dies alles als die Dinge in den Mannschaftsbordells, zu denen wir Erlaubnis haben und wo in langer Reihe angestanden wird." Und ebenfalls im Kontrast dazu als mit das Anrührendste des Romans stehen Bäumers Heimaturlaube und Besuche bei seiner krebskranken Mutter: „Da ist meine Mutter, da ist meine Schwester, da mein Schmetterlingskasten und da das Mahagoniklavier – aber ich bin noch nicht ganz da. Es sind ein Schleier und ein Schritt dazwischen."

Bei allem mentalen Gefangensein von der Brutalität des Krieges und bei aller nachvollziehbaren Abstumpfung reflektieren die jungen Soldaten freilich immer wieder ihre Lage: „… Das Leben ist nur auf einer ständigen Lauer gegen die Bedrohung des Todes, – es hat uns zu denkenden Tieren gemacht, um uns die Waffe des Instinkts zu geben, – es hat uns mit Stumpfheit durchsetzt …" Über diejenigen, die zu Hause auf Kriegsbegeisterung machen oder machten, heißt es: „Die Menschen hatten eben alle keine Ahnung von dem, was kam. Am vernünftigsten waren eigentlich die armen und einfachen Leute; sie hielten den Krieg gleich für ein Unglück, während die bessergestellten vor Freude nicht aus noch ein wussten …" Und dann auch die Sorge um das Nachher: „Zwei Jahre Schießen und Handgranaten – das kann man doch nicht ausziehen wie einen Strumpf nachher –"

Eine herausragende, über mehrere Seiten hinweg eindringlich dargestellte Front-Szene lässt Bäumer in einem Schützengraben einen französischen Soldaten töten: „Gerade will ich mich etwas umdrehen, da poltert es, und schwer und klatschend fällt ein Körper zu mir in den Trichter, rutscht ab, liegt auf mir – ich denke nicht, ich fasse keinen Entschluss – ich stoße rasend zu und fühle, wie der Körper zuckt und dann weich wird und zusammensackt … Er ist tot, sage ich mir, er muss tot sein, er fühlt nichts mehr – was da röchelt, ist nur noch der Körper … Wenn ich nur meinen Revolver nicht beim Kriechen verloren hätte, ich würde ihn erschießen. Erstechen kann ich ihn nicht … Nachmittags um drei Uhr ist er tot …" Dann im „Dialog" mit dem Toten: „Jetzt sehe ich erst, dass du ein Mensch bist wie ich … jetzt sehe ich deine Frau und dein Gesicht und das Gemeinsame. Vergib mir, Kamerad!"

Der Roman endet mit einer Darstellung der Ereignisse und Erlebnisse in einem Lazarett. Und auch hier geht es ungeschminkt um das ganze Grauen des Krieges: „Im Stockwerk tiefer liegen Bauch- und Rückenmarkschüsse, Kopfschüsse und beiderseitig Amputierte. Rechts im Flügel Kieferschüsse, Gaskranke, Nasen-, Ohren- und Halsschüsse. Links im Flügel Blinde und Lungenschüsse, Beckenschüsse, Gelenkschüsse, Nierenschüsse, Hodenschüsse, Magenschüsse. Man sieht hier erst, wo ein Mensch überall getroffen werden kann." Besonders eindrucksvoll wird das sich lange hinziehende Sterben des vierzigjährigen Lewandowski, der wegen eines Bauchschusses seit zehn Monaten im Hospital liegt, beschrieben. Kurz vor seinem Tod wird er im Lazarett von seiner Frau besucht und: „er will sie haben, und er soll sie haben, fertig." Für eine Viertelstunde, die anderen stehen sozusagen Schmiere und fangen die Schwestern ab.

Paul Bäumer kehrt im Winter 1917/18 an die Front zurück. Dort endet der Roman fast so lapidar wie er angefangen hatte: „Er fiel im Oktober 1918, an einem Tag, der so ruhig und still war an der ganzen Front, dass der Heeresbericht sich nur auf den Satz beschränkte, im Westen sei nichts Neues zu melden … Sein Gesicht hatte einen so gefassten Ausdruck, als wäre er beinahe zufrieden damit, dass es so gekommen war.“

Josef Kraus

Vom möglichen Leben

Hortense oder Die Rückkehr nach Baden-Baden
Otto Flake
1933

„Wirklichkeit und Möglichkeit ergänzen sich zur Summe, die für alle Menschen die gleiche ist. Jeder lebt in seiner engen Wirklichkeit – jeder kann sie um das Mögliche erweitern.“ Hier spricht der Autor direkt durch eine seiner Romanfiguren. Die Überzeugung, dass die Wirklichkeit nicht schon das Bestmögliche für uns ist, dass sie vielmehr einen Experimentierraum, ein der Ergänzung bedürftiges Probestück darstellt, ist Otto Flakes wichtigstes Thema und der Beweggrund seiner Erzählkunst zugleich. Was wäre gewesen, wenn – was geschieht unter diesen, was unter jenen Bedingungen? Das sind Leitfragen eines Schriftstellers, der die Höhen des Ruhms ebenso kennengelernt hat, wie den Absturz ins Vergessen und die blanke Not. Nichts hat ihn gehindert, das mögliche Leben weiter zu erkunden, die Abwege vom Gewöhnlichen, von der vorbestimmten Laufbahn sind sein erzählerisches Terrain. „Ich sehe, dass der Mensch in einem Spannungsfeld lebt.“ Er existiert nicht, „um es sich in der Harmonie bequem … zu machen. Er ist einfach da, um den aktivistischen Lebensdrang, dem er sein Dasein verdankt, zu betätigen, auf seine Weise, in seiner spezifischen Welt …“ Kein Wunder, dass Flakes Romane und Erzählungen eigentlich Abenteuerromane sind. Ob die Reisen des Theaterschriftstellers Lauda, der Ausbruch der behüteten Hortense aus ihrem vorbestimmten Lebensplan, das Wagnis des Archivrats Sparre, sein monotones Dasein gegen die Irrungen und Wirrungen auf Schloss Ortenau zu tauschen oder die Kühnheit des Kaufmanns Roselius, dem Ruf der großen Katharina zu folgen und sich auf die gefahrvolle Reise nach Moskau zu begeben – es sind Geschichten einer optimistischen, aktiven Lebensbejahung, die auch im Scheitern noch den Luftzug der Wende spüren.

Da mögen auch frühe Erfahrungen Otto Flakes zugrunde liegen. Geboren auf deutsch-französischem Streitfeld, in Metz, am 29.10.1880, gehörte die elsässische Streitfrage zu den frühesten

Umtrieben seines Lebens; er war Schüler und Student, als er sich dem Kreis des „Jüngsten Elsass“, zusammen mit René Schickele, Fritz Lienhard und Ernst Stadler, anschloss, deren prononciert europäische Haltung sofort bei den Alldeutschen und Nationalisten jeglicher Spielart Anstoß erregte. Allem militärischen Wesen abgeneigt, war ihm auch die Kriegsbegeisterung zuwider, der nach 1914 so viele Intellektuelle und Künstler seiner Generation zum Opfer fielen. Die Distanz zur Politik hat er nicht aufgegeben, bewahrte seine geistige Freiheit, auch unter deren schlimmster Bedrohung nach 1933. Einmal nur gab er auf Bitte seines „jüdisch exponierten Verlags“ S. Fischer, eine Loyalitätsadresse ans neue Regime, um ihm etwas Bewegungsfreiheit zu verschaffen. Erfolglos natürlich, also zog er sich zurück, mehr und mehr bedrängt von den Kulturschergen Hitlers und schließlich mundtot gemacht. Überblickt man sein reiches Lebenswerk, Romane, Erzählungen, Essays, über 100 Titel insgesamt, weiß man um seine literarischen Erfolge, die ihn an die Seite der Brüder Mann und Hermann Hesses führten, würdigt man recht seinen an Stendhal geschulten Stil der Einfachheit, Nüchternheit und Distanz, erscheint sein Schicksal nach 1945 ganz unverständlich. Er war vergessen, hungerte in seiner Baden-Badener Klause, versuchte, sich selbst zu töten. Man glaubte, er wäre der Autor einer vergangenen Epoche und nahm über die Kulissen, in denen seine Geschichten spielen, deren Substanz nicht wahr. Der kritische Einzelgänger, der Selbstdenker und undogmatische Geist hatte nach 1945 (und bis heute) keine gute Presse. Es war Rolf Hochhuth, der ihn wiederentdeckte, seine „antiideologische Sachlichkeit“ rühmte, ihn neu publizierte und zum Überleben verhalf, schließlich zusammen mit Peter Härtling eine Ausgabe seiner wichtigsten Werke herausgab. Mit dem folgenden Text beginnt eines seiner schönsten Bücher: „Hortense oder Die Rückkehr nach Baden-Baden“. „Das aufregendste Frauenbildnis der deutschen Literatur seit Effie Briest“ hat Hochhuth es genannt und wer nach seinen Anfangssätzen (die den berühmtesten Romaneröffnungen gleich kommen) nicht weiterliest, der ist für die Literatur verloren.

ERSTER TEIL, Kapitel 1

Im Jahre 1845 ereignete sich in einer Familie des badischen Adels, die im mittleren Teil des Großherzogtums, beim Austritt der Rench in die Rheinebene, ansässig war, ein Vorfall, der in der Folge nicht aufgeklärt werden konnte.

Kurz vor der Trauung mit dem Freiherrn von G., die der Koadjutor, ihr Oheim, vollziehen sollte, ging die achtzehntjährige Hortense von Wierssen im Bahnhof von Oos spurlos verloren.

Es war auf der Heimreise von Baden-Baden, wo sie bei der Schwester des verstorbenen Vaters zu Besuch geweilt und ihren Vetter Georg zum Träumen gebracht hatte. Dem jungen Menschen war es schwergefallen, die Verlobte eines anderen in ihr zu sehn.

Sie fuhr im Schutz desselben älteren Fräuleins, von dem sie vor ein paar Wochen hergebracht worden war, zum Vormund zurück. Damals hatte den Damen das neue Beförderungsmittel der Eisenbahn nur bis Oos zur Verfügung gestanden, jetzt benutzten sie die inzwischen fertiggestellte Anschlußstrecke.

Angesichts der Notwendigkeit, nun auch noch von einem Zug in den anderen umsteigen zu müssen, verlor die Begleiterin, der der glühende Augusttag schon genügend zugesetzt hatte, vollends den Kopf. Als sie sich ohne den Schützling im Appenweirer Zug davonfahren sah, flüchtete sie zuerst in eine Ohnmacht, dann in einen Weinkrampf.

Spät am Abend langte sie auf dem Gute an. Der Telegraph war noch keine öffentliche Einrichtung. So wurde es Mittag, bis die Botschaft in Baden-Baden eintraf und Georg von Wierssen Nachforschungen beginnen konnte, die ihn nach Karlsruhe und Mannheim führten, weil man annahm, Hortense habe aus Versehen den Zug nach dem Unterland bestiegen.

Warum aber, wenn nur ein Versehen vorlag, hatte sie sich nicht bei den Verwandten gemeldet, die sie sowohl in Karlsruhe wie in Mannheim besaß? Als sich in Baden-Baden Leute fanden, die sie mit einem französischen Schauspieler gesehen haben wollten, und festgestellt war, daß auch er den Badeort verlassen hatte, blieb nichts übrig, als eine gemeinsame Flucht zu vermuten, so bitter diese Annahme auch für den Stolz der Familie sein mochte.

Der Bräutigam trat alsbald zurück. Statt seiner stellte sich ein Bekannter Wierssens zur Verfügung. Er war in Wiesbaden gewesen und ließ, da er noch nichts von dem Verschwinden Hortenses wußte, gleich in der ersten Minute die Bemerkung fallen, in den Spielsälen sei er auf eine junge Person aufmerksam geworden, die er nur deshalb nicht für Fräulein von Wierssen gehalten habe, weil sie sich inmitten eines Schwarmes von ausländischen Kavalieren bewegte.

Er erbot sich, seinen Freund Georg nach Wiesbaden zu begleiten. Er hieß Manfred Jörcher, studierte noch und war der Sohn eines Karlsruher Geldmannes, der in kurzer Zeit große Gewinne erzielt hatte, indem er sich längs der künftigen Eisenbahnen Gelände sicherte.

Als Jörcher erfuhr, daß das Mädchen aus Wiesbaden doch Fräulein von Wierssen sein könnte, verliebte er sich nachträglich in sie: über Nacht war sie seinen Wünschen, um nicht zu sagen seiner Begierde zugänglich geworden.

Gert Ueding

Zeichen und Symbole

Preußische Wappen
Gertrud Kolmar
1934

Große Kunst entsteht oft im Verborgenen, und aus unscheinbaren Alltäglichkeiten. 1927/28 hat Gertrud Kolmar, angeregt von den „Kaffee-Hag-Sammelbildern“ historischer deutscher Stadtwappen, 53 Gedichte geformt, die nach einer knappen Bildbeschreibung sehr frei das aufnehmen, was die Dichterin an Assoziationen und Deutungen aus den einfachen, aber oft rätselhaften heraldischen Zeichen und Symbolen herausliest. 1934 kamen die „Preußischen Wappen“ im kleinen Rabenpresse-Verlag von V. O. Stomps heraus. Wenig später waren Juden wie Gertrud Kolmar nur noch „jüdische“ Verlage erlaubt, der Gedichtband „Die Frau und die Tiere“ von 1938 blieb daher fast unbekannt. Erst Jahre nach dem Zweiten Weltkrieg setzte die Veröffentlichung ihrer Gedichte und Prosatexte ein, und erst in den neunziger Jahren wurde diese Frau, die die Grenzen vieler Vorurteile und Vorerwartungen sprengt, als eine der bedeutendsten deutschen Lyrikerinnen anerkannt.

Gertrud Kolmar, als Gertrud Chodziesner am 10.12.1896 in Berlin geboren, im Feuerzeichen Schütze (Stichwort „unheilbare Idealistin“), nannte sich als Künstlerin nach dem Namen, den die Kleinstadt Chodziesen in der Provinz Posen seit 1878 trug. Aus diesem Gebiet stammten die Vorfahren ihres Vaters, eines angesehenen jüdischen Strafverteidigers. Von Reisen und einigen Studienwochen in Dijon abgesehen, verbrachte sie fast ihr ganzes Leben im Berliner Elternhaus, pflegte ihre Mutter bis zu deren Tod 1930 und blieb bei ihrem Vater, bis dieser als über Achtzigjähriger nach Theresienstadt verschleppt wurde. Sie selbst wurde zur Zwangsarbeit in einer Fabrik verpflichtet. Im Frühjahr 1943 wurde sie deportiert. Ort und Datum ihres Todes sind unbekannt.

Die Wappen umspannen einen weiten Raum des deutschen Ostens, also Brandenburg, Pommern, West- und Ostpreußen, Schlesien und die Provinz Posen, aber auch mitteldeutsche und westliche Gebiete wie Sachsen und Hessen-Nassau sind vertreten. Man kann diese Gedichte nicht lesen ohne Trauer über all das, was Deutschland und die deutsche Kultur durch Hitler und die Nachkriegsverbrechen verloren haben.

Ich habe zwei Gedichte ausgewählt, die beispielhaft die eindringliche Kraft der Dichterin zeigen. In „Wappen von Liebemühl“ kontrastiert sie die lebenserhaltende Materie (das Mühlrad), die sich gegen Gewalt (das Schwert), die Ideologie (der böse Geist) und die Gier nach Geld und Gold durchsetzt, mit dem unfassbaren Geistigen, das „uns führt“. Nur dieses Höchste und Letzte bestimmt auf die Dauer den Gang der Dinge. In „Wappen von Pyritz“ beschwört sie mit dem Tor das Weibliche und zugleich das Kind, das ihr verwehrt blieb. Das Männlich-Allzumännliche, der rote Greif, erscheint erst in der vorletzten Zeile, dann aber eindeutig als Bedrohung und Gefahr.

Wappen von Liebemühl

Ein silbernes Mühlrad auf blauem Grunde.

Das Mühlrad ist von Silber, und von Wachs ist nur das Schwert,
Und das Schwert zerschmilzt zu Stücken, wenn es in das Mühlrad fährt.

Das Mühlrad ist von Silber und von Stroh der böse Geist,
Und der Geist zerfliegt in Fetzen, wenn des Mühlrads Zahn ihn reißt.

Das Mühlrad ist von Silber, und am Golde würgt die Welt,
Doch die Welt zermürbt zu Zunder, wenn das Rad sie nicht erhält.

Das Mühlrad ist von Silber und ein Schleier, was uns führt,
Doch das Mühlrad stiebt in Splitter, wenn es an den Schleier rührt.

Wappen von Pyritz

In Silber ein blaues Stadttor zwischen zwei Zinnentürmen; drüber hin fliegt ein roter Greif, und im offenen Bogen schwebt eine rote Rose.

Durchgang allem Wesen
Bin ich, blaues Tor.
Will es Ähren lesen,
Schwillt's aus mir hervor,
Will es Beeren pressen,

Rieselt's in mich ein.
Und bin ich Kelter, liebes Kind,
Bist du der rote Wein.

Einfahrt goldnem Samen,
Der am Herzen ruht.
Als die Blüten kamen,
Brach er auf in Blut,
Glomm mit Stamm und Dornen
Und verschmähte mich.
Du bist die glühnde Rose, Kind,
Der Rose Ausgang ich.

Blicklosem Enteilen
Ward ich hingebaut;
Hat auch liebend Weilen
Je mich angeschaut?
Abendwolke flügelt.
Kralle reicht empor:
Der rote Greif. Kehr' um, mein Kind.
Ich bin das offne Tor.

Rolf Stolz

Sprachliche Preziosen für das Kinderzimmer

Lurchi

Unbekannte Verfasser

1937

Die Dichtkunst ist in der Regel zweckfrei, Sprachkunstwerke sprechen für sich selbst, nicht für andere. Doch gibt es Ausnahmen. Dazu gehören Reimereien im Dienste des Warenabsatzes. Jeder kennt Zweizeiler wie „Haribo macht Kinder froh / und Erwachs'ne ebenso". Weniger bekannte Kleinkunstwerke dieser Art lauten: „Was in Japan ist der Tenno / ist in Frankfurt Brezel-Benno" und „Biegsam wie ein Frühlingsfalter / bin ich in Forma-Büstenhalter".

Vom Zweizeiler zum Versgedicht haben es die Lurchi-Geschichten gebracht. Sie sangen das Loblied der Marke „Salamander" und erfreuten damit von 1937 bis 1939 und wieder seit 1950 Generationen von Kindern. Lurchis Abenteuer wurden in paargereimten, in einer lateinischen Schulschrift gedruckten Versen erzählt. Das erleichterte das Lesen und half beim Schreibenlernen.

Ein offensichtliches Vorbild sind die bereimten Bildergeschichten Wilhelm Buschs, etwa da, wo Lurchi im Düsenjäger einen zudringlichen Kondor abwehrt:

> Lurchi kurvt! Der Düsenstrahl
> bringt den Kondor rasch zu Fall.
> Ohne Federn sitzt er nun
> wie ein frisch gerupftes Huhn.

Die Lurchi-Episoden pflegen einen „Volkston", ohne ins Plebejische abzugleiten. Sie spiegeln das Genre des Kinderreims, ohne es direkt zu zitieren. Die sprachliche Gestalt der Verse ist der Hochsprache verpflichtet: Es ist ein im Wortschatz und im Satzbau anspruchsvolles Deutsch, das Lurchi und seinen Freunden in den Mund gelegt wird. Lurchi selbst ist – wie Micky Maus – ein meist gutgelaunter Held, der Abenteuer siegreich meistert. Er hat fünf Freunde, die ihn stets begleiten: den Frosch

Hops, den praktisch begabten Zwerg Piping, den einfältigen Mäuserich Mäusepiep, den behäbigen Igelmann und die Gelbbauchunke Unkerich, die als Büttel oder Ordner auftritt und oft Katastrophen auslöst, die Lurchi dann bereinigen muss.

In einer Indianergeschichte erleben Lurchi und seine Freunde viele Gefahren, etwa die folgende:

> *Plötzlich naht mit Windeseile*
> *Eine dunkle Wolkensäule.*
> *„Büffel kommen!“, Trine schreit,*
> *„bringt euch schnell in Sicherheit“!*
> *Mit dem Salamanderschuh*
> *sind sie auf dem Fels im Nu.*

(Trine ist Lurchis Schwester.) In dieser Geschichte rettet Lurchi durch einen Sprung vom Felsen den Häuptling „Schwarzer Bär“ vor einer hyperaktiven Ziege (die Büffel sind nämlich keine), was den Anlass zu einer Versöhnungsfeier gibt:

> *Vor dem Zelt, von Mund zu Mund,*
> *wird besiegelt gleich der Bund*
> *durch der Friedenspfeife Rauch*
> *(das ist Indianerbrauch).*
> *Unser Lurchi, hochgeachtet,*
> *wird als großer Held betrachtet*
> *und wie einst dem Winnetou,*
> *jubeln ihm die Krieger zu.*
> *Lange schallts vor'm Wigwam noch:*
> *„Salamander lebe hoch!“*

In einer anderen Indianer-Episode wird Lurchi gefangengenommen und an den Marterpfahl gebunden, doch kommt er frei, als der Häuptling seine Schuhe sieht:

> *„Das Geheimnis kennt doch jeder“*
> *spricht der Häuptling „Adlerfeder“,*

„Schon der alte Winnetou
trug nur Salamanderschuh!“

In anderen Geschichten spielen Piraten eine Rolle, doch sie sind Lurchi nie gewachsen. Beim Entern eines gehobenen Schiffswracks tritt Lurchi eine eisenbeschlagene Piratentür mit seinen Salamanderschuhen zu Kleinholz:

Krach! Ein Tritt – ein dumpfer Fall –
Und mit einem Wasserschwall
Fällt dem Retter eine süße,
kleine Nixe vor die Füße.
Jubelnd ruft sie „Welch ein Glück!
Freiheit gebt ihr mir zurück!
Sei gelobt, o Salamander!
Dank sei allen miteinander!“

Lurchi bereist die ganze Welt, darin Donald Duck ähnlich, der immerhin bildlich zitiert wird. Dort schlägt der Segler „Salamander“ die „Taifun“, bemannt mit „harten, sieggewohnten wilden Enten, denen viele Beifall spenden“, beim Wettsegeln: Die Enten tragen Matrosenanzüge und weiße Kappen.

In Australien werden Lurchi und seine Freunde von den „Eingebor'nen“ unfreundlich empfangen. Einer greift die Invasoren mit einem Bumerang an, doch den lenkt Lurchi mit seinem Schuh so zurück, dass der „wilde Mann“ von ihm getroffen wird. Der bittet ihn darauf im „Gastarbeiter-Infinitiv“:

„Ich auch solche Schuh' bekommen?
Ich euch zeigen dafür Gold
Dort im Busch, soviel ihr wollt!“
„Einverstanden, brauner Mann!“
Lurchi winkt ihm: „Geh voran!“

Des Reimes wegen konjugiert der „braune Mann“ das Verb „wollen“ korrekt. Beim Goldeinsammeln entsteht ein Steppenbrand, den Lurchi dadurch löscht, dass er ein Geschwader von

Pelikanen heranruft, die in ihren Schnäbeln Wasser herbeischaffen. Das imponiert den „Eingebor'nen" dermaßen, dass sie die Gäste zu einer Feier beim Zauberer bitten:

Gespenstisch bricht die Nacht herein,
bei wildem Tanz im Mondenschein.
Der Zauberer lobt immerzu
Den guten Salamanderschuh,
der sich zeigte überlegen,
selbst bei Hitze, Brand und Regen.
Alle, die um's Feuer kreisen,
Lurchis kühne Taten preisen.
Aus dem Busch schallt's lange noch:
„Salamander lebe hoch!"

Mitunter bringt der Wechsel von vierhebigen zu dreihebigen Versen und von männlichen zu weiblichen Reimen etwas Abwechslung. Dieser Kunstgriff findet sich bei Lurchis Expedition ins Reich der Elfen, deren Königin gefangen gehalten wird, wie ihm ein zierliches Elfenkind weinend berichtet:

„Die böse Hexe ‚Nimmersatt'"
So klagt sie, „mit den Räubern hat
Gefangen unsre Königin!"
„So zeige uns den Weg dorthin!
Du wirst es nicht bereuen,
wir werden sie befreien!"

Nun eilen Lurchi und seine Freunde zum Elfenschloss, in dem sich die Hexe Nimmersatt eingenistet hat:

Da sehen sie im Elfensaal
Die Hexe ‚Nimmersatt' beim Mahl
In prächtigem Gewande
Mit ihrer Räuberbande.
Die Räuber schreien aufgebracht:
„Zur Herrin hast du dich gemacht.

Das feine Schloß gehört dir schon,
so gib uns endlich unser'n Lohn!"
Husch dreht die Hexe wieselflink
An ihrem gold'nen Fingerring:
„Mich ärgert euer Schwatzen,
verwandelt euch in Katzen!"

Und sie verwandeln sich in Katzen, trotz des unreinen Reimes *flink – Ring*. Die Räuber-Katzen werden durch Mäusepiep in einen Backofen gelockt und dort eingesperrt. Nun bekommt Lurchi eine Audienz bei Nimmersatt und behauptet, er wolle ihr den Elfenschatz zeigen. Nimmersatt fällt darauf herein und wird – listig, listig – zum Backofen gelockt und von den Katzen durch die Tür nach innen gezerrt. Anders als ihre Kollegin in „Hänsel und Gretel" entkommt sie in Begleitung der „geschwänzten Räuberbrut" auf ihrem Besen und verschwindet aus der Geschichte. Nun befreit Lurchi die Elfenkönigin aus ihrem Turmverlies, bekommt von ihr ein Krönchen aufgesetzt und sitzt beim abschließenden Elfenreigen auf einem Ehrenplatz.

Ob die Lurchi-Verse als Sternstunden der deutschen Sprache durchgehen können, sei dahingestellt. Strengen Maßstäben halten sie sicher nicht stand. Sie waren Gebrauchslyrik, keine hohe Kunst. Sie erzählten bunt bebilderte, märchenhafte Abenteuergeschichten für Grundschulkinder, die danach ihre Eltern mit dem Wunsch nach Salamanderschuhen nerven sollten. Sie trugen diese Geschichten in einem anspruchsvollen Deutsch vor, das Kindern nicht nur das Ohr für Reime und den Rhythmus der gebundenen Rede öffnen konnte, sondern ihnen auch ungewohnte, womöglich unbekannte Wörter und Wendungen bot. Sternstunden für den Hausgebrauch, sprachliche Preziosen für Kinder waren die Lurchi-Hefte allemal, bis sie vor etwa 20 Jahren zu Opfern von Spielkonsolen und Internet-Programmen wurden.

Helmut Glück

Sprecher des abendländischen Gewissens

Las Casas vor Karl V.
Reinhold Schneider
1938

In seinen Arbeitsnotizen spricht Reinhold Schneider vom „Gewissen des Abendlandes“, dessen „Sprecher“ Las Casas sei. Seiner historischen Erzählung gibt er den Untertitel „Szenen aus der Konquistatorenzeit“ – einer Zeit von Ausbeutung und Völkermord, verübt von spanischen Eroberern in den mittel- und südamerikanischen Kolonien. Als Motto stellt er ein Zitat von Calderon voraus:

> Christen, dieser ist Zeuge, der vor künftigen Geschlechtern meine Rechtlichkeit bezeugt.

Die zunächst geplante Biographie des spanischen Hidalgos und Dominikanermönchs Fray Bartolomé de Las Casas (1474–1566) ließ Schneider für eine historische Erzählung fallen. Dabei wird die Genauigkeit des historischen Details zugunsten einer fast dramatischen Szenenfolge aufgegeben (Herbert Wiesner). Diese beginnt mit der Einschiffung des Mönchs Las Casas im mittelamerikanischen „Verakruz“. Las Casas reist nach Spanien, um den Kaiser für eine neue Kolonialpolitik zu gewinnen:

> Damit nahm er [Las Casas] seine Arbeit wieder auf; er sichtete Briefe und Dokumente fremder Hand; versah sie mit Bemerkungen oder machte sich Auszüge in seiner häufig absetzenden, an leidenschaftlich geschwungenen Kurven und spitzen Winkeln reichen Schrift, die wie ein Holzschnitt auf dem Blatte stand. Oft liefen dabei Zorn und Erbitterung über seine Züge; er glich einem Richter, der eine Anklageschrift vorbereitet und über der Durchsicht des Materials erst das ganze Ausmaß der Schuld ermißt. Aber der Zorn wich bald wieder einem tiefen Stöhnen und dem Ausdruck schneidenden Schmerzes auf dem vieldurchfurchten Gesicht …

Ritter Bernardino, jetzt todkranker Passagier des Schiffes, das Bartolomé nach Spanien bringt, erzählt ihm von eigenen Raubzügen als Konquistador. Und er berichtet von den Gräueltaten des Alonso de Hojeda.

> Hojeda geriet in einen leidenschaftlichen Streit mit dem Adelantado Nicuesa… er machte sich, von seinen Gläubigern wie von der eigenen Raubgier bedrängt, auf Beutezüge, steckte Dörfer in Brand, erniedrigte die Beraubten zu Trägern des Raubes, ließ, von Verfolgern gehetzt, die mitgeführten Männer und Frauen nacheinander auf dem Weg ermorden, um die Feinde durch den Anblick ihrer toten Brüder und den Schmerz um diese aufzuhalten. Unaussprechliche Frevel wollten sich auf die Lippen des Kranken drängen….

Kaiser Karl V. beruft in Valladolid den Indienrat ein, um „die Ordnung der Kolonien auf das Gründlichste zu prüfen". Las Casas tritt vor dem Kaiser in einer Disputation, einer Gerichtsverhandlung ähnelnd, Widerpart ist der Staatsrechtslehrer Ginés de Sepulveda, für die unterdrückten Indios ein. Das ist der zentrale Abschnitt des Buches, das historisch belegte Streitgespräch vor dem Kaiser:

> „Ich weiß nicht", begann Las Casas, „wie ich meiner Sache noch helfen soll, wenn sie sich nicht selber hilft mit der Kraft der Wahrheit. … Der Herr hat seine Apostel ausgesandt, die Völker zu taufen; und die Apostel gehen noch über die Erde und werden Arbeit haben, bis er sie abruft. Und unser ganzes spanisches Volk ist vom Herrn mit dem Apostelamt betraut worden; die edle Königin Isabella war des Herrn Werkzeug, als sie Kolumbus, einen ehrlichen und einfachen, aber in vielen Dingen unwissenden Mann, … erhörte und ihn Schiffe ausrüsten ließ. … Gott hat es gewollt, daß wir die Neue Welt entdecken und den Völkern, die er längst darauf vorbereitet hat, das Kreuz bringen. Gott wird uns einmal fragen, ob wir getan haben, was er uns aufgetragen hat; an diesem

> Auftrag werden wir gerichtet werden … Einig sind wir, wie ich glaube, auch darin, daß Gott den Menschen frei geschaffen und vor ihm kein Unterschied zwischen den Menschen ist. Aber der Doktor (Sepulveda) meint, daß wir die Völker unterwerfen sollen, um sie zu bekehren und ihnen auf eine Weise, die ich mir nicht völlig klarmachen kann, nach der Unterwerfung die Freiheit des Christen bringen sollen. Wer aber von einem Apostel des Herrn getauft wird, der wird aufgenommen in den Neuen Bund und seiner Sünden ledig; der Irrtum, in dem er vorher gelebt hat, kann ihm nicht mehr zur Last fallen. Nun ist er Christ, steht er unter dem Gesetz des Christen; er hat ein neues Menschentum empfangen, dem er treu bleiben muß, wenn er der ewigen Strafe nicht verfallen will. …. Wollten wir an einem Getauften das ahnden, was er als Ungetaufter getan, so könnten wir ebensogut für eine Untat einen Unschuldigen büßen lassen, der mit dem Täter nichts gemein hat. Taufen wir, so haben wir kein Recht, die Abgötterei zu strafen; taufen wir nicht, so haben wir kein Recht, nach den Indien zu fahren. Darum erachte ich die Kriege gegen die Indios für unerlaubt, die Sklaverei für unchristlich.“

Sepulveda zeigt sich unbeeindruckt und wendet sich Leben und Person Las Casas‘ zu.

> „Was könnte besser den Zustand seines Geistes kennzeichnen, als daß er, der die Rechte studiert hat, … selber kein absolutes Recht kennt, vielmehr zweierlei Recht anwendet? Denn das hat er offenbar getan, als er riet, Neger nach den Neuen Indien zu verfrachten und sie statt der Indios als Arbeiter in den Bergwerken und auf dem Feld zu gebrauchen. … und er hat damit vor aller Welt zugegeben, daß für höhere Rassen ein anderes Recht gelte als für mindere. Unmöglich kann er doch übersehen haben, daß die Neger sich nicht freiwillig auf die Schiffe der … Händler begeben; daß sie in demselben Sinne frei wären, wie es die Indios nach seiner Meinung sein sollen, wenn

> eben nicht ein höher geartetes und höher entwickeltes Volk – und das sind wir Spanier allein – zum Frommen der Welt ein Recht inne hätte über tiefer stehende Völker, wie das schon Aristokrates und Plato gelehrt haben … Dies ist das Leben des Mannes, der sich zum Richter seines Vaterlandes, zum Urteil über so viele ruhmwürdige Männer, deren Taten die äußerste Kühnheit griechischer und römischer Helden in den Schatten stellten, berufen fühlt."

An keiner Stelle wird deutlicher, dass Schneider ein Zeugnis literarischen Widerstands (Herbert Wiesner) geschaffen hat: Die Gräueltaten der Conquista stehen für die Verbrechen in den Konzentrationslagern, die rassistisch begründete Unterdrückung der Indios für die Verfolgung der Juden.

Las Casas bekennt, dass er in der Vergangenheit Fehler begangen habe; mit dem Rat, Neger nach Westindien zu bringen, sei er aus Mitleid vom Recht abgewichen. Aber er bekenne Irrtum und Schuld. Schließlich spricht er, dem König direkt zugewandt:

> „Aber ich habe auch die Toten unter den Bäumen gesehn, Hügel und Berge von Toten. Es waren viele tausend Kinder darunter, die auf Kuba in wenigen Jahren Hungers starben, weil ihre Eltern nicht mehr Zeit haben durften sie zu ernähren; denn die Eltern mußten mit erstarrten Herzen das Gold aus der Erde wühlen für ihre neuen Herren. … Es lagen Könige unter den Bäumen, edel wie du, aber ohne ein Zeichen ihrer geraubten Würde; Könige, denen man die Ohren abgeschnitten hatte wie gemeinen Dieben; … andere, die samt ihrem gefangenen Volke mit dem Sklavenschiff versanken und ertranken."

Nach dem Auftritt von Hauptmann Vargas, der „unter solchem Gezücht" allein das Schwert als „den rechten Besen" begreift, wird der greise, kranke Bernardino angehört:

„Wir sind mit Menschen umgegangen, als seien sie zu unserem Nutzen und zur Sättigung unserer Gier, geschaffen, uns oder Spanien zu dienen … Haben wir doch Gottes edelstes Eigentum, die Seelen der Menschen mißachtet. Und so haben wir Tag für Tag uns hundertfach versündigt, denn wir lebten auf falschem Grund.“

Schneider zeigt dem zeitgenössischen Leser am Beispiel von Bernardino, dass eine persönliche Umkehr möglich ist.

„Was gehört denn“, fragte er (Las Casas), „von Rechts wegen der spanischen Krone in den Neuen Indien? Nichts als ein Auftrag. Darum hat der Papst den Königen Kastiliens die Länder jenseits des Meeres anvertraut, daß sie dort die Christen erweckten und die alten Ordnungen Indiens mit dem neuen Leben christlichen Glaubens erfüllten, aber nicht, daß sie diese Ordnungen umstürzten und austilgten. Die Völker Indiens unterstehen ihren Königen und Kaziken; keine Muschel im Meere, kein Körnchen Goldes, keine Frucht der Bäume und Felder ist unser; nicht ein Real ist unser Eigentum.“

Wenige Wochen später holt der Kaiser den Mönch wieder zu sich:

Der Kaiser deutete auf eine Glocke, die Las Casas bewegte; hastig ergriff er ein Schriftstück, das ein Eintretender reichte: „Dies“, sagte der Kaiser, die Papiere in vor Erregung zitternder Hand haltend und sie dem aufs höchste überraschten Mönch reichend, „sind die Neuen Gesetze. Lies und bedenke sie; es ist nichts Geringes. Ich will die Indios freimachen.“

Hier siegt also noch „das Gewissen des Abendlandes“. Der Appell ist wohl verhallt …

Martin Hobmeier

© für die Textauszüge bei Suhrkamp Verlag Frankfurt am Main 1990.

Der Professor und die Campagnabauern

Leben des Galilei
Bertolt Brecht
1939

Bertolt Brecht wurde 1898 als Sohn eines Augsburger Industriellen geboren. Er ging 1924 nach Berlin, wo er für sich das politisch engagierte Theater und den Marxismus entdeckte (ohne je Parteimitglied zu werden). Am Tag nach dem Reichstagsbrand (28.2.1933) verlässt er fluchtartig das Land und zieht ins Exil (sechs Jahre Dänemark; sechs Jahre Hollywood). Im Herbst 1948 taucht er wieder in Berlin (Ost) auf, wo er das berühmte Berliner Ensemble gründet, für das er 1954 das alte Theater am Schiffbauerdamm erwirbt. Während der Proben am *Leben des Galilei* stirbt er 1956 an einem Herzinfarkt. Das gegenwärtige Wegbrechen des marxistischen Gedankengutes sollte uns nicht über Brechts Bedeutung hinwegtäuschen. Als Dramatiker, Dichter, Romancier und Essayist ist er neben Goethe der vielseitigste deutsche Schriftsteller. Sein Theater wie sein theoretisches Schrifttum setzen der 2500 Jahre alten Tradition der Tragödie ein Ende. Die Sprache der Lyrik hat er erstmals seit Heine durch eine volksläufige Diktion verjüngt. Und ihm gelang eine einzigartige Synthese aus Amusement und Engagement: „Das Denken gehört zu den größten Vergnügungen der menschlichen Rasse."

So Brechts Galilei. *Leben des Galilei*, eines der großartigsten Stücke des Theaterrepertoires überhaupt, entstand ab 1938/1939 in Dänemark. Anlass war die Entdeckung der Uranspaltung (1938) durch Otto Hahn am Kaiser-Wilhelm-Institut zu Berlin. Brecht wertete diese anfangs als Fortschritt. Aber von Anfang an hegte er Bedenken gegen seinen zu positiv dargestellten Galilei. Die Atombombenabwürfe auf Japan Anfang August 1945 nötigten den Autor zu einer Neufassung seines Bühnenwerkes. Szene 14 führt uns jetzt einen feigherzigen und halbblinden Gelehrten vor, der bis zu seinem Tod als Gefangener der Inquisition weiter arbeitet.

Galileo Galilei (1564–1642), zusammen mit seinem Zeitgenossen Johannes Kepler Begründer der modernen Astronomie und Bahnbrecher empirischer naturwissenschaftlicher Methoden, nebenbei gesagt auch überzeugter Katholik, bewies endgültig die Richtigkeit jener Meinung, die Nikolaus Kopernikus (1473–1543) hundert Jahre zuvor, vorerst nur theoretisch-rechnerisch, vertreten hatte: dass die Erde nicht der feste Mittelpunkt des Alls sei, sondern sich um die Sonne drehe. Kopernikus', später auch Galileis Thesen, kamen auf den Index (1616; 1633). Erst Papst Johannes Paul II. hat den Wissenschaftler rehabilitiert.

Thema des Stückes ist der aus der Sicht der modernen deutschen Literatur bezeichnende Zwiespalt des Naturwissenschaftlers, Freiheit und Gefahren der Forschung. Ist diese Eigentum der Fachleute, der Macht oder des Volkes? Hat sie sich „zu fragen, wohin die Wahrheit uns führen mag" – oder ist das unerheblich? Betreiben wir das Wissen um des Wissens willen oder hat es eine soziale Aufgabe? Der Kurator der Republik Venedig garantiert Galilei eine freie, autonome Forschung, deutet nichtsdestoweniger deren militärische Ausbeute an. Der kleine Mönch aber erkennt, schreckt vor den revolutionären und zerstörerischen Konsequenzen des Forschens zurück und verzichtet auf seine wissenschaftliche Laufbahn:

> DER KLEINE MÖNCH: Ich bin als Sohn von Bauern in der Campagna aufgewachsen. Es sind einfache Leute. Sie wissen alles über den Ölbaum, aber sonst recht wenig. Die Phasen der Venus beobachtend, kann ich nun meine Eltern vor mir sehen, wie sie mit meiner Schwester am Herd sitzen und ihre Käsespeise essen. Ich sehe die Balken über ihnen, die der Rauch von Jahrhunderten geschwärzt hat, und ich sehe genau ihre alten abgearbeiteten Hände und den kleinen Löffel darin. Es geht ihnen nicht gut, aber selbst in ihrem Unglück liegt eine gewisse Ordnung verborgen. Da sind diese verschiedenen Kreisläufe, von dem des Bodenaufwischens über den der Jah-

reszeiten im Ölfeld zu dem der Steuerzahlung. Es ist regelmäßig, was auf sie herabstößt an Unfällen. Der Rücken meines Vaters wird zusammengedrückt nicht auf einmal, sondern mit jedem Frühjahr im Ölfeld mehr, so wie auch die Geburten, die meine Mutter immer geschlechtsloser gemacht haben, in ganz bestimmten Abständen erfolgten. Sie schöpfen die Kraft, ihre Körbe schweißtriefend den steinigen Pfad hinaufzuschleppen, Kinder zu gebären, ja, zu essen aus dem Gefühl der Stetigkeit und Notwendigkeit, das der Anblick des Bodens, der jedes Jahr von neuem grünenden Bäume, der kleinen Kirche und das Anhören der sonntäglichen Bibeltexte ihnen verleihen können. Es ist ihnen versichert worden, daß das Auge der Gottheit auf ihnen liegt, forschend, ja beinahe angstvoll; daß das ganze Welttheater um sie aufgebaut ist, damit sie, die Agierenden, in ihren großen oder kleinen Rollen sich bewähren können. Was würden meine Leute sagen, wenn sie von mir erführen, daß sie sich auf einem kleinen Steinklumpen befinden, der sich unaufhörlich drehend im leeren Raum um ein anderes Gestirn bewegt, einer unter sehr vielen, ein ziemlich unbedeutender! Wozu ist jetzt noch solche Geduld, solches Einverständnis in ihr Elend nötig oder gut? Wozu ist die Heilige Schrift noch gut, die alles erklärt und als notwendig begründet hat, den Schweiß, die Geduld, den Hunger, die Unterwerfung, und die jetzt voll von Irrtümern befunden wird? Nein, ich sehe ihre Blicke scheu werden, ich sehe sie die Löffel auf die Herdplatte senken, ich sehe, wie sie sich verraten und betrogen fühlen. Es liegt also kein Auge auf uns, sagen sie. Wir müssen nach uns selber sehen, ungelehrt, alt und verbraucht, wie wir sind? Niemand hat uns eine Rolle zugedacht außer dieser irdischen, jämmerlichen auf einem winzigen Gestirn, das ganz unselbständig ist, um das sich nichts dreht? Kein Sinn liegt in unserem Elend, Hunger ist eben Nichtgegessenhaben, keine Kraftprobe; Anstrengung ist eben Sichbücken und Schleppen, kein Verdienst. Verstehen Sie da, daß ich aus dem Dekret der Heiligen Kongregation ein edles mütterliches Mitleid, eine große Seelengüte herauslese?

GALILEI: Seelengüte! Wahrscheinlich meinen Sie nur, es ist nichts da, der Wein ist weggetrunken, ihre Lippen vertrocknen, mögen sie die Soutane küssen! Warum ist denn nichts da? Warum ist die Ordnung in diesem Land nur die Ordnung einer leeren Lade und die Notwendigkeit nur die, sich zu Tode zu arbeiten? Zwischen strotzenden Weinbergen, am Rand der Weizenfelder! Ihre Campagnabauern bezahlen die Kriege, die der Stellvertreter des milden Jesus in Spanien und Deutschland führt. Warum stellt er die Erde in den Mittelpunkt des Universums? Damit der Stuhl Petri im Mittelpunkt der Erde stehen kann! Um das letztere handelt es sich. Sie haben recht, es handelt sich nicht um die Planeten, sondern um die Campagnabauern.

Aber der große, bisher unverzagte Galilei widerruft 1633 unter dem Druck der Inquisition seine Lehre von der Bewegung der Erde. Auch wenn er Beachtliches geleistet hat und in der Gefangenschaft endlich die Muße findet, „das eigentliche Geschäft der Wissenschaft zu betreiben" und seine *Discorsi* zu schreiben, besteht Galileis Versagen darin, dass er aus seinen Einsichten eine zweckfreie Geheimwissenschaft macht, reif für den Disput unter Fachleuten, und sie dem sozialen Fortschritt vorenthält, sie im Gegenteil der Willkür der Mächtigen anheimstellt:

GALILEI: Diese selbstischen und gewalttätigen Männer, die sich die Früchte der Wissenschaft gierig zunutze gemacht haben, fühlten zugleich das kalte Auge der Wissenschaft auf ein tausendjähriges, aber künstliches Elend gerichtet, das deutlich beseitigt werden konnte, indem sie beseitigt wurden. Sie überschütteten uns mit Drohungen und Bestechungen, unwiderstehlich für schwache Seelen. Aber können wir uns der Menge verweigern und doch

Wissenschaftler bleiben? Die Bewegungen der Himmelskörper sind übersichtlicher geworden; immer noch unberechenbar sind den Völkern die Bewegungen ihrer Herrscher. Der Kampf um die Meßbarkeit des Himmels ist gewonnen durch Zweifel; durch Gläubigkeit muß der Kampf der römischen Hausfrau um Milch immer aufs neue verlorengehen. Die Wissenschaft, Sarti, hat mit beiden Kämpfen zu tun. Eine Menschheit, stolpernd in diesem tausendjährigen Perlmutterdunst von Aberglauben und alten Wörtern, zu unwissend, ihre eigenen Kräfte voll zu entfalten, wird nicht fähig sein, die Kräfte der Natur zu entfalten, die ihr enthüllt. Wofür arbeitet ihr? Ich halte dafür, daß das einzige Ziel der Wissenschaft darin besteht, die Mühseligkeit der menschlichen Existenz zu erleichtern. Wenn Wissenschaftler, eingeschüchtert durch selbstsüchtige Machthaber, sich damit begnügen, Wissen um des Wissens willen aufzuhäufen, kann die Wissenschaft zum Krüppel gemacht werden, und eure Maschinen mögen nur neue Drangsale bedeuten. Ihr mögt mit der Zeit alles entdecken, was es zu entdecken gibt, und euer Fortschritt wird doch nur ein Fortschreiten von der Menschheit weg sein. Die Kluft zwischen euch und ihr kann eines Tages so groß werden, daß euer Jubelschrei über irgendeine neue Errungenschaft von einem universalen Entsetzensschrei beantwortet werden könnte. – Ich hatte als Wissenschaftler eine einzigartige Möglichkeit. In meiner Zeit erreichte die Astronomie die Marktplätze. Unter diesen ganz besonderen Umständen hätte die Standhaftigkeit eines Mannes große Erschütterungen hervorrufen können. Hätte ich widerstanden, hätten die Naturwissenschaftler etwas wie den hippokratischen Eid der Ärzte entwickeln können, das Gelöbnis, ihr Wissen einzig zum Wohle der Menschheit anzuwenden! Wie es nun steht, ist das Höchste, was man erhoffen kann, ein Geschlecht erfinderischer Zwerge, die für alles gemietet werden können. Ich habe zudem die Überzeugung, Sarti, daß ich niemals in wirklicher Gefahr schwebte. Einige Jahre lang war ich ebenso stark wie die Obrigkeit. Und ich überlieferte mein Wissen den Machthabern, es zu gebrauchen, es nicht zu gebrauchen, es zu mißbrauchen, ganz wie es ihren Zwecken diente. (*Virginia ist mit der Schüssel hereingekommen und bleibt stehen.*) Ich habe meinen Beruf verraten.

Die Einfühlung in den Helden, das „unproduktive" aristotelische Mitleid, wird durch Galileis Fehler und seine Selbstbezichtigung in der vorletzten Szene vereitelt und weicht der berühmten brechtschen Dialektik und dito Verfremdung. Der Zuschauer staunt, stellt sich, so erhofft der Autor, die Frage, unter welchen (politischen) Umständen würdiges Forschen möglich wäre. Das Theater sollte zu einer Wissenschaft der Gesellschaft beitragen.

Roland Duhamel

Nachdruck der Textauszüge mit freundlicher Genehmigung des Suhrkamp-Verlags.

Biographie, Zeitgeschichte, Volkskultur

Das Leben meiner Mutter
Oskar Maria Graf
1940

Im Vorwort der gekürzten amerikanischen Erstausgabe des Romans schreibt Oskar Maria Graf 1940 im Exil:

> In diesem Band erzählt ein Sohn das einfache Leben seiner Mutter von ihrer Geburt bis zu ihrem Tode. Forschung und Erinnerung waren ihm dabei behilflich. Der erste Band ‚Menschen der Heimat' hält sich an mündliche und schriftliche Überlieferung, der zweite ‚Mutter und Sohn' ist notgedrungen autobiographisch geworden. In einer Zeit, da allenthalben versucht wird, den gesunden Menschenverstand gleichsam epidemisch zu verwirren, spricht dieses Buch nur von jenen unbeachteten, natürlichen Dingen, die – mögen auch noch so scheinbar entscheidende historische Veränderungen dagegen wirken – einzig und allein das menschliche Leben auf der Welt erhalten und fortzeugend befruchten: von der stillen, unentwegten Arbeit, von der standhaften Geduld und der friedfertigen, gelassenen Liebe. Mag sein, dass damit das Leben der Mütter in allen Ländern erzählt worden ist.

Zwischen Vorwort und Romanbeginn findet sich Psalm 90, Vers 10:

> Unser Leben währet siebenzig Jahre, und wenn es hoch kommt, so sind es achtzig Jahre, und wenn es köstlich gewesen ist, so ist es Mühe und Arbeit gewesen; denn es fähret schnell dahin, als flögen wir davon.

Dieser sozial- und zeitkritische autobiographische Roman, das Hauptwerk Grafs, ist „ein einzigartiges Zeugnis, Lebensbericht von Generationen, Porträt einer Dulderin, Spiegelung des eigenen Schicksals, Gegenentwurf zum Blut- und Bodenkult der Nationalsozialisten" (Wilfried F. Schoeller).

> Sie hieß Theres Heimrath oder vielmehr Resl, wie man sie in gewohntem Dialekt nannte, und war die vierte von neun Geschwistern. Zwei davon waren, kaum halbjährig, gestorben, bevor sie zur Welt gekommen war, und wiederum zwei, darunter der einzige Sohn, starben, als sie noch zur Schule ging. Man schrieb den 1. November 1857. Am Nachmittag dieses Allerheiligentages, da die Leute nach altem Brauch im Gottesacker des nahen Pfarrdorfes Aufkirchen die Gräber der Verstorbenen aufsuchten, erblickte sie das Licht des Tages. Ihre Mutter soll, so wird erzählt, schon in den Wehen gelegen haben, als der Bauer und die Dienstboten das Haus verließen. Die religiöse Pflicht erschien ihnen wichtiger als bedrängte Mutterschaft und Kindesgeburt. Niemand war in der Ehekammer als die einjährige Genovev, die plappernd auf dem Boden herumkroch, manchmal an das Bett der Mutter kam, deren heiße, verkrampfte Hände betastete, verwundert aufschaute, erschreckt von den wimmernden Wehklagen der Gebärenden, zu weinen anfing und wieder wegtappte. Zwischen Tod und Leben schwebend, betete die Heimrathin in ihrem Schmerz und überstand alles. Erst beim Hereinbruch der Dunkelheit kamen die ihrigen zurück und fanden neben der erschöpften Mutter das neugeborene, schreiende Kind.

Vielleicht war die Nachwirkung all dieser Umstände der Grund, weshalb der Tod im Leben der Resl, wie im Leben aller durchaus gesunden Menschen, eine so beherrschende Rolle spielte. Sie fürchtete ihn als Kind ebenso wie als Greisin, und sie empfand ihn, wenn er nicht sie und die Ihren bedrohte, stets als den großen gerechten Ausgleicher, der den Armen auslöscht und auch nicht halt macht vor Glanz und Reichtum, vor Macht und Größe.

Theres Heimrath brachte elf Kinder zur Welt, drei starben früh. Graf erzählt die Geschichte von Aufhausen bei Aufkirchen, am Ostufer des Starnberger Sees. Er blickt zurück bis zum

Dreißigjährigen Krieg, zum Bauernaufstand von 1705/06 bis hinein in seine persönliche Welt:

> Seit jeder nur denkbaren Zeit war das überwiegend bäuerliche Volk dieser hart heimgesuchten Landschaften fast gleichgültig obrigkeitstreu gewesen. Das hatte seine Ursache darin, daß seinen Menschen der Gott der katholischen Kirche stets näher lag als irgendeine weltliche Macht. Altgewohnt erfüllten sie die Pflichten, die ihnen der Glaube auferlegte. ... Mit friedlicher, geduldiger Ruhe hatten sie bis jetzt jede Herrschaft – ob sie nun ein Fremder oder ein Einheimischer ausübte, ob sie gut oder schlecht, ungerecht oder selbst grausam sein mochte – widerstandslos ertragen. Das Blutregiment der Kaiserlichen war ohnegleichen in ihren Erinnerungen. Das ertrugen sie nicht mehr. Etwas nie Dagewesenes ereignete sich (1705): die gepeinigten Oberländer Bauern erhoben sich gegen ihre Unterdrücker.

Graf setzt den Gleichklang von Natur, Glauben und bäuerlicher Tradition gegen „den schrillen Diskant der Veränderung der Zeiten“ (Wilfried F. Schoeller). Er schöpft aus einem reichen Schatz an Kindheitserlebnissen und nutzt die Kraft von Assoziation und Erinnerung:

> Zweifellos bleibt das Bild der Kindheit in einem Menschen bis zu seinem Tode gleichmäßig lebendig. Mag sein, daß mit der Ausgeglichenheit des Älterwerdens die Erlebnisse von damals, soweit sie scheinbar unvermerkt aus der täglichen Umgebung und Gewohnheit hervorgegangen sind, nun, da sie ihrer Bestimmung gemäß den Menschen geformt haben, die Kraft der Eindringlichkeit und das unmittelbar Überraschende ein wenig eingebüßt haben. Das Liebliche und Drangvolle, ja sogar der Geruch der einstigen Empfindung sind dennoch geblieben. Der Schmerz ist verweht, und auch die Freude ist nur noch milde Erinnerung, aber nichts ist vergessen, die Far-

> ben auf dem Bilde nur leicht verblaßt. Sie gewinnen sogleich wieder die ursprüngliche Leuchtkraft, wenn uns ein ähnlicher Schmerz überfällt oder eine gleichartige Freude beglückt. Um wieviel heftiger ergreift uns der unverlöschliche Schauder von einst, wenn wir uns an ungewöhnliche Erlebnisse aus jener Zeit erinnern!

In der Charakterisierung seines Vaters spiegelt sich eine Grundhaltung des Autors wider:

> Er mußte hin und wieder lächeln über den Hoflieferantentitel, der ihm seinerzeit angeboten worden war. Er brauchte ihn nicht mehr, und überdies: Titel hatten seit jeher für ihn etwas Lächerliches gehabt. Er schätzte den Menschen nach seiner Leistung ein. Nur sie erschien ihm als das rechte Maß seines Wertes. Er selber war einzig und allein durch seine hartnäckige Tüchtigkeit zu dem geworden, was er immer sein wollte: ein Geschäftsmann, dem man vertraute, ein allgemein beliebter Mensch, ein geachteter Bürger. Dieses bienenfleißige, rechtschaffene Bürgertum gab seiner Meinung nach der Welt das Gesicht und dem Staat die Bedeutung – nicht die Oberen, die Regierenden.

Im zweiten Teil erzählt dann der Sohn in Ich-Form von seiner Mutter, der Heimrath-Resl. Maria, das elfte Kind, stirbt nach einer Woche. Und die Mutter, 41 Jahre alt, liegt auf Leben und Tod. Wenig später will der Vater, Inhaber der Bäckerei, Melkerei und Kolonialwarenhandlung Theres und Max Graf in Berg, wieder einmal anbauen. Die ängstliche, vorsichtige Mutter äußert leisen Zweifel, ob man sich das leisten könne, stimmt dann, resignierend und verdrießlich, dem zunehmend gereizter werdenden Gatten zu. Dieser schreit in Wut und Trotz:

> ‘Jetzt geh ich! Ich sauf lieber! ... Reden kann man ja doch nicht. Gebaut wird nicht!‘ schrie der Vater und stampfte aus der Stube. Die Tür flog zu, kleine Mauerstückchen lösten sich und fielen herab … Nur noch das Schluchzen der Mutter erfüllt die Stube. Schauerlich klang es. ‚Mein

> Gott! Mein Gott! Nie ist Frieden, nie! ... Wenn ich doch gestorben wär!‘ verstanden wir, und es erfaßte uns ein jäher Schrecken, ein unsagbarer Schmerz. ‚Nein, nein Mutter! Nicht sterben!‘ weinten wir heftiger und klammerten uns an ihre Arme. ‚Nicht sterben, Mutter!‘ Etwas bis dahin Unfaßbares wurde uns auf einmal bewußt …
>
> Als später die älteren Geschwister von der Schule heimkamen, war die Stube schon wieder aufgeräumt. Unsere Mutter gab auf ihre Fragen nicht an. Sie hatte ein zerweintes Gesicht, und von Zeit zu Zeit traten immer wieder Tränen in ihre Augen, die sie geschwind wegwischte. Wir zwei Jüngsten spielten nicht mehr, redeten kaum einmal ein Wort, sahen nur hin und wieder auf und suchten bang ihren Blick. Einmal, als es niemand sah, streichelte sie zart, zitternd und wie beschämt über unser dünnes Haar. Eine große Wärme durchrieselte uns dabei.“

Unmittelbare Verwendung von Dialekt wird vermieden, wenngleich er durch Wendungen und Satzbau schimmert. Mit der Hochsprache gibt Graf der kindlichen Angst vor dem Verlust der Mutter eine erhabene Feierlichkeit. Und dann erfolgt die tröstende Geste der liebenden Mutter, sie bettet ihre Jüngsten wieder ein in ihren Schutz, nimmt ihnen die große Sorge.

In Moskau 1934 erreicht den Erzähler die Nachricht vom Tod Theresas:

> Ich schaute von meinem Moskauer Hotelfenster hinunter auf die leuchtende rauschende Stadt. Ich weinte nicht.... Nein! Nicht nur Moskau, dachte ich, das Leben glaubt nicht an Tränen! Es bleibt ewig, und auch jenes, das, als ich es gleichsam beschwor, verlöschte, bleibt unvergeßlich. Es ergriff mich mit seiner ganzen Kraft.

Martin Hobmeier

Die Zitate entstammen der Werkausgabe Band V, hrsg. von Wilfried F. Schoeller, © 1994 List Verlag in der Ullstein Buchverlag GmbH, Berlin.

Mechanik totalitärer Herrschaft

Die Schachnovelle
Stefan Zweig
1942

Auf dem Höhepunkt des Zweiten Weltkrieges ereignete sich eine literarische Sensation. Innerhalb weniger Monate entstanden drei Werke deutscher Autoren, die sich mit den menschlich-psychischen Grundlagen einer totalitären Herrschaft beschäftigten. Alle drei sind bis heute maßgeblich, weil unerreicht für die literarische Auseinandersetzung mit rechten wie linken Diktaturen. Das „Glasperlenspiel" von Hermann Hesse erschien 1943 in der Schweiz und „Dr. Faustus" von Thomas Mann 1947 in Stockholm. Aber schon Ende 1942 erschien in Brasilien die „Schachnovelle" von Stefan Zweig, wenn auch nur in einer Auflage von 300 Exemplaren. Der Verleger ahnte nicht im Geringsten, dass dieses schmale Bändchen bis heute allein bei deutschsprachigen Verlagen in über 1,2 Millionen Exemplaren gedruckt werden würde; noch im Jahr 2016 ist eine hochformatige Prachtausgabe erschienen.

Obgleich nur eine Novelle, überstrahlt die Wirkung dieses Buches die der weitaus voluminöseren Werke der beiden Nobelpreisträger. Noch heute dient sie in deutschsprachigen Ländern als Schullektüre und an zahlreichen fremdsprachigen Universitäten zur Ausbildung von Germanisten. Ihr Inhalt könnte auf die einfache Formel vom Kampf des Guten gegen das Böse reduziert werden, aber wie in der Wirklichkeit gewinnt auch bei Zweig nicht immer das Gute. Ein lebenslang ungebildet gebliebener Landbursche verfügt über eine einzigartige Fähigkeit zum Schachspielen. Mit einer von allen seelischen Regungen entrückten Routine besiegte er weltweit sämtliche Schachgrößen, bis er auf einen unerwarteten Gegner trifft: Ein gebildeter Rechtsanwalt, Dr. B., wird von den Nazis monatelang in totaler Isolierung gehalten, um durch psychische Folter die Verstecke des Vermögens seiner Klienten aus ihm herauszupressen. Seine einzige intellektuelle Beschäftigung zieht er aus einem zufällig in seine Hände gelangten Buch, in dem die wichtigsten Schachpartien der letzten Jahrzehnte zusammengestellt sind. Diese lernt er auswendig und spielt sie immer wieder in seinem Kopf nach. Damit widersteht er der Folter, wird aber geisteskrank und deshalb als unnütz von den Nazis freigelassen. Ein Arzt heilt ihn, warnt ihn jedoch, sollte er jemals wieder sich mit Schach beschäftigen, würde er erneut in die Krankheit zurückfallen.

Stefan Zweig schildert das Zusammentreffen dieser beiden Antipoden auf einem Schiff im Atlantik, und dabei die Eskalation:

> Mit einemmal stand etwas Neues zwischen den beiden Spielern; eine gefährliche Spannung, ein leidenschaftlicher Haß. Es waren nicht zwei Partner mehr, die ihr Können spielhaft aneinander proben wollten, es waren zwei Feinde, die sich gegenseitig zu vernichten geschworen. Czentovic zögerte lange, ehe er den ersten Zug tat, und mich überkam das deutliche Gefühl, er zögerte mit Absicht so lange. Offenbar hatte der geschulte Taktiker schon herausgefunden, daß er gerade durch seine Langsamkeit den Gegner ermüdete und irritierte. So setzte er nicht weniger als vier Minuten aus, ehe er die normalste, die simpelste aller Eröffnungen machte, indem er den Königsbauern die üblichen zwei Felder vorschob. Sofort fuhr unser Freund mit seinem Königsbauern ihm entgegen, aber wieder machte Czentovic eine endlose, kaum zu ertragende Pause; es war, wie wenn ein starker Blitz niederfährt und man pochenden Herzens auf den Donner wartet, und der Donner kommt und kommt nicht. Czentovic rührte sich nicht. Er überlegte still, langsam und, wie ich immer gewisser fühlte, boshaft langsam; damit aber gab er mir reichlich Zeit, Dr. B. zu beobachten. Er hatte eben das dritte Glas Wasser hinabgestürzt; unwillkürlich erinnerte ich mich, daß er mir von seinem fiebrigen Durst in der Zelle erzählte. Alle Symptome einer anomalen Erregung zeichneten sich deutlich ab; ich sah seine Stirne feucht werden und die Narbe auf seiner Hand röter

und schärfer als zuvor. Aber noch beherrschte er sich. Erst als beim vierten Zug Czentovic wieder endlos überlegte, verließ ihn die Haltung, und er fauchte ihn plötzlich an:
»So spielen Sie doch schon endlich einmal!«
Czentovic blickte kühl auf. »Wir haben meines Wissens zehn Minuten Zugzeit vereinbart. Ich spiele prinzipiell nicht mit kürzerer Zeit.«
Dr. B. biß sich die Lippe; ich merkte, wie unter dem Tisch seine Sohle unruhig und immer unruhiger gegen den Boden wippte, und wurde selbst unaufhaltsam nervöser durch das drückende Vorgefühl, daß sich irgend etwas Unsinniges in ihm vorbereitete. In der Tat ereignete sich bei dem achten Zug ein zweiter Zwischenfall. Dr. B. , der immer unbeherrschter gewartet hatte, konnte seine Spannung nicht mehr verhalten; er rückte hin und her und begann unbewußt mit den Fingern auf dem Tisch zu trommeln. Abermals hob Czentovic seinen schweren bäurischen Kopf.

»Darf ich Sie bitten, nicht zu trommeln? Es stört mich. Ich kann so nicht spielen.«
»Ha!« lachte Dr. B. kurz. »Das sieht man.«
Czentovics Stirn wurde rot. »Was wollen Sie damit sagen?« fragte er scharf und böse.
Dr. B. lachte abermals knapp und boshaft. »Nichts. Nur daß Sie offenbar sehr nervös sind.«

[…] Czentovic schwieg und beugte seinen Kopf nieder.

Erst nach sieben Minuten tat er den nächsten Zug, und in diesem tödlichen Tempo schleppte sich die Partie fort. Czentovic versteinte gleichsam immer mehr; schließlich schaltete er immer das Maximum der vereinbarten Überlegungspause ein, ehe er sich zu einem Zug entschloß, und von einem Intervall zum andern wurde das Benehmen unseres Freundes sonderbarer. Es hatte den Anschein, als ob er an der Partie gar keinen Anteil mehr nehme, sondern mit etwas ganz anderem beschäftigt sei.

> Er ließ sein hitziges Aufundniederlaufen und blieb an seinem Platz regungslos sitzen. Mit einem stieren und fast irren Blick ins Leere vor sich starrend, murmelte er ununterbrochen unverständliche Worte vor sich hin; entweder verlor er sich in endlosen Kombinationen, oder er arbeitete – dies war mein innerster Verdacht – sich ganz andere Partien aus, denn jedesmal, wenn Czentovic endlich gezogen hatte, mußte man ihn aus seiner Geistesabwesenheit zurückmahnen. Dann brauchte er immer eine einzige Minute, um sich in der Situation wieder zurechtzufinden; immer mehr beschlich mich der Verdacht, er habe eigentlich Czentovic und uns alle längst vergessen in dieser kalten Form des Wahnsinns, der sich plötzlich in irgendeiner Heftigkeit entladen konnte. Und tatsächlich, bei dem neunzehnten Zug brach die Krise aus. Kaum daß Czentovic seine Figur bewegt, stieß Dr. B. plötzlich, ohne recht auf das Brett zu blicken, seinen Läufer drei Felder vor und schrie derart laut, daß wir alle zusammenfuhren: „Schach! Schach dem König!"

Aber der König stand gar nicht im Schach – Dr. B. befand sich geistig ganz woanders und gibt die Partie verloren. Der eingebildete Schachweltmeister begreift nichts.

Nach dem Krieg wurde es im Westen Deutschlands zunächst still um Stefan Zweig. Daran hatte die Gruppe 47 einen gehörigen Anteil; sie wollte ihre Mitglieder gedruckt sehen und nicht die emigrierten Autoren. Aber bald setzte sich die Einzigartigkeit seiner Sprache und seiner Sujets (vor allem Biographien, Erzählungen und Novellen) durch und es begann erneut ein Siegeszug, auch und besonders in der DDR. Trotz hoher Auflagen überstieg die Nachfrage so stark das Angebot, dass seine Bücher dort zu „Bückwaren" mutierten, d. h. die Buchhändler versteckten sie unter dem Ladentisch und mußten sich bücken, um sie guten Kunden zukommen zu lassen.

Es sind die Sprache, der Schreibstil und die Gegenstände der Werke, die immer wieder neue Generationen von Zweig-Lesern anziehen. Der Titel seiner „Sternstunden der Menschheit" von

1927 (schon damals eine Auflage von 200.000) ist inzwischen als geflügeltes Wort in den deutschen Sprachschatz eingegangen, seine Biographien historischer Persönlichkeiten (Amerigo, Magellan, Maria Stuart, Marie Antoinette, Balzac, Dickens, Dostojewski, Tolstoi, Casanova und viele andere) begeistern immer noch ein großes Publikum.

Das einflussreichste und auch bekannteste Werk Stefan Zweigs bleibt jedoch die Schachnovelle. Für ewig wird es einen Spitzenplatz in der deutschen Literaturgeschichte einnehmen. Millionen von jungen Menschen in aller Welt haben durch dieses Buch ihren Zugang zur deutschen Literatur gefunden. Die Schachnovelle ist ein gewichtiger Edelstein der deutschen Sprache, der keine Sonnenstrahlen benötigt, um zu leuchten, weil seine Leuchtkraft in ihm selber steckt.

Stefan Zweig wurde am 28. November 1881 in Wien geboren und verließ unsere Welt zusammen mit seiner todkranken Frau durch Freitod am 23. Februar 1942 in der Nähe von Rio de Janeiro.

Klaus Leciejewski

Feine Dämchen und Herrchen

Die Notizen – oder Von der unvoreiligen Versöhnung
Ludwig Hohl
1944

Es gibt sie wohl überall, Persönlichkeiten, die im Hintergrund bestimmend wirken, die kaum jemand kennt, die nie im Rampenlicht der Öffentlichkeit stehen – und vielleicht auch nicht dort stehen wollen – , von denen aber solche zehren, die tatsächlich öffentliche Wirksamkeit entfalten. In der Schweizer Literatur gilt dies sicher für den Schriftsteller Ludwig Hohl (1904–1980).

Hohls Genfer Domizil, eine legendäre Waschküche, wo er seine Manuskriptseiten an zum Kleidertrocknen gespannten Schnüren aufhängte, war Ziel von Bewunderern, Apologeten und späteren Epigonen. Darunter Peter Bichsel, Max Frisch und Friedrich Dürrenmatt, der behauptete: „Hohl ist notwendig; wir sind zufällig." Inwieweit Hohl seine Rolle als Außenseiter oder unbekanntes Genie dabei inszenierte, oder ob dieses Bild von seinen Bewunderern befördert wurde, ist umstritten, spielt aber letztlich keine Rolle. Was zählt, sind seine Texte. Ihnen eignet mitunter nietzscheanische Wucht:

> Feine Dämchen, Herrchen: mit schmalen, spitzen, funkelnden schwarzen Schuhen die Herrchen, in Seide, Schmuck und Dekolletierung glänzend die Weiber, Tanz und Unterhaltung frönend im von Leuchtern durchschimmerten Saal droben in den Fels- und Eiswänden des Himalaja, im unterirdisch ausgebauten Hotel nämlich in welchem sie eine verwöhntes Dasein führten, – sie lachten, als auf einmal ein paar raue, mit Pickeln und eisenbeschlagenen Schuhen ausgerüstete, in dicke Wolle und Leder gehüllte, mit Eisschuppen bekleidete Urgestalten eintraten. – Sie tanzten und spielten im glänzenden Saal. Sie dachten nicht an die Gefahren und Schwierigkeiten des Weges. Sie waren mit der Bahn heraufgekommen (einer höheren Art von Jungfrau-Bahn) und lebten im Hotel. Die Bahn ist nicht mehr, sagten die Angekommenen.

Hohls „Notizen“ bieten eine reiche Sammlung von Aphorismen, Syllogismen, Kurzgeschichten und Reflexionen der eigenen Situation und der Geschichte:

> Nur das mit Widerständen Kämpfende ist geistig stark. Ich muss, was ich zuerst bei mir erkannte, mehr und mehr an den Erscheinungen der allgemeinen Geschichte sehn – und am Ende verwundert es nicht weiter und ist nur ein klar eingefügtes Glied jenes Denkens, in dem der Hauptsatz steht von der Produktivität – dass kein Leben bleiben kann ohne Produktivität.

Hohl war kein Freund der Kirche; es spricht für ihn, dass er sich gradlinig und ohne Sorge um Anerkennungsverlust als Atheist verstand:

> Ob die bösen Menschen kirchlich werden, oder ob die Menschen durch die Kirche böse werden, weiß ich nicht, aber sicher ist, dass die meisten bösen Menschen, die man im zivilen Leben antrifft, just auch die kirchlichen sind. Das heißt nicht, dass nicht hie und da auch ein durchaus böser unter den nicht kirchlichen sich finde (ein grünlicher, dürrer Bauer, Bankier oder Gendarm) und nicht – seltener – unter den Kirchlichen einmal einer vorkomme, dessen Inneres aus anderem besteht als Zement und Gips.

Als Metapher für den Kleinbürger, für provinzielles Denken gemeinhin, stand für Hohl „Herr Meyer“:

> Nachdem es mir gelungen war, Herrn Meyer zu definieren als den Mann, der bei lauter Nichtgelegenheiten: also nicht beim Durchschreiten eines Sumpfgewässers oder Flusses (wo wir auf eine solche Ankunft vielleicht gespannt wären, wo sie einen Sinn haben könnte), nicht beim Durchqueren eines durch Neuschnee trügerisch gemachten Gletscherspaltengewirres; sondern wenn ein neuer Planet entdeckt wurde, oder wenn man von Johann Sebastian Bach redet, oder von den Kunsthändlern, die

> durch van Gogh reich geworden sind, oder von der Bedeutung der Träume: der bei lauter solchen Nichtgelegenheiten versichert, er habe festen Boden unter seinen Füssen – habe ich gründlich nachgedacht, was das heißen soll. Mit diesem Boden kann nicht der irdische Boden gemeint sein.

Ludwig Hohl zu lesen heißt, sich auf Amüsantes, Verstörendes, mitunter Unheimliches einzulassen – also Lesegenuss.

Werner Kieser

Lyrik vor dem Abgrund

Moabiter Sonette
Albrecht Haushofer
1945

Er war lange Mitläufer, aktiv beteiligt an der Naziherrschaft. Von Hause aus bayrischer Bildungsbürger, studierte Albrecht Haushofer wie sein Vater Geographie und wurde Hochschullehrer zunächst in München, dann in Berlin. Nebenbei schrieb er Dramen, in denen er mit Vorliebe die Antike als verschlüsselten Schauplatz seiner zeitkritischen Ideen benutzte.

Wie vielen seiner intellektuellen Zeitgenossen blieb ihm das parlamentarische System fremd, ohne dass ihm das als vulgär und niveaulos empfundene Auftreten und Denken der Nazis zugesagt hätte. Was er sich am Ende anlastete, war die Sorglosigkeit, mit der er dem keineswegs geschätzten Regime diente, bevor es ihn selbst verschlang. Bleibendes Zeugnis seiner Träume und Alpträume sind die 80 Sonette, die er in seinen letzten Lebensmonaten in Kerkerhaft schrieb, allesamt formstrenge Kleinkunstwerke. Einige sind voll abgründigen Humors. Sie greifen auf exotische Erzählungen und Tierfabeln zurück.

Die beiden Frösche

Wenn Ungeduld und Hoffnungslosigkeit
in mancher Stunde mir das Herz umzwängen,
die harten, grauen Feinde fortzudrängen,
ist alte Fabel helfend mir bereit.

Ein kluger und ein dummer Frosch gerieten
in einen tiefen Eimer Milch hinein.
Die glatte Wölbung schien, nach langer Pein,
den beiden kein Entkommen je zu bieten.

Der Kluge sieht die Lage hoffnungslos,
gibt auf und sinkt. Der Dumme zappelt weiter …
Nach Stunden springt er, müde zwar, doch heiter
von einem dicken, runden Butterkloß.

Ich lächle wohl. Doch muss ich mir gestehn,
am Ende möcht ich gern – die Butter sehn …

Dies schreibt Albrecht Haushofer in der Endphase eines Lebens, das in seinen Brüchen die Abgründe des Dritten Reichs aufzeigt: Als „jüdischer Mischling 2. Grades“ vom Führer-Stellvertreter protegiert, wird er Zuarbeiter Ribbentrops und macht sich damit zum Erfüllungsgehilfen des Systems, bevor er zu seinem Gegner und schließlich Opfer wird. Schon sein Vater, maßgebender Geo-Wissenschaftler, hat mit einer wissenschaftlich von Anfang an fragwürdigen Volk-ohne-Raum-Lehre den Weg aufgezeigt, den die braunen Welteroberer später beschritten haben. Nur im Nachhinein erschließt sich der Kontrast zwischen seiner Heirat mit einer sogenannten Halbjüdin und der Förderung seines Lieblingsstudenten Rudolf Hess. Dieser war es, der die Familie schützte, solange er dazu in der Lage war.

Seiner Protektion verdankt Sohn Albrecht die Chance, sich im Windschatten des Systems zu bewegen und seine guten Sprach- und weltweiten Kulturkenntnisse nutzbar zu machen. Seit 1934 freier Mitarbeiter des Auswärtigen Amtes bzw. ihm zugeordneter Dienststellen mit Sonderaufgaben, versucht er in Selbstüberschätzung und ohne Erfolg, außenpolitisches Unheil abzuwenden. Noch vor Erlass der Nürnberger Gesetze setzt er sich etwa mit aktuellen „Gedanken zu einer differenzierten Lösung der Nicht-Arier-Frage“ auseinander. Der Vorschlag läuft darauf hinaus, alteingesessene Juden als Deutsche anzuerkennen, nicht aber die Zuwanderer der letzten Jahrzehnte, immerhin 300.000 von ca. 500.000 Personen – wohin mit ihnen, bleibt offen …

Schließlich wendet er sich mehr und mehr den Widerstandskreisen zu und hat von diversen Gruppen und ihren Plänen Kenntnis, ohne sich direkt zu beteiligen. Im Gefolge des Attentats vom 20. Juli 1944, bei dem er mit ins Fadenkreuz gerät, versteckt er sich in Bayern. Er wird im Dezember aufgespürt, festgenommen und wenige Tage vor Kriegsende von SS-Schergen aus dem Gefängnis geholt und ermordet.

Die in seiner blutbefleckten Tasche gefundenen, säuberlich mit Bleistift geschriebenen Gedichte lesen sich als das Vermächtnis eines Menschen, der in Gefangenschaft, Schmerz und

Verzweiflung so etwas wie innere Ruhe gefunden hat. Sie stellen, manchmal schonungslos direkt, meist in historisch-literarischen Gleichnissen, die Lebens-, Leidens- und Mitschuld-Erfahrungen des Verfassers dar. Geographische und geschichtliche Parabeln stehen im Vordergrund.

Die Form betreffend wendet der Dichter konsequent das „klassische" Muster des 14-Zeilers mit 5-füßigen Jamben an. Dies geschieht jedoch nicht in der häufigsten Form 4 – 4 – 3 – 3, sondern in der u. a. von Shakespeare bevorzugten Abfolge 4 – 4 – 4 – 2, was sich jedoch im Original und den meisten Druckausgaben nicht widerspiegelt. Es handelt sich aber einschließlich der Zeilen 9-12 um Vierergruppen nach dem Schema „umarmender" Reime ABBA. Grund könnte sein, dass hier die Gelegenheit besteht, die jeweilige Pointe auf zwei Schlusszeilen zu erstrecken.

Persische Legende
Im alten Schiras ließ ein Schelm verbreiten,
er lehre seinen Esel, wie man spricht.
Der Schah erfuhr's, befahl dem frechen Wicht,
den klugen Esel zum Palast zu reiten.

„Du lehrst ihn sprechen?" – „Ja! „Was forderst du
für deine Kunst?" „Fünf Jahre Zeit und Lohn."
„Gewährt. Doch spricht das Tier dann nicht, mein Sohn,
gibt's hundert Peitschen für das Jahr dazu!"

Der Schelm, der Esel bleiben in der Pracht.
Ein Freund besucht die beiden im Palast
und fragt besorgt: „Was du versprochen hast –
begreifst du, was es heißt?" – Der andre lacht:

„Der Schah – der Esel – ich – was ist dabei?
Wir können täglich sterben – alle drei!"

Beide Sonette zeigen den Ausweg aus Gefangenschaft und Unterwerfung durch List und Beharren des jeweils Schwächeren: Während der „dumme Frosch" nicht aufgibt und strampelt, bis die Milch zu Butter verklumpt und ihn rettet, gelingt es dem Besitzer des Esels, sich mit einer Finte fünf sorgenfreie Jahre zu „erkaufen“ – der Tod kann in dieser Zeit alle Beteiligten treffen …

In einem der Sonette nennt der Verfasser den Grund, warum er in seiner bayrischen Heimat Zuflucht gesucht hat, statt in die Schweiz zu fliehen. Nachzulesen ist er auf einer Gedenktafel in Berlin-Moabit: „Ich wollte nicht aus meiner Heimat gehn. Sie schien mir lange guten Schutz zu gönnen. Dann hat auch sie mich nicht mehr bergen können, ich werde lebend kaum sie wiedersehn.“

Alexander Mühlen

Nach einem anderen Planeten umsehen …

Draußen vor der Tür
Wolfgang Borchert
1946

Zwei Jahre gab das Schicksal Wolfgang Borchert, seine Stücke zu schreiben. Er starb im November 1947 mit 26 Jahren. Der Zweite Weltkrieg mit Krieg und Kerker hatten ihn gesundheitlich ruiniert, die Hungersnot der Nachkriegszeit tat ein Übriges. Mehr noch war es die mentale Trägheit und Abkehr von aller Mitmenschlichkeit um ihn herum, die ihn zermürbte. In seinem Stück „Generation ohne Abschied" schreibt er: „Wir sind die Generation ohne Bindung und ohne Tiefe. Unsere Tiefe ist der Abgrund. Wir sind die Generation ohne Glück, ohne Heimat und ohne Abschied. Unsere Sonne ist schmal, unsere Liebe grausam und unsere Jugend ist ohne Jugend."

In seinem einzigen Drama „Draußen vor der Tür" springt uns seine Verzweiflung über die Mitmenschen und die allgemeine Lage in den Dialogen der Hauptfigur Beckmann, eines Spätheimkehrers aus der Kriegsgefangenschaft, mit einem saturierten Oberst, mit Gott, mit dem Tod in Person eines Straßenkehrers und mit einer jungen Frau förmlich an. Es ist eine scheinbar ferne Geschichte aus der Nachkriegszeit, aber zugleich zeitlos, wenn man sich vom speziellen Kontext löst. Borchert selbst schreibt in einer Vorbemerkung, „daß es eigentlich nur ein alltäglicher Film war, ein ganz alltäglicher Film. Von einem Mann, der nach Deutschland kommt, einer von denen. Einer von denen, die nach Hause kommen und die dann doch nicht nach Hause kommen, weil für sie kein Zuhause mehr da ist. Und ihr Zuhause ist dann draußen vor der Tür. Ihr Deutschland ist draußen, nachts im Regen, auf der Straße. Das ist ihr Deutschland."

Das Grauen des Krieges mit all seinen Schrecknissen ebenso wie die Oberflächlichkeit und Hohlheit des (Nicht-)Begreifens werden insbesondere im Dialog Beckmanns mit dem Oberst gegenwärtig:

> Beckmann: O nein, Herr Oberst, o nein! In diesen Nächten, wo die Toten kommen, da ist er [der Mond] weiß und

krank. Da ist er wie der Bauch eines schwangeren Mädchens, das sich im Bach ertränkte. So weiß, so krank, so rund. Nein, Herr Oberst, der Mond ist weiß in diesen Nächten, wo die Toten kommen, und ihr blutiges Gestöhn stinkt scharf wie Katzendreck bis in den weißen runden Mond. Blut, Blut. Dann stehen sie auf aus den Massengräbern mit verrotteten Verbänden und blutigen Uniformen. Dann tauchen sie auf aus den Ozeanen, aus den Steppen und Straßen, aus den Wäldern kommen sie, aus Ruinen und Mooren, schwarzgefroren, grün, verwest. Aus der Steppe stehen sie auf, einäugig, zahnlos, einarmig, beinlos, mit zerfetzten Gedärmen, ohne Schädeldecken, ohne Hände, durchlöchert, stinkend, blind. Eine furchtbare Flut kommen sie angeschwemmt, unübersehbar an Zahl, unübersehbar an Qual! Das furchtbare unübersehbare Meer der Toten tritt über die Ufer seiner Gräber und wälzt sich breit, breiig, bresthaft und blutig über die Welt. Und dann sagt der General mit den Blutstreifen zu mir: Unteroffizier Beckmann, Sie übernehmen die Verantwortung. Lassen Sie abzählen.
Oberst: Was wollen Sie denn von mir?
Beckmann: Ich bringe sie Ihnen zurück.
Oberst: Wen?
Beckmann (beinahe naiv): Die Verantwortung. Ich bringe Ihnen die Verantwortung zurück. Haben Sie das ganz vergessen, Herr Oberst? Den 14. Februar? Bei Gorodok. Es waren 42 Grad Kälte. Da kamen Sie doch in unsere Stellung, Herr Oberst, und sagten: Unteroffizier Beckmann. Hier, habe ich geschrieen. Dann sagten Sie, und Ihr Atem blieb an Ihrem Pelzkragen als Reif hängen – das weiß ich noch ganz genau, denn Sie hatten einen sehr schönen Pelzkragen – dann sagten Sie: Unteroffizier Beckmann, ich übergebe Ihnen die Verantwortung für die zwanzig Mann. Sie erkunden den Wald östlich Gorodok und machen nach Möglichkeit ein paar Gefangene, klar? Jawohl,

Herr Oberst, habe ich da gesagt. Und dann sind wir losgezogen und haben erkundet. Und ich – ich hatte die Verantwortung. Dann haben wir die ganze Nacht erkundet, und dann wurde geschossen, und als wir wieder in Stellung waren, da fehlten elf Mann. Und ich hatte die Verantwortung. Ja, das ist alles, Herr Oberst. Aber nun ist der Krieg aus, nun will ich pennen, nun gebe ich Ihnen die Verantwortung zurück, Herr Oberst, ich will sie nicht mehr, ich gebe sie Ihnen zurück, Herr Oberst.

Oberst: Aber mein lieber Beckmann, Sie erregen sich unnötig. So war das doch gar nicht gemeint.

Beckmann (ohne Erregung, aber ungeheuer ernsthaft): Doch. Doch, Herr Oberst. So muß das gemeint sein. Verantwortung ist doch nicht nur ein Wort, eine chemische Formel, nach der helles Menschenfleisch in dunkle Erde verwandelt wird. Man kann doch Menschen nicht für ein leeres Wort sterben lassen. Irgendwo müssen wir doch hin mit unserer Verantwortung. Die Toten – antworten nicht. Gott – antwortet nicht. Aber die Lebenden, die fragen. Die fragen jede Nacht, Herr Oberst... Es sind nur elf Frauen, Herr Oberst, bei mir sind es nur elf. Wieviel sind es bei Ihnen, Herr Oberst? Tausend? Zweitausend? Schlafen Sie gut, Herr Oberst? Dann macht es Ihnen wohl nichts aus, wenn ich Ihnen zu den zweitausend noch die Verantwortung für meine elf dazugebe. Können Sie schlafen, Herr Oberst? Herr Oberst, können Sie eine Minute leben, ohne zu schreien? Herr Oberst, Herr Oberst, schlafen Sie nachts gut? Ja? Dann macht es Ihnen ja nichts aus, dann kann ich wohl nun endlich pennen – wenn Sie so nett sind und sie wieder zurücknehmen, die Verantwortung. Dann kann ich wohl nun endlich in aller Seelenruhe pennen. Seelenruhe, das war es, ja, Seelenruhe, Herr Oberst! Und dann: schlafen! Mein Gott!

Oberst (ihm bleibt doch die Luft weg. Aber dann lacht er seine Beklemmung fort, aber nicht gehässig, eher jovial und rauhbeinig, gutmütig, sagt sehr unsicher): Junger

Mann, junger Mann! Ich weiß nicht recht, ich weiß nicht recht. Sind Sie nun ein heimlicher Pazifist, wie? So ein bißchen destruktiv, ja? Aber – (er lacht zuerst verlegen, dann aber siegt sein gesundes Preußentum, und er lacht aus voller Kehle) mein Lieber, mein Lieber! Ich glaube beinahe, Sie sind ein kleiner Schelm, wie? Hab ich recht? Sehen Sie, Sie sind ein Schelm, was? (Er lacht) Köstlich, Mann, ganz köstlich! Sie haben wirklich den Bogen raus! Nein, dieser abgründige Humor! Ich hatte im ersten Moment gar nicht begriffen, daß Sie eine so komische Nummer bringen wollten. Ich dachte wahrhaftig, Sie hätten so eine leichte Verwirrung im Kopf. Hab doch nicht geahnt, was Sie für ein Komiker sind. Nein, also, mein Lieber, Sie haben uns wirklich so einen reizenden Abend bereitet – das ist eine Gegenleistung wert. Wissen Sie was? Gehen Sie runter zu meinem Chauffeur, nehmen Sie sich warm Wasser, waschen Sie sich, nehmen Sie sich den Bart ab. Machen Sie sich menschlich… dann werden Sie erstmal wieder ein Mensch, mein lieber Junge! Werden Sie erstmal wieder ein Mensch!!!

Beckmann (wacht auf und wacht auch zum erstenmal aus seiner Apathie auf): Ein Mensch? Werden? Ich soll erstmal wieder ein Mensch werden? (schreit) Ich soll ein Mensch werden? Ja, was seid ihr denn? Menschen? Menschen? Wie? Was? Ja? Seid ihr Menschen? Ja??

Der Aufschrei der Verzweiflung in diesem unheimlichen Dialog Beckmanns mit dem Oberst ist weit mehr als ein bloßes Antikriegsdokument, es ist die Verzweiflung dessen, der zu humaner Verständigung zurück will, aber in diesem Dialog wie in etlichen anderen immer wieder scheitert, weil die moralische Ebene, die er nach der Verrohung im Krieg zurückgewinnen will, von allen, die er anspricht, gemieden wird wie eine Salzwüste. Beckmann findet sich immer wieder „draußen vor der Tür“.

Borchert mahnt mit Beckmanns wiederholten Appellen an die Verantwortung des Einzelnen, sich nicht mit Verweis auf den Lauf der Dinge davonzustehlen, sondern in bester Tradition der Aufklärung Rechenschaft abzulegen und neue Orientierung in einer chaotischen Zeit zu finden. Am bitteren Einzelschicksal werden allgemein menschliche und gesellschaftliche Strukturen sichtbar. Wo beginnt Verantwortung und wo endet sie? Wie ernst ist es den Menschen, ihren Mitmenschen zuzuhören, sie verstehen zu wollen, gar ihnen die Wahrheit zumuten zu sollen? Die beim ersten Lesen manchmal scheinbar skurrilen Argumente lassen einem das Lachen regelmäßig im Halse stecken.

„Draußen vor der Tür" ist nicht Abrechnung, sondern Aufdecken menschlichen Verhaltens, keine vordergründig moralische Anklage. Fern aller Selbstgerechtigkeit steht Beckmann in seinem Verhalten neben anderen, wenn der Einbeinige, dessen Frau Beckmann aufgenommen hat, sagt „Wir werden jeden Tag ermordet und jeden Tag begehen wir einen Mord. Wir gehen jeden Tag an einem Mord vorbei. Und du hast mich ermordet, Beckmann. Hast du das schon vergessen? Ich war doch drei Jahre in Sibirien, Beckmann, und gestern abend wollte ich nach Hause. Aber mein Platz war besetzt – du warst da, Beckmann, auf meinem Platz. Da bin ich in die Elbe gegangen, Beckmann, gleich gestern abend. Wo sollte ich auch anders hin, nicht, Beckmann?" Einen Unterschied zum Oberst gibt es allerdings: Beckmann verspricht dem Einbeinigen: „Ich vergesse dich nicht."

Werden hier Einzelfälle außergewöhnlicher Unmenschlichkeit beschrieben, oder vielmehr eine immanente Facette „normaler" menschlicher Reaktionen, „die Unfähigkeit zu trauern"? Borchert lässt seine Protagonisten Fragen in naiver Ernsthaftigkeit unerbittlich stellen. Was bzw. wer ist unmenschlich und/oder asozial? Wie intensiv denken wir über unser Tun überhaupt nach? Obdachlosigkeit wird als sowohl materielles wie mentales, letztlich als ethisches Problem deutlich. In einem großen Bogen mündet das nach dem Gespräch mit dem Oberst in den Satz „Ich hab das dunkle Gefühl, daß wir uns bei Zeiten nach einem anderen Planeten umsehen müssen."

Walter Hirche

Ende

Quartär I–III
Gottfried Benn
1947

Seit über zwei Millionen Jahren dauert bereits auf unserer Erde das Quartär. Seit zwölftausend Jahren leben wir im Holozän, in dem für Benn das Quartär an sein Ende kommt. Wir lesen also ein Gedicht über die Geschichte des Menschen von der Menschwerdung bis heute, über seine Gegenwart und über sein sich abzeichnendes Ende. Was danach kommen wird, ist nicht mehr unsere Sache – der „Rausch zu neuem Raum" betrifft das Universum, nicht mehr die Menschheit. Den „ptolemäischen Traum" – die Erde und der Mensch im Mittelpunkt aller Dinge – sieht der Dichter nicht als Unwissenheit der Altvorderen, sondern als deren Wunsch und Willensakt. Die wenigen „stygischen Seelen", jene einsamen großen Geister, die um Leben und Tod wissen, schauen nur noch dem Untergang der alten Welt zu, distanziert und einflusslos (Quartär I).

Zusehen und Laufenlassen beherrschen auch Quartär II, ein Parforceritt durch die Geschichte, von Ägypten und Babylon bis zu Jazz und Swing und wieder zurück zu archaischen Kulten und den „stier- und schwanenvermählten" mythisch-geschlechtlichen Vereinigungen von Göttern und Menschen. All das mündet in eine unaufhebbare Zerrissenheit zwischen Wissen und Nicht-Wissen, in eine Unentscheidbarkeit, ob Leid oder Lust obsiegen oder beide „gespiegelt oder gelogen" nur bunte Illusionen sind.

„Quartär III" beschreibt eine von „riesigen Hirnen" beherrschte, „sich erkennende" Welt, die die Natur (die „Spinnenfäden" der „alten Spinne") zweckmäßig analysiert. Die „alte Spinne" und der „alte Spinnenmann" sind Chiffren für Gott, der in der technisch verwalteten Welt so an den Rand gedrängt und auf spöttisches Zusehen reduziert ist wie die großen Einzelnen, diese „Träume Gottes". Ihnen bleiben nur Selbstbetrachtung, Selbsterkenntnis und der Weg in das stygische Nacht- und Totenreich – einen Strauß Asphodelen, der Vergessensblumen Proserpinas, in der Hand.

I
Die Welten trinken und tränken
sich Rausch zu neuem Raum
und die letzten Quartäre versenken
den ptolemäischen Traum.
Verfall, Verflammen, Verfehlen -
in toxischen Sphären, kalt,
noch einige stygische Seelen,
einsame, hoch und alt.

II
Komm - laß sie sinken und steigen,
die Zyklen brechen hervor:
uralte Sphinxe, Geigen
und von Babylon ein Tor,
ein Jazz vom Rio del Grande,
ein Swing und ein Gebet -
an sinkendem Feuern, vom Rande,
wo alles zu Asche verweht.
Ich schnitt die Gurgel den Schafen
und füllte die Grube mit Blut,
die Schatten kamen und trafen
sich hier - ich horchte gut -,
ein jeglicher trank, erzählte
von Schwert und Fall und frug,
auch stier- und schwanenvermählte
Frauen weinten im Zug.
Quartäre Zyklen - Szenen,
doch keine macht dir bewußt,
ist nun das Letzte die Tränen
oder ist das letzte die Lust
oder beides ein Regenbogen,
der einige Farben bricht,
gespiegelt oder gelogen -
du weißt, du weißt es nicht.

III
Riesige Hirne biegen
sich über ihr Dann und Wann
und sehen die Fäden fliegen,
die die alte Spinne spann,
mit Rüsseln in jede Ferne
und an alles, was verfällt,
züchten sich ihre Kerne
die sich erkennende Welt.
Einer der Träume Gottes
blickte sich selber an,
Blicke des Spiels, des Spottes
vom alten Spinnenmann,
dann pflückt er sich Asphodelen
und wandert den Styxen zu -,
laß sich die Letzten quälen,
laß sie Geschichte erzählen -
Allerseelen -
Fini du Tout.

(© Arche Literatur Verlag AG, Zürich-Hamburg, 1948, 2006)

Benn, der Pfarrersohn, strikt naturwissenschaftlicher Mediziner, schlägt sich trotz oder gerade wegen seines lebenslangen Vaterkonflikts auch hier mit Gott – „wenn es ihn gibt“ – herum. Dabei greift er mit beiden Händen in den antiken Fundus und wirbelt ihn literarisch durcheinander. Vorgeschichtliche und kosmologische Forschungen wie Spekulationen faszinieren ihn. Sein lyrischer Grundton ist ein ichvergessen strömender Rausch, der aber immer wieder auf einen skeptischen Intellekt prallt. Ein preußisch-frommer Vater und eine liebevolle welschschweizer Mutter, eine glückliche Dorfkindheit in Hinterpommern und später das Berliner Großstadtleben: Wie der Mensch Benn lebt sein Gedicht „Quartär“ von Gegensätzen und Widersprüchen.

Rolf Stolz

Die Geburt des Wirtschaftswunders

Erstes Gesetz zur Neuordnung des Geldwesens
Ludwig Erhard und Edward A. Tenenbaum
1948

Dieses Gesetz war der Schleusenöffner für viele Dinge, nicht zuletzt den deutschen Nachkriegsgwohlstand, und wirkt bis heute nach. Ohne es hätte es auch den Euro nie gegeben. Am 21. Juni des Jahres 1948, einem Montag, ein Jahr vor der Gründung der Bundesrepublik, hat es in den westlichen Besatzungszonen die Reichsmark als Zahlungsmittel abgelöst und die D-Mark eingeführt.

Die Umstellung kam für alle – außer den am Gesetz direkt beteiligten Politikern und Experten natürlich – überraschend. Erst drei Tage vorher erfuhren die Menschen im Rundfunk, was da auf sie zukam. Die nötigen Banknoten hatte man in den Vereinigten Staaten drucken und in 23.000 Holzkisten per Schiff von New York nach Bremerhaven kommen lassen (Operation „Bird Dog“; zur Tarnung war auf den Kisten „Barcelona via Bremerhaven“ aufgedruckt). Von Bremerhaven wurden die Kisten mit Sonderzügen nach Frankfurt, von da mit alliierten Armee-Lastwagen in zweihundert Zweigstellen der elf westdeutschen Landesbanken und von da an die Lebensmittelkartenstellen gebracht. Da fand die Verteilung an die Bürger statt. Jeder erhielt als Kopfgeld zunächst vierzig Mark (später nochmals zwanzig), die alten Reichsmark wurden im Verhältnis von grob zehn zu eins umgetauscht. Wieder hatten viele Sparer fast ihr gesamtes Geldvermögen verloren. Aber die Wirtschaft holte Luft, am Tag darauf begannen sich die Schaufenster zu füllen, das Wirtschaftswunder begann. Und war von da an nicht mehr aufzuhalten.

Der Name „Deutsche Mark“ geht zurück auf einen jungen Mann, den in Deutschland kaum jemand kennt, den aus einer polnisch-jüdischen Familie stammenden US-Amerikaner Edward A. Tenenbaum. Tenenbaum hatte 1942 an der Yale-Universität über deutsche Wirtschaftsgeschichte promoviert (allerdings ohne das Verfahren abzuschließen), beherrschte fünf

Sprachen und war als brillant, aber auch als eigensinnig bekannt. Sich in den Vordergrund zu spielen lag ihm nicht, was wohl der Hauptgrund dafür ist, dass heute kaum jemand seinen Namen mit der D-Mark in Verbindung bringt.

Wegen seiner starken Kurzsichtigkeit musste Tenenbaum nicht an die Front; er wurde in der psychologischen Kriegsführung eingesetzt und rückte danach im Alter von gerade mal 25 Jahren in den Stab des Finanzberaters von General Lucius D. Clay. Dort wurde er der Arbeitsgruppe Währungsreform zugeteilt und stieg schnell in deren Leitung auf. Im November 1947 traf er sich erstmals mit Ludwig Erhard. Dicke Freunde sind sie dabei nicht geworden; Erhard hatte seine eigenen Vorstellungen von der Währungsreform, den unter seiner Leitung ausgearbeiteten „Homburger Plan". Der war aber von den Alliierten als zu wenig radikal verworfen worden.

Das entscheidende Treffen fand von April bis Juni 1948 in einem stillgelegten Fliegerhorst im Fuldatal nahe dem kleinen Dorf Rothwesten statt. Da saßen zwei Dutzend deutsche und alliierte Finanzfachleute mehrere Wochen zusammen und kreierten nicht ohne gelegentlichen Streit in der Küche den großen Kuchen Währungsreform. Als Wortführer auf alliierter Seite agierte der junge Tenenbaum, unter seiner Leitung wurden die „Gesetze zur Neuordnung des Geldwesens" sowie die zugehörigen Durchführungsverordnungen und Merkblätter am 8. Juni 1948 endlich fertig. Und der Name der neuen Währung war „Deutsche Mark". In einer unveröffentlichten Schrift sagt Tenenbaum, er hätte diese Bezeichnung gegen die Konkurrenten Thaler, Batzen, Neumark, Goldmark, Schilling oder Kaufmark durchgesetzt.

Nach dieser größten Leistung seines Lebens ging Tenenbaum in die USA zurück und arbeitete dort als freier Finanzberater. Sein Buch über die Geschichte der D-Mark fand keinen Verleger; es liegt immer noch unvollendet in der Truman Library in Independence, Missouri, nahe dem Ort, wo Harry S. Truman geboren wurde. Im Jahr 1976 ist Tenenbaum bei einem Verkehrsunfall gestorben. Hier ist das Gesetz:

Erster Abschnitt
Währungsumstellung

§ 1. (1) Mit Wirkung vom 21. Juni 1948 gilt die Deutsche-Mark-Währung. Ihre Rechnungseinheit bildet die Deutsche Mark, die in hundert Deutsche Pfennige eingeteilt ist.

(2) Alleinige gesetzliche Zahlungsmittel sind vom 21. Juni 1948 an:
1. die auf Deutsche Mark oder Pfennig lautenden Noten und Münzen, die von der Bank deutscher Länder ausgegeben werden,
2. folgende Noten und Münzen zu einem Zehntel ihres bisherigen Nennwertes:
   a) in Deutschland in Umlauf gesetzte Marknoten der Alliierten Militärbehörde zu 1 und 1/2 Mark,
   b) Rentenbankscheine zu 1 Rentenmark,
   c) Münzen zu 50, 10, 5 und 1 Reichs- oder Renten pfennig.

(3) Vorbehaltlich früheren Aufrufs verlieren die in Abs. 2 Ziff. 2 bezeichneten Militärmarknoten und Rentenbankscheine mit Ablauf des 31. August 1948 ihre gesetzliche Zahlkraft.

§ 2. Sind in Gesetzen, Verordnungen, Verwaltungsakten oder rechtsgeschäftlichen Erklärungen die Rechnungseinheiten Reichsmark, Goldmark oder Rentenmark verwendet worden, so tritt, vorbehaltlich besonderer Vorschriften für bestimmte Fälle, an die Stelle dieser Rechnungseinheiten die Rechnungseinheit Deutsche Mark.

§ 3. Geldschulden dürfen nur mit Genehmigung der für die Erteilung von Devisengenehmigungen zuständigen Stelle in einer anderen Währung als in Deutscher Mark eingegangen werden. Das gleiche gilt für Geldschulden, deren Betrag in Deutscher Mark durch den Kurs einer solchen anderen Währung oder durch den Preis oder eine Menge von Feingold oder von anderen Gütern oder Leistungen bestimmt werden soll.

> **§ 4.** Für alle Reichsmarkverpflichtungen wird ein Moratorium gewährt. Das Moratorium endet mit dem Ablauf des 26. Juni 1948.

Es folgen noch 24 weitere Paragrafen, etwa zum Kopfgeld, zum Umgang mit Altgeld oder zur Organisation des Bankenwesens. Aber das ist Technik. Die zentrale Botschaft steht im ersten Satz: „Mit Wirkung vom 21. Juni 1948 gilt die Deutsche-Mark-Währung." Unser ganzer seither gewonnener Wohlstand fußt darauf.

Walter Krämer

Das Erkennen der Welt durch die Sprache

Berliner Kindheit um neunzehnhundert
Walter Benjamin
1950

„Im Jahr 1932, als ich im Ausland war, begann mir klar zu werden, daß ich in Bälde einen längeren, vielleicht einen dauernden Abschied von der Stadt, in der ich geboren bin, würde nehmen müssen." So begründet Walter Benjamin im Vorwort zur „Berliner Kindheit" seinen Versuch, aus zeitlicher und räumlicher Distanz (er war 1933 nach Paris emigriert) mit den 30 in der „Berliner Kindheit" gesammelten Miniaturdichtungen in die Erfahrungswelt eines Kindes zurückzutauchen. Denn von nun an waren die Orte seiner Heimatstadt, deren Namen ihm so vertraut gewesen seien wie die der Genesis (T. W. Adorno) Teil der Vergangenheit. Im Bewusstsein dieser Unwiederbringlichkeit nennt der Philosoph die Sehnsucht als den wichtigsten Antreiber, diese Welt voller Merkwürdigkeiten festzuhalten, in der vertraute wiederkehrende Handlungen etwas Rituelles gewannen und einen Zauber der Unantastbarkeit über die heile, nun vielleicht sogar für heilig gehaltene Kindheit legten. In besonderer Weise kommt dies in dem folgenden, mit „Schränke" überschriebenen Text zum Ausdruck:

> Der erste Schrank, der aufging, wann ich wollte, war die Kommode. Ich hatte nur am Knopf zu ziehen, so schnappte die Tür aus ihrem Schlosse mir entgegen. Drinnen lag meine Wäsche aufbewahrt. Unter all meinen Hemden, Hosen, Leibchen, die dort gelegen haben müssen und von denen ich nichts mehr weiß, war aber etwas, das sich nicht verloren hat und mir den Zugang zu diesem Schranke stets von neuem lockend und abenteuerlich erscheinen ließ. Ich mußte mir Bahn bis in den hinteren Winkel machen; dann stieß ich auf meine Strümpfe, welche da gehäuft und in althergebrachter Art, gerollt und eingeschlagen, ruhten, so daß jedes Paar das Aussehen einer kleinen Tasche hatte. Nichts ging mir über das Vergnügen, meine Hand so tief wie möglich in ihr Inneres zu

versenken. Und nicht nur ihrer wolligen Wärme wegen. Es war »Das Mitgebrachte«, das ich immer im eingerollten Innern in der Hand hielt und das mich derart in die Tiefe zog. Wenn ich es mit der Faust umspannt und mich nach Kräften in dem Besitz der weichen, wollenen Masse bestätigt hatte, fing der zweite Teil des Spiels an, der die atemraubende Enthüllung brachte. Denn nun ging ich daran, »Das Mitgebrachte« aus seiner wollenen Tasche auszuwickeln. Ich zog es immer näher an mich heran, bis das Bestürzende vollzogen war: »Das Mitgebrachte« seiner Tasche ganz entwunden, jedoch sie selbst nicht mehr vorhanden war. Nicht oft genug konnte ich so die Probe auf jene rätselhafte Wahrheit machen: daß Form und Inhalt, Hülle und Verhülltes, »Das Mitgebrachte« und die Tasche eines waren. Eines – und zwar ein Drittes: jener Strumpf, in den sie beide sich verwandelt hatten. Bedenke ich, wie unersättlich ich gewesen bin, dies Wunder zu beschwören, so bin ich sehr versucht, in meinem Kunstgriff ein kleines, schwesterliches Gegenstück der Märchen zu vermuten, welche gleichfalls mich in die Geister- oder Zauberwelt einluden, um am Schluß mich gleich unfehlbar der schlichten Wirklichkeit zurückzugeben, die mich so tröstlich aufnahm wie ein Strumpf. Danach vergingen Jahre. Mein Vertrauen in die Magie war schon erschüttert; schärferer Reize bedurfte es, um es zurückzubringen. Ich begann sie im Sonderbaren, Schrecklichen, Verwunschenen zu suchen, und auch diesmal war's ein Schrank, vor dem ich sie zu kosten trachtete. Aber das Spiel war ein gewagteres. Mit der Unschuld war es vorbei und ein Verbot erschuf es. Verboten nämlich waren mir die Schriften, von denen ich mir reichlichen Ersatz für die verlorene Märchenwelt versprach. Zwar blieben mir die Titel – »Die Fermate«, »Das Majorat«, »Heimatochare« – dunkel. Jedoch für alle, die ich nicht verstand, hatte der Name »Gespenster-Hoffmann« und die strenge Weisung, ihn niemals aufzuschlagen, mir zu bürgen. Endlich gelang es mir, zu ihnen vorzustoßen. Vormittags konnte es sich treffen, daß ich von der Schule schon zurück war, ehe noch die Mutter aus der Stadt, mein Vater aus dem Geschäft nach Hause gekommen waren. An solchen Tagen ging ich ohne die geringste Zeitversäumnis an den Bücherschrank. Das war ein sonderbares Möbel; der Fassade konnte man es nicht ansehen, daß es Bücher beherbergte. Seine Türen trugen im Innern ihres Eichenrahmens Füllungen, die aus Glas bestanden. Und zwar setzten sie sich aus kleinen Butzenscheiben zusammen, welche, jede einzelne, mit einer bleiernen Umfassung von den benachbarten geschieden waren. Die Butzenscheiben aber waren rot und grün und gelb gefärbt und völlig undurchsichtig. So war das Glas an diesen Türen Unfug, und als wolle es Rache für ein Schicksal nehmen, das es so mißbraucht hatte, glänzte es in vielen verdrießlichen Reflexen, welche keinen in seine Nähe luden. Doch wenn mich damals die ungute Luft, die um dies Möbel witterte, betroffen hätte, so wäre sie mir nur ein Anreiz mehr für den Handstreich gewesen, den ich in dieser tauben, hellen und gefährlichen Vormittagsstunde darauf plante. Ich riß die Flügel auf, ertastete den Band, den ich nicht in der Reihe, sondern im Dunkeln hinter ihr zu suchen hatte, erblätterte mir fieberhaft die Seite, auf der ich stehengeblieben war, und ohne mich vom Fleck zu rühren, fing ich an, die Blätter vor der offenen Schranktür überfliegend, die Zeit, bis meine Eltern kamen, auszunutzen. Von dem, was ich las, verstand ich nichts. Jedoch die Schrecken jeder Geisterstimme und jeder Mitternacht und jedes Fluchs steigerten und vollendeten sich durch die Ängste des Ohrs, das jeden Augenblick den Laut des Wohnungsschlüssels und den dumpfen Stoß erwartete, mit welchem der Spazierstock des Vaters draußen in den Ständer fiel. Es war ein Zeichen der Sonderstellung, die die geistigen Güter im Haus behaupteten, daß dieser Schrank als einziger unter allen offenblieb. Denn zu den

> anderen gab es keinen Zugang als durch den Schlüsselkorb, der jede Hausfrau in jenen Jahren überall im Haus begleitete, um doch auf Schritt und Tritt von ihr vermißt zu werden. Das Scheppern des Schlüsselhaufens, welchen sie durchwühlte, ging jedem Hausgeschäft voraus; es war das Chaos, das darin aufbegehrte, ehe das Bild der heiligen Ordnung hinter den weitoffenen Schranktüren wie im Grund des Altarschreins zu uns hinübergrüßte. Auch von mir verlangte es Verehrung und selbst Opfer. Nach jedem Weihnachts- und Geburtstagsfest war zu entscheiden, welches der Geschenke dem »neuen Schrank« zu stiften sei, zu dem die Mutter mir den Schlüssel aufbewahrte. Alles Verschlossene blieb länger neu. Doch nicht das Neue zu halten, sondern das Alte zu erneuern lag in meinem Sinn. Das Alte zu erneuern dadurch, daß ich selbst, der Neuling, mir's zum Meinen machte, war das Werk der Sammlung, die sich mir im Schubfach häufte. Jeder Stein, den ich fand, jede gepflückte Blume und jeder gefangene Schmetterling war mir schon Anfang einer Sammlung, und alles, was ich überhaupt besaß, machte mir eine einzige Sammlung aus. »Aufräumen« hätte einen Bau vernichtet voll stachliger Kastanien, die Morgensterne, Stanniolpapiere, die ein Silberhort, Bauklötze, die Särge, Kakteen, die Totembäume, und Kupferpfennige, die Schilde waren. So wuchs und so vermummte sich die Habe der Kindheit in den Fächern, Läden, Kästen. Und was einst aus dem alten Bauernhaus ins Märchen einging – jene letzte Kammer, die dem Marienkind verboten ist – das ist im Großstadthaus zum Schrank geschrumpft.

Eine der frühesten Fähigkeiten des Kindes, die „Kommode“ zu öffnen, ermöglicht es ihm, an seine darin aufbewahrte Kleidung zu gelangen, sie zu befühlen, Ordnung zu bemerken. Doch das Eindringen „bis in ihren hintersten Winkel“ wird gleichsam zum Vorspiel für ein ganz anderes Ereignis: das eines höchst kostbaren geistigen Erahnens. Während das Kind die „in althergebrachter Art“ zusammengelegten Strümpfe hervorholt und mit ihnen eine Erfahrung macht, stellen sich Worte ein, die seinem Empfinden dabei auf naiv-assoziative Weise Griff verleihen: „Die Tasche“ und „Das Mitgebrachte“. Doch erst der Erwachsene, der das in seine Wahrnehmung versunkene Kind nicht vergessen hat, ist in der Lage, reflektierend zu erfassen, was vom Kind als anwesend zunächst nur empfunden wurde und ohne Sprache noch im Verborgenen geblieben war.

Im Jahre 1940, kurz vor seinem Freitod, hatte Walter Benjamin noch Manuskripte in der Pariser Nationalbibliothek verstecken lassen. Unter ihnen befand sich auch die Fassung aus letzter Hand der „Berliner Kindheit“. Erst 1981 entdeckte man das bis dahin verschollene vollständige Typoskript. Schon 1950 hatte Theodor Adorno einzelne vorab erschienene Texte erstmals als Buch herausgegeben.

Katrin Bibiella

„Im Grunde sind das lauter Gemeinheiten"

Die Strudlhofstiege oder Melzer und die Tiefe der Jahre
Heimito von Doderer
1951

Der Roman ist vieles: Gesellschafts- und Liebesroman, Verwechslungskomödie, Großstadtroman, Porträt des Alsergrunds im IX. Wiener Bezirk (wo Doderer lebte). Für Doderer ist es vor allem ein Entwicklungsroman, nämlich der des Leutnants, späteren Majors, und nach dem Krieg Amtsrats Melzer – vom dummen Soldatentum zum Zivilverstand. Melzers Vorname und der Nachname von Mary K., der zweiten Hauptfigur des Romans, werden nicht mitgeteilt. Doderer will neugierig machen, denn die Leute heißen so, wie sie aussehen oder sind. Der 900-Seiten-Roman ist sehr verflochten und auch nach dem dritten Lesen nur schwer zu überblicken. Komposition geht vor Handlung! Der titelgebende Verkehrsbau – „die Brücke zwischen zwei Reichen" (S. 285), die oben mit unten verbindet – taucht erst nach 50 Seiten auf.

> In dem Buch von Lucka, das da beim Schorsch am Bett liegt, hat mir etwas sehr gut gefallen: da erfährt man erst in der Mitte einmal und so ganz nebenbei, wie der Held überhaupt heißt, der Name kommt nur ein einziges Mal vor. Das wirkt sehr nobel und geschmackig. (S. 190).

Das Personaltableau enthält mehr als 130 Namen, und zahlreiche Kurz- und Kürzestgeschichten lassen leicht die Fäden verlieren. Dem Lesevergnügen tut das keinen Abbruch. Im Gegenteil: Das Interesse bleibt wach und es genügt doch, wenn der Leser auf der letzten Seite erfährt, was aus der Geschichte auf der ersten Seite wurde (die er dann fast vergessen hat). Hier der Anfang:

> Als Mary K.s Gatte noch lebte, Oskar hieß er, und sie selbst noch auf zwei sehr schönen Beinen ging (das rechte hat ihr, unweit ihrer Wohnung, am 21. September 1925 die Straßenbahn über dem Knie abgefahren),

> tauchte ein gewisser Doktor Negria auf, ein junger rumänischer Arzt, der hier zu Wien an der berühmten Fakultät sich fortbildete und im Allgemeinen Krankenhaus seine Jahre machte. Solche Rumänen und Bulgaren hat es zu Wien immer gegeben, meist im Umkreise der Universität oder der Musik-Akademie. […] Damen in Wien, welche ein oder zwei Zimmer ihrer Wohnung oder ihrer Villa zu vermieten gedachten, suchten dazu einen ‚bulgarischen oder rumänischen Studenten' und wurden dann von diesen untereinander weiterempfohlen. Denn in zahlreichen Cafés um die Universität oder um die Kliniken herum bestand ein connationaler Zusammenhang. (S. 9)

Um was es dann im Einzelnen noch alles geht, muss der Neugierige sonstwo lesen, denn wie Doderer an anderer Stelle verfügt hat: „Ein Werk der Erzählkunst ist es umso mehr, je weniger man durch eine Inhaltsangabe davon eine Vorstellung geben kann." Auf der letzten Seite des Romans heißt es jedenfalls:

> Glücklich ist nicht […] wer vergißt, was nicht mehr zu ändern ist; so etwas kann überhaupt nur in einer Operette vorkommen. Eine derartige Auffassung würde nichts weniger als ein Unterbleiben der Evidenz bedeuten, beziehungsweise als solches anzusehen sein. Glücklich ist vielmehr derjenige, dessen Bemessung seiner eigenen Ansprüche hinter einem diesfalls herabgelangten höheren Entscheid so weit zurückbleibt, dass dann naturgemäß ein erheblicher Übergenuß eintritt. Was soll man hier noch sagen! Und paßte es nicht wirklich auf den Majoren. (S. 909).

Die Veröffentlichung des Romans im Jahre 1951 machte Doderer auf einen Schlag berühmt. Über die Gründe für diesen Erfolg wird, abgesehen von der literarischen Qualität, spekuliert. Sechs Jahre nach Kriegsende traf sein idyllisierender Grundton begreiflicherweise auf großes Interesse – meist herrscht strahlendes Sommerwetter, „Politik" spielt keine Rolle, Weltkrieg I und die sich anschließenden Verwerfungen bleiben kaum sichtbarer Hintergrund. Das Ende der Ideologien und – jetzt – falscher Überzeugungen, ihr Abstreifen – die „Menschwerdung" – war für viele inneres, mindestens äußeres, Gebot der Stunde. Die „Strudlhofstiege" blieb Doderers beliebtestes Werk. Er selbst und die Kritik sehen allerdings sein Hauptwerk in den 1956 erschienenen „Dämonen", das im Wien der Jahre 1925–1927 angesiedelt ist.

Heimito von Doderer wird am 5. September 1896 in Wien in eine großbürgerliche, erbgeadelte Familie geboren. Das Abitur schafft er nur mit Mühe, das Jurastudium ist ungeliebt; 1915 Eintritt in ein nobles Kavallerieregiment, 1916–1920 russische Gefangenschaft, großenteils in Sibirien; zurück in Wien, Wechsel des Studienfachs zu Geschichte und Psychologie; 1921 erste Veröffentlichung (Gedichtband), es folgen Feuilletons und ein Roman, was ihm aber alles kein Auskommen sichert – bis Ende der 1940er Jahre ist er auf finanzielle Unterstützung durch die Familie angewiesen; 1930 Heirat, 1939 Scheidung (die Frau war Jüdin); 1933 Eintritt in die NSDAP; 1936 Umzug zur Freundin nach Dachau (vom KZ will er nichts bemerkt haben), Entfernung vom Nationalsozialismus; 1940 Einberufung, Beginn der Arbeit an der Strudlhofstiege; 1945 Rückkehr aus norwegischer Kriegsgefangenschaft nach Österreich; Schreibverbot, Zeit trostloser Armut; 1948 Abschluss der Strudlhofstiege, die aber erst 1951 erscheint. Der Erfolg bringt endlich finanzielle Unabhängigkeit und Anerkennung. Es folgt „Die Dämonen", an denen er seit 1929 gearbeitet hatte; Nobelpreiskandidat Österreichs. Am 23. Dezember 1966 stirbt Doderer in Wien. – Dunkle Züge in Doderers „ambivalentem, zerrissenem Leben" sind seine, auch karrieristisch motivierte, Beziehung zum Nationalsozialismus und die oft wenig appetitlichen Beziehungen zu Frauen, was er ungewöhnlich freimütig in seinen Tagebüchern festhielt.

Um des Majors „Menschwerdung" und was dazu gehört sind viele Handlungsstränge gelegt. Transparenz ist dabei nicht gesucht. Hauptsache, der Chronist (Geyrenhoff) und die Personen verfügen über ein perfektes Erinnerungsvermögen und wissen noch, mit wem und wo sie vor 15 Jahren abends gegen fünf saßen und über was sie sich unterhielten. Den Hauptstrang bildet die Entwicklung des meistens dummen Melzerich, der zwar im Krieg selbständig handeln musste, zuvor und lange Zeit danach aber nicht zu einer selbständigen Art zu existieren findet.

Der Roman trägt viele autobiographische Züge, wobei Doderer sein *Alter ego* gleich auf mindestens fünf Personen verteilt. Die Örtlichkeiten sind vorwiegend die von Doderers heller Kindheit und Jugend, das Wetter ist hell und schön. Die privaten Sorgen sind oft von mild-schnitzlerscher Art. Der Selbstmord einer Hauptfigur (Etelka) erschüttert nicht sehr lange oder tief. Die „Menschwerdung“ Melzers, das Abstreifen seiner Vorurteile, die Aufnahme der Welt, wie sie ist, und das Einswerden mit sich selbst findet erst in der durcheinandergewirbelten Nachkriegszeit statt. (Den Ersten Weltkrieg hielt der Historiker Doderer übrigens keineswegs für unvermeidbar.)

Kaum weniger Reiz als Melzers „Menschwerdung“ besitzen die zahlreichen Nebenstränge, Einschübe usw.

> ‘Hör schon mit deinem alten Schmeller auf, ich bitte dich, Edouard!‘ rief Geyrenhoff. ‚Es ist ja widerlich! Ich für meinen Teil hab‘ die Garden-party übrigens gestrichen. Was die Editha [Schmellers Tochter] angeht, so liegt die noch sozusagen unter Glas oder wie in Glas eingegossen. Zerbrich es – und das größte Luder steigt aus den Scherben einer nur physischen Unschuld. Dann wird sie auch gewaltige Anziehungskräfte entwickeln, dessen bin ich sicher. Aber als junges Mädchen, das sie wahrscheinlich heute noch ist, kann sie nicht wirken. Es fehlt das Rührende, die Knospe, der Mai. Einfach deshalb, weil ihr Charakter grundschlecht ist. Und das spürt man. Wenn die aus dieser Konstellation nicht durch irgendeinen Glücksfall direkt in eine gute Ehe noch rechtzeitig hinübergerät, dann braucht nur irgendein Mistbub daher zu kommen, und er wird, einschlagendenfalls, eine Büchse der Pandora öffnen. Und erst recht durch ihre

Mißerfolge, oder sagen wir besser, durch das Vakuum rund um sie herum, ist das Mädel obendrein bereits männersüchtig geworden und geradezu prädisponiert für jede Dummheit. ‚Büchse der Pandora – anschaulich', sagte Langl. (S. 199 f. – Geyrenhoff wird übrigens recht behalten.)

Die „Strudlhofstiege" breitet vor allem Lebensumstände des Wiener Großbürgertums und dessen Probleme aus (oder was es dafür hielt). Gearbeitet wird eigentlich nur vom Hauspersonal und den (gierigen) Hausmeistern. Auch von Melzer nicht so sehr, nicht im „schönen blauen Rock" des noblen Kavallerieregiments und nach dem Krieg als Angestellter der „Tabakregie" nicht gar zu viel. Jedenfalls lässt ihm sein Amt noch ausreichend Muße für Ottomane, Pfeife und türkischen Kaffee.

Keiner der vielen Fäden des Romans bleibt lose – anders als etwa bei Sterne – einem Verwandten im Geist – im „Tristram Shandy". Das ist dem Plan zu danken, mit dem der Ingenieurssohn seine Romane entwarf und ihren Fortgang überprüfte, der aber dem Leser, anders als bei Sterne, verborgen bleibt. („Unsinn", ruft der Adjunkt, „im „Tristram Shandy" werden zwar Pläne gezeigt, aber man kann sie nicht lesen!")

Die Sprache ist genau, selbst wenn es um Ungefähres geht („[…] vor den gemähten, fast grauen Wiesenflächen, welche trocken und beinah staubig aussahen […]." S. 54). Mit großer Souveränität werden altsprachliche Zitate im Original und Latinisierungen eingestreut, originelle Substantive („Altbuchhändler") und Adjektive („wurmisierend") verwendet. Viele „übrigens", „im Übrigen" verweisen auf Hauptsachen, um am Ende oft als „Gemeinheit" wieder relativiert zu werden. Was sie indessen für Leser durchaus sind – ungeachtet des „liebevoll-ironischen" bis skurrilen Erzählstils, mit dem sich der „durchaus" kauzige Autor oft einnebelt.

Zunächst wurzelte er [es ist die Rede von Melzer] eine Zigarette über der hübschen alten Silber-Tabatière, die noch von seinem seligen Vater stammte, der einer kaiserlichen Majestät durch fast zwei Jahrzehnte mit reiterlicher Sachkenntnis gedient hatte, denn er war Kavallerist gewesen. Sodann entfaltete Melzer die in Attnang-Puchheim gekaufte Zeitung. Und weil dort nichts drin stand, entnahm er seinem eleganten ledernen Reise-Necessaire – ein Buch. Er griff zu einem Buch.

> Zweifellos eine überraschende Wendung. Sie war von Melzer in der letzten Zeit wiederholt vollzogen worden, allerdings nur in der Form des Griffes nach dem Buch – viel weiter zu kommen gelang ihm nie, bei diesem Buche nicht. Er blieb halt immer wieder hängen. Mary Allern [der Mädchenname von Mary K.] hatte ihm den Band gegeben, schon vor längerer Zeit, kurz nach ihrer Bekanntschaft. (S. 66)

Der Leser wird am Ende, so er es erreicht, den Alsergrund ungern verlassen, auch wenn er mit den meisten Personen kaum tauschen möchte. Doderers höfliches Werben um ihn diskontiert er, die unter Ironie versteckten Grob- und Gemeinheiten empfindet er bald als amüsant. Vielleicht erinnert er sich auch seiner eigenen „Menschwerdung" oder sieht ihr jetzt interessiert entgegen. Vor allem sollte er sich auf die nächste Lektüre der „Strudlhofstiege" freuen, was im Grunde wieder so eine Gemeinheit Doderers wäre.

Ullrich Heilemann

Die Seitenangaben beziehen sich auf die Erstauflage (Biederstein 1951), mit der die aktuelle dtv-Ausgabe seitenkonkordant ist.

Indefinibel geheimnisvolle Bewandnis

Lob der Vergänglichkeit
Thomas Mann
1952

In seinem Tagebuch vom 17.12.1951 vermerkt Thomas Mann: „Dachte an einen Essay über das Sein.“ (TM Tagebücher 1951–1952, Frankfurt 2003 S.150). Gut, dass es „nur“ ein Rundfunkbeitrag wurde. Denn so bewies Mann den Kritikern seiner gedehnten Syntax, dass er in wenigen Zeilen das Wesentliche der conditio humana auf fast schon fröhliche Weise in lichter Vernunft zu beschreiben vermag. Wo andere Denker dasselbe Problem durch einen schwierigen semantischen Apparat (Seyn, Seiendes, Dasein etc). dem Normalsterblichen fast unzugänglich machen, sagt der Leser nach der Lektüre von Manns Zeilen: Wie Recht er hat und wie schön er dies ausdrückt. Kein Wunder, denn wo immer Mann weilt, dort ist deutsche Kultur.

> Sie werden überrascht sein, mich auf Ihre Frage, woran ich glaube oder was ich am höchsten stelle, antworten zu hören: Es ist die Vergänglichkeit.
>
> Aber Vergänglichkeit ist etwas sehr Trauriges, werden Sie sagen. – Nein, erwidere ich, sie ist die Seele des Seins, ist das, was allem Leben Wert, Würde und Interesse verleiht, denn sie schafft Zeit, – und Zeit ist, wenigstens potentiell, die höchste, nutzbarste Gabe, in ihrem Wesen verwandt, ja identisch mit allem Schöpferischen und Tätigen, aller Regsamkeit, allem Wollen und Streben, aller Vervollkommnung, allem Fortschritt zum Höheren und Besseren. Wo nicht Vergänglichkeit ist, nicht Anfang und Ende, Geburt und Tod, da ist keine Zeit, – und Zeitlosigkeit ist das stehende Nichts, so gut und so schlecht wie dieses, das absolut Uninteressante.
>
> Die Biologen schätzen das Alter des organischen Lebens auf Erden ungefähr auf 550 Millionen Jahre. In dieser Zeit entwickelte es in unzähligen Mutationen seine For-

men bis hinauf zum Menschen, seinem jüngsten und gewecktesten Kinde. Ob dem Leben noch eine ebenso lnge Zeit gewährt sein wird, wie sie seit seiner Entstehung vergangen ist, weiß niemand. Es ist sehr zäh, aber es ist an bestimmte Bedingungen gebunden, und wie es einen Anfang hatte, so wird es enden. Die Bewohnbarkeit eines Himmelskörpers ist eine Episode in seinem kosmischen Sein. Und würde das Leben noch einmal 550 Millionen Jahre alt – am Maßstabe der Äonen gemessen ist es ein flüchtiges Zwischenspiel.

Wird es dadurch entwertet? Im Gegenteil, meine ich, gewinnt es dadurch ungeheuer an Wert und Seele und Reiz; gewinnend gerade und Sympathie erweckend wird es als Episode – und obendrein durch die indefinibel geheimnisvolle Bewandtnis, die es mit ihm hat. Nach seiner Stofflichkeit unterscheidet es sich durch nichts von allem übrigen materiellen Sein. Als es sich dem Unorganischem entband, mußte etwas hinzukommen, was noch kein Laboratorium recht zu fassen und auszumachen vermocht hat. Und nicht bei diesem Hinzukommen blieb es. Aus dem Bereich des Tierischen trat der Mensch hervor, – durch Abstammung, wie man sagt; in Wahrheit durch ein Hinzukommendes, das man mit Worten wie »Vernunft« und »Kulturfähigkeit« nur mangelhaft bestimmt. Die Erhebung des Menschen aus dem Tierischen, von dem ihm viel geblieben ist, hat den Rang und die Bedeutung einer Urzeugung, – es war die dritte nach der Hervorrufung des kosmischen Seins aus dem Nichts und nach der Erweckung des Lebens aus dem anorganischen Sein.

Zu den wesentlichsten Eigenschaften, welche den Menschen von der übrigen Natur unterscheiden, gehört das Wissen von der Vergänglichkeit, von Anfang und Ende und also von der Gabe der Zeit, – diesem so subjektiven, so eigentümlich variablen, nach seiner Nutzbarkeit so ganz dem Sittlichen unterworfenen Element, daß sehr wenig davon sehr viel sein kann. Es gibt Himmelskörper, deren Materie von so unglaublicher Dichtigkeit ist, daß ein Kubikzoll davon bei uns zwanzig Zentner wiegen würde. So ist es mit der Zeit schöpferischer Menschen: sie ist von anderer Struktur, anderer Dichtigkeit, anderer Ergiebigkeit als die locker gewobene und leicht verrinnende der Mehrzahl, und verwundert darüber, welches Maß an Leistung in der Zeit unterzubringen ist, fragt wohl der Mann der Mehrzahl: »Wann machst du das alles nur?«

Die Beseeltheit des Seins von Vergänglichkeit gelangt im Menschen zu ihrer Vollendung. Nicht, daß er allein Seele hätte. Alles hat Seele. Aber die seine ist die wachste in ihrem Wissen um die Auswechselbarkeit der Begriffe »Sein« und »Vergänglichkeit« und um die große Gabe der Zeit. Ihm ist gegeben, die Zeit zu heiligen, einen Acker, zu treulichster Bestellung auffordernd, in ihr zu sehen, sie als Raum der Tätigkeit, des rastlosen Strebens, der Selbstvervollkommnung, des Fortschreitens zu seinen höchsten Möglichkeiten zu begreifen und mit ihrer Hilfe dem Vergänglichen das Unvergängliche abzuringen.

Die Astronomie, eine große Wissenschaft, hat uns gelehrt, die Erde als ein im Riesengetümmel des Kosmos höchst unbedeutendes, selbst noch in ihrer eigenen Milchstraße ganz peripher sich umtreibendes Winkelsternchen zu betrachten. Das ist wissenschaftlich unzweifelhaft richtig, und doch bezweifle ich, daß in dieser Richtigkeit die Wahrheit sich erschöpft. In tiefster Seele glaube ich – und halte diesen Glauben für jede Menschenseele natürlich –, daß dieser Erde im Allsein zentrale Bedeutung zukommt. In tiefster Seele hege ich die Vermutung, daß es bei jenem »Es werde«, das aus dem Nichts den Kosmos hervorrief, und bei der Zeugung des Lebens aus dem anorganischen Sein auf den Menschen abgesehen war und daß mit ihm ein großer Versuch angestellt ist, dessen Mißlingen durch Menschenschuld dem Mißlingen der Schöpfung selbst, ihrer Widerlegung gleichkäme.

Möge es so sein oder nicht so sein – es wäre gut, wenn der Mensch sich benähme, als wäre es so.

Markus C. Kerber

Der Einarmige und der Andere

Nichts in Sicht
Jens Rehn
1954

> Wenn ein Arm nicht mehr vom Körper ernährt werden kann, löst sich die Haut ab. Er fängt an zu suppen und wird sülzig und farbig. Es ist ratsam, bald zu operieren. Da die großen Blutgefäße sich beim Schuss zusammengezogen haben, ist nicht mit Blutungen zu rechnen. Der zerfaserte, zackige Knochenstumpf sticht aus der Wunde heraus: ein glatter Schuss-Bruch. Es ist ziemlich einfach: mit einem Zirkularschnitt werden die restlichen Muskeln durchtrennt, dann ist der Arm schon ab. Der Stumpf wird mit der einen Hälfte des Unterhemdes verbunden. Er eitert natürlich weiter. Die Muskelreste verfärben sich ebenfalls, vorherrschend grau und grün. Die Schmerzen sind zeitweilig stark. Die Lymphdrüsen röten sich und werden groß wie Hühnereier. Rasanter Puls und Schüttelfröste, verkürzter Atem und trockene Zunge. So geht es weiter. Da ist kaum etwas zu machen.

Bereits in diesem zweiten Absatz von „Nichts in Sicht" bringt Jens Rehn, geboren 1918, den Duktus seiner Erzählung auf den Punkt. Der Ton ist von atemberaubender Nüchternheit. Die Lakonie der gewählten Antidramatik sticht aus der deutschen Nachkriegsliteratur heraus. Rehn gilt bei Veröffentlichung seines Erstlings sinnigerweise als Nachwuchsautor, sein Seelenalter jedoch übertrifft sein reales Alter, 36, um Längen. Er zählt zur „Gruppe der 12", einem lockeren Kollektiv jüngerer Autoren im Berlin der frühen 1950er Jahre. Und er sublimiert und literarisisiert mit engem philosophischem Fokus seine Kriegserfahrung als 25 Jahre junger U-Boot-Kommandant im Nordatlantik. Im Krieg altert der Mensch schneller.

> „Gib mir noch einen Whisky, es ist sowieso bald Feierabend", sagte er. „Und schmeiß endlich den Arm über Bord."

> „Was machen die Schmerzen?“
>
> „Gut.“
>
> „Zigarette?“
>
> Der Andere warf den Arm über Bord und gab dem Einarmigen Feuer. Der Arm versackte ganz langsam und war noch eine Weile in dem klaren Wasser zu sehen. Sie beugten sich weit vor und beobachteten ihn, bis er in der Tiefe verschwunden war.

Rehn inszeniert eher ein Bild als eine Handlung. Ein Minimalismus, ähnlich der Dramaturgie in Samuel Becketts „Godot“. Hier sind es zwei Menschen, ein Schlauchboot, der Nordatlantik. Der Kampf ist vorbei. Er wird nicht beschrieben. Er ist unwichtig für Rehn. Mit an Bord: eine Flasche Whiskey, rund siebzig Zigaretten, einige Riegel Schokocola, Kaugummis. Der *Einarmige* ist ein amerikanischer Kampfpilot, der zwei Tage nach seiner Schein-Rettung im Schlauchboot stirbt, der *Andere* ist ein deutscher U-Boot-Offizier, der ihm rund eine Woche später folgen wird, elend vertrocknend, verdurstend, halluzinierend. Von Beginn an ist nichts in Sicht. Die Sentenz, erstmals in der fünften Zeile des Buches platziert, schleppt sich fort in diesem schmalen Band in gesetzter, pulsartiger Wiederholungssequenz.

> Gegen Abend wachte der Einarmige wieder auf. Der Arm schmerzte dort, wo er nicht mehr war. Der Himmel war ein weit ausgebreiteter Kardinalsmantel. Auf der See lagen Tuschkastenfarben.

Rehn meidet Larmoyanz wie er Schuldzuweisung vermeidet, wie er Kriegsverantwortungsdebatten meidet – anders als Wolfgang Borchert –, wie er emotionale Auftürmungen minimiert, jede Sentimentalität, so gut wie jedes Pathos. Das geradezu schmerzhaft friedlich treibende Schlauchboot ist die Gummiinsel der Todgeweihten. Die ‘gewonnene‘ Zeit, der verschobene Tod, wird zur Beleidigung, zur Tortur. Die einstigen Feinde kooperieren im Krepieren. Sie haben nur ihre Arbeit gemacht. Sie haben gedient und sind die Dummen. Wie Soldaten seit jeher.

Sie wissen es. Und sie warten. Nichts in Sicht. Als der Andere den toten Einarmigen schließlich mühsam aus dem Boot kippt, bleibt dieser dennoch bei ihm. Der Amputierte treibt tagelang in unmittelbarer Nähe des Schlauchbootes, mal vor dem Bug, mal achtern. Und bleibt damit als Gegenüber erhalten für den gelegentlichen Monolog des halblebigen *Anderen*.

> Unter dem Begriff Hoffnung versteht man einen auf etwas gerichteten Wunsch, gleichgültig, ob dieser Wunsch erfüllbar ist oder nicht. Die Hoffnung ist eine der stärksten Triebfedern des Lebens und in Grenzfällen sogar mit dem Selbsterhaltungstrieb identifizierbar. Die gebräuchlichsten Religionen haben ihre Gottesbegriffe und Glaubenssätze stets innig mit den ihnen zusagenden Hoffnungsaspekten verwoben.

Rehn schaut erzählerisch wie ein Anatom auf seine Figuren, auf den toten wie den vertocknenden Körper. Sein Stilmittel zur Abwendung der Gefahren des Selbstmitleids ist die Abstraktion. Es regiert die Sachlichkeit des Seziermessers, gelegentlich das sprachliche Rückzugsmoment in den lexikonartigen Exkurs. So führt der Weg über die semantischen Bestimmungen zu Durst und Hoffnung weiter zu jenen von Halluzination und Gott. Damit ist Rehn modern wie Albert Camus. Beide eint ja auch ein berufliches Leben neben der Literatur als Journalist und Lektor (Camus war u. a. tätig beim Verlag *Gallimard*) oder Redakteur (Rehn war 31 Jahre in der Literaturredaktion des RIAS Berlin). Rehns Bild der Sonne, die ihr Licht ohne Anteilnahme speit, hinunterbrennt auf jedwede Katastrophe auf Erden, immer gleich unberührt heiß und trocken, keine Unterschiede machend, nimmt ein klassisches Motiv der Philosophie auf und allegorisiert die Passivität Gottes (bei Rehn stets der „Große" oder „Ganzgroße"), der immer anzurufen ist, immer angerufen wird, jedoch nie antwortet und nichts verhindert. Seine Interesselosigkeit und die ausbleibende Barmherzigkeit stehen für sein kontinuierliches Versagen, fügen sich bei Rehn aber nicht unbedingt zum Beweis seiner Nichtexistenz.

> Machte ihm das vielleicht Spaß, die Hand zu schließen, das Herz zu zerdrücken und es dabei zu beobachten? So, wie ein Kind eine Fliege quält, oder sonst irgendein kleines Tier. Ein Bein ausreißen, und was macht das Tier nun? Hoppla, nicht wegfliegen! Und da wollen wir sicherheitshalber erst einmal die Flügel ausreißen. Und was nun? Noch ein Bein ab, und noch eins und noch eins. So, nun hat die kleine Fliege keine Beine mehr, die Flügel sind sowieso raus, das Tier lebt immer noch, Donnerwetter, wie es brummt! Wie zäh so ein kleines Vieh ist.

„Nichts in Sicht“ gelingt es, Weltkriegserfahrungen und Weltkriegskontext zu entkonkretisieren. Der Autor offeriert eine Kriegserzählung ohne Krieg, die Relativität allen Überlebens ist ihr Thema. Rehns Gummiboot treibt sachte in den Universalismus hinein, die Nussschale ist das existenzielle Etwas vor dem Nichts. Es ist nicht mehr viel vorhanden, aber es ist das einzige, was noch da ist. Aber wie viel ist überhaupt nichts? Ist das Nichts nicht auch ein Etwas? Der *Andere* schaut halluzinierend herab wie der „Große“:

> Weit entfernt unter ihm tauchte ein anderer schwarzer Punkt auf, noch ein Schlauchboot mit einem treibenden Menschen. Und da noch eines und noch eines und noch eines. Viele schwarze Punkte und unendlich weit voneinander entfernt und so nahe wie die Sterne im Himmel. Und um jedes Schlauchboot kreiste ein totes Gesicht und ein abgeschossener Arm und angefressene Beine. Langsam wie Monde kreisten sie um ihre Schlauchboote. Und kein Treibender wusste vom anderen. Keiner wusste, dass da noch einer trieb wie er selbst. […] Ein jeder, tot oder noch lebend, trieb in seiner kleinen Einsamkeit und wusste nur von sich selber.

Zum Finale geht Rehn den Schritt von der Abstraktion in den Sarkasmus. Kommt eventuell etwas in Sicht?

Er schloss die Augen und saß immer noch aufrecht da. Er wartete, versuchte, geordnet zu denken und war aufgeregt. Er wusste nicht, wie viel Zeit vergangen war, bis er das Weiße wieder sehen konnte; plötzlich und unvermutet war es wieder da, hoch oben in den geschlossenen Augen. Das Weiße war nicht mehr von dem vielen Blau umgeben. Es war wie in einem Kino. Er saß in der ersten Reihe, er musste den Kopf weit in den Nacken legen. Es flimmerte. Eine sonderbare Vorstellung, dachte er. Ich hätte mir einen besseren, bequemeren Platz nehmen sollen. Was hat der Große vor?, überlegte er.

„Wie in einem richtigen Kintopp", sagte er.

Die Vorstellung begann. Zuerst die Reklame: Sie lohnte nicht, sie war schwachsinnig wie immer. Dann die Wochenschau.

Paul-Hermann Gruner

Ich seh‘ die Stadt auf eine neue Weise …

Wiedersehen mit Berlin
Mascha Kaléko
1955

Sie schlägt wie eine Bombe ein im literarischen Spree-Athen der 20er Jahre. Galizisch-jüdischer Herkunft, gelernte Stenotypistin, früh verheiratet mit einem Glaubensgenossen, bricht sie schon bald aus dem scheinbar vorgezeichneten Leben aus. Bildhübsch und sehr begabt, sucht sie ein Leben unter Literaten, Bohemiens und bildenden Künstlern, liest Schopenhauer und besucht Abendkurse in Philosophie. Frühe Gedichte umrahmen ihren Lebensraum und ihre Wachträume, so die Liebeserklärung *vermutlich* an Saul Kaléko, ihren ersten Mann:

> Die andern sind das weite Meer.
> Du aber bist der Hafen.
> So glaube mir: kannst ruhig schlafen,
> ich steure immer wieder her.
>
> Denn all die Stürme, die mich trafen,
> sie ließen meine Segel leer.
> Die andern sind das bunte Meer,
> Du aber bist der Hafen.
>
> Du bist der Leuchtturm, letztes Ziel.
> Kannst, Liebster, ruhig schlafen.
> Die andern … das ist Wellenspiel,
> Du aber bist der Hafen.

Das Romanische Café gegenüber der Gedächtniskirche besucht sie mal mit Ehemann, mal ohne ihn. Hier treffen sich Erich Kästner, Joachim Ringelnatz, Else Lasker-Schüler, Gottfried Benn, Alfred Döblin, Egon Erwin Kisch, Alfred Polgar und viele andere. Dadaismus, Surrealismus und Expressionismus konkurrieren mit der „neuen Sachlichkeit“, die wie der Bauhausstil alles Künstliche und Emotionale auszublenden verspricht. Große Gefühle sind weiter erlaubt, werden aber in Alltagssprache, oft mit Berliner Dialekt-Anklängen und scheinbarer Distanz, ausgedrückt.

Erich Kästner kann das, und Mascha Kaléko kann das auch. Im Handumdrehen ist sie Teil der Szene und hat fast so viele Verehrer wie Gedichtideen. Im Gegensatz zu Kästner, dem bei aller Ironie die Leichtigkeit des Seins attestiert wird, entdeckt der Leser bei ihr – besonders aus der Rückblende – einen Anflug von Melancholie. Es scheint so, als kündigte sich darin ihr späteres ruheloses Leben zwischen den Stühlen Nazi-Deutschland, Exil in den USA und Israel an.

Mit den ersten Auftritten kommen die ersten Aufträge von renommierten Zeitungen und Zeitschriften, die ihr die Dichtwerke fast aus der Hand reißen. Lesungen im Rundfunk, Auftritte in Kabaretten und mehrere Buchveröffentlichungen füllen die kurze Zeitspanne bis zur Machtübernahme der NSDAP. Sie wird beim Rowohlt-Verlag angenommen, damals wie heute eine gute Adresse. Zahlreiche Reisen quer durch Europa beflügeln die Phantasie zusätzlich.

Ab 1933 gerät all das in den Schlagschatten der neuen Machthaber, welche den Juden Schritt für Schritt erst die soziale Stellung, dann die wirtschaftlich/rechtliche Existenz und zum Schluss das Leben rauben. Mascha Kaléko, ihrem 2. Mann, dem Dirigenten Chemjo Vinavér, und dem gemeinsamen Sohn gelingt es gegen Ende 1938, noch rechtzeitig in die USA zu fliehen. Dort schlagen sie sich durch, wie die meisten Emigranten mehr schlecht als recht.

Aus dieser Zeit stammen erschütternde Zeilen, so 1943 die fast biblische Voraussage „Höre Teutschland … Sie werden kommen aus dem Land im Osten … Wo Eure Panzertanks im Blute rosten … Im Schlaf umzingeln werden Euch die Scharen … Die eurer Mordlust stumme Opfer waren.“

Nach dem Krieg findet sie zunächst den leichteren Ton und dann – nach langem Zögern – im Jahre 1956 den Weg in ein anderes Deutschland zurück. Dort wird sie, was nicht vielen Emigranten gelingt, nach Jahrzehnten erneut verlegt, gelesen und gefeiert. Ihre Eindrücke und Empfindungen fasst sie in den folgenden Zeilen zusammen:

Wiedersehen mit Berlin
Berlin, im März. Die erste Deutschlandreise,
Seit man vor tausend Jahren mich verbannt
Ich seh die Stadt auf eine neue Weise,
So mit dem Fremdenführer in der Hand.
Der Himmel bläut. Die Föhren lauschen leise.
In Steglitz sprach mich gestern eine Meise
Im Schloßpark an. Die hatte mich erkannt.
Und wieder wecken mich Berliner Spatzen!
Ich liebe diesen märkisch-kessen Ton.
Hör ich sie morgens an mein Fenster kratzen,
Am Ku-Damm in der Gartenhauspension,
Komm ich beglückt, nach alter Tradition,
Ganz so wie damals mit besagten Spatzen
Mein Tagespensum durchzuschwatzen.
Es ostert schon. Grün treibt die Zimmerlinde.
Wies heut im Grunewald nach Frühjahr roch!
Ein erster Specht beklopft die Birkenrinde.
Nun pfeift der Ostwind aus dem letzten Loch.
Und alles fragt, wie ich Berlin denn finde?
- Wie ich es finde? Ach, ich such es noch!
Ich such es heftig unter den Ruinen
Der Menschheit und der Stuckarchitektur.
Berlinert einer: 'Ick bejrüße Ihnen!',
Glaub ich mich fast dem Damals auf der Spur.
Doch diese neue Härte in den Mienen –
Berlin, wo bliebst du? Ja, wo bliebst du nur?
Auf meinem Herzen geh' ich durch die Straßen,
Wo oft nichts steht als nur ein Straßenschild.
In mir, dem Fremdling, lebt das alte Bild
Der Stadt, die so viel Tausende vergaßen.
Ich wandle wie durch einen Traum
Durch dieser Landschaft Zeit und Raum.
Und mir wird so ich-weiß-nicht-wie

Vor Heimweh nach den Temps perdus
Berlin im Frühling. Und Berlin im Schnee.
Mein erster Versband in den Bücherläden.
Die Freunde vom Romanischen Café.
Wie vieles seh ich, das ich nicht mehr seh!
Wie laut 'Pompejis' Steine zu mir reden!
Wir schluckten beide unsre Medizin,
Pompeji ohne Pomp. Bonjour, Berlin

Wie bei vielen Leidensgenossen bleibt ihr Verhältnis zum Nachkriegsdeutschland zwiespältig. Vom frühen Tod ihres begabten Sohnes tief getroffen, ziehen ihr Mann und sie im Jahre 1959 nach Jerusalem. Auch dort fühlt zumindest sie sich nicht wirklich zu Hause. Bis zu ihrem Tod im Jahre 1975 reist sie weiterhin zu Lesungen und Ehrungen in Heinrich Heines, ihres Vorbildes, Heimatland – sie hätte es gern geliebt.

Alexander Mühlen

Nachdruck von „Wiedersehen mit Berlin" mit freundlicher Genehmigung der dtv Verlagsgesellschaft München.

Völkerverständigung per Kinderbuch

Sonjas lustige Türkenreise
Else Günther
1956

Else Günther ist Autorin zahlreicher Kinderbücher, u. a. der Reihe „Göttinger Jugendbände", in der deutschen Kinder- und Jugendliteratur-Forschung aber kaum bekannt. Ihr Geburtsdatum steht fest, das Todesdatum ist unklar. Man liest bei Wikipedia: „*Else Günther* (auch: *Else Günther-Junghans*, Pseudonyme für *Else von Friesen-Zebrowski*, * 11. April 1912 in Lautenburg, Westpreußen; † nach 1973) war eine deutsche Sängerin und Schriftstellerin. Else Günther war Konzertsängerin; von 1935 bis 1945 hatte sie Auftrittsverbot. Ab Anfang der Fünfzigerjahre veröffentlichte sie zahlreiche Kinder- und Jugendbücher. In den Sechzigerjahren wechselte sie zur Trivialliteratur und schrieb vorwiegend Arztromane für die Heftreihen des Bastei-Verlags. Die in der Gemeinsamen Normdatei genannten Lebensdaten 1912–1977 sind umstritten, da Else Günther noch im 1999 erschienenen Jahrgang 1998 von *Kürschners deutschem Literatur-Kalender* als lebende Autorin nachgewiesen ist."

Auch gedruckte Quellen vermitteln nichts Genaueres. Aus Else Günthers mangelhaft nachweisbarer Biografie lässt sich schließen, dass sie wohl Halbjüdin, auf alle Fälle aber unbeliebt bei den Nazis war, da sie als Konzertsängerin Auftrittsverbot hatte. Trotzdem finden sich in ihren Werken kaum Spuren der Verwüstungen des vorangegangenen Nationalsozialismus. Ihre Kinderbücher bilden ein musterhaftes Familienleben in einer wiedererstandenen Wohlstandsgesellschaft ab, entsprechend der Programmatik des „guten Jugendbuchs" der 50er Jahre, die wir auch bei namhaften Autoren wie Hans Baumann und Alfred Weidenmann finden: Ein Rückgriff auf fortschrittliche Traditionen der Kinder- und Jugendliteratur der Weimarer Republik, mit einer „Moral der Anständigkeit und des solidarischen Handelns, gepaart mit Tüchtigkeit und Gewitztheit der kindlichen oder jugendlichen Akteure" (Rüdiger Steinlein).

Sonjas lustige Türkenreise ist der sechste Band der Sonja-Reihe, mit 78 Seiten in 9 Kapiteln, jedes mit einer für Kinder anziehenden Überschrift sowie durch Zeichnungen ergänzt. Wie in vielen anderen Büchern der Reihe entstammen diese der Feder von F. M. Kieselbach und Gertrud von Nordheim. Interessant scheint mir dabei, dass die Türkei-Vorstellungen der Autorin und der Zeichner divergieren – die Zeichnungen scheinen eher vorhandene Vorurteile zu bedienen, während die Autorin dazu neigt, Vorurteile abzubauen.

Dem Roman liegt eine Kernfamilie zugrunde, mit den Kindern Sonja und ihrem kleineren Bruder Dieter als Zentrum, um das sich alles dreht. Der Vater ist Arzt, die Mutter Dorothee (Sonjas Stiefmutter) eine tüchtige, wenn auch etwas kränkliche traditionelle Hausfrau, die auch die Kinderkleider näht. Ihr hilft die dicke, liebe, aber etwas beschränkte Kinderfrau Guglhupf (die auch als Köchin dient und die Familie mit deren Leibgerichten verwöhnt). Weitere Nebenfiguren sind Onkel Julius, Cousin Jüle und der tierfreundliche Grieche Achilles.

Zu Sonjas Genesung nach einer Krankheit beschließt der Vater eine Erholungsreise in die Türkei, damit sie auf der geplanten Überfahrt von Griechenland in die Türkei „tüchtig Seeluft bekäme". Guglhupf ist dagegen, das kleine Mädchen sei in dieser neuen und vielleicht bösen Umgebung allerlei Gefahren ausgesetzt. Mit von der Partie sind auch Onkel Julius und Sonjas gleichaltriger Cousin Jüle. Die beiden treffen sich zum ersten Mal beim Einschiffen in Athen und merken bald, dass sie einander sehr ähnlich sind: Sonja: „Du siehst aus, als ob (…) ich in den Spiegel guckte!"

Für Sonja wird so die Reise in eine fremde Welt zu einer Entdeckungsreise der eigenen. Es geht zwar um eine Reise nach Süden, aber eigentlich handelt es sich um eine nach Osten, in die Türkei, die am Anfang des Romans als eher bedrohlich dargestellt wird, im Verlauf der Handlung aber immer vertrauter wird. Auch der Tier-Mensch-Gegensatz scheint seine Bedeutung zu verlieren, die Tierwelt als Parallele zur menschlichen agiert als eine Projektionsfläche der offenbar erstrebten hohen

Moralvorstellungen, dass jeder, ob Tier oder Mensch, ein Lebensrecht hat, das ihm von Natur aus zusteht. Wie das weite Meer für die Delphine, die Sonja auf dem Schiff kennenlernt, ist die Welt für die Menschen ein Spielplatz, den niemand für sich alleine reklamieren darf.

Griechenland ist der Ausgangspunkt der Türkenreise, das Mutterland der europäischen Kultur, das Land des Heiligen Paulus, wo er gepredigt hat. Aber auch die Türkei ist stolz auf antike griechische Kulturgüter, darauf weist die Autorin immer wieder hin. Aber die Türkei ist ein islamisches Land mit vielen Minaretten und anders gekleideten Leuten, die den Romanfiguren auf der Straße begegnen. Die den Befürchtungen und Vorurteilen Guglhupfs entsprechenden Zeichnungen verstärken diesen Kontrast, die Menschen sind alle mit Fes oder Turban, die Städte mit Moscheen und Minaretten dargestellt, die Orientalität der fremden Umgebung wird betont.

Diese Welt ist für Sonja zunächst fremd und voller Gefahr. Und das Verhältnis der Geschlechter ist noch hierarchischer als zuhause. Als Sonja einen Türken gemächlich auf seinem Maultier dahintraben sieht, seine Frau in ihren schweren, heißen Gewändern, mit dicht verschleiertem Gesicht und allen Lasten im Staub der Straße hinterher, entrüstet sie sich, dass dergleichen in Deutschland nicht vorzustellen sei: „Der müsste mal an Bord kommen, der Eselreiter! Da würde er sehen, wer bei uns zu sagen hat. Das ließen unsere Muttis sich aber nicht gefallen!“

Aber Sonja entdeckt auch immer mehr Verbindendes. Da ist die von Deutschen gebaute Schnellzug-Bahnlinie von Izmit nach Istanbul und die Neue Brücke auf dem Goldenen Horn, ebenfalls von deutscher Hand – über die Bestätigung des eigenen Standpunktes findet man zum Verständnis des fremden. Die Fremden sind einfach Leute, die man erst kennenlernen muss, ihre ethnische Zugehörigkeit oder ihren religiösen Glauben sollte man dazu beiseiteschieben. „Ein baumlanger Neger, der einen Turban trug, gab jedem Besucher ein Paar Filzschuhe, die man über die Straßenschuhe ziehen musste; und Jüle sah, wie Sonja, lustig über den neuen Spaß, in ihren großen, weichen

Schuhen über die Fliesen des Vorhofes [der Blauen Moschee] schlidderte." Alles, was hier liebevoll geschildert wird, passiert nicht nur sozusagen vor äußeren Augen, sondern wird mittels beteiligender Beobachtung miterlebt. Die Personen sind in dem Moment sowohl Beobachtende wie auch Beobachtete; Fremde wie Einheimische fühlen sich in einer muslimischen Kirche (Moschee) irgendwie in etwas vereint (aufgelöst), das man vielleicht mit Menschsein verbalisieren kann:

> Jüle betrachtete ihr Gesicht. Eine Wandlung war darin vor sich gegangen. Die sonst so übermütigen Augen blickten starr und weit aufgerissen, der kleine Mund stand offen, und der Kopf mit den weißblonden vorwitzigen Härchen fiel ihr mit einem Plumps in den Nacken, um all das in sich hineinzutrinken, was wie ein buntes Märchen war. (…) Wie aus einem inneren Drang heraus begann sie, Fuß vor Fuß zu setzen, Schrittchen vor Schrittchen, bis sie an der Gruppe war, die bei dem Koranlehrer saß. Stumm und unsicher sah sie die zunächst Sitzende an. Es war eine junge, in Lumpen gehüllte Frau. Aus ihrem Umschlagtuch sahen die Strähnen des blanken, schwarzen Haars hervor. Ihre dunklen Augen sahen eine Sekunde von dem Geistlichen weg und blickten das fremde Mädchen an. Dann rückte sie, und die Kleine saß im Kreis der anderen und sah eifersüchtig mit ihnen auf den Erzählenden, in sein bärtiges Gesicht unter dem Turban, der um den roten Fez geschlungen war. Und dieses Gesicht schien sie anzulächeln… ‚Aber sie versteht doch gar nichts?' flüsterte Jüle seinem Vater zu. ‚Nein, sie versteht nichts. Aber es geht wohl etwas davon auf sie über, etwas von dem Zauber, meine ich'.

So führt Else Günther ihre Figuren behutsam in Richtung einer frühen interkulturellen Kompetenz; ein mehr als überfälliges Rollenangebot in unserer aufgewühlten Zeit.

Ali Osman Öztürk

Schießende Konsonanten, abgeschossene Vokale

schtzngrmm
Ernst Jandl
1957

schtzngrmm
schtzngrmm
t-t-t-t
t-t-t-t
grrrmmmmm
t-t-t-t
s------c------h
tzngrmm
tzngrmm
tzngrmm
grrrmmmmm
schtzn
schtzn
t-t-t-t
t-t-t-t
schtzngrmm
schtzngrmm
tssssssssssssssssss
grrt
grrrrrt
grrrrrrrrrt
scht
scht
t-t-t-t-t-t-t-t-t-t
scht
tzngrmm
tzngrmm
t-t-t-t-t-t-t-t-t-t
scht
scht
scht
scht
scht
grrrrrrrrrrrrrrrrrrrrrrrrrrrr
t-tt

Eine Buchstabenfolge wie diese als Poesie wahrzunehmen, fällt vielen Menschen schwer. Ein Gedicht sollte doch vor allem leisten, was schon im Stamm des deutschen Wortes mitschwingt: eine Ver-Dichtung (von Wirklichkeitserfahrungen) sein, Gedankenwelten eröffnen, Dasein und Zeitläufte in kühnen Bildern und Metaphern deuten oder seelischem Erleben tiefe Gefühle und eine unvergessliche Musik der Worte schenken. All das findet man hier nicht. Auch die Fachwelt sah zuweilen in solchen Buchstabenfolgen nur den typischen „Wort- und Silbenschutt der Konkreten Poesie".

Ernst Jandls (1925–2000) „schtzngrmm" ist das Paradebeispiel eines solchen Gedichts. Es gilt inzwischen als einer der bekanntesten Texte der Konkreten Poesie schlechthin. Diese geht mit der Wirklichkeit ganz anders um als es hergebrachte Lyrik tut: Sie verzichtet auf jegliche Form von Beschreibung, negiert geltende Bedeutungszuschreibungen radikal, ja unterwirft sich nicht einmal der Logik der Grammatik und des Satzbaus. Stattdessen sucht sie das freie, ungezügelte Spiel mit der Sprache selbst, ihren Buchstaben, Silben, Satzpartikeln. Deren optische, akustische und haptische Qualitäten wiederum nutzt sie und arrangiert sie neu – als gedruckte Zeichen auf einer Fläche oder Lautfolgen in einem Hörspiel.

Die Abspaltung der konkreten von der konventionellen Poesie ist Ausdruck eines tiefen Misstrauens gegen die hergebrachte Sprache und deren Fähigkeit, Welt und Wirklichkeit noch angemessen erfassen, darzustellen oder deuten zu können. Nicht von ungefähr hat sie ihre Wurzel in der Zeit des Ersten Weltkriegs. 1916, im Jahr der Schlacht um Verdun, die 300.000 Soldaten das Leben kostete, formierte sich in Zürich die Dada-Bewegung mit ihrer radikalen Ablehnung jeglicher Art von Sinnzuschreibungen durch Sprache. Erste Lautgedichte wie Hugo Balls bekannte „Karawane" oder „Verse ohne Worte" entstanden als Vorläufer der Konkreten Poesie, die allerdings erst in den sechziger Jahren des 20. Jahrhunderts Furore machen sollte. Als deren bekanntester und produktivster Vertreter gilt bis heute der Wiener Ernst Jandl.

Als Nachgeborener kannte Jandl den Ersten Weltkrieg nur vom Hörensagen. Das vorliegende Gedicht ist sein Versuch, sich die unvorstellbare Grausamkeit des Geschehens mit den Mitteln der Konkreten Poesie zu vergegenwärtigen. Jandl bewerkstelligt dies unter Zuhilfenahme eines einzigen Wortes, das für den in Frontstellungen erstarrten Krieg bezeichnend geworden ist: Schützengraben. Doch selbst die Beschränkung auf diese eine Vokabel reichte ihm nicht. Er unterzog sie einer Reduktion, die er selbst als Verhärtung bezeichnet hat: Durch Ausscheidung sämtlicher Vokale habe sich ihm aus dem schnell und wie nachlässig gesprochenen Wort „Schützengraben" (für schtzngrbn) die Buchstabenfolge „schtzngrmm" herauskristallisiert. Diese Konsonantenfolge wiederum betrachtete er als sein

Arbeitsmaterial, daraus eine Art Partitur des Kriegslärms zu gestalten – so als ob Maschinengewehre ratterten (t - t - t- t), Tanks vorbeiführen (grrr…), Minen in Gräben fielen (tssss) oder Giftgas austrete (s – c – h).

Die so arbeitende Konsonantenkriegsmaschine tackert, rattert, faucht und zischt unaufhörlich und seelenlos. Menschliche Regungen bleiben außen vor, es gibt nicht einmal einen Schmerzensschrei. Denn dieser brauchte ja, um vernehmlich zu werden, den Vokal. Ganz gleich ob ein Mensch lacht, schreit, stöhnt, weint, schon wenn er den Mund aufmacht, ist er zwangsläufig ein Selbstlauter. Eben das hat Jandl hier bewusst ausgeschieden, um nicht zu sagen, vom Konsonantenfeuer des Wortes schtzngrmm „abgeschossen“. Man mache die Gegenprobe und füge, wo immer es möglich ist, in eine Gedichtzeile versuchsweise Vokale ein: in grmm etwa ein „i“, in das t – tt am Ende ein „o“, und gleich lädt sich das Wortskelett mit Sinn, der in eine bestimmte Richtung weist.

So lassen sich selbst in dieser Buchstabenfolge noch Strukturen erkennen. Auch wenn es schwerfällt, sie als Musik zu bezeichnen oder in ihnen ein architektonisches Prinzip zu sehen, es scheinen Kompositionsprinzipien vorhanden zu sein, die von fern an Bachs „Kunst der Fuge“ oder an Gustav Freytags „Technik des Dramas“ erinnern. Eindeutig fixieren lassen sie sich freilich nicht. Zu dominant ist das Übergewicht des Konsonantendauerfeuers: Es kommt, wie der Krieg selbst, gnadenlos hart, hässlich und brutal daher.

Dirk Schindelbeck

Nachdruck des Gedichts mit freundlicher Genehmigung der Verlagsgruppe Random House.

Arbeit gegen die Lebensangst

Das Prinzip Hoffnung
Ernst Bloch
1959

„Ihn als Schwärmer zu qualifizieren, heißt weiter nichts. Denn wenn man will, kann man jeden Philosophen so qualifizieren, selbst den Epikur und Bacon, denn selbst sie haben dafür gehalten, daß der Mensch noch in etwas anderem seine Wahrheit habe als im Essen und Trinken und in dem verständigen täglichen Leben des Holzhackens, Schneiderns, Handelns oder sonstiger Standes- und Amtsgeschäfte." Diese Worte sind nicht auf Bloch gemünzt und sie stammen auch von keinem Apologeten mystischer Begeisterung oder phantastischer Gedankenbildung, sondern von Hegel, dem preußischen Staatsphilosophen in Berlin, der von dem Verdacht jugendlicher Schwarmgeisterei aus Tübinger Zeiten längst weit entfernt war. Doch unterstreicht er ein Verständnis von Philosophie und verteidigt es, dem sich im 20. Jahrhundert Ernst Bloch wie kein zweiter verpflichtet fühlte und dessen Wurzeln er selber sogar bis in seine Kindheit verfolgt hat. Ludwigshafen: „aufrichtigster Hohlraum des Kapitalismus; dieser Schmutz, dieses rohe und müde Proletariat … Und ringsum die dunstige Ebene mit Sumpflöchern und Wassertümpeln, eine Art Prärie, die keine Gütchen und Idyllen kennt..." Hier wurde er am 8. Juli 1885 als Sohn eines Eisenbahnbeamten geboren. Er hat diesen seinen Herkunftsort selber bedeutsam für sein späteres Leben und sein Werk gefunden: „Das ist ein guter Standort, um die jetzige Wirklichkeit zu sehen, um mehr noch die Tendenz zu fassen, die sie ist und die sie aufheben wird." Auf der anderen Rheinseite der Gegenpol: Mannheim mit dem „Zauber der Bibliothek" in einem „der schönsten und ernstesten Barocksäle", die man sich denken kann, wo er „einer klassischen Landschaft teilhaftig (wurde), als wäre er ihr Zeitgenosse."

Die Schule hat er gehasst und sie hatte ihre Schwierigkeiten mit einem Schüler, der mit sechzehn Hegels Phänomenologie las und philosophische Texte schrieb. Ab dem Wintersemester

1905/06 studierte er Philosophie, Physik, Musikwissenschaft in München und Würzburg, promovierte nach sechs Semestern. 1907 kam der Durchbruch: ein Manuskript „Über die Kategorie des Noch-Nicht“ entstand, der Kerngedanke seiner Philosophie war geboren und erhielt seine erste gültige Gestalt im „Geist der Utopie“ von 1918.

Da war er noch wesentlich subjektiv bestimmt, wenn auch die Hoffnung darin schon weit über die traditionelle Definition hinausging, also nicht bloß als ein Affekt unter anderen menschlichen Affekten, sondern Grund und Beweggrund menschlicher Existenz überhaupt. Wenn das so ist, wenn der Mensch das hoffende Wesen ist und als solches sich vor allen anderen auszeichnet, muss es dann nicht, so fragt Bloch, auch eine Welt und eine Geschichte geben, die auf diese Hoffnung antworten? Ohne eine solche Antwort würde menschliche Hoffnung schon im Keime erstickt, es gäbe sie gar nicht mehr und Hoffnungslosigkeit wäre der Grundzug menschlicher Existenz. Im Nachweis, dass das Gegenteil der Fall ist und immer gewesen ist, bestehen die hermeneutisch-interpretierenden Teile seines Werkes. Daher hat man das „Prinzip Hoffnung“, Blochs Hauptwerk von 1959 (entstanden in der amerikanischen Emigration) eine „Enzyklopädie der Hoffnungsinhalte“ genannt, in der keine Sphäre ausgelassen ist: von den kleinen alltäglichen Tagträumen bis zu den Großwerken der Literatur, der bildenden Kunst, der Musik, von den Märchen und Mythen bis hin zu den Wunschvorstellungen in den großen Religionen.

Ernst Bloch war der letzte deutsche Philosoph, der Sprachgewalt, persönliche Autorität, Persistenz und spekulatives Denken in eins verkörperte. Die folgenden Abschnitte aus dem Vorwort zum „Prinzip Hoffnung“ vermitteln davon einen ersten Eindruck:

> Wer sind wir? Wo kommen wir her? Wohin gehen wir? Was erwarten wir? Was erwartet uns?
>
> Viele fühlen sich nur verwirrt. Der Boden wankt, sie wissen nicht warum und von was. Dieser ihr Zustand ist Angst, wird er bestimmter, so ist er Furcht.

Einmal zog einer weit hinaus, das Fürchten zu lernen. Das gelang in der eben vergangenen Zeit leichter und näher, diese Kunst ward entsetzlich beherrscht. Doch nun wird, die Urheber der Furcht abgerechnet, ein uns gemäßeres Gefühl fällig.

Es kommt darauf an, das Hoffen zu lernen. Seine Arbeit entsagt nicht, sie ist ins Gelingen verliebt statt ins Scheitern. Hoffen, über dem Fürchten gelegen, ist weder passiv wie dieses, noch gar in ein Nichts gesperrt. Der Affekt des Hoffens geht aus sich heraus, macht die Menschen weit, statt sie zu verengen, kann gar nicht genug von dem wissen, was sie inwendig gezielt macht, was ihnen auswendig verbündet sein mag. Die Arbeit dieses Affekts verlangt Menschen, die sich ins Werdende tätig hineinwerfen, zu dem sie selber gehören. Sie erträgt kein Hundeleben, das sich ins Seiende nur passiv geworfen fühlt, in undurchschautes, gar jämmerlich anerkanntes. Die Arbeit gegen die Lebensangst und die Umtriebe der Furcht ist die gegen ihre Urheber, ihre größtenteils sehr aufzeigbaren, und sie sucht in der Welt selber, was der Welt hilft; es ist findbar. „Wie reich wurde allzeit davon geträumt, vom besseren Leben geträumt, das möglich wäre. Das Leben aller Menschen ist von Tagträumen durchzogen, dann ist ein Teil lediglich schale, auch entnervende Flucht, auch Beute für Betrüger, aber ein anderer Teil reizt auf, läßt mit dem schlecht Vorhandenen sich nicht abfinden, läßt eben nicht entsagen. Dieser andere Teil hat das Hoffen im Kern, und er ist lehrbar. Er kann aus dem ungeregelten Tagtraum wie aus dessen schlauem Mißbrauch herausgeholt werden, ist ohne Dunst aktivierbar. Kein Mensch lebte je ohne Tagträume, es kommt aber darauf an, sie immer weiter zu kennen und dadurch unbetrüglich, hilfreich, aufs Rechte gezielt zu halten. Mochten die Tagträume noch voller werden, denn das bedeutet, daß sie sich genau um den nüchternen Blick bereichern; nicht im Sinn der Verstockung, sondern des Hellwerdens.

Nicht im Sinn des bloß betrachtenden Verstands, der die Dinge nimmt, wie sie gerade sind und stehen, sondern des beteiligten, der sie nimmt, wie sie gehen, also auch besser gehen können. Mochten die Tagträume also wirklich voller werden, das ist, heller, unbeliebiger, bekannter, begriffener und mit dem Lauf der Dinge vermittelter. Damit der Weizen, der reifen will, befördert und abgeholt werden kann.

[…] *Docta spes, begriffene Hoffnung,* erhellt so den Begriff eines Prinzips in der Welt, der diese nicht mehr verläßt. Schon deshalb nicht, weil dieses Prinzip seit je in ihrem Prozeß darin war, philosophisch so lange ausgekreist. Indem es überhaupt keine bewußte Herstellung der Geschichte gibt, auf deren tendenzkundigem Weg das Ziel nicht ebenso alles wäre, ist der im guten Sinn des Worts: utopisch-prinzipielle Begriff, als der der Hoffnung und ihrer menschenwürdigen Inhalte, hier ein schlechthin zentraler. Ja, das damit Bezeichnete liegt dem adäquat werdenden Bewußtsein jeder Sache im Horizont, im aufgegangenen, weiter aufgehenden. Erwartung, Hoffnung, Intention auf noch ungewordene Möglichkeit: das ist nicht nur ein Grundzug des menschlichen Bewußtseins, sondern, konkret berichtigt und erfaßt, eine Grundbestimmung innerhalb der objektiven Wirklichkeit insgesamt.

Gert Ueding

Nachdruck der Textauszüge mit freundlicher Genehmiung des Suhrkamp Verlags Frankfurt am Main.

Nachts am Fenster

Zwei alte Tanten tanzen Tango
Georg Kreisler
1962

Als das Lied erscheint, ist der Schaden bereits eingetreten: Die Tauben liegen vergiftet in den städtischen Anlagen, das Opernhaus ist eingestürzt, der gute alte Franz, meuchlings erschossen, kommt in den Himmel – und den sentimentalen Serienmörder verschweigen wir lieber.

Das Publikum in der Wiener Marietta-Bar, einiges an Schmäh gewohnt, hat anfangs mit solchen Chansons gefremdelt. Manche haben gequält gelacht, andere unter Protest das Lokal verlassen. Man ist gekommen, um den Kabarettisten Helmut Qualtinger zu sehen, mit dessen Zynismus man sich arrangiert hat. Und dann tritt dieser treuherzig grinsende Mensch ans Klavier und zieht den abendländischen Wertekanon durch den Kakao.

„Tauben vergiften" bringt den Durchbruch: Der Text ist so beschaffen, dass auch mäßig begabte Personen ihn als lustig erkennen, und außerdem gab es schon damals viel zu viele dieser angeblichen Friedensvögel …

„Zwei alte Tanten tanzen Tango" ist in Form und Inhalt ein nie wieder erreichtes Meisterwerk. Kreisler macht das wiegende Schrittgefühl erlebbar, entzündet ein Feuerwerk an Binnen-, Kreuz- und „Quer"-reimen und unterlegt das Ganze mit einem Blick auf das Weltgeschehen der 50er Jahre. Das geteilte Deutschland bekommt dabei sein Fett ab.

Es ist vermutlich das erste Lied, das Georg Kreisler mit Blick auf den nördlichen Nachbarn und fast ganz auf Hochdeutsch aufnimmt. Später kommen der norddeutschen Seele nachempfundene Titel wie „Der Weihnachtsmann auf der Reeperbahn" hinzu. In unserem Text findet der Ausflug ins Wienerische in der zweiten Strophe, dritte Zeile statt, wenn der Autor sein Hollywood-Trauma anklingen lässt … und gleich zum Tadsch Mahal weiter zieht; in späteren Versionen wird letztere Zeile anders betextet.

Bemerkenswert: Während die tanzenden Tanten (Tunten?) damals nach Sünde und Skandal riechen, dürften heute das Palindrom „Neger mit Gazelle“ sowie das „eigene Dromedar des Arabers“ der (Selbst-)Zensur zum Opfer fallen!

Zwei alte Tanten tanzen Tango

Wenn ich nachts nicht schlafen kann,
schau ich gern beim Fenster raus.
Und ich sehe mir die Strasse an
oder vis-à-vis das Haus.
Das ist das Achterhaus,
und es ist wirklich sonderbar!
Ich wollt' es schon einmal beschreiben,
aber dann ließ ich es bleiben,
denn vielleicht war's gar nicht wahr.
Aus einem Fenster kommt
jede Nacht ein fahler Schein.
Und wenn man sich etwas streckt,
sieht man in den Raum hinein.
Doch was darin geschieht,
ach!, wer hätte das geglaubt:
Ist das normal? Ist das legal?
Ist das erlaubt?

Zwei alte Tanten tanzen Tango
mitten in der Nacht.
Warum auch nicht? Sie hätten sonst die Nacht
nur schlaflos zugebracht.
Wie diese Engeln sich so schlängeln
und schmiegen Bein an Bein –
jeder Schritt muß bei dem Rhythmus
ein Vergnügen sein!
Und ringsumher, da ist es finster,
schwach nur grinst das Morgenrot,
da mit Migränen, Gähnen, Tränen
stöhnend man erwacht.
In den Spelunken wird getrunken

und der Bäcker backt das Brot.
Zwei alte Tanten tanzen Tango
mitten in der Nacht.

In der Bundeshauptstadt Bonn am Rhein
fürchtet sich der Kommunist.
Sollt' man etwas weiter östlich sein,
fürchtet sich, wer keiner ist.
Selbst in Amerika, da wär i ka
Sekunde ohne Zorn.
I hätt a tolle Wut auf Hollywood,
mein Englisch wär bemänglisch,
und i wär schon längst a Gangster word'n.
I bin imstand und hatsch amal zum Tatsch Mahal,
wenn ich es will.
Krieg i Malaria,
dann fahr i ja zurück,
und schau ins Achterhaus, dort macht man aus
die Lichter und ist still.
Man konzentriert sich ganz auf Tango
und auf Glück ...

Zwei alte Tanten tanzen Tango
mitten in der Nacht.
Die suchen sobald nicht nach Kobalt,
auch wenn der Globus kracht.
Die ruft kein greller Pfiff nach Tel Aviv,
nach Kairo, nach Korinth,
die ruft kein Muezzin nach Suez hin,
die bleiben, wo sie sind!
Und Hunde heulen, wunde Eulen
legen Eier in den Turm.
Man hat Affären mit Millionären
meist auf einer Jacht.
Doch spuckt den Ozean ein Lotse an,
dann gibt es einen Sturm.

Zwei alte Tanten tanzen Tango
mitten in der Nacht.

Zwei alte Tanten tanzen Tango
mitten in der Nacht.
Sie sind vereint, und wie mir scheint:
die eine weint, die andre lacht.
Den Strassenfeger mit Geselle
plagt die Szenerie.
Jedoch ein Neger mit Gazelle
zagt im Regen nie.
Ja, der Neandertaler wandert
allerdings noch ohne Ruh,
und fragt die Leut', wie weit sie's heut
seit seinerzeit gebacht.
Man gibt dem Araber sein eignes Dromedar,
aber wozu?
Zwei alte Tanten tanzen Tango
mitten in der Nacht.
Mitten in der, mitten in der, mitten in der, mitten in der,
mitten in der Nacht.

Ähnlich wie sein fast gleichaltriger Landsmann Erich Fried hat Georg Kreisler bzw. seine Familie sich rechtzeitig von Wien aus vor den Nazis in Sicherheit gebracht. Im letzteren Falle sind das die USA, wo er sich zunächst mit Opernkomposition beschäftigt und später mit selbst geschriebenen Satire-Songs in Nachtbars auftritt. Alle Indizien deuten darauf hin, dass er von dem Harvard-Mathematiker und Gelegenheits-Chansonnier Tom Lehrer inspiriert wird. Dessen Lieder, darunter ein „Poisening pidgeons in the park“, haben heute Kultstatus. In London lief vor einigen Jahren ein Musical, ausschließlich basierend auf Liedern Tom Lehrers.

Kreisler, dem der Durchbruch in seiner Wahlheimat verwehrt bleibt, kehrt 1955 nach Österreich zurück. Lieder, die mit Entsetzen Spott treiben, sind einem breiteren Publikum bis dahin nicht bekannt. Sein erstes bei Philips erschienenes Album „Die

Georg-Kreisler-Platte“ wird jedoch gleich ein Erfolg. Danach kommen „Seltsame Gesänge“, „Seltsame Liebeslieder“ und „Lieder zum Fürchten“. Irritiert reagiert das Publikum auf die Sammlung „Nichtarische Arien“, in Stil und Inhalt ein Sprung in die vergangene Schtetl-Idylle, ganz ohne Bitterkeit vorgetragen.

Insgesamt dürften es an die 20 Alben sein, darunter „Everblacks 1–3“. Diverse Künstler, der prominenteste Mario Adorf, haben sich seiner Chansons bedient und sie auf ihre Weise interpretiert. Der Theaterkritiker Hans Weigel steuert den Text zum Klassiker „Telefonbuchpolka“ bei.

In den 70er Jahren zieht Kreisler nach München, heiratet die Soubrette Topsy Küppers und tritt eine Zeitlang mit ihr gemeinsam auf. Großen Erfolg hat das musikalisch-szenische Bühnenstück „Heute abend: Lola Blau“ mit Küppers in der Titelrolle, welches in verschlüsselter Form Kreislers Biografie verarbeitet. Andere Projekte, darunter auch selbst geschriebene Opern, sind von wechselndem Erfolg. In Erinnerung bleibt sein Grinsen, während er als „Makabrist“ in die Tasten greift, in den letzten Jahrzehnten begleitet von seiner dritten Frau Barbara Peters.

Alexander Mühlen

Die Wurzeln menschlicher Aggression

Das sogenannte Böse
Konrad Lorenz
1963

Um die Mitte des 20. Jahrhunderts entstand aus einer Verknüpfung von Psychologie, Physiologie, Zoologie und Anthropologie eine neue Wissenschaft, die (zwischen verschiedenen Tierarten und dem Menschen als Gattungswesen schlechthin) Vergleichende Verhaltensforschung, fremdwörtlich auch Ethologie. Einer ihrer führenden Köpfe war der Österreicher Konrad Lorenz (1903–1989). Dieser „Einstein der Tierseele“, wie ihn „Der Spiegel“ in seinem Nachruf nannte, entstammte dem gehobenen Bürgertum; dieses war zu Zeiten Kaiser Franz Josephs Träger einer bedeutenden kulturellen und zivilisatorischen Entwicklung der Donaumonarchie. Konrads Vater hatte sich aus bescheidenen bäuerlichen Verhältnissen zu einem angesehenen Facharzt für Orthopädie hochgearbeitet, der außer in Wien auch regelmäßig in New York Patienten betreute und einmal sogar vom US-Präsidenten Theodore Roosevelt im Weißen Haus empfangen wurde. Dieser Vater vermachte Konrad ein beachtliches Erbe, das diesem zeitweise eine Existenz als Privatgelehrter in einer eigenen Villa mit Park in der Nähe des Wienerwalds erlaubte. Dort hatte er schon als Kind verschiedene Tiere gehalten und sich für deren Verhalten interessiert.

1921 legte Lorenz am sogenannten Schottengymnasium in der Wiener Innenstadt, das bis heute zu den angesehensten mittleren Bildungsanstalten der österreichischen Hauptstadt gehört, die Reifeprüfung mit Auszeichnung ab. Auf Wunsch seines Vaters studierte er dann Medizin, zunächst ein Jahr lang an der Columbia University in New York und dann an der Universität Wien. Nach der Promotion im Alter von 25 Jahren folgten vier Jahre als Assistent bei einem Anatomen und ein zweites Studium, das der Zoologie, das er mit 30 abschloss. Mit 33 erlangte er die Habilitation.

Lorenz‘ Hauptinteresse galt immer der Beobachtung und Erforschung des Verhaltens von Tieren – besonders die Graugänse begleiteten ihn über 60 Jahre seines Lebens. Von den Wiener Kollegen wurde dieses Interesse aber wenig geschätzt. So wandte sich Lorenz 1937 an die Notgemeinschaft der deutschen Wissenschaft im Nachbarlande und begrüßte 1938 auch den Anschluss Österreichs an das Deutsche Reich, inklusive der üblichen Ergebenheitsbezeugungen. Auch rassistisches Vokabular kam dabei vor. Lorenz wurde Mitarbeiter des Rassenpolitischen Amtes der NSDAP, u. a. trat er gegen die „Verhausschweinung des Menschen" ein. 1940 erhielt er eine Professur in Königsberg, wurde aber schon 1941 als Heerespsychologe einberufen, dann 1942 Militärarzt im besetzten Posen, und 1944 an die Front beordert, gefolgt von vier Jahren in sowjetischer Kriegsgefangenschaft.

Lorenz' fachliche Leistung überstrahlte aber alle politischen Verirrungen. 1950 richtete ihm die Max-Planck-Gesellschaft in Westfalen eine Forschungsstelle ein, wenige Jahre darauf folgte eine Honorarprofessur an der Universität München, 1957 wurde er Mitglied der American Academy of Arts and Sciences, zehn Universitäten verliehen ihm das Ehrendoktorat, und 1973 erhielt er zusammen mit Karl von Frisch und Nicolaas Tinbergen den Nobelpreis für Medizin „für ihre Entdeckungen betreffend den Aufbau und die Auslösung von individuellen und sozialen Verhaltensmustern".

Hier ein dazu passender Ausschnitt aus einem der Hauptwerke von Konrad Lorenz, „Das sogenannte Böse. Zur Naturgeschichte der Aggression":

> Die alte chinesische Weisheit, daß zwar alles Tier im Menschen, nicht aber aller Mensch im Tiere steckt, besagt durchaus nicht, daß dieses 'Tier im Menschen' etwas von vornherein Böses, Verächtliches und nach Möglichkeit Auszurottendes sei. Es gibt eine Reaktion des Menschen, die besser als jede andere geeignet ist, zu demonstrieren, wie völlig unentbehrlich eine eindeutig 'tierische', von den anthropoiden Ahnen ererbte Verhaltensweise sein kann, und zwar für Handlungen, die nicht nur für

spezifisch menschlich und hochmoralisch gelten, sondern es tatsächlich sind. Diese Reaktion ist die sogenannte Begeisterung. Schon das Wort, das die deutsche Sprache für sie geschaffen hat, drückt aus, daß etwas sehr Hohes, spezifisch Menschliches, nämlich der Geist, den Menschen beherrsche. Das griechische Wort Enthusiasmus besagt gar, daß ein Gott von ihm Besitz ergriffen habe. In Wirklichkeit aber ist es unser alter Freund und neuerer Feind, die intraspezifische Aggression, die den Begeisterten beherrscht, und zwar in Form einer uralten und keineswegs etwa sublimierten Reaktion der sozialen Verteidigung.

Sie wird dementsprechend mit geradezu reflexhafter Voraussagbarkeit durch solche Außensituationen ausgelöst, die kämpferischen Einsatz für soziale Belange erheischen, besonders für solche, die durch kulturelle Tradition geheiligt sind. Sie können konkret durch die Familie, die Nation, die Alma Mater oder den Sportverein repräsentiert sein, oder durch abstrakte Begriffe, wie die alte Burschenherrlichkeit, die Unbestechlichkeit künstlerischen Schaffens oder das Arbeitsethos induktiver Forschung. Ich nenne in einem Atem Dinge, die mir selbst als Werte erscheinen, und solche, die unbegreiflicherweise von anderen als solche empfunden werden, und zwar in der Absicht, den Mangel an Selektivität zu illustrieren, der die Begeisterung gelegentlich so gefährlich werden läßt.

Zu der Reiz-Situation, die Begeisterung optimal auslöst und die von Demagogen zielbewußt hergestellt wird, gehört erstens Bedrohung der oben erwähnten Werte. Der Feind oder die Feind-Attrappe kann fast beliebig gewählt werden und, ähnlich wie die bedrohten Werte, konkret oder abstrakt sein. „Die" Juden, Boches, Huns, Exploitatoren, Tyrannen usw. wirken genau so gut wie der Weltkapitalismus, Bolschewismus, Faschismus, Imperialismus und viele anderen -ismen. Zweitens gehört zu der ....

Reizsituation eine möglichst mitreißende Führer-Figur, deren bekanntlich auch die am schärfsten anti-faschistischen Demagogen nicht entraten können, wie denn überhaupt die Gleichheit der Methoden, die von den verschiedensten politischen Richtungen angewandt werden, für die instinktive Natur der demagogisch ausnützbaren menschlichen Begeisterungsreaktion spricht. Drittens .... gehört zu stärkster Auslösung der Begeisterung noch eine möglichst große Zahl von Mit-Hingerissenen ... bei der ... die mitreißende Wirkung mit steigender Individuenzahl in wahrscheinlich geometrischer Progression zunimmt ... dabei läuft einem ein 'heiliger' Schauer über den Rücken und ... auch über die Außenseite der Arme. Man fühlt sich aus allen Bindungen der alltäglichen Welt heraus- und emporgehoben ... Alle Hindernisse, die ... dem Rufe der heiligen Pflicht ... im Wege stehen, verlieren an Bedeutung und Wichtigkeit, die instinktiven Hemmungen, Artgenossen zu schädigen und zu töten, verlieren leider viel von ihrer Macht ... ... Kurz, wie ein ukrainisches Sprichwort so wunderschön sagt: 'Wenn die Fahne fliegt, ist der Verstand in der Trompete!'

Diesem Erleben ist folgendes, objektiv beobachtbares Verhalten korreliert: der Tonus der gesamten quergestreiften Muskulatur erhöht sich, die Körperhaltung strafft sich, die Arme werden etwas seitlich abgehoben und ein wenig nach innen rotiert, so daß die Ellbogen etwas nach außen zeigen. Der Kopf wird stolz angehoben, das Kinn vorgestreckt und die Gesichtsmuskulatur bewirkt eine ... Mimik, die wir alle aus dem Film als das 'Heldengesicht' kennen. Auf dem Rücken und entlang der Außenseite der Arme sträuben sich die Körperhaare; eben dies ist die objektive Seite des sprichwörtlich gewordenen 'heiligen Schauers'.

Franz Rader

Kalauer zu Pferde

Dichtung und Nachdichtung
Erich Fried
1964

Er findet sich in Schulbüchern verewigt, in Abituraufsätzen gewürdigt. Sein größter Renner sind zärtliche, wehmütige, sehr sinnliche und zum Teil „gewagte“ – wie es damals noch hieß – Liebesgedichte. Jede dieser Sprachminiaturen ist ein eigenes Kunstwerk, gesättigt mit Wortspielen, Wiederholungen und verblüffenden Wendungen. Zugleich vermeidet der Verfasser alles, was auch nur entfernt sentimental wirken könnte. Beispiel:

> Ein Versuch
> Ich habe versucht
> zu versuchen
> während ich arbeiten muss
> an meine Arbeit zu denken
> und nicht an dich
> Und ich bin glücklich
> daß der Versuch
> nicht geglückt ist.

Für die literarisch gebildete Öffentlichkeit ist dies der Erich Fried, den man kennt. Es gibt jedoch noch ein alter ego, das sich in Form des klassischen Sonetts ausdrückt, dieses zur Vollendung und zugleich ad absurdum führt. Damit erweist sich der Verfasser als geistesverwandt mit Robert Gernhardt und seinem Spottgedicht „Sonette find ich sowas von beschissen“.

Im Jahre 1964 erschien bei Ullstein „Die Meisengeige“, eine Anthologie zeitgenössischer Nonsensverse, herausgegeben vom damals bekannten Berliner Autor Günter Bruno Fuchs. Neben den üblichen Matadoren wie Grass, Kuhnert und Walser stieß man da auch auf den Beitrag eines gewissen Erich Fried:

Dichtung und Nachdichtung

I.

Kipp um, Parine! Krüß dich an den Rih
Und Wiehlen sollen Kaul und Raul dir gröhn
Denn Deire ist geschlichtert tief im Pöhn
Warum auch ralpen, fragt der Tarr doch: Wie?

Kull weiter! Halk den Bühelm gegen Nie!
Lirren und Birren macht die Polden schön.
Kann kein Gekaune unter ihrem Föhn
Dich filpen in die klante Raberie?

Uns weilt die Kalminei, uns heilt die Bröhle…
Die Wurgern hassen und die Bimmer schallt
weilieber kilbrig festre aus Artöle

Kalauros reitet wieder in den Wald
Und pilmert fraulinger in jamper Möle
als kraspes Wiel das aller Gehm zertrallt

II.
Fall tiefer, Mädchen! Krumm dich um den Hund,
Und Räder mögen Stein und Bein dir strahlen
In diesen Adern, die mir Strafen malen!
Warum auch reden auf geteertem Grund?

Küß weiter, wirf dein Nimmer aus dem Mund!
Klirren und Schwirren läßt aus goldenen Schalen
Die Scherben tanzen, die mit Blättern zahlen. –
Und ihre Kranken fiebern dich gesund?

Uns bleibt die Litanei, uns heilt die Brühe.
Die Bürger hassen uns, die Glocke schallt,
Und fester klingt, und silbern, unsre Frühe.

Kalauros reitet wieder in den Wald
Und pilgert fraulicher durch tausend Kühe
Als kranker Schnee, den jeder Fußtritt ballt.

Dies ist, man sieht es auf den ersten Blick, schierer Unsinn, und das gleich im Doppelpack. In der jeweils drittletzten Zeile nennt Fried es beim Namen: Niemand anders als der König aller Wortwitze ist es, der hier kalauert, und das zu Pferde.

Wer war dieser deutsche Dichter, gebürtiger Wiener, vor den Nazis geflohen und nach dem Krieg naturalisierter Brite? Jemand, der niemals seinen Wohnsitz in der Bundesrepublik Adenauers und Brandts suchte. Besessen vom „nie wieder", war er allem, was das Etikett „deutsch" trug, in einer Art Hassliebe verbunden. Nein, „Fried"fertig war er nicht. So wurde er zum Freund Rudi Dutschkes, Ulrike Meinhofs (von der er sich später abwandte) und der APO. Er hat auch nicht, wie Georg Kreisler, zumindest auf Zeit in seine Heimatstadt Wien zurückgefunden. Bei kleiner Statur mit großer Willenskraft und sogar Charisma ausgestattet, reiste er aber, so oft es ging, auf den Kontinent. Dort, im literarischen Umfeld, suchte und fand der Büchner-Preisträger bei Lesungen, politischen Veranstaltungen und Demonstrationen „sein" Publikum.

Des Englischen war er mächtiger als mancher Brite. Um so mehr stieß seine Liebe zu Sprache und Kultur der Mörder eines Teils seiner Familie bei seinen Londoner Freunden auf Kopfschütteln. Anfangs armer Poet, verdiente er sein Geld jahrelang als BBC-Korrespondent. Später kam Broterwerb mit Übersetzungen für Shakespeare- und andere Texte hinzu. Schließlich verdiente er genug, um drei Ehefrauen und mehrere Kinder zu ernähren. Bevor er das von ihm gewollte mit sich und der Welt versöhnte Deutschland erleben konnte, erlag er 1988 einem Krebsleiden.

Alexander Mühlen

Die Werkzitate sind entnommen aus Günter Bruno Fuchs (Hrsg.): Die Meisengeige. Zeitgenössische Nonsensverse, © Carl Hanser Verlag München 1964.

„…weil im Laufe der Zeit vergangener und vergänglicher Dinge vergessen wird“

Als wär’s ein Stück von mir
Carl Zuckmayer
1966

Nur wenige Autobiographien haben eine so große Popularität erlangt wie jene von Carl Zuckmayer, die mit mehr als einer Million verkaufter Exemplare zu den großen Zeugnissen des 20. Jahrhunderts zählt. Geistreich, leichtfüßig und humorvoll zeichnet Zuckmayer das Panorama eines bewegten Lebens in unruhiger Zeit. An den Anfang stellt er eine Liebeserklärung: „Wenn man mich damals gefragt hätte, wo das Paradies gelegen sei, so hätte ich ohne Zögern geantwortet: in Österreich, sechzehn Kilometer östlich von Salzburg an der Reichsstraße, dicht beim Wallersee.“ Dort lag das Haus Wiesmühl, das sich Zuckmayer im Jahr 1926 im Alter von 30 Jahren nach dem Erfolg seines Lustspiels „Der fröhliche Weinberg“ gekauft hatte. Die Harmonie des ländlichen Lebens erlebte er als überaus beglückend. Und so beschreibt Zuckmayer auf den ersten Seiten seine Verbundenheit mit einem bodenständigen, schlichten Menschenschlag, dessen Urtümlichkeit, nicht entfremdete Natürlichkeit und dessen Authentizität unwiederbringlich verloren scheinen:

> Für die Einheimischen waren wir ‚die Wiesmüller’ – man nannte dort alle Leute nach ihrem Haus oder Hof –, und manche wußten in all den Jahren nicht, wie ich eigentlich hieß. Sie fragten auch nicht danach, was man ‚draußen’, außerhalb des Dorfes tat, ob man dort in der Welt einen Namen hatte, ob man Stücke schrieb, malte oder Opernpartien sang.

Und weiter:

> Die Menschen in diesem Dorf hatten noch Gesichter, persönliche, ausgeprägte, eigenwillige, wie man sie auf den Bildern der mittelalterlichen Meister, bei den Holzfiguren der Pacher und Riemenschneider, findet.

In Berlin, Wien und Salzburg, aber auch in Henndorf selber traf Zuckmayer mit den bedeutendsten Persönlichkeiten des kulturellen Lebens seiner Zeit zusammen. Es ist ein Genuss, die Schilderungen jener Begegnungen in seinen Erinnerungen zu lesen; und es ist beklemmend zu sehen, wie Zuckmayer diese seine Welt durch die zunehmend bedrohlicher werdende politische Situation verliert. Doch dieser Verlust lässt ihn eine der tiefsten menschlichen Einsichten aussprechen:

> Als wir Henndorf verlassen mußten, glaubten wir, alles verloren zu haben, was uns lieb und teuer war, und was das Leben lebenswert machte: denn es bedeutete gleichzeitig den Verlust aller empfangenen und erworbenen Zusammenhänge, der natürlichen Zugehörigkeit, wie sie Abstammung, Erziehung, Tradition, Arbeitsgemeinschaft, auch Stil und Gewohnheit des täglichen Lebens in uns gegründet hat. Mehr noch – den Verlust der Sprache, für den Schreibenden das Element und Material seiner gesamten Tätigkeit, also auch ihres Ertrags, und für jeden Menschen die eigentliche Substanz, Quelle und Wurzel aller Erkenntnis, Erfahrung, Kommunikation – des Humanen schlechthin. Aber wir wußten noch nicht, daß man in Wahrheit nichts verlieren kann, was man je wesentlich erfaßt und besessen hat, weder Glück noch Schmerz.

Zwei Tage nach dem Anschluss Österreichs an das Deutsche Reich emigrierte Zuckmayer in die Schweiz. Zürich war zu der Zeit das Mekka der Flüchtlinge, die Bahnhofstraße Treffpunkt vieler großer Namen. Keiner von ihnen wollte nach Amerika. „Nein, sagten wir, wie störrische Kinder. Eine Flucht genügt. Wir sind Europäer und bleiben in Europa. Was sollen wir in einem Land, wo man Ketchup aufs Rindfleisch schüttet.“ Wir heutige Globalisierungskinder können kaum ermessen, welche Bedeutung der Kontinent Europa als kultureller Kristallisationspunkt der Welt für die damaligen geistigen Eliten spielte.

Zu den schönsten Abschnitten in Zuckmayers Autobiographie zählen seine Erinnerungen an die Kindheit in Rheinhessen. Im großen Unterschied zu heute war das Aufwachsen damals immer ein wenig gefährlich, und das im positiven Sinne. Ja, es war gefährlich, im großen Fluss „zu einem der langsam aufwärts stampfenden Schleppkähne“ zu schwimmen, um zu versuchen, „sich an seinem tief im Wasser liegenden Ladebord hochzuziehen, um eine Strecke, bis oberhalb der Stadtgrenze, mitzufahren.“ Doch Zuckmayer weiß um den ungeheuren Reichtum, den eine Kindheit in Freiheit bedeutet, wo man immer wieder den wachsamen Augen der Eltern entzogen ist und prägende Erfahrungen machen darf. Er schildert eine kindliche Welt, in die kein Erwachsener wirklichen Einblick hat, ein Gemeinschafts- und Naturerleben, eine Unmittelbarkeit und Sinnlichkeit, welche die Phantasie in höchstem Maße anregt und von der die Eltern meist wenig mitbekommen. Es ist, als riefe uns Zuckmayer zu, dass wir doch die Myriaden an pädagogischer und psychologischer Literatur auf den Müll werfen und Kinder wieder ursprünglich, ungebunden und intensiv aufwachsen lassen sollen. So lesen sich seine Schilderungen wie ein Gegenbild zur durchgeplanten Kindheit von heute, bei der von didaktisch durchdachten Computerspielen bis zum kindgerechten Abenteuerurlaub in Outdoor-Kursen nichts dem Zufall überlassen wird.

Niemand, der die NS-Zeit erlebt hat und der sein Leben reflektiert, kann jene dunklen Jahre übergehen. Und so schreibt auch Zuckmayer von der Primitivität, Barbarei und Brutalität jener Epoche mit den sprachlichen Mitteln eines Dichters, um etwas von der Realität jener Zeit spürbar werden zu lassen.

> Einmal gelang es mir, so nah an der Rednertribüne zu sitzen, daß ich den Speichel unter seinem Nasenschnauz vorspritzen sah. Für unsereinen war der Mann ein heulender Derwisch. Aber er verstand es, jene dumpf im Virginia- und Würstl-Dunst zusammengedrängten Menschen aufzuputschen und mitzureißen: nicht durch Argumente, die bei Hetzreden ja nie kontrollierbar sind, sondern durch den Fanatismus seines Auftretens, das Brüllen und Kreischen, mit biedermännischen Brusttönen gepaart, vor allem aber: durch das betäubende Hämmern

> der Wiederholungen, in einem bestimmten, ansteckenden Rhythmus. Das war gelernt und gekonnt und hatte eine furchtbare, barbarisch-primitive Wirksamkeit.

Gleichzeitig versucht er aber – und das ist für einen persönlich Verfolgten bemerkenswert – zu verstehen:

> War auch die Nazibewegung in ihren Anfängen von üblen, rachsüchtigen, nichts als machtlüsternen Elementen getragen, so wäre es völlig falsch, ungerecht, abwegig, die große Menge von Deutschen, die Anfang der dreißiger Jahre dem Nationalsozialismus zuströmten, in Bausch und Bogen zu verdammen.
> Denn jetzt kamen zu den Hoffnungslosen die Hoffnungsvollen, die ‚Idealisten', die Gläubigen, die sich wunschhaft unter dieser angeblich elementaren ‚Volksbewegung' (in Wahrheit war sie raffiniert aufgezogen) etwas Anständiges, Ethisch-Hochwertiges, Positives vorstellten und deren wesentlicher Fehler darin bestand, daß sie unpolitisch waren. Unpolitisch, wie das Volk von 1914 in den Krieg gegangen war – politisch unvorbereitet, wie es vom Zusammenbruch und von der Revolution überrascht wurde, zu politischem Denken nicht erzogen und nicht gewillt –, so verfiel ein großer Teil der Deutschen der Scharlatanerie und Gewaltherrschaft, nur allzugern bereit, sich unter der ‚nationalen Erhebung' eine echte und wahre Erneuerung, den sozialen Ausgleich, die Rückkehr zu sauberen, festen Gesellschafts- und Lebensformen zu erträumen. […] Man bildete sich vielfach ein, daß in einem ‚Dritten Reich' der christliche Gedanke, auch die Nächstenliebe, dominieren, daß dem ‚Materialismus' ein Ziel gesetzt werde. Kaum einer dieser Leute glaubte, daß die Judenverfolgung, wie sie etwa in den ‚Boxheimer Dokumenten' vorgezeichnet war, wirklich ernst gemeint sei, selbst viele Juden hielten die wüste antisemitische Hetze der Nazis für einen ‚Propaganda-Trick', den sie,

> einmal zur Regierungsgewalt gelangt und mit der öffentlichen Verantwortung betraut, modifizieren und wieder abbauen würden.

Im Juni 1939 emigrierte Zuckmayer dann doch widerwillig in die USA. Vergeblich versuchte er dort, als Schriftsteller Fuß zu fassen. In Hollywood, wo er für die Filmindustrie arbeitete, konnte er trotz der Integration in die deutsche Emigrantenkolonie und trotz vieler Freundschaften kein Heimatgefühl entwickeln. Zu eng war der Raum für die eigene Produktivität, zu sehr lastete der Frust über die Oberflächlichkeit und den Materialismus des Filmgeschäfts auf ihm, zu sehr litt er unter der Künstlichkeit jener Welt. 1940 kam es zum Bruch mit der „Vorhölle Hollywood", ein Jahr später war Zuckmayers finanzielle Situation katastrophal. So pachtete er eine Farm in Vermont und begann, von seiner Hände Arbeit zu leben, vom Handel mit Ziegenmilch, vom Gänseverkauf und von den Erträgen des Kräutergartens. Im Jahr 1958 übersiedelte Zuckmayer in die Schweiz. Der dort verbrachte Lebensabend brachte ihm Glück, Zufriedenheit und inneren Frieden. Er starb am 18.1.1977 in Visp im Kanton Wallis. Seine Autobiographie hat überlebt: Sie ist ein rhetorisches Meisterwerk, ein intimes Bekenntnis eines sensiblen und aufmerksamen Menschen, und sie ist eine aufschlussreiche zeitgeschichtliche Fundgrube.

Tomas Kubelik

Leben, Erleben

Nachdenken über Christa T.
Christa Wolf
1968

Christa Wolf war die – zumindest aus westlicher Sicht, siehe Georg-Büchner-Preis 1980 – prominenteste literarische Stimme der DDR. Ihr Roman *Nachdenken über Christa T.* aus dem Kontestationsjahr 1968 ist ein Erinnerungsbuch. Es versucht, Werdegang und Persönlichkeit der verstorbenen Freundin Christa T. anhand von Tagebüchern, Manuskripten, Briefen und Zeugnissen (im Text kursiv gesetzt) wahrheitsgetreu zu rekonstruieren. Gemeint, aber ungenannt, ist das im Stillen bewunderte und vielleicht auch beneidete Schriftstellertalent Christa Tabbert, unter Kumpels auch Krischan, geboren 1927 in Schlanow/Neumark unweit Landsberg/Warthe, die 1943 (so unser Roman) oder 1944 (so Wolfs Roman *Kindheitsmuster*) als verspätete Mitschülerin in Christa Wolfs Klasse auftauchte. Nach der Flucht vor der Roten Armee fanden sie sich 1951 als Germanistikstudentinnen in Leipzig wieder, wo sie Freundschaft schlossen. Die Kommilitonin beendete 1954 das Studium mit einer – heute verschollenen – Arbeit über Theodor Storm. Sie heiratet 1955 und bekommt drei Töchter.

Aber schon die Sprache leistet Widerstand. Die Erinnerung trügt und ist unseren Wunschträumen unterworfen. Mit diesem Selbstzweifel beginnt der Roman:

> Nachdenken, ihr nach-denken. Dem *Versuch, man selbst zu sein.* So steht es in ihren Tagebüchern, die uns geblieben sind, auf den losen Blättern der Manuskripte, die man aufgefunden hat, zwischen den Zeilen der Briefe, die ich kenne. Die mich gelehrt haben, daß ich meine Erinnerung an sie, Christa T., vergessen muß. Die Farbe der Erinnerung trügt.
> So müssen wir sie verloren geben?
> Denn ich fühle, sie schwindet. Auf ihrem Dorffriedhof liegt sie unter den beiden Sanddornsträuchern, tot neben Toten. Was hat sie da zu suchen? Ein Meter Erde über

sich, dann der mecklenburgische Himmel, die Lerchenschreie im Frühjahr, Sommergewitter, Herbststürme, der Schnee. Sie schwindet. Kein Ohr mehr, sie zu hören, kein Auge, Tränen zu sehen, kein Mund, Vorwürfen zu erwidern. Klagen, Tränen, Vorwürfe bleiben nutzlos zurück. Endgültig abgewiesen, suchen wir Trost im Vergessen, das man Erinnerung nennt.

Vor dem Vergessen, beteuern wir aber doch, müsse man sie nicht schützen. Da beginnen die Ausreden: Vor dem Vergessenwerden, sollte es heißen. Denn sie selbst, natürlich, vergißt oder hat vergessen, sich, uns, Himmel und Erde, Regen und Schnee. Ich aber sehe sie noch. Schlimmer: Ich verfüge über sie. Ganz leicht kann ich sie herbeizitieren wie kaum einen Lebenden. Sie bewegt sich, wenn ich will. Mühelos läuft sie vor mir her, ja, das sind ihre langen Schritte, ja, das ist ihr schlenkriger Gang, und da ist, Beweis genug, auch der große rotweiße Ball, dem sie am Strand nachläuft. Was ich höre, ist keine Geisterstimme: Kein Zweifel, sie ist es, Christa T. Beschwörend, meinen Verdacht betäubend, nenne ich sogar ihren Namen und bin ihrer nun ganz sicher. Weiß aber die ganze Zeit: Ein Schattenfilm spult ab, einst durch das wirkliche Licht der Städte, Landschaften, Wohnräume belichtet. Verdächtig, verdächtig, was macht mir diese Angst?

Worum geht es wirklich? Schon als zehnjähriges Kind sucht die begabte Christa T. Trost in ihren Aufzeichnungen, die sie in ihrem „Büchlein, mit Blümchenseide bezogen“, sammelt. Schreibend hofft sie ihre Lebensaufgabe und ein authentisches Dasein zu erfüllen. Aber ihre Schwärmerei für eine neue Deutsche Demokratische Republik sollte sie ablenken. Darf man, kann man sich hier überhaupt verwirklichen? Lässt Selbstentfaltung sich trotzdem irgendwie arrangieren? Führt gerade die sozialistische Gesellschaft, wenn auch über Umwege, zum neuen Menschen? „Diese Mühe, uns jeden anders zu machen – bloß, damit wir das wieder loswerden sollen?“ Aber „Menschen waren nicht leicht zu sehen hinter den überlebensgroßen Papptafeln, die sie trugen..." Angst befällt sie, Christa T., die Angst vor dem „Gleichheitszeichen", der Selbstauslöschung, dem „Schräubchen sein". Die Krise gipfelt im fatalen Frühsommer 1953. Vor dem Lebensüberdruss aber ist einer zweiten Geburt der Vorzug zu geben: „'ich' sagen: Ich bin anders." Damit entspricht sie allerdings kaum dem Persönlichkeitsideal des sogenannten „sozialistischen Realismus"

> Christa T. war scheu.
> Vor allem anderen die Angst, einem selbst könnte zustoßen, was gang und gäbe war: spurlos zu verschwinden. Sie war gezwungen, Spuren zu legen, hastig und nachlässig, daß die Rechte nicht weiß, was die Linke tut, daß man jederzeit alles wieder verleugnen kann, vorzugsweise vor sich selbst. Daß auch keiner verpflichtet ist, mich zu finden, es sei denn, er suchte ausdrücklich – aber wer geht so schwachen Abdrücken nach, wie uneingestandene Angst sie hinterlässt... Wer hätte soviel beschriebenes Papier erwartet? Warum schreibst du nicht, Krischan? Ja, ja, sagte sie, bestritt nicht, gab nicht zu. Wartete. Wußte lange nicht, worauf, da bin ich sicher. Sie muß frühzeitig Kenntnis bekommen haben von unserer Unfähigkeit, die Dinge so zu sagen, wie sie sind. Ich frage mich sogar, ob man zu früh davon erfahren und für immer entmutigt werden, ob man zu früh klarsichtig, zu früh der Selbsttäuschung beraubt sein kann. So daß man verzichtet und die Dinge ihrem Lauf überläßt. Dann haben sie keinen Ausweg: nicht den der Ungenauigkeit, nicht den der Lüge… Dann machen sie das Beste aus sich, oder das Schlimmste. Oder das Mittelmäßige, was oft das Schlimmste ist. Und was man, wenn man sich davon bedroht fühlt, allerdings nicht mehr mit Schweigen übergehen kann.
> *Daß ich nur schreibend über die Dinge komme!* – Hat sie es sich wirklich vorgeworfen? Erklärt dieser geheime Selbstvorwurf den Zustand der Hinterlassenschaft? Der

Tagebücher, Skizzen, Beobachtungen, Geschichten, Titellisten, der Entwürfe und Briefe. Soviel Achtlosigkeit läßt sich nicht mehr als Unordnung tarnen oder als Flüchtigkeit. Der Vorwurf der Schwäche schimmert durch, mit der sie sich gegen die Übermacht der Dinge zu wehren meinte: schreibend. Und, trotz allem, über die Dinge kam. Sie hat nicht gewußt, daß sie das von sich sagen konnte.
Mir fällt ein, daß wir sie nie fragen konnten: Was willst du werden? Wie man andere doch fragt, ohne fürchten zu müssen, an Unaussprechliches zu rühren. Man saß sich gegenüber, im Oberstock unseres Stammcafés (Christa T. hatte die Universität gewechselt, auch das Fach, sie studierte das dritte, vierte Jahr, als ich sie wiedertraf), sie blätterte in Aufzeichnungen. Man sieht sie oft an diesem runden Marmortisch in der Nische sitzen, mit verschiedenen Leuten, die nur mit ihr, nicht untereinander befreundet sind. Sie sitzt auch allein da, sie hat zu tun, scheint es. Sie bereitet sich vor – worauf? Mit den letzten Pfennigen Stipendium bezahlt sie den billigen dunklen Kuchen, sie tut, was alle tun, warum soll man sie nicht fragen dürfen, es wäre ja gelacht: Was willst du werden Krischan? Da läßt sie die Kladde sinken, mit einer Bewegung, die man nicht gesehen haben will, da hat sie das Seminar vergessen, das ihr Sorge machte, kann lange hinaussehen, hinunter auf die Leute, die einzeln und in Gruppen aus der dunklen gegenüberliegenden Gasse treten, sich trennen, einander noch einmal zuwinken oder gemeinsam weitergehen: Alltäglicher konnte kein Schauspiel sein. Was sah sie denn?
Also? – Der bekannte Bick, dunkel, leicht spöttisch, ein wenig vorwurfsvoll. Ich? Lehrerin doch wohl? konnte sie fragen. Da gab man es auf, da schwieg man, ließ die Sache auf sich beruhen, bestand nicht darauf, sie festzulegen, da allzu deutlich war: Sie konnte es wirklich nicht wissen. Sie gab sich ja Mühe hineinzupassen, sie fiel

nicht aus bloßem Übermut heraus. Sie hatte ja den guten Willen, sich einen der Namen zuzulegen, die auf andere so vorzüglich zutrafen, sie hat es sich als Mangel angekreidet, daß sie nicht fröhlich wie aus der Pistole geschossen erwidern konnte: Lehrerin, Aspirantin, Dozentin, Lektorin...
Ach, sie traute ja diesen Namen nicht. Sie traute sich ja nicht. Sie zweifelte ja, inmitten unseres Rauschs der Neubenennungen, sie zweifelte ja an der Wirklichkeit von Namen, mit denen sie doch umging; sie ahnte ja, daß die Benennung kaum je gelingt und daß sie dann nur für kurze Zeit mit dem Ding zusammenfällt, auf das sie gelegt wurde. Sie zuckte davor zurück, sich selbst einen Namen aufzudrücken, das Brandmal, mit welcher Herde in welchen Stall man zu gehen hat. *Leben, erleben, freies großes Leben! O herrliches Lebensgefühl, daß du mich nie verlässt! Nichts weiter als ein Mensch sein...*
Was willst du werden, Krischan? Ein Mensch?

Aus dem Projekt, das Leben hieß, aus der zweiten Geburt, wird nichts. Christa T. starb im Februar 1963 an Leukämie. Christa Wolf, die Doppelgängerin, die ihre Ängste und Bedenken teilte, lebte und arbeitete bis 2011.

Roland Duhamel

© Textauszüge Suhrkamp Verlag Frankfurt am Main 2007.

Mit der Zeit wird alles heil

Das Attentat oder Ein Streich von Pat und Doris oder
Eine Wilhelm-Busch-Paraphrase
Robert Gernhardt
1971

Bis in die 80er Jahre des letzten Jahrhunderts wurde Robert Gernhardt von Literaturexperten allenfalls als gehobener Spaßmacher zur Kenntnis genommen. Die folgenden Jahre bis zu seinem Tod 2006 sahen dann aber einen steilen Aufstieg zu einem der angesehensten Lyriker der deutschen Sprache. „Kein Künstler wird in Deutschland so geliebt, wie Robert Gernhardt es wurde", schreibt Thomas Steinfeld nach Gernhardts Tod. Andere haben ihn, so der Lyrikexperte Michael Braun, „wahlweise zum Nachfolger von Brecht, Heine oder Goethe gekürt." Noch zu Gernhardts Lebzeiten wurde ihm eine Erwähnung im Brockhaus zuteil, in Göttingen gibt es heute einen Robert-Gernhardt-Platz.

Die deutsche Nachkriegslyrik war zunächst humorfeindlich: Trümmer- oder Kahlschlagliteratur (Eich), Faschismusverarbeitende Literatur (Brecht), Nachkriegsexpressionismus (Benn), hermetische Dichtung (Celan), Naturlyrik (Weyrauch), politische/gesellschaftskritische/Agit-Prop-Lyrik (Fried), Erinnerungslyrik (Sachs), experimentelle/konkrete Poesie (Gomringer), Beat-/Poplyrik (Brinkmann), Neue Subjektivität/Alltagslyrik (Born), Liedermacher (Degenhardt), sächsische Dichterschule (Mickel), Postmoderne (Draesner) – in fast all diesen Richtungen gab es, sicher mit guten Gründen, nicht viel zu lachen. Und fast alle Vertreter dieser Traditionen, Richtungen und Gattungen litten nicht nur unter einem notorischen Lachdefizit, die meisten wollten auch mit traditionellen Formen nichts mehr zu tun haben, und fast alle mieden den Endreim.

Aber dann änderte sich die Lage, in Wien mit Ernst Jandl, in Hamburg mit Peter Rühmkorf und in Frankfurt mit der „Zweiten Frankfurter Schule". Zu dieser gehörten F.W. Bernstein, Bernd Eilert, Eckhard Henscheid, Peter Knorr, F.K. Waechter – und Robert Gernhardt. Letzterer hatte als Zeichner begonnen und sich dann als Autor satirischer Texte in Zeitschriften wie der von ihm mitbegründeten „Titanic“ einen Namen gemacht. Neben seinem zeichnerischen und satirischen Talent verfügte Gernhardt aber auch über eine profunde Kenntnis der klassischen deutschen Literatur, vor allem der Lyrik und ihrer Themen und Formen. So wie viele Musiker sich von den Zwängen der Zwölftontechnik und die Maler vom Zwang zur Abstraktion befreiten und wieder (auch) tonal komponierten oder gegenständlich malten, so hatten viele Dichter nun keine Hemmungen mehr, sich traditioneller Formen zu bedienen. Diese neu gewonnene Freiheit hat Michael Braun in seinem Bericht von einem Lyrikertreffen 2017 so beschrieben: „Die Avantgarde ist noch nicht tot, aber die Tradition ist nicht mehr in Verruf ... Es gibt keine verlässlichen Ordnungssysteme mehr, keine trennscharfen Unterscheidungen zwischen herkömmlichem und experimentellem Schreiben, zwischen Traditionalismus und Avantgarde – und schon gar keine Einteilungen nach Freund und Feind“ (Süddeutsche Zeitung, 15. August 2017).

Gernhardt nutzte mit Vorliebe traditionelle Formen, er verwendete Reime und verachtete keineswegs zum Lachen reizende Pointen, wenn auch mit ironischer Distanz: „Gernhardt relativiert die hohe Form durch den banalen Inhalt, und er adelt die schlichte Form durchs hohe Thema“ (Hubert Spiegel, 1996). Wenn er in seinen Gedichten Kritik äußert, und er tut das oft, dann ist diese nie aggressiv oder missmutig, sondern immer gemäßigt und des Humors wegen eher versöhnlich:

> Der Böll war als Typ wirklich Klasse / Da stimmten Gesinnung und Kasse. / Er wär' überhaupt erste Sahne, / wären da nicht die Romane.

Gernhardts gereimte Lebensweisheiten richten sich nicht nur an andere, er meint fast immer auch sich selbst:

> Ist der Mensch nicht mehr im Bilde, bleibt nur noch die Altersmilde.
>
> Jenseits aller Höhenflüge triumphiert die Lebenslüge.

Wenn Gernhardt einen alten Meister oder eine altehrwürdige Form als Parodie oder Travestie benutzt, will er diese keineswegs abwerten oder verunglimpfen. Ein Beispiel ist die hier ausgewählte Wilhelm-Busch-Paraphrase. Dieser liegt eine wahre Begebenheit zugrunde: Zur Zeit der 68er-Bewegung entblößten einige Studentinnen der Frankfurter Universität in einer Adorno-Vorlesung ihren Busen, um den Meister (im weiteren „Teddie") zu schockieren und aus seiner theoretischen Reserve zu locken. Der Großdenker flüchtete.

Die Spannung zwischen dem, was vom Busch-Text bleibt, und dem, was Gernhardt neu hinzufügt, erzeugt die humoristische Wirkung des Gedichts. Komisch ist natürlich auch die darin zelebrierte Beziehung zwischen Erster und Zweiter Frankfurter Schule. Der ganze Ernst der Kritischen Theorie wird bei dieser Begegnung mit der nackten Wirklichkeit mit passenden Zitaten oder Halbzitaten auf die Schippe genommen:

Das Attentat / oder Ein Streich von Doris und Pat / oder
Eine Wilhelm-Busch-Paraphrase

Ach, was muß man oft von bösen
Mädchen hören oder lesen!
So zum Beispiel hier von diesen,
Welche Pat und Doris hießen.
Die, anstatt durch weise Lehren
Sich zum Guten zu bekehren,
Oftmals noch darüber lachten
Und sich heimlich lustig machten. –
Aber wehe, wehe, wehe,
Wenn ich auf das Ende sehe!
Drum ist hier, was sie getrieben,
Auszugsweise aufgeschrieben:
Also lautet der Beschluß,
Daß der Mensch was lernen muß.
Nicht allein das Abc
Bringt das Mädchen in die Höh',
Sondern auch der Weisheit Lehren

Muß man mit Vergnügen hören.
Daß dies mit Verstand geschah,
War Professor Teddie da.

Pat und Doris, diese beiden,
Mochten ihn darum nicht leiden.
War's, weil sie in Seminaren
Nicht die allerbravsten waren,
War's, weil sie zu wissen wähnten,
Wonach sich die Massen sehnten –:
Was der Prof da von sich gab,
Klang in ihren Ohren schlapp,
Abgefuckt und inhaltsleer,
Konterrevolutionär,
Bourgeois und theoretisch,
Stetes Kreisen um den Fetisch
Ratio – und so was rächt sich,
Denn noch schrieb man Neunundsechzig,
Und da sann man unverdrossen
Mal auf Go-ins, mal auf Possen,
Um die Profs zu demaskieren
Und der Welt zu demonstrieren,
Daß sie unter den Talaren
Machtgeil, stur und muffig waren,
Grade dann, wenn sie in Worten
Jederzeit und allerorten
Das Bestehende verdammten
Und der Schicht, aus der sie stammten,
Feurig die Leviten lasen:
Haltet ein! Bald deckt der Rasen
Euch und eure schwarzen Taten.
Die tagtäglich das verraten,
Was ihr sonst an Werten predigt –
Glaubt Karl Marx! Ihr seid erledigt!
Denn es kann im falschen Leben
Niemals nie kein richtigs geben!

Meister im Levitenlesen

Aber war der Prof, an dessen
Widersprüchen sich die »lieben«
Mädchen Pat und Doris rieben.
Darum sei sogleich verraten,
Was sie mit Adorno taten.

Nun war dieser große Lehrer
Von den Damen ein Verehrer,
Was man ohne alle Frage
Nach des Denkens Müh' und Plage
Einem guten, alten Mann
Auch von Herzen gönnen kann.
Nicht so unsre beiden Kinder,
Die im Weiberrat und in der
Wohngemeinschaft voll einbrachten,
Was sie von dem Denker dachten:
Macho, liberaler Scheißer,
Sprücheklopfer, Fraunaufreißer,
Ein im Widerspruch verstrickter
Objektiv dem Volk entrückter
Tui, der subjektiv nicht raffe,
Daß er nichts als eine Waffe
Sei der Scheiß-Reaktion –
Das genügte. Denn bald schon
Riet der ganze Weiberrat
Dergestalt zur raschen Tat,
Daß die beiden lachend schrien:
»Schwestern, stimmt: Da pack'n mer ihn!«

Tags darauf in Unifluren
Treffen wir die zwei Figuren,
Die, das sei nicht übersehen,
Aus sehr viel Figur bestehen,
Da sie nackt, ohn alle Stützen,
Unterm Hemde das besitzen,
Was die jungen wie die reifen
Herren liebend gern begreifen.

Eben strebt in sanfter Ruh
Adorno seinem Hörsaal zu,
Und mit Buch und Lesungsheften
Zu gewohnten Denkgeschäften
Lenkt er freudig seine Schritte
In der jungen Menschen Mitte,
Und voll Dankbarkeit sodann
Schaut er Pat und Doris an,
Die, wie ihm zu applaudieren,
Vollreif seinen Weg Spalieren.
»Ach!« denkt er, »die größte Freud
Ist doch die Begrifflichkeit!«

Rums! Da ziehn die beiden los,
Und vier Brüste schrecklich groß,
jäh befreit von allen Stoffen,
Herrlich bloß und gänzlich offen,
Nackig, unbeschreiblich weiblich,
Knackig, unbegreiflich leiblich,
Lockend, drängend, wogend, prangend,
Einen ganzen Mann verlangend,
Ragend, dräuend, drohend, schwellend,
Allen Geist in Frage stellend,
Recken sich dem Prof entgegen,
Welcher stumm erst, dann verlegen,
Dann erschreckt das Weite sucht
Und bei sich den Tag verflucht,
Da er dieser Busen Licht –
Doch so weit sind wir noch nicht.

Bleiben wir bei unsern Rangen,
Die sich eiligst wieder fangen,
So geschwind, daß niemand klar ist,
Was hier Einbildung, was wahr ist,
Wer hier was warum entblößte –
Fest steht nur: 's kann auch der größte
Denker nicht in Frieden leben,
Wenn Mädchen ihre Hemdchen heben.

All das geschah vor langer Zeit,
Doch ist es nicht Vergangenheit.
Das Busen-Attentat gab zwar
Dem Prof den Rest –: Im gleichen Jahr
Verstarb der Philosoph, jedoch
Pat und Doris gibt es noch.
Die eine forscht, die andre lehrt,
Und beide sind gottlob bekehrt
Von den Ideen ihrer Jugend:
Heute decken Halter, Stoff und Tugend
Verläßlich, was den Prof einst schreckte,
Als es ihm blank entgegenbleckte ...

Mit der Zeit wird alles heil,
Nur der Teddie hat sein Teil.

Wiard Raveling

Das Gedicht ist entnommen aus Robert Gernhardt: Gesammelte Gedichte 1954–2006. © S.Fischer Verlag GmbH, Frankfurt am Main 2008.

Nichts ausgerichtet, sondern nur Ungeheuerliches angerichtet
Anmerkungen zu Hitler
Sebastian Haffner
1978

Im Frühjahr 1978 veröffentlichte Sebastian Haffner, als Journalist und Buchautor bereits bestens bekannt, ein neues Buch, von dem er selbst nicht sicher war, ob es beim Publikum ankommen würde. Seine Zweifel waren berechtigt, denn der Titel passte so gar nicht in die reißerische Sachbuch-Landschaft dieser Zeit: „Anmerkungen zu Hitler". Damals war die deutschsprachige Literatur über Hitler, häufig dickleibige Bücher von Experten, fast schon unübersehbar geworden, und nun noch einmal knapp 200 Seiten zu einem Thema, von dem alle meinten, dass dazu doch schon alles gesagt und geschrieben worden sei.

Es kam bekanntlich anders. Von Ende Juli 1978 bis Ende Mai 1979 stand dieses schmale Buch für 43 Wochen auf Platz 1 der Spiegel-Bestsellerliste.

Wie soll man Haffner beschreiben? Eine absolute Ausnahme in der journalistischen Landschaft Deutschlands, eine publizistische Lichtgestalt, eine einmalige Persönlichkeit? Alles zutreffend und dennoch plakativ. Zahlreiche Charakteristika helfen, ihn zu beschreiben, aber keines erfasst ihn ganz, es gibt keine Schublade für ihn und deshalb tut sich die deutsche Publizistik mit Haffner bis heute so schwer. Geboren als Raimund Werner Martin Pretzel 1907 in Berlin, emigrierte er 1938 mit seiner jüdischen Verlobten nach London. Unter dem Pseudonym Sebastian Haffner (nach Johann Sebastian Bach und der Haffner-Symphonie Mozarts) brachte er dort 1940 sein erstes Buch heraus, über Nazi-Deutschland, womit er gleich in die erste Garde der Londoner Journalisten aufstieg. Im Jahr 1954 kehrte er nach Deutschland (in die Bundesrepublik) zurück. Dort schrieb er anfangs für die konservative und antikommunistische „Welt", wechselte später zum linksliberalen „Stern" und bald auch zur linksirren „Konkret". Zugleich wurde er jedem der Besucher des frühen deutschen Fernsehens durch sein unnachahmliches Auftreten bekannt: Kleine Gestalt, großer Kopf, hohe und zugleich knarrende Stimme, stets perfekt gekleidet, ein Grand Seigneur, und dann dieser immer, auch wirklich immer, unnachahmliche Gebrauch der deutschen Sprache, eine beißende Abwertung von Autoren mit anderen Meinungen und vernichtende Ironie für intellektuelle Dünnbrettbohrer, mit Sätzen, die zuweilen ganze Bücher zusammenfassten. Gibt es eine treffendere Kurzbeschreibung des größten Führers aller Zeiten als die von Haffner aus den „Anmerkungen zu Hitler“:

> Ob Hitler der Weimarer Republik, ob er dem Pariser Friedenssystem den Todesstoß versetzte, ob er die deutschen Konservativen oder Frankreich überrannte: Immer stürzte er nur das Fallende, tötete nur das schon Sterbende. Was man ihm zugestehen muss, ist ein Instinkt dafür, was schon im Fallen war, was nur noch auf den Gnadenstoß wartete – ein Instinkt, den er allen seinen Konkurrenten voraus hatte (...), und mit dem er sowohl seinen Zeitgenossen als auch sich selbst mächtig imponierte. Aber dieser Instinkt, zweifellos für einen Politiker eine nützliche Gabe, gleicht weniger dem Blick des Adlers als der Witterung des Geiers.

Hitler überrannte und tötete nur das, was sich sowieso nur noch mühsam am Leben hielt. Das war keine ganz so neue Erkenntnis, die sich bis dato jedoch in zahlreichen Seiten langatmiger Abhandlungen versteckt hatte. Darauf die Anerkennung einer herausragenden Eigenschaft: Er hatte Instinkt! Und sofort die Wertung: Sein Instinkt machte den Unterschied zu seinen Konkurrenten aus. Schließlich pure Ironie: Er imponierte sich damit mächtig. Letztlich die Zusammenfassung von ganzen sieben Zeilen, einzigartiger Höhepunkt: Ein Vergleich von drei Sekunden Länge, so dass jeder Leser ihn sofort erfassen kann: Weniger Adler, mehr Geier.

Dieses, bescheiden als „Anmerkungen“ betitelte Buch, wurde zum meistgelesenen Hitler-Buch von zwei Generationen, der des Krieges und der der Nachkriegszeit, aber es konnte nur deshalb so bedeutsam werden, weil Haffner nicht zuerst darüber schrieb, wie eine einzelne Persönlichkeit zum Verderber des gesamten deutschen Volkes und halb Europa werden konnte, sondern weil er deren persönliches Leben, deren Leistungen, Erfolge, Irrtümer, Fehler, Verbrechen und zuletzt deren Verrat (die einzelnen Kapitel des Buches) in einem Zusammenhang vorstellte, tatsächlich alles an einem „Roten Faden" aufhängte. Das verstieß völlig gegen die Gewohnheiten der geweihten Historiker-Zunft.

Zugleich unterschied es sich von den akademischen Wälzern durch seine Sprache, was der zweite Grund für seine Beliebtheit war: Dass es sich ungemein einleuchtend las und liest, liegt an der sprachlichen Präsentation seines Inhalts. Die Sprache Haffners schwankt zwischen den kräftigen Akkorden eines Klavieres und den lang nachwirkenden Strichen eines Violoncellos. Ein Beispiel ist die folgende Passage:

> Hitler hat nichts ausgerichtet, sondern nur (aber immerhin) Ungeheuerliches angerichtet. Er hat, wie kaum ein anderer „großer Mann" der bekannten Geschichte, mit staunenerregender Wucht danebengehauen.

In zwei Sätzen und zwei Nebensätzen, beide kurz, liefert Haffner eine präzise Charakterisierung, zuerst der Tätigkeit eines Menschen und sodann deren Resultat. Das kann kein Wissenschaftler, nur ein Literat, weshalb die „Anmerkungen" bis heute ein Leseabenteuer sind. In den 1960er und 1970ern hat sich Haffner in seinen Einschätzungen des Systemwettbewerbs zwischen West und Ost gründlich geirrt. Vor allem verkannte er die Instabilität der kommunistischen Regime, die der UdSSR und auch die der DDR. Zwar war er damit nicht allein, aber das entschuldigt nicht. 1989 war er bereits krank, insbesondere jedoch von seinen falschen Prognosen so tief enttäuscht, dass er verstummte. Auch darin war er ehrlicher und geradliniger als die vielen Wendehälse im deutschen Feuilleton, die ihm zuvor nicht das Wasser reichen konnten, sich jetzt aber als die großen Versteher aufspielten, von denen indessen kein Buch die Zeit als eine „Sternstunde" der deutschen Literatur überstehen wird.

Klaus Leciejewski

Die Rede, das ist die vermenschlichte Welt

Geist und Macht

Walter Jens

1983

Das Verhältnis von Geist und Macht ist in Deutschland bis heute ein Unverhältnis geblieben. Das Thema hat den Redner und Essayisten Walter Jens ein Leben lang beschäftigt. Es gehört in die Tradition der Aufklärung und als Aufklärer hat sich der 1923 in Hamburg geborene, 2013 in Tübingen gestorbene Jens immer verstanden. Er gehörte tatsächlich zu einem Schriftstellertypus, den die deutsche Literatur erst spät im 18. Jahrhundert hervorgebracht hat, der ihr aber eigentlich bis heute ziemlich fremd geblieben ist. Er verkörperte noch einmal, wie einst Gottsched oder Lessing, Nicolai oder Friedrich Schlegel die Einheit von Wissenschaftler und Dichter, von Essayist und Dramatiker, von Redner und Geschichtsschreiber. Erst die Rede war für ihn, wie es Adam Müller einst formulierte, „die vermenschlichte Welt". Ziemlich weit muss man also in der deutschen Kulturgeschichte zurückgehen, ehe man die Wurzeln dieser so vielfältigen Profession wiederfindet, an die sich Jens schon als junger Gelehrter bewusst angeschlossen hat.

Der Umgang mit ihm war nicht leicht. Man merkte die hamburgische Herkunft (der Vater Bankangestellter, die Mutter Lehrerin), die erstklassige Erziehung (in der Gelehrtenschule des Johanneums), das altphilologische Studium. Am wohlsten fühlte er sich zuhause in Tübingen, das er als Gelehrtenrepublik, als „die Polis am Neckar" rühmte. Oben über der Stadt lag sein Haus; die konzentrierte Arbeit am Schreibtisch, die Unzugänglichkeit der Gelehrtenexistenz auf der einen, die öffentliche, politische Wirksamkeit, die Fernsehdebatte und das kritische Eingreifen auf der anderen Seite – ein bürgerliches Leben, nicht nur seinem Gepräge, sondern auch seiner Struktur nach. Er hat oft gefordert, dass die beiden Sphären, die private und die öffentliche, eins sein sollten, in seinem Leben aber blieben sie getrennt. Wie radikal getrennt und wie ohnmächtig der Geist sein kann, hat er gegen Ende seines Lebens bitter erfahren müssen. Ich meine damit nicht nur seine Demenzerkrankung, die die Familie öffentlich zelebrierte, sondern den Skandal, als nämlich 2003 eine Karteikarte von 1942 auftauchte, die seine Mitgliedschaft in der NSDAP bezeugte. Er war damals 19 Jahre alt, die Umstände, die diesen Schritt motivierten, sind dunkel geblieben, man wollte sie auch gar nicht wissen. Man fiel über ihn her, denunzierte ihn als Heuchler, als habe er nicht längst durch sein Wirken als Anwalt bürgerlicher Freiheit, Toleranz und Rechtlichkeit, als sozialer Demokrat und Beförderer republikanischer Kultur die jugendliche Torheit oder Verirrung von einst hundertemal aufgewogen. Der von ihm über alles verehrte Lessing hat ein einschlägiges Gleichnis gefunden, das Jens oft und gerne zitiert hat, ohne zu ahnen, dass es auch ihm einmal als Zuflucht dienen könnte: „Wenn Gott in seiner Rechten alle Wahrheit und in seiner Linken den einzigen immer regen Trieb nach Wahrheit, obschon mit dem Zusatze, mich immer und ewig zu irren, verschlossen hielte, und spräche zu mir: wähle! Ich fiele mit Demuth in seine Linke und sagte: Vater gieb! Die reine Wahrheit ist doch nur für Dich allein."

Der Essay „Geist und Macht. Literatur und Politik in Deutschland", aus dem die folgenden Abschnitte stammen, war ursprünglich eine Rede, die Jens am 18. April 1983 im Zeremoniensaal der Wiener Hofburg hielt – der feudalen Umgebung radikal widersprechend. Rede und Essay haben ihre gemeinsame Wurzel in der antiken Beredsamkeit.

> Deutschland im Zeitalter der Französischen Revolution: Das war ein zersplittertes, aus Duodezfürstentümern bestehendes Reich, dessen Schriftsteller, anders als ihre französischen Kollegen mit ihrer mächtigen Presse in der Metropole, allenfalls in praxisfernen Provinzzirkeln bescheidenen Einfluß gewannen, in literarischen Salons, Logen, Clubs und, mit Einschränkungen, auf dem Theater: Kein Wunder, daß die politischen Programme der vielfach Disziplinierten – Schubart: eingekerkert; Fichte: entlassen wegen »Propaganda für Demokratie und Revolution« –, kein Wunder, daß die Programme der

Schriftsteller eher auf eine Reform von oben als eine Revolution von unten abzielten. Nicht durch die Gewalt der Straße, sondern durch Erziehung und Bildung lautete nach 1792 die Generalthese der »Mehrheitsfraktion« in den Kreisen der deutschen Intelligenz, nicht durch ökonomisch-soziale Umwälzung, sondern durch Erziehung und Bildung der Allgemeinheit, der Fürsten voran, werde sich, befördert von Angehörigen der deutschen Gelehrtenrepublik, die den Postulaten der Aufklärung treu zu bleiben gedächten, jene Reform des öffentlichen Lebens ermöglichen lassen, die, wie das Terreur-Regiment der Jakobiner beweise, die Revolution verhindere. Kein Zweifel: Wenn es – nehmen wir die Mainzer Jakobiner aus – am Ende des 18. Jahrhunderts in Deutschland ein von der literarischen Intelligenz geprägtes Gesellschaftsmodell gab, dann war es die Vorstellung der durch ein aufgeklärtes Regiment gewährleisteten *concordia omnium* in einem Land, dem – gottlob, hieß es – Klassengegensätze wie in Frankreich fehlten. Einerlei, ob so unterschiedliche politische Temperamente wie Jean Paul oder Humboldt, Hardenberg oder Kant die *Reform von oben* als einzige Möglichkeit beschworen, die Revolution zu verhindern – einerlei, ob selbst ein dezidierter Republikaner wie Georg Friedrich Rebmann (mitsamt seinem Blick aufs Mainzerische: das jakobinische Deutschland) die These vertrat, daß bei garantierter Gedanken- und Pressefreiheit »die Demokratie um den Thron blühe« –, in jedem Fall ging es, in Übereinstimmung mit reformabsolutistischen Zielen, darum, den – zur Humanität erzogenen – aufgeklärten Monarchen (der halb idealisierter pater familias, halb Gottvater im Duodezformat war) als Bewahrer und Erneuerer einer auf Versöhnung widerstreitender Interessen abzielenden Gemeinschaft zu apostrophieren.

Und trotzdem, über Jahrzehnte hinweg, der Traum vom August 1789! Trotzdem das nie endende Vivat auf den

Bastille-Sturm! Trotzdem der Glaube, die Revolution könne nachgeholt werden – und zwar in Deutschland: im Bereich der Literatur und Philosophie.
Französische Praxis: aufgehoben und in ihrer Intention, eine *absolute* Umwälzung im Sozialen so gut wie im Geistigen zu bewirken, überboten durch die deutsche Theorie! »Kantische, Fichtesche und Schellingsche Philosophie« – noch einmal ein Blick in Hegels Berliner Hörsaal! –, »in diesen Philosophien ist die Revolution in der höchsten Form des Gedankens niedergelegt und ausgesprochen, zu welcher der Geist in der letzten Zeit in Deutschland fortgeschritten ist. An dieser Epoche haben nur zwei Völker teilgenommen, das deutsche und das französische.«
Revolution in der philosophisch-literarischen Welt als eine auf höherer Stufe durchgeführte – gut Musilsche – Parallel-Aktion zur gesellschaftsverändernden Revolte in Frankreich, dienlich, das Praktischwerden der Vernunft in einem aufgeklärten Gemeinwesen, halb preußisch-fritzisch, halb nach Weimarer Maß, zu befördern: Diese *geistige Revolution* war das große Gesprächsthema der deutschen Literatur in der Epoche zwischen Goethe und Heine.
Säßen sie, zurückverwandelt in Figuren aus Fleisch und Blut, hier vor uns auf dem Podium, Hegel und Kant, Goethe und Schiller, Heine und Hölderlin, Humboldt, Börne e tutti quanti: wir dürfen gewiß sein, daß zwischen denen aus Mainz und Königsberg, Weimar und Altona binnen kurzem eine erbitterte Debatte über das Thema Nummer eins begänne – eine Debatte, die von einem sehr weit rechts postierten Mann eröffnet würde, der unverzüglich daranginge, sein Literatur-Programm zu interpretieren – das folgenreichste Kunst-Papier, das es in Deutschland je gegeben hat.
Literatur, ließe der rechte Flügelmann, Johann Wolfgang von Goethe, erklären – Literatur als die große Sitten- und

Humanitätsförderin habe die Aufgabe, das Politische zu transzendieren und, jenseits des tristen Hic et Nunc, das Menschliche in seine Rechte zu setzen. [...]

Literatur und Politik in Deutschland: Es wird Zeit, den »Neutralisten« von Weimar endlich ihren großen Widersacher, den letzten Jakobiner der Nation, gegenüberzustellen: jenen Einen, der, nach Goethes Tod, mit der Kraft seines Witzes Literatur wieder in ihre politischen Rechte einsetzte: Heinrich Heine – auf unserem imaginären Podium, Goethe gegenüber, auf der Linken angesiedelt ... Heine, der nur jene Poesie anzuerkennen bereit war, die es wage, »den Schritt ins öffentliche Leben zu tun« und dem Versuch Paroli zu bieten, Literatur in ein wirklichkeitsfernes Reservat zu verweisen – einen Raum, in dem sich allenfalls ästhetische Kartoffelkriege, aber keine Literatur-Kämpfe austragen ließen, in denen die »große Suppenfrage«, die Frage nach Armut und Reichtum, Hütte und Palast obenan stand: »Heut helfen euch nicht die Wortgespinste der abgelebten Redekünste. Man fängt nicht Ratten mit Syllogismen. Sie springen über die feinsten Sophismen. Im hungrigen Magen Eingang finden nur Suppenlogik mit Knödelgründen. Nur Argumente mit Rinderbraten, begleitet mit Göttinger Wurstzitaten. Ein schweigender Stockfisch, in Butter gesotten, behaget den radikalen Rotten viel besser als ein Mirabeau und alle Redner seit Cicero.«

Gert Ueding

Nachdruck der Textauszüge mit freundlicher Genehmigung der Rowohlt Verlag GmbH Reinbek.

Der Mann, der die Mauer niederstammelte

Sprechzettel
Günter Schabowski
1989

Selten haben sich in der neueren deutschen Geschichte schriftliche Äußerungen oder Reden von Politikern in das öffentliche Gedächtnis eingeprägt. Der Auftritt von Günter Schabowski am Abend des 9. November 1989 ist eine Ausnahme.

An einem anderen 9. November proklamierte der sozialdemokratische Politiker Philipp Scheidemann vom Berliner Reichstagsgebäude die deutsche Republik, an wieder einem anderen 9. November wurden Häuser und Synagogen jüdischer Mitbürger in Brand gesetzt. Und am 9. November 1989 fiel die Mauer in Berlin. Der unmittelbare Anlass war ein falsch abgelesener Sprechzettel in einer internationalen Pressekonferenz. Wenige Stunden später drängten sich zehntausende Ostberliner vor etlichen Grenzübergängen, die bis dahin nur Westberlinern, Ausländern und handverlesenen DDR-Bürgern vorbehalten waren. Die Grenzsoldaten konnten den Ansturm nicht mehr bewältigen und öffneten die Schlagbäume. Unglaubliche Freudenszenen spielten sich ab. Von Stund an war die Mauer Geschichte, und das Ende der DDR nicht mehr aufzuhalten.

Der genaue Ablauf ist inzwischen detailgenau rekonstruiert, seine Hintergründe sind aufgedeckt, und sogar Videoaufnahmen dieser historischen Pressekonferenz kann man aus dem Netz herunterladen. Allerdings halten die Diskussionen über seine Interpretation bis heute an – kein Wunder bei einem komplexen Ablauf, der zu einem Weltereignis wurde. Zahlreiche Detail-Ereignisse jedenfalls trugen dazu bei, dass die damalige oberste Führung der DDR konfus wurde, sich ihr Mitglied Schabowski verplapperte und die Offiziere der Grenzsicherung die Kontrolle verloren.

Wäre es anders gekommen, hätte Schabowski die Sperrfrist eingehalten? Die größte freiwillige Kundgebung in der Geschichte der DDR am 4. November auf dem Berliner Alexanderplatz hatte ja schon unübersehbar gezeigt, dass die SED die

Macht verloren hatte; das Ende der DDR wäre nicht aufzuhalten gewesen. Die Dramatik des Zusammenbruchs war aber eine Folge dieses Sprechzettels des Günter Schabowski, weshalb beide, Schabowski und sein Sprechzettel, auf ewig einen Platz in der deutschen Geschichte einnehmen werden:

> Privatreisen nach dem Ausland können ohne Vorliegen von Voraussetzungen (Reiseanlässe und Verwandtschaftsverhältnisse) beantragt werden. Die Genehmigungen werden kurzfristig erteilt. Die zuständigen Abteilungen Paß- und Meldewesen der Volkspolizeikreisämter in der DDR sind angewiesen, Visa zur ständigen Ausreise unverzüglich zu erteilen, ohne daß dafür noch geltende Voraussetzungen für eine ständige Ausreise vorliegen müssen. (…) Ständige Ausreisen können über alle Grenzübergangsstellen der DDR zur BRD bzw. zu West-Berlin erfolgen.

Auf Nachfrage des Bild-Korrespondenten Peter Brinkmann, wann diese Regelung in Kraft träte, stammelte Schabowski: „Das tritt nach meiner Kenntnis … ist das sofort, unverzüglich." Diesen Eintrag in das Geschichtsbuch der Deutschen war zufällig, ungewollt und zugleich unwiderruflich. Demgegenüber geht ein gewolltes, späteres Bekenntnis Schabowskis unter. Als einziger aus der Führungsriege der DDR hatte er die Charakterstärke, sich zu seiner Mitschuld am terroristischen Staat DDR und am verbrecherischen System des Sozialismus zu bekennen.

Klaus Leciejewski

Ein friedliches Zeichen aus Deutschland

Rede vor der Ruine der Frauenkirche in Dresden
Helmut Kohl
1989

Montagsdemonstrationen, Fall der Mauer am 9. November, Zehn-Punkte-Programm vom 28. November – im Herbst des Jahres 1989 finden sich historische Ereignisse in dichter Abfolge, die Entwicklung zur deutschen Einheit nimmt Fahrt auf. „In den Monaten November und Dezember 1989 geht eine emotionale Grundwelle über Europa hinweg, die alle parteitaktischen Kalküle und alle Überlegungen der Staatskanzleien hinwegschwemmt." (Hans-Peter Schwarz)

In diesem Klima reiste Bundeskanzler Helmut Kohl kurz vor Weihnachten nach Dresden, um sich mit Hans Modrow zu treffen, seit dem 13. November Vorsitzender des Ministerrats der DDR. Und um zu seinen Landsleuten in der DDR zu sprechen. Am Abend des 19. Dezember versammelten sich Hunderttausende vor der Ruine der Frauenkirche. Für Kohl wurde diese Versammlung und die Reaktion der Menschen auf seine Rede ein Schlüsselerlebnis auf dem Weg zur Einheit. Jetzt sei ihm schlagartig klargeworden: „Die Einheit kommt."

Kohl wusste, dass diese Rede eine der schwierigsten seines Lebens werden würde. „Jeder falsche Zungenschlag wäre in Paris, London oder Moskau als nationalistisch ausgelegt worden." Auch die Emotionen sollten nicht weiter angeheizt werden; für den Fall, dass die Zuhörer am Ende die Nationalhymne zu singen begännen, sollte ein vorsorglich bereitstehender Kantor der Hofkirche das Kirchenlied „Nun danket alle Gott" anstimmen.

> „Meine sehr verehrten Damen und Herren, meine lieben jungen Freunde, liebe Landsleute!"

So fängt die Rede an. Die neutrale Anrede wechselt zu einer Begrüßung der vielen jungen Bürger, die sich auf der Kundgebung befanden und die auch an den Demonstrationen in großer Zahl teilgenommen hatten. „Liebe Landsleute" will Gemeinschaftsgefühl erzeugen und löst starken Jubel aus. Kohl verweist dann auf die große mediale Aufmerksamkeit und bittet die Teilnehmer, für das zuschauende Europa ein friedliches Zeichen aus Deutschland zu senden:

> Meine lieben Freunde, es sind viele Hunderte Journalisten aus ganz Europa zu uns gekommen, und ich finde, wir sollten ihnen gemeinsam demonstrieren, wie wir mitten in Deutschland eine friedliche Kundgebung durchführen können. Deshalb meine ganz herzliche Bitte, daß wir – bei aller Begeisterung – uns jetzt gemeinsam auf diese wenigen Minuten unserer Begegnung konzentrieren.
>
> Das erste, was ich Ihnen allen zurufen will, ist ein herzlicher Gruß all Ihrer Mitbürgerinnen und Mitbürger aus der Bundesrepublik Deutschland.

Kohl spricht von „Mitbürgern“, von Respekt und Dank für die friedliche Revolution, betont „die Selbstbestimmung unseres Volkes“. Man wolle niemanden bevormunden. „Wir respektieren das, was Sie entscheiden für die Zukunft des Landes.“ Dann berichtet er vom Gespräch mit Modrow, der Weg sei schwierig, aber: „wir wissen – und lassen Sie mich das auch hier, angesichts dieser Begeisterung, die mich so erfreut, sagen –, wie schwierig dieser Weg in die Zukunft ist. Aber ich rufe Ihnen auch zu: Gemeinsam werden wir diesen Weg in die deutsche Zukunft schaffen!“ Dann benennt Kohl die verhandelten Themen:

> Wir haben verabredet, daß in den nächsten Wochen intensiv daran gearbeitet wird, daß wir noch im Frühjahr einen Vertrag über die Vertragsgemeinschaft zwischen der Bundesrepublik Deutschland und der DDR abschließen können. Wir wollen eine enge Zusammenarbeit auf allen Gebieten: auf dem Felde der Wirtschaft, des Verkehrs, zum Schutz der Umwelt, auf dem Gebiet der Sozialpolitik und der Kultur. Wir wollen vor allem auf dem

> Felde der Wirtschaft eine möglichst enge Zusammenarbeit mit dem klaren Ziel, daß die Lebensverhältnisse hier in der DDR so schnell wie möglich verbessert werden.

Er ermutigt die Zuhörer zum Bleiben, ihre Kraft dem Wiederaufbau ihrer Heimat zu widmen, hebt die Bedeutung des freien Reiseverkehrs hervor, den die Bürger der DDR so schmerzlich vermisst hatten. Schließlich kündigt er freie Wahlen und „konföderative Strukturen“ an.

> Wir wollen, daß die Menschen sich hier wohl fühlen. Wir wollen, daß sie in ihrer Heimat bleiben und hier ihr Glück finden können.
>
> … Entscheidend für die Zukunft ist, daß die Menschen in Deutschland zueinanderkommen können, daß der freie Reiseverkehr in beiden Richtungen dauerhaft garantiert ist. Wir wollen, daß sich die Menschen in Deutschland überall, wo sie dies wollen, treffen können. Liebe Freunde, Sie werden im kommenden Jahr freie Wahlen haben. Sie werden frei entscheiden, wer mit Ihrem Vertrauen versehen im Parlament sitzt. Sie werden eine frei gewählte Regierung haben. Und dann ist der Zeitpunkt gekommen für das, was ich ‚konföderative Strukturen‘ genannt habe – das heißt: gemeinsame Regierungsausschüsse, gemeinsame Parlamentsausschüsse –, damit wir mit möglichst viel Gemeinsamkeit in Deutschland leben können.

Und als Klimax der Satz, auf den vermutlich der weitaus größte Teil der Zuhörer gewartet hatte und der auch mit anhaltendem, anschwellendem Jubel beantwortet wird:

> Und auch das lassen Sie mich hier auf diesem traditionsreichen Platz sagen: Mein Ziel bleibt – wenn die geschichtliche Stunde es zuläßt – die Einheit unserer Nation.

Damit kündigt Kohl die Verwirklichung zentraler Forderungen der Montagsdemonstrationen an, mahnt aber:

> Ich weiß, daß wir dieses Ziel erreichen können und daß diese Stunde kommt, wenn wir gemeinsam dafür arbeiten – und wenn wir es mit Vernunft und mit Augenmaß tun, mit Sinn für das Mögliche. Es ist ein schwieriger Weg, aber es ist ein guter Weg; es geht um unsere gemeinsame Zukunft.

Kohl ist sich stets bewusst, dass seine Rede von den europäischen und transatlantischen Verbündeten und von der Sowjetunion argwöhnisch verfolgt wird. Auf dem EU-Gipfel in Straßburg am 8. und 9. Dezember war der Empfang für ihn eisig ausgefallen, sowohl Margret Thatcher als auch François Mitterand wollten die deutsche Einheit nicht. So wendet er sich der Einbettung des deutschen Weges in die Völkergemeinschaft zu:

> Ich weiß auch, daß dies nicht von heute auf morgen zu erreichen ist. Wir, die Deutschen, leben nun einmal nicht allein in Europa und in der Welt. Ein Blick auf die Landkarte zeigt, daß alles, was sich hier bei uns verändert, Auswirkungen auf unsere Nachbarn haben muß, auf die Nachbarn im Osten und auf die Nachbarn im Westen. Es hat keinen Sinn, nicht zur Kenntnis zu nehmen, daß uns auf unserem Weg viele mit Sorge und manche auch mit Ängsten beobachten. Aus Ängsten aber kann nichts Gutes erwachsen. Wir müssen als Deutsche unseren Nachbarn sagen: Angesichts der Geschichte dieses Jahrhunderts haben wir Verständnis für manche dieser Ängste. Wir werden sie ernst nehmen. Natürlich wollen wir unsere Interessen als Deutsche vertreten. Wir sagen Ja zum Selbstbestimmungsrecht, das allen Völkern dieser Erde zusteht – auch den Deutschen. Aber wenn wir dieses Selbstbestimmungsrecht für die Deutschen verwirklichen wollen, dann dürfen wir auch die Sicherheitsbedürfnisse der anderen nicht außer acht lassen. Wir wollen eine Welt, in der es mehr Frieden und mehr Freiheit gibt, die mehr Miteinander und nicht mehr Gegeneinander kennt.

Und er stellt als Ziel heraus:

> Das „Haus Deutschland" – unser gemeinsames Haus – muß unter einem europäischen Dach gebaut werden. Das muß das Ziel unserer Politik sein.

Kohl schlägt dann den Bogen zum Ort seiner Rede und zu seiner persönlichen Geschichte.

> In wenigen Tagen beginnen die neunziger Jahre, beginnt das letzte Jahrzehnt dieses Jahrhunderts. Es ist ein Jahrhundert, das vor allem in Europa und auch bei uns in Deutschland viel Not, viel Elend, viele Tote, viel Leid gesehen hat – ein Jahrhundert, das auch uns Deutschen eine besondere Verantwortung auferlegt hat – angesichts des Schlimmen, das geschah.
>
> Hier vor der Ruine der Frauenkirche in Dresden, am Mahnmal für die Toten von Dresden, habe ich gerade ein Blumengebinde niedergelegt – auch in der Erinnerung an das Leid und an die Toten dieser wunderschönen alten deutschen Stadt.
>
> Ich war 1945 – und das sage ich zu den jungen Menschen hier auf dem Platz – 15 Jahre alt, ein Schüler, ein Kind. Ich hatte dann die Chance, ‚drüben' in meiner pfälzischen Heimat, groß zu werden, und ich gehöre zu jener jungen Generation, die nach dem Krieg geschworen hat – wie hier auch –: „Nie wieder Krieg, nie wieder Gewalt!"

Aber Frieden sei ohne Freiheit nicht möglich:

> Deswegen kämpfen Sie, demonstrieren Sie für die Freiheit in der DDR, deswegen unterstützen wir Sie, und deswegen gehört Ihnen unsere Solidarität.

Und er erinnert an das bevorstehende Weihnachtsfest, das Fest des Friedens, der Familie, auch der „deutschen Familie":

> Ich erinnere uns alle an die bewegenden Bilder mitten in Deutschland im September, im Oktober, im November –

> an jene Bilder vor allem, die zeigten, wie sich Freunde und Verwandte wiedergetroffen haben, über vierzig Jahre haben wir darauf gewartet. Wir sind dankbar, daß wir das jetzt erleben dürfen.

Kohl würdigt die Politik Gorbatschows, die Freiheitsbewegungen in Polen und Ungarn, stellt die friedliche Revolution in der DDR in einen supranationalen Kontext:

> Aber auch draußen in der Welt haben viele geholfen. Und so nenne ich hier aus gutem Grund die Politik der Perestroika von Michail Gorbatschow, die diese Möglichkeiten mitgeschaffen hat, die Freiheitsbewegung der Solidarnosc in Polen, die Reformer in Ungarn.

Abschließend mahnt der Bundeskanzler nochmals zu Geduld und Augenmaß:

> Liebe Freunde, wir sind dafür dankbar. Jetzt kommt es darauf an, daß wir diesen Weg in der Zeit, die vor uns liegt, friedlich, mit Geduld, mit Augenmaß und gemeinsam mit unseren Nachbarn weitergehen. Für dieses Ziel lassen sie uns gemeinsam arbeiten, lassen sie uns einander in solidarischer Gesinnung helfen. Ich grüße hier von Dresden aus alle unsere Landsleute in der DDR und in der Bundesrepublik Deutschland. Ich wünsche Ihnen und uns allen ein friedvolles Weihnachtsfest, ein glückliches Jahr 1990. Gott segne unser deutsches Vaterland!

Am Schluss der Rede skandiert die Menge „Deutschland, Deutschland", „Helmut, Helmut" und „Wir sind ein Volk". Laut Kohls Sonderbeauftragtem Horst Teltschik habe es dem Kanzler die Kehle zugeschnürt, als er seine Rede mit den Worten „Gott segne unser deutsches Vaterland" beendete.

Martin Hobmeier

Der Text der Rede folgt dem Bulletin der Bundesregierung Nr. 150 vom 22.12.1989. Nachdruck mir freundlicher Erlaubnis des Presse- und Informationsamtes der Bundesregierung.

Alte Männer züchten Rosen

Stille Zeile Sechs
Monika Maron
1992

„Da vorne ist das Haus", sagt Monika Maron. Wir sind Teil einer geführten Tour durch den Majakowskiring in Berlin-Pankow (die „Stille Zeile" im Roman), einstiges Domizil von Walter Ulbricht, Wilhelm Pieck, Johannes R. Becher, Erich Mielke und anderen, bis dann das Gros der DDR-Führung nach Wandlitz entschwand – weiter von der Stadt entfernt, weiter von den Regierten weg. „Monika Marons Abrechnung mit den Vätern der DDR" nennt Iris Radisch dieses Buch in einer großen Rezension in der ZEIT. „Bevor der Tod uns nicht von ihnen scheidet, sitzen sie unzerstörbar mit bordeauxroten Hausschuhen in ihren Vorstadtvillen und brüsten sich mit ihrem gottlob vergangenen Leben."

Und züchten Rosen. So wie Herbert Beerenbaum. Monika Maron alias Rosalind Polkowski bringt des Geldverdienens wegen – 500 Mark im Monat – dessen Lebenserinnerungen zu Papier. Jede Woche dienstags und freitags, in der Stillen Zeile Sechs. „Eine irritierende Unwirklichkeit ging aus von den alten und neuen Häusern, von den sterilen, gleichförmigen Blumenrabatten in den Vorgärten, von den nackten Fahnenmasten neben den Eingangstüren. Die wenigen Spaziergänger sprachen mit gedämpften Stimmen."

Der alte Mann kann nicht mehr selber schreiben – Schlaganfall. Rosalind zeichnet, was er sagt, mit einer Mischung aus Protest und Widerwillen auf. „Es kam vor, daß Beerenbaum mich fragte, ob er dieses oder jenes Wort bevorzugen solle, worauf ich ihm immer unentschieden antwortete. Ich wisse es selber nicht, oder beides sei möglich. Er nahm es hin."

Die Handlung ist eingebettet in Beerenbaums Beerdigung „auf dem Pankower Friedhof, in jenem Teil, der Ehrenhain genannt wurde, und in dessen Erde begraben zu werden der Asche so bedeutender Personen wie Beerenbaum vorbehalten war." Weitere Schauplätze sind Rosalinds nicht weit vom Friedhof entfernte Wohnung, eine Vorstadtkneipe, in der sie sich mit ihrem Lebensabschnittsgefährten Bruno trifft (mit köstlichen Schilderungen der Ostberliner Vorwende-Bohème), und Beerenbaums Wohnzimmer, wo Rosalind einmal ein Gespräch protokollieren soll, das Beerenbaum mit einem Schriftsteller führen will („Ich hatte zwei Bücher von ihm gelesen, politische Unterhaltungsromane, die ihren Erfolg dem Mißverständnis verdankten, wagemutig zu sein"):

> Victor Sensmann sah aus wie auf den Fotos, die ich von ihm gesehen hatte: ein blasses Gesicht, in dem die breiten Kieferknochen auffielen, kleine, wie von einem ewigen Lächeln umfältelte Augen, hochgezogene Brauen unter einer quergefurchten Stirn, alles verriet die Anstrengung, in jeder Sekunde einen interessierten und nachdenklichen Eindruck zu erzeugen. Er trug Jeans und ein erdfarbenes Wolljackett mit Lederflicken auf den Ärmeln. Beerenbaum stellte mich als seine rechte Hand vor und legte zum Beweis das zitternde Stück Fleisch, das ich zu ersetzen hatte, auf den Tisch.
>
> Er mißtraut Künstlern, sagte ich, um meine Anwesenheit zu erklären. Zu Recht, zu Recht, sagte Sensmann eilfertig, wobei nicht klar war, ob er Beerenbaum zustimmte oder ob er ihm drohte.
>
> Ich goß den Kaffee ein. Sensmann bedankte sich mit einem flüchtigen Augenaufschlag. Was ihn hergeführt habe, sei Beerenbaums faszinierende Biographie, sagte er. Ich fand das übertrieben, aber verzeihlich, schließlich mußte er Beerenbaum gnädig stimmen, ihm notfalls sogar schmeicheln, wenn er etwas von ihm erfahren wollte. Ich war sogar gewillt, seine übertriebene Höflichkeit – fast jeden seiner Sätze leitete er mit der Anrede „Herr Professor" ein – als Ironie oder Zeichen souveräner Verachtung auszulegen. Beerenbaum hatte allerdings keine Mühe, darin nur Respekt zu erkennen. Man mußte Sensmann nicht erleben, um zu wissen, daß er kein Aufrührer war. Auch in seinen Büchern gab es keine Aufrührer, nur

wehrlose Geschöpfe mit vertrockneten Seelen, so daß ich mich bei der Lektüre gefragt hatte, wie er auch nur für die Dauer des Schreibens die Gesellschaft dieser Leute freiwillig ertragen hatte, ohne sich einen Aufrührer für sie oder gegen sie zu erschaffen. Er war viel dünner, als ich ihn mir vorgestellt hatte, ein dürrer Körper ohne Fleisch und Muskeln, vor dem er die mageren Gliedmaßen quer und kantig verschränkt hielt, wodurch er an einen zusammenklappbaren Gartenstuhl erinnerte. Er rührte mich, und obwohl mich seine schwächliche Gestalt und deren Widerschein in seinen Büchern eher abstießen, konnte ich die Vorstellung, daß er von mir dachte, was ich von der Haushälterin dachte, daß sie nämlich Beerenbaums ergebene Kreatur war, nicht ertragen. Es drängte mich, ihn erkennen zu lassen, daß er, falls er sich eine Verbündete gegen Beerenbaum wünschte, diese in mir hatte und daß er auf mich rechnen könnte. Eine halbe Stunde später stand ich schreiend zwischen der spiegelblanken Schrankwand und der samtbezogenen Polstergarnitur, beschimpfte Sensmann als einen widerlichen Schleimscheißer und Beerenbaum als engstirnigen Bonzen, deren Handlanger ich keine Sekunde länger sein wolle. Der Anlaß meines Wutanfalls, dessen kindlicher Maßlosigkeit ich mich schon im Augenblick seines Ausbruchs schämte, war lächerlich; so lächerlich wie die Annahme, ein Mann wie Victor Sensmann, und sei er dürr wie Christus am Kreuze, bedürfe meines Beistands.

Sensmann hatte erzählt, er arbeite an einem Roman über das Berliner Universitätsleben zu Beginn der sechziger Jahre, und da Beerenbaum jene Zeit in wichtiger Funktion an der Universität erlebt habe, erhoffe er von ihm Aufschluß über einige wenig dokumentierte Hintergründe. Noch während Sensmann sprach, breitete sich auf Beerenbaums Gesicht das Wohlwollen dessen aus, der reichlich zu verschenken hat, worum er gerade gebe-

ten wird. Das war eine aufregende Zeit, wie Sie sich denken können, so kurz nach dem Bau unseres Antifaschistischen Schutzwalls, sagte er.
Allein die Zumutung, das Wort hinzuschreiben, als wäre es ein Wort wie Blume, Hund und Mauer, empörte mich. Ich notierte: B: Zeit nach Bau des Antifaschuwa war aufregend.
Sensmann sagte, er sei damals vierzehn gewesen, was heißen konnte, er war zu jung, um sich zu erinnern, oder er war alt genug, um sich genau erinnern zu können. Allein die Mitteilung, daß Sensmann damals vierundzwanzig Jahre jünger war als jetzt, erschien mir zu belanglos, um sie zu protokollieren.
Damals, sagte Beerenbaum, vor dem historischen August 61, habe er, wenn er morgens beim Betreten der Universität die Linden hinunterblickte, oft die Vision gehabt, Ströme des Lebenssaftes der jungen Republik, rot und pulsierend, durch das Brandenburger Tor geradewegs in den gierigen Körper des Feindes fließen zu sehen.
Sensmann schwieg, zündete sich eine Zigarette an; während er den Rauch des ersten Zuges ausstieß, sah er mich an. Dieser Blick, dazu das entpannende, einem Seufzer ähnliche Ausatmen, verführte mich zu glauben, er habe mir die Erleichterung signalisieren wollen, die ihm der Anblick einer Gleichgesinnten, als die er mich endlich ansah, bereitete. Ich meinte sogar, in Sensmanns Augen die Bitte um Hilfe erkannt zu haben. Sensmann durfte den offenen Widerspruch nicht wagen, und ich sollte ihm helfen.
Da haben Sie das Blut lieber selbst zum Fließen gebracht und eine Mauer gebaut, an der Sie den Leuten die nötigen Öffnungen in den Körper schießen konnten, sagte ich.
Zwei oder drei Sekunden lang war es so still, als hielten wir alle drei den Atem an. Dann sagte Beerenbaum und lächelte dabei zu Victor Sensmann: Ja, Frau Polkowski,

auch mit Ansichten wie der Ihren hatten wir damals an der Universität zu kämpfen.
Und Sensmann sagte zu Beerenbaum in einem Ton, der klang, als verständigten sich vernünftige Erwachsene hinter dem Rücken eines uneinsichtigen Kindes: Ich glaube auch, daß es eine notwendige Entscheidung war.
Ich schmiß meinen Bleistift zwischen das Meißener Geschirr mit dem Weinlaubdekor und schrie.

Monika Marons Stiefvater Karl Maron war von 1955 bis 1963 Innenminister der DDR, ihr DDR-kritischer Debütroman *Flugasche* konnte 1981 nur im Westen erscheinen. Für ihre *Stille Zeile Sechs* erhielt sie den Kleist-Preis des Jahres 1992.

Walter Krämer

Schlimmer kommen können hätte es auch

Vierzig Jahre. Ein Lebensbericht
Günter de Bruyn
1996

„Ich bin", so Günter de Bruyn, „in starkem Maße ‚innengeleitet', also prädestiniert zum Außenseiter, für den Karriere und Macht keine Versuchung ist. Innerlich lebte ich mehr in der Literatur als in der DDR, und meine Verbindung zum Westen war nie abgebrochen. Vor allem war ich ein gebranntes Kind durch die Nazizeit. Noch heute kann ich nicht begreifen, daß viele Angehörige meiner Generation auf die neue Diktatur mit einer neuen Glaubensbereitschaft reagierten, oft mit bestem Gewissen, da ihnen Stalin die legitime und konsequente Antwort auf Hitler schien."

Dieses ebenso knappe wie markante Selbstporträt formulierte Günter de Bruyn 1992 in einem Interview. Der erste Band seiner Erinnerungen – der Erinnerungen an die Jugendzeit (bis 1949) – war gerade erschienen, der zweite Band, „Vierzig Jahre. Ein Lebensbericht", der die DDR-Jahrzehnte zum Gegenstand haben sollte, wurde gedanklich abgesteckt: In diesem neuen Band werde, so erklärte der Autor damals, „viel von Verzicht, Feigheit und Rückzug die Rede sein müssen, aber auch von bewußtem Verzicht und von einer inneren Prägung, die sich nicht ändern läßt".

Reden über Verzicht, Feigheit, Rückzug – wann wurde je eine Autobiografie mit dieser Strenge gegen sich selbst auf den Weg gebracht? Der Erinnerungsband schildert die Jahre bis 1989. Larmoyant, sentimental ist das Buch nicht. Es ist vielmehr ein Lehrstück – ein Lehrstück über das Leben in der Diktatur und die Bedingungen des Schreibens in einem geteilten Land. Es steht im Zeichen des Konjunktivs:

> Meiner Mutter war es gegeben, sich im Unglück immer ein noch größeres vorstellen zu können, bei Beinbrüchen also an die Möglichkeit von Genickbrüchen zu denken oder Hungerzeiten mit noch quälenderen Durststrecken

> zu vergleichen, um so immer Grund zu der Feststellung zu haben: Schlimmer kommen können hätte es auch.
> Da sie vierundachtzig Jahre alt wurde, ohne sich ihre Selbstberuhigungsmethode ausreden zu lassen, sich vielmehr unter vielen Altersbeschwerden noch glücklich schätzte, das Augenlicht nicht verloren zu haben, sind Spuren davon vielleicht auch auf mich übergegangen, so daß ich oft die Versuchung spüre, die hier zu beschreibenden vierzig Jahre im milden Licht mütterlichen Relativierens zu sehen.
> Schlimmeres als geschah, hätte immer geschehen können. Als ich in Ulbrichts Staat um Selbstbestimmung und Selbstachtung bangte, war zum Vergleich noch der unfreiere Hitlers nahe, der mich um ein Haar Kopf und Kragen gekostet hätte. Verglichen mit vielen meiner Altersgenossen, habe ich manchen Unbilden, die meine Lebenszeit für alle bereithielt, aus dem Weg gehen können. Gefängnis und Heimatverlust sind mir erspart geblieben, ebenso eine Selbstaufgabe, in der man die Fähigkeit, Eigenes zu denken, nicht nur verliert, sondern auch nicht mehr vermißt. Aus Harmoniebedürfnis entstandene Kompromißbreitschaft, die mich zeitweilig bis an die Grenze des mir Erlaubten brachte, hatte mich auch darüber hinausführen können; das Gefühl, fertig zu sein, hätte mich lähmen, Ehrgeiz mich auf die falsche Bahn treiben, Intoleranz mich einengen können; oder ich hätte, kaum auszudenken, über Plänen und Zielen Leben und Lieben verpassen können.
> So gesehen, bliebe nur ein geringes Klagebedürfnis; es könnte die Lebenszwischenbilanz als zufriedenstellend bezeichnet werden; und da die politische Macht, die dauernd in mein Leben hineinregierte, nach Ablauf der vierzig Jahre das Zeitliche segnete, wäre, könnte man alles so sehen, auch ein Happy-End garantiert.

Dieses Buch hat mich sehr bewegt. Zum einen, weil es ein Meisterwerk deutscher Sprache ist. Zum anderen, weil die darin beschriebenen Erfahrungen in gehörigem Maße auch Teil meiner intellektuellen Biografie sind. Sie sind es ebenso wie die literarischen Werke, die Günter de Bruyn in diesen Jahrzehnten verfasst und veröffentlicht hat. (Ich weiß gar nicht, welches Buch von Günter de Bruyn, außer seinem ersten, ich nicht gelesen habe.)

Wer sich – ob aus literarischer, kulturwissenschaftlicher, soziologischer Perspektive – für in der DDR entstandene Literatur interessiert, kommt an Günter de Bruyn nicht vorbei. Seine Bücher, seine Romane sind nicht nur im besten Sinne „welthaltig" und von großer sprachlicher Qualität. Sie haben auch einen hohen Grad an Wahrhaftigkeit, an Glaubwürdigkeit. Und daran, so denke ich, darf sich Literatur auch heute noch – nach dem so oft postulierten Scheitern der „großen Erzählungen" – messen lassen.

Den Autor und Herausgeber Günter de Bruyn habe ich zu DDR-Zeiten als sehr eigenständige, besser noch: als zutiefst eigenwillige Persönlichkeit wahrgenommen: Dieser Autor beanspruchte Autonomie – Autonomie im Werk, Autonomie als Haltung. In seinem literarischen Schaffen ließ er sich nur schwerlich auf vorgezeichnete Denkwege oder einen kulturpolitischen Kanon verpflichten. Das Belehrende, das Laute, das Spektakuläre war seine Sache nie: Es liegt ihm nicht, es widerspricht seinen „inneren Prägungen", seinem Ethos, seinen Ansprüchen an sich und andere.

Günter de Bruyns Biografie ist eine exemplarische deutsche Schriftstellerbiografie. In ihr spiegelt sich die widersprüchliche Zeit- und Kulturgeschichte eines ganzen Jahrhunderts – eines Jahrhunderts tiefgreifender Umbrüche in Gesellschaft und Kultur, eines Jahrhunderts schlimmer Kriege und enttäuschter Hoffnungen, letztlich aber auch eines Jahrhunderts der friedlichen Revolutionen in Osteuropa. Diktaturen können besiegt werden, lautet die vielleicht wichtigste politische Botschaft des 20. Jahrhunderts. Günter de Bruyn hat diese Erfahrung gleich zweimal machen können. Sie hat sein Leben, seine Literatur, seine Sprache geprägt.

Geboren wurde Günter de Bruyn am 1. November 1926 in Berlin. Der Katholizismus seiner Familie, so schrieb er später, schützte ihn in jungen Jahren vor den Zumutungen der nationalsozialistischen Ideologie und ihrer Sprache. Er habe damals gelernt, „sich zu entziehen".

Als 17-Jähriger, Schüler noch, wurde Günter de Bruyn kriegsdienstverpflichtet. Er diente als Luftwaffenhelfer bei der Flugabwehr, dann als Soldat. Den Ostersonntag 1945 überlebte er nur äußerst knapp. Granatsplitter hatten seinen Stahlhelm durchschlagen und waren im Schädelknochen stecken geblieben. Diese Verwundung machte ihm das Sprechen zeitweilig unmöglich. In seinen Erinnerungen schreibt er: „Der Illusion, mit der Sprache alles ausdrücken zu können, bin ich später noch oft erlegen, aber nie so radikal, wie damals bei ihrem Verlust."

Nach dem Krieg absolvierte Günter de Bruyn einen der damals üblichen Neulehrerkurse und arbeitete einige Zeit in diesem „ungeliebten Beruf". Ab Oktober 1949 ließ er sich zum Bibliothekar ausbilden. In den Bibliotheken, zwischen den Regalen, zwischen den Büchern, zwischen den Lesern, fühlte er sich geradezu „heimisch".

1968 erschien „Buridans Esel", eine Dreiecksgeschichte in einem Milieu, das der Autor bestens kannte. Der Bibliotheksleiter Karl Erp, „Meister der Selbstrechtfertigung", verheiratet und gut situiert, verliebt sich in eine junge, emanzipierte Praktikantin. Die Liebe wird erwidert. Der erfolgsverwöhnte Bibliothekar verläßt daraufhin die eigene Familie und zieht zu Fräulein Broder ins Hinterhaus. Doch auf Dauer ist er dieser Beziehung nicht gewachsen. Er kehrt in seine scheinbare Familienidylle zurück und erwartet Verständnis und Dankbarkeit. Doch womit er nicht rechnet: Seine Ehefrau hat sich in der Zwischenzeit verändert. Für eine Fortschreibung der alten Bequemlichkeiten steht sie nicht mehr zur Verfügung.

„Buridans Esel" wurde ein Riesenerfolg – dank seines sozialkritischen Blicks, seiner großartigen Ironie, seiner meisterhaften Sprache. Der Roman legte Anpassungsmechanismen offen, die mehr und mehr zum Signum der Gesellschaft wurden.

Die so häufig postulierte Überlegenheit der sozialistischen Moral entlarvte das Buch als Phrase.

Auf dem Schriftstellerkongress 1987 forderte Günter de Bruyn den Schriftstellerverband in aller Öffentlichkeit auf, die Zensur endlich abzubauen. Sie schädige das Ansehen der Gesellschaft, nähre Zweifel an ihrer Reformfähigkeit und beraube sich der Antriebskraft der Kritik.

Der Mauerfall am 9. November 1989 war auch für Günter de Bruyn ein Glücksmoment – und Anlass zu gründlicher Selbstbefragung. Sein Rückblick auf die jüngere deutsche Geschichte und auf die eigene Lebensgeschichte geriet ihm zur Selbstverständigung über eigenen Opportunismus, über verschenkte Chancen, individuelle Irrtümer und Grenzen. Dieser „innengeleitete", jedenfalls nicht schmerzfreie Ansatz ist in der Erinnerungsliteratur auch heute alles andere als selbstverständlich.

Es braucht kaum betont zu werden, dass der Schriftsteller Günter de Bruyn nach 1989/90 nicht „umdenken" musste. Seinen literarischen Arbeiten sind keine Brüche infolge veränderter politischer Verhältnisse eingeschrieben. Dieser Autor musste weder thematisch noch ästhetisch einen Neuanfang versuchen, er musste das Schreiben nicht neu erlernen. Seine Literatur hatte ihre Feuertaufe lange hinter sich.

Günter de Bruyn hatte Leser in beiden Teilen Deutschlands – und er hat sie behalten. Mit seiner Biografie und seinem Lebenswerk ist er das beste Beispiel dafür, dass die sprachlich-kulturelle Einheit der Nation ein stärkeres und belastbareres Band darstellt als jede Ideologie. Die These der zwei Kulturen hat dieser Autor nicht nur jahrzehntelang bekämpft, sondern auch durchs eigene Werk, durchs eigene Vorbild, durch die eigene Sprache widerlegt.

Wolfgang Thierse

Sprache mit körperlicher Präsenz

Starenwolke
Wulf Kirsten
2003

der herbst schwingt eine schwarze rassel,
waghalsige flugspiele am himmel zur schau
gestellt, dirigiert von einem meister,
der die starenwolke figurenschneiden
heißt, ein fahnenschwenken und senken,
ein wehen so zart und luftig, ein wehen
so biegsam und kunstvoll, bis sie
aufstiebt, die wolke in schwarz,
als wäre der teufel in sie gefahren,
zu sehen, zu bewundern, wie elegant
sich stare formieren, auf ein ballett
eingeschworen, das sich jäh ballt
und rasch wieder entzurrt
auf überirdisches kommando,
inszeniertes gebild, darbietung
zirzensischer natur, ein flügel-
rauschen abertausendfach, unisono
ganz in schwarz, der himmel kahl
gefressen, myriaden gegen myriaden,
ein vorspiel flüchtigen abbilds,
was da aufzuckt, die vergänglichkeit
übt sich in sprechenden bildern,
gedenkt nicht grundlos, nicht anders,
ebenso deiner, ebenso meiner.

Das Gedicht beginnt mit einer „rassel", die einen optischen Sinneseindruck akustisch übersetzt, und mit dem Rasseln, das sich gewissermaßen aus lauter Geräuschpunkten zusammensetzt, so wie sich der Starenschwarm aus unzähligen schwarzen Vogelkörpern zusammensetzt. Immer wieder rückt es dabei die Farbe Schwarz vor Augen: „die wolke in schwarz" und „unisono / ganz in schwarz". Auch hier verstärkt ein akustischer Begriff, das „unisono" – das in der Musik „im Einklang" bedeutet –, die

Aussage, die zunächst eine optische Wahrnehmung meint. So bleibt der düstere Eindruck des unbeständigen Gebildes der Stare über das Gedicht hinweg lebendig, das den Poeten schließlich der Vergänglichkeit gedenken lässt, die allem Fortschritt zum Trotz noch immer den Menschen und alle Kreatur umfangen hält.

Der im Hängen verharrende und schließlich aufstiebende Schwarm wirkt wie eine Fahne, durch die Luft geschwenkt. Das „schwenken" und „senken" in seinem gleich lautenden Vokalverlauf vermittelt dabei die bewegliche Transparenz und zugleich das Stoffige seiner Beschaffenheit. Die einzelnen schwarzen Vogelleiber, die sich „formieren", sind fest und zugleich als „inszeniertes gebild" höchst beweglich. Von einem „meister" auf „überirdisches kommando" wird die Bewegung „dirigiert". Die Vögel gehorchen einer Macht, die sie in eine Ordnung zwingt; ihr organisierter Flug erinnert an militärische Formationen, denen auch ein unheimlicher Zug anhaftet – spielt nicht auch in den pseudoreligiösen Aufmärschen von Diktaturen das Fahnenschwenken und -senken eine wichtige emotionale Rolle?

Den Höhepunkt erfährt das Gedicht in dem Bild „der himmel kahl / gefressen, myriaden gegen myriaden", das zugleich überleitet in das „vorspiel flüchtigen abbilds" für die jeden von uns treffende „vergänglichkeit". Wenn die Stare fortgeflogen sind, wirkt der Himmel wie kahl gefressen. Oder ist im Gegenteil die schwarze Anwesenheit der unzähligen Vögel selbst das kahl gefressene Bildnis des Raumes, der uns in seiner Leere erst die Transzendenz vor Augen rückt?

Katrin Bibiella

Das Gedicht ist entnommen aus Wulf Kirsten: Erdlebenbilder. Gedichte aus 50 Jahren 1954–2004. © Ammann Verlag & Co., Zürich 2004. Alle Rechte vorbehalten S. Fischer Verlag GmbH, Frankfurt am Main

Die Urenkel der Nihilisten

Spieltrieb
Juli Zeh
2004

Sie nennen sich die „Urenkel der Nihilisten“. Damit stempeln sie, die Gymnasiasten der Ernst-Bloch-Schule in Bonn, indirekt ihre Väter- bzw. Mütter- und Lehrergeneration zu Enkeln der Nihilisten. Als mögliche Urgroßväter werden Friedrich Nietzsche („Nietzsche ist unser Urgroßvater“) und Robert Musil bemüht, die im Roman beide einen Fürsprecher erhalten. Das *nihilistische Erbe* ist die Tatsache, an der nicht mehr zu rütteln ist. Aus allen Weltanschauungen sind sie „längst ausgezogen“. Ihre Welt ist „regellos, verwirrt und unübersichtlich“ geworden. Hier herrscht der Dschungel. Sie haben ihren Glauben aufgegeben, womit sie auch ihre Wahrheit verloren haben. Sie sind die „Kinder des Nichts“. Es gibt „nichts […], an das man glauben kann.“ Es gibt für nichts „Gründe“, kein Warum. Die letzten Regeln sind die „zu einem Gesellschaftsspiel“, in dem es notgedrungen um „Wettkampf“ geht.

Die neue Generation hat „keine Wünsche, keine Überzeugungen, geschweige denn Ideale, sie strebten keinen bestimmten Beruf an, wollten weder politischen Einfluss noch eine glückliche Familie, keine Kinder, keine Haustiere und keine Heimat, und sehnten sich ebenso wenig nach Abenteuern und Revolten wie nach der Ruhe und dem Frieden des Althergebrachten. Überdies hatten sie aufgehört, Spaß als einen Wert zu betrachten. Freizeit und Nichtfreizeit waren gleichermaßen anstrengend und unterschieden sich in erster Linie durch die Frage, ob man Geld verdiene oder ausgab. Hobbys zum Totschlagen der Zeit waren überflüssig, da die Zeit auch von selbst verging. Fernsehen war langweilig, die Literaturszene tot, und im Kino liefen seit Jahren nur Varianten auf drei oder vier verschiedene Filme. Diskotheken waren etwas für Liebhaber von Dummheit und schlechter Musik, und auf Schostakowitsch konnte man nicht tanzen. Diese Jugend hatte aufgehört, sich für industriell geschneiderte Moden, Identitäten, Heldenfiguren und Feindbilder zu interessieren. Weniger als jede Generation vor ihrer bildete sie eine Generation. Sie war einfach da [...]". Sie sind Nietzsches *décadents* mit egoistischen, ja „dionysische[n]" Ambitionen. Es gibt „weder Himmel noch Hölle". – „Gut und schlecht wurden vor hundert [Nietzsche!] Jahren abgeschafft […]".

Sehen wir uns die Romanprotagonisten aus der Nähe an. *Ada* wechselt im Jahre 2002 mit vierzehn die Schule und kommt in die zehnte Klasse des Ernst-Bloch-Gymnasiums. Sie ist zynisch und sportlich, auf monströse Art frühreif und hochbegabt aber schwer erziehbar, und behält ihren Vorgesetzten gegenüber in der Regel das letzte Wort. Sie unterliegt dem sog. Asperger-Syndrom und sieht ihrem Gegenüber nicht in die Augen. Schon mit zwölf wusste sie, „dass Sinnsuche nichts als ein Abfallprodukt der menschlichen Denkfähigkeit sei." Was verstanden werden kann, muss notgedrungen falsch sein. Nichts besitzt einen Wert bzw. alles hat „den gleichen Wert", – „Alles [ist] gleich gültig." Die „Sinnlosigkeit des Universums" sei die „simpelste […] geistige […] Erkenntnis".

Adas Mit- und Gegenspieler, der Halbägypter *Alev El Qamar,* kommt ein Schuljahr später, also August 2003, achtzehn Jahre alt, in die elfte Klasse und ist das Alphatier der Schülergeneration. Er bekennt sich sofort – soweit er nicht selber Gott sei – zum Atheismus, zu Nietzsches Lehre des Willens zur Macht und zum *Mann ohne Eigenschaften.*

> „Ada." Sie hatte ihm ihren Namen niemals genannt. „Das Schöne am Leben ist, dass es nichts mehr zu verlieren gibt, wenn man einmal akzeptiert hat, dass es früher oder später zu Ende geht. Dunkelheit, Geburt, Fressen, Ficken, Kämpfen, Fade Out. Solange wir daran nichts Schlimmes finden, gibt es absolut nichts zu fürchten. Die größte Gabe der Menschheit ist seine Fähigkeit zum Freitod. Frei durch Tod. Wenn uns etwas nicht passt, können wir gehen. Wo soll das Problem sein?"
> Ada hatte das deutliche Gefühl, dass er nur über sie beide sprach, und verschränkte die Finger hinter dem Rücken

an der Wand, um nicht versehentlich eine Hand nach ihm auszustrecken.
„Im Sinn vielleicht?“, fragte sie ironisch. […]
„Die Suche nach Sinn ist reine Selbstbeschäftigung“, sagte er. Sein Tonfall war freundlich-belehrend, als spräche er mit einem kleinen Kind. Trotzdem gelang es ihm, mit Blicken und Gesten klarzustellen, dass er die versteinerte Ada an der Wand für ein mindestens ebenbürtiges Wesen und die Unterhaltung im Einverständnis mit ihr für einen Scherz hielt. „Die Sinnsuche ist einem Kreuzworträtsel vergleichbar, in das der erste Begriff mit Absicht falsch eingetragen wurde. Eine Patience mit unvollständigem Kartenspiel. Man kann sich damit die Zeit vertreiben. Man kann es auch sein lassen.“
Ada stieg auf das Spiel ein und übernahm die Rolle eines besorgten Fragestellers, während Alevs Gefolge im Halbkreis zum Auditorium wurde.
„Hast du kein Ziel? Gibt es nichts, was du wünschst? Einen Beruf? Eine Frau? Wie wär's mit Geld?“ […]
„Nichts. Nichtstun und Nichtswollen ist die einzige würdige Art, dem Zeitgott zu huldigen. Wie soll man die Reinheit dieses Geschenks erkennen, wenn man ständig Dinge hineinschüttet wie Unrat in einen kristallklaren Bach?“ […]
Drei Tage nach dem Gewitter funktionierten die Himmel noch immer nicht. Der blaue Farbton wollte sich nicht einstellen, blieb stecken zwischen Hellgrau und Weiß, dann zerriss ein Windstoß die dünnen Wolkenschichten, dass sie in Fetzen hingen, zur Seite trieben und sich jenseits des Flusses am Rand der Hügelkette in großen Falten zusammenballten wie eine von der Stange gefallenen Gardine. Sie gaben den Blick frei auf das dahinter liegende Nichts.
Es war Mittwochmorgen, als Höfi ohne jede Erklärung wieder zum Unterricht erschien. Kurz nach Schulschluss, genau in der Sekunde, da ein einzelner Sonnenstrahl aus

dem leeren Himmel schoss und am Dachfirst von Ernst-Bloch die doppelseitige Klinge wetzte, ging Höfi in die Knie und drückte sich mit beiden Beinen ab. Es war der erste und zugleich letzte Moment seines quasimodischen Lebens, in dem er eine unvergleichliche Eleganz entfaltete. Er sprang mit ausgebreiteten Armen, den halslosen Kopf nach oben gereckt, als ob die geplante Flugbahn ihn aufwärts führen sollte, und einen Augenblick schien es tatsächlich, als würde er sich am Punkt aufgehobener Schwerkraft dafür entscheiden, nicht in die Tiefe zu stürzen, sondern ruhig in der Luft liegen zu bleiben, um nach majestätischer Art der Adler ein oder zwei Runden über dem Schulhof zu kreisen, an Höhe zu gewinnen und über den Fluss hinweg ins Siebengebirge zu entschweben.

Anstifter des *Spieles* auf Ernst-Bloch ist Alev, der damit im Vergleich zu Ada die größere Nähe zu Nietzsches Kind-Übermensch einnimmt. Ohne jeden Grund – Gründe gibt es ja keine mehr – wird Smutek, Deutsch und Sport, von Alev als Spielgegner bestimmt. Ada bekommt eine Rolle zugewiesen: „Du vögelst Smutek [...], ich mach Photos, und dann haben wir ihn in der Hand." Ada ist, nebenbei gesagt, minderjährige Schutzbefohlene. Die Bilder kommen auf die offizielle Startseite der Schule. Das Kennwort lautet „SPIELTRIEB". Obwohl Ada Alevs Absichten nicht kennt, lässt sie sich auf das Spiel ein. Auf ihre wiederholte Frage nach dem Zweck lautet die Antwort „Macht." Der Spieltrieb entpuppt sich als *Wille zur Macht*, was Alev mit *Zarathustra*-Zitaten erläutert. Als sie später das Spiel beendet, kommt es zum Gerichtsverfahren. Bestraft wird niemand, da es „ohne Wahrheit kein Urteil" geben kann.

Roland Duhamel

Abschied

Der letzte Brief
Gunter Sachs
2011

Am 7. Mai des Jahres 2011 starb in Gstaad in der Schweiz der Weltbürger und große Freund der deutschen Sprache Gunter Sachs. Als exzellenter Sportler (Europameister der Junioren im Zweierbob), Kunstsammler, Dokumentarfilmer und Fotograf, und vor allem: mit jungen Jahren schon Erbe eines großen Vermögens, wurde er einer breiteren Öffentlichkeit vor allem als Lebemann und Liebhaber von schönen Frauen bekannt. Dabei vergessen viele, dass Gunter Sachs nach seiner einvernehmlichen Trennung von Brigitte Bardot mit der Schwedin Mirja Larsson eine mehr als 40-jährige glückliche Ehe führte.

Mit einer unheilbaren Krankheit konfrontiert, hat Gunter Sachs seinem Leben selbst ein Ende gesetzt. Sein Abschiedsbrief hat heftige Debatten ausgelöst. Darf man in dieser Lage den Freitod wählen? Waren die von Gunter Sachs bemerkten Symptome Einbildung oder Realität? Ist ein Leben unter geistiger Behinderung überhaupt noch lebenswert? Gunter Sachs gab seine eigene Antwort darauf wie folgt:

> In den letzten Monaten habe ich durch die Lektüre einschlägiger Publikationen erkannt, an der ausweglosen Krankheit A. zu erkranken. Ich stelle dies heute noch in keiner Weise durch ein Fehlen oder einen Rückgang meines logischen Denkens fest – jedoch an einer wachsenden Vergesslichkeit wie auch an der rapiden Verschlechterung meines Gedächtnisses und dem meiner Bildung entsprechenden Sprachschatzes. Dies führt schon jetzt zu gelegentlichen Verzögerungen in Konversationen.
>
> Jene Bedrohung galt mir schon immer als einziges Kriterium, meinem Leben ein Ende zu setzen. Ich habe mich großen Herausforderungen stets gestellt. Der Verlust der geistigen Kontrolle über mein Leben wäre ein würdeloser Zustand, dem ich mich entschlossen habe, entschieden

entgegenzutreten.

Ich danke meiner lieben Ehefrau und meiner engsten Familie sowie meinen in tiefer Freundschaft verbundenen Weggefährten, mein Leben wundervoll bereichert zu haben.

Gunter Sachs

Sechs Tage nach seinem Freitod wurde Gunter Sachs in der Mauritiuskirche im schweizerischen Saanen, nahe seinem Haus in Gstaad, auf dem dortigen Friedhof beigesetzt.

Walter Krämer

Dit Huus is mien

Altes Land
Dörte Hansen
2014

Sie alle fliehen von irgendwo. Die ostpreußische Gutsherrin Hildegard von Kamcke vor den näher rückenden Russen. Deren Nichte Anne vor der neuen Geliebten ihres Freundes. Die sonntäglichen Besucher des Dorfs aus dem Leerlauf ihres Großstadtlebens.

Und irgendwo kommen sie an. Aber kein freudiger Empfang wird ihnen zuteil, sondern ruppige Ablehnung. Van mi givt dat nix, erklärt die Bäuerin in der Elbmarsch, bei der Hildegard unterkommt. Mit der kleinen Tochter schläft sie in der Gesindekammer und stiehlt Milch frisch von der Kuh und Äpfel, um nicht zu verhungern. Anne wird von einem einheimischen Bauern unwirsch zurechtgewiesen, als sie ihren Wagen an der falschen Stelle parkt. Die Erzieherinnen im Kindergarten rümpfen die Nase über die Kopfläuse ihres Sohns Leon. Vera, das Kind aus dem Osten, wird in der Schule als „Polackenbalg" beschimpft. Mit Fausthieben, hervorragenden Leistungen und später als Zahnärztin verschafft sie sich Respekt. Aber sie bleibt eine Fremde unter den Dorfbewohnern.

Das Bauernhaus, das Vera erbt, ist die erzählerische Mitte von Dörte Hansens Roman *Altes Land*. Hier laufen die Handlungen zusammen und finden die Figuren zueinander. Aber das alte Haus mit dem Schilfdach und den verwitterten Fensterrahmen hat wenig Anheimelndes. Es ist kein Hafen des Friedens für die Gestrandeten. „Dit huus is mien un doch nich mien, de no mi kummt, nenn't t ook noch sien" steht über dem Eingang. Es gewährt seinen Bewohnern nur einen vorübergehenden Aufenthalt.

Drinnen ist es kalt und ungemütlich. Die Dielen und Balken knarren und knacken. Das Dach ist undicht. Nach einer Sturmflut steht auch mal das Wasser des großen Flusses in Küche und Stube. Ein Zuhause mit Abstrichen.

Und die Menschen, die es beherbergt, werden heimgesucht von schrecklichen Erinnerungen, die unausrottbar lebendig sind. Sie überwuchern alles, was das alte Haus an Geborgenheit geben könnte. Karl, der Sohn der Besitzerin, wacht schreiend auf aus nächtlichen Alpträumen und liegt weinend im Bett. Er flieht immer wieder vor den Soldaten der Roten Armee. Vera kann die Schrecken der Flucht nicht vergessen, die ins Eis einbrechenden Fuhrwerke, die Todesschreie der Pferde. Die Toten im Straßengraben und die mit schiefen Hälsen, die an den Bäumen hingen. Und den Kinderwagen mit dem erfrorenen Bruder, den die Mutter einfach stehenließ und weiter zog.

Aber solche Häuser, mit vernachlässigten Gärten und alten Bäumen, auf denen untergegangene Apfelsorten wachsen, lockt Stadtbewohner an. Schickimicki-Mütter aus Hamburg und zweitklassige Journalisten. Sie ernähren sich von Tofuwürstchen und kaufen Fliederbeerengelee im bäuerlichen Hofladen. Dörte Hansen führt manchen spöttischen Seitenhieb gegen diese Leute, die „Vollwertmütter" aus dem Stadtteil Ottensen, die sich von ihren Kindern mit dem Vornamen anreden lassen. Anne ist gern aus diesem Milieu geflohen. Kinder, die Clara-Feline oder Nepomuk heißen, hat sie in der musikalischen Früherziehung betreut. Die Kleinen sabbern mit Lust in ihre Flöten und hämmern auf Xylophone. Weil sie am Keybord unterfordert sind, werden sie auf Harfe oder Flügelhorn umgeschult.

Auf dem Land ist manches besser als in der Stadt mit all ihrem verkrampften Firlefanz. Das ist die diskrete Botschaft des Textes. Aber das Dorf und seine kernigen Bewohner, die in Gummistiefeln auf dem Traktor sitzen und Pflanzenschutzbrühe sprühen, sind keine heitere Idylle. Es gibt gegenseitige Hilfe – zum Beispiel bei der Anfertigung von Rehwurst –, freundliche Nachbarschaft und eine gewisse Unbefangenheit im Umgang der Menschen miteinander. Aber auch Engstirnigkeit und Häme. Nackt in der Elbe baden, in Unterwäsche ein Kopfsprung von der Lühebrücke oder am Strand sitzen und rauchen – das geht zu weit! De kriggt keen af, sagen die Bauern über Vera.

Eine alte Bäuerin pendelt irgendwann an einem Strick im Dachboden. Ihr dahinsiechender Sohn wird später an einer kräftigen Dosis Gift sterben, das der Tierarzt stiftet und eigentlich für verletzte Pferde vorgesehen ist. Erlösung von unerträglichem Leid? Der alte Mann hat nicht darum gebeten. Freundliche Tötung also? Aber das ist schon zu streng gefragt. Der Text läßt sich auf solche Überlegungen nicht ein. Auf dem Land gedeiht der Mensch besser als in der Stadt. Aber das alte Bauernhaus, das Dorf, die Blumen in den gepflegten Gärten, die Obstbäume und der nahe Fluß sind keine heile Welt. Hüte Dich, lieber Leser, vor dieser naiven Illusion. Das ist die andere diskrete Botschaft von Dörte Hansens Erfolgsroman *Altes Land*.

Ankunft

> Vom Fachwerk der Fassade war die Farbe abgeblättert, und die rohen Eichenständer steckten wie graue Knochen in den Mauern. Die Inschrift am Giebel war verwittert, aber Vera wusste, was da stand: *Dit Huus is mien un doch nich mien, de no mi kummt, nennt't ook noch sien.*
> Es war der erste plattdeutsche Satz, den sie gelernt hatte, als sie an der Hand ihrer Mutter auf diesen Altländer Hof gekommen war.
> Der zweite plattdeutsche Satz kam von Ida Eckhoff persönlich und war eine gute Einstimmung gewesen auf die gemeinsamen Jahre, die noch kommen sollten: „Woveel koomt denn noch vunjau Polacken?" Ihr ganzes Haus war voll von Flüchtlingen, es reichte.
> Hildegard von Kamcke hatte keinerlei Talent für die Opferrolle. Den verlausten Kopf erhoben, dreihundert Jahre ostpreußischen Familienstammbaum im Rücken, war sie in die eiskalte Gesindekammer neben der Diele gezogen, die Ida Eckhoff ihnen als Unterkunft zugewiesen hatte.
> Sie hatte das Kind auf die Strohmatratze gesetzt, ihren Rucksack abgestellt und Ida mit ruhiger Stimme und der korrekten Artikulation einer Sängerin den Krieg erklärt: „Meine Tochter bräuchte dann bitte etwas zu essen." Und Ida Eckhoff, Altländer Bäuerin in sechster Generation,

Witwe und Mutter eines verwundeten Frontsoldaten, hatte sofort zurückgefeuert: „Von mi gift dat nix!"
Vera war gerade fünf geworden, sie saß frierend auf dem schmalen Bett, die feuchten Wollstrümpfe kratzten, der Ärmel ihres Mantels war getränkt vom Rotz, der ihr unaufhörlich aus der Nase lief.
Als es dunkel wurde und im Haus alles ruhig war, schlich Hildegard durch die Diele nach draußen, kam zurück mit einem Apfel in jeder Manteltasche und einem Becher kuhwarmer Milch. Als Vera ausgetrunken hatte, wischte Hildegard den Becher mit ihrem Mantelsaum aus und stellte ihn leise zurück in die Diele, bevor sie sich zu ihrer Tochter auf die Strohmatratze legte.
Zwei Jahre später kam Karl Eckhoff heim aus russischer Gefangenschaft, das rechte Bein steif wie ein Knüppel, die Wangen so hohl, als hätte er sie nach innen gesogen, und Hildegard von Kamcke musste ihre Milch noch immer stehlen.
Von mi gift dat nix. Ida Eckhoff war ein Mensch, der Wort hielt, aber sie wusste, dass die Person jede Nacht in ihren Kuhstall ging. Irgendwann stellte sie neben den Becher in der Diele eine Kanne. Es musste beim nächtlichen Melken nicht auch noch die Hälfte danebengehen. Sie zog den Schlüssel für das Obstlager abends nicht ab, und manchmal gab sie dem Kind ein Ei, wenn es ihr mit dem viel zu großen Besen die Diele gefegt oder ihr beim Bohnenschneiden *Land der dunklen Wälder* vorgesungen hatte.

Großstadt-Elsen

Dirk zum Felde hatte die Schnauze voll von Idioten in teuren Gummistiefeln, die unbedingt aufs Land ziehen mussten.
Es kamen immer nur die Ausgemusterten, die es in der Stadt nicht geschafft hatten. Akademiker und Kreative

der Güteklasse B, zu angeschlagen für das Großstadtsortiment. Gesellschaftliche Ladenhüter, die auf dem Bauernmarkt noch einmal durchstarten wollten.
Am Anfang, als die Ersten kamen und er noch nicht ahnen konnte, dass eine ganze Invasionswelle folgen sollte, hatte er noch hin und wieder klargestellt, dass er selbst mal studiert und in WGs gewohnt hatte. Dass er nicht der Depp mit dem Diplom von der Baumschule war, für den sie ihn und alle anderen Alteingesessenen hier offenbar hielten.
Es hatte eine Weile gedauert, bis er kapiert hatte, warum sie das nicht hören wollten. Weil er ihnen das Panorama versaute. Ein diplomierter Agrarwissenschaftler, der mit moderner Landtechnik einen Altländer Obsthof bewirtschaftete, der Pflanzenschutzmittel auf seine Apfelbäume sprühte und sie einfach absägte, wenn sie nicht mehr trugen – das war wie eine vierspurige Autobahn in einem Heimatfilm. Er passte nicht ins Bild. Er störte sie. Und sie störten ihn! Die verpeilten Kreativen, die aus den Städten in die Dörfer strömten, um sich zu erden, und dann tigerten sie mit ihren Golden Retrievern durch die Obstfelder und lungerten vor verfallenden Resthöfen und Landarbeiterkaten herum, und wenn dann noch Frühling war und sich irgendwo in einem verstrüppten Garten ein altersschwacher Apfelbaum zu seiner letzten Blüte aufraffte, dann gab es keinen Weg zurück. Dann hatten sie Blut geleckt und setzten sich wie die Zecken hier fest.
Diese verspannten Großstadt-Elsen mit ihren Sinnkrisen quengelten um marode Reetdachhäuser wie ihre Töchter früher um ein Pony. Es war so süß! Sie mussten es haben! Sie würden sich auch immer darum kümmern! Und dann fingen sie an, die Backstein-Ruinen für ein Schweinegeld aufzumöbeln und ihre Bauerngärten anzulegen und in den alten Ställen Keramikwerkstätten einzurichten.

Und wenn sie dann noch immer nicht kuriert waren, kauften sie Schafe und fingen an, ihren eigenen Käse zu machen, und alle, ausnahmslos alle diese neuen Landmenschen kochten, wie unter einem heimlichen Zwang, Gelee aus alten Apfelsorten.
Und dann kam er, Dirk zum Felde, mit seinem Traktor und dem Sprühwagentank voll Funguran, um seine hochgezüchteten Apfelbäume gegen Pilzbefall zu spritzen, und fuhr ihnen mitten durch ihr Freilichtmuseum.

Sie war ein Moos

Dann saß sie draußen auf der Bank, bis die Mückenschwärme aus den Gräben kamen, sie trank den Wein, der von der letzten Nacht noch übrig war. Es war noch hell, als sie sich in die Küche setzte. Sie sah den Mond aufgehen vor ihrem Küchenfenster.
Traute dem Frieden fast.
Wollte das Knacken erst nicht hören. Sie rief die Hunde zu sich. Ein alter Balken oder ein Knochen, der brach oder gebrochen wurde. Ein Huschen über ihrem Kopf.
Ein Tier oder ein Wind und müde Tänzer, die über den Boden schlurften mit ihren schweren Füßen.
Und eine Stille, die bis hundert zählte.
Ein Flattern vor der Küchentür, ein Flüstern aus den Mauern. Oder ein Atmen. Schwere Stühle, die geschoben wurden über rohe Böden. Ein Chor aus alten Stimmen sang sich leise ein.
Man durfte nicht alleine sein in diesen Häusern, sie waren dafür nicht gebaut. De no mi kummt, es kam niemand nach ihr, sie fiel.
Unter den alten Stimmen lag eine Stille, die noch älter war, alt und dunkel wie das Meer oder das All, das Fallen hörte nicht mehr auf, ein Fallen aus der Welt, wie losgelassen, es hielt sie keiner mehr. Unmöglich, Karl zu finden in dem tiefen Schwarz, er war hinabgesunken auf den Grund, wenn es ihn gab, den Grund, wenn nicht das Sinken einfach weiterging.

Etwas rollte, etwas Kleines, eine Kugel, eine Spule. Oder ein Silberknopf von einer alten Tracht. Oder sie selbst, die nur ein Spielzeug war, ein kleiner Kreisel, den das Haus in seinen dicken Wänden drehte.
Ein Kind, das weinte. Oder Katzen, die draußen wimmerten, Nachtvögel, die schrien, Vera konnte nicht mehr aus der Küche gehen, nicht in die Diele, wo ein Spalier aus bösen Stimmen stand.
Wo die Soldaten gingen, mit denen Karl marschiert war, jahrzehntelang in seinen Nächten, er hatte sie ihr alle dagelassen. Und Ida tanzte schlafend über ihr, und all die anderen, die sie nicht kannte, die hier geatmet hatten und gestorben waren.
Dit Huus is mien un doch nich mien... sie konnte hier nicht weg. Sie war ein Moos, das nur an diesen Mauern hielt. Das hier nicht wachsen konnte oder blühen, aber doch bleiben.
Sie war ein Flüchtling, einmal fast erfroren, nie wieder warmgeworden. Ein Haus gefunden, irgendeins, und dort geblieben, um nur nicht wieder in den Schnee zu müssen.
Die Elbe war gefroren in ihrem zweiten Winter hier im Alten Land, die Kinder gingen auf das Eis, Hinni Lührs mit seinen Brüdern, Hans zum Felde und die dicken Pape-Schwestern. „Vera, komm mit."
Dem Eis war nicht zu trauen, sie hatte es zerbrechen sehen und Menschen, die versanken. Manche waren stumm unter das Eis geglitten, sie hatten kein Geräusch gemacht, als hätte man den Menschen das Schreien unterwegs schon abgewöhnt, am schlimmsten schrien die Pferde.
Alles konnte man vergessen, wenn man es wirklich wollte, auch Vera Eckhoff konnte das. Vergaß das Knirschen der Schuhe im tiefen Schnee, das Dröhnen der Flieger, die Köpfe der Piloten, die man sehen konnte, wenn sie über das Eis geflogen kamen. Vergaß, wie rot und hell die Dörfer brannten, vergaß die Vogelscheuchen mit den

schiefen Hälsen, die in den Bäumen hingen, all die verdrehten, stillen Körper in den Straßengräben.
Vergaß den kleinen Bruder in seinem kalten Kinderwagen, sogar die Puppe, ihre Puppe, die bei ihm lag auf seinem weißen Kissen, die Vera nicht mehr holen durfte, als sie den Kinderwagen stehen ließen, weil Hildegard sie einfach weiterzog. Einfach weg von ihrer weichen Puppe mit den echten Haaren, das Christkind hatte sie gerade erst gebracht.
Alles konnte man vergessen, nur wie die Pferde schrien, das vergaß man nicht.

Gerd Schrammen

Auch in Gerd Schrammen: Lese-Lust. Schönes Deutsch von den Anfängen bis heute. IFB Verlag Deutsche Sprache 2016. S. 248-258. Nachdruck der Textauszüge mit freundlicher Genehmigung der Verlagsgruppe Random House.

Das Glänzen der Wörter

Lesen schafft und verändert unsere Welt
Gert Ueding
2020

Der Schlussstein unseres Literaturdenkmals ist ein Aufsatz des großen deutschen Rhetorikers und Sprachwissenschaftlers Gert Ueding. Diesen Schlussstein haben wir mit Bedacht gesetzt; er hält nochmals in Worten fest, was jeder, der die wunderbaren Texte dieses Buches bis hierher gelesen hat, wohl unwillkürlich denkt und fühlt: dass Lesen, und besonders das Lesen schöner Texte, aus uns andere und vielleicht sogar bessere, zumindest aber uns und unser Leben besser begreifende Menschen macht.

Gert Ueding selbst hat in diesem Band verschiedene Texte anderer Sprachkünstler vorgestellt. Hier zeigt er, dass er selber einer ist. Von 1988 bis zu seiner Pensionierung 2009 Inhaber des einzigen Rhetorik-Lehrstuhls in der Bundesrepublik (als Nachfolger von Walter Jens an der Universität Tübingen), hat er der Macht des Wortes sozusagen berufsmäßig nachgespürt. Sein zehnbändiges „Historisches Wörterbuch der Rhetorik" ist ein Klassiker, der in keiner geisteswissenschaftlichen Bibliothek fehlen darf (erster Band 1992, zehnter Band 2013, Verlag de Gruyter, Berlin). Der vorliegende Aufsatz ist dem von W. Erk herausgegebenen Sammelband *Es glänzen einzig die Wörter. Vom Schreiben und Lesen in Wort und Bild.* entnommen (Stuttgart 2020).

Glänzen sie wirklich, die Wörter? Wie kommen sie eigentlich ins Spiel unserer Wahrnehmung und was bewirken sie da? Einer der ersten, der sich seine eigenen und weit vorausschauenden Gedanken darüber gemacht hat, war ein gewisser Gorgias von Leontinoi aus dem 5. Jahrhundert vor Christus. Dem breiteren Publikum ist er aus einem berühmten Dialog Platons bekannt geworden, der ihn freilich auf etwas billige Weise ins Zwielicht setzte. Wenn der Mensch Dinge erkennt, fragte jener frühe griechische Redner und Philosoph, wie kann er sie „einem andern verdeutlichen? Denn was man *sah* wie sollte man dies durch *Rede* aussprechen? […] Wie nämlich auch das Sehen nicht Laute erkennt, so auch hört das Gehör keine Farben, sondern Laute. Und es spricht, wer spricht – aber nicht eine Farbe und auch kein Ding."

Ohne Zweifel, gesprochene und erst recht geschriebene Wörter erfassen, das ist keine so einfache Tätigkeit wie das Sehen – und auch dieses ist schon ein komplizierter Vorgang, den ein später Gorgias-Leser mit der Sprachschöpfung in ein genaueres Verhältnis gesetzt hat. Bei Worten, so resümierte Friedrich Nietzsche, komme es gar „nie auf die Wahrheit an", denn, so seine lapidare Begründung, ein von einem Gegenstand angeregter „Nervenreiz wird zuerst übertragen in ein Bild! Erste Metapher. Das Bild wieder nachgeformt in einen Laut! Zweite Metapher." An anderer Stelle noch deutlicher: „Nicht die Dinge treten ins Bewusstsein, sondern die Art, wie wir zu ihnen stehen." Oder mit anderen Worten: unsere Meinung über sie.

Das klingt einfach und enthält doch schon die wichtigsten Überlegungen, denen auch die moderne Leserforschung nichts Wesentliches hat hinzufügen können. Wenn wir lesen, öffnen uns die Wörter den Eintritt in eine vorher unsichtbare virtuelle Welt, die wir jetzt auch sehen können – mit dem ‚inneren Auge', wie wir sagen, weil dabei Hirnzentren tätig werden, die auch sonst für die optische Wahrnehmung zuständig sind. Wir übersetzen den Text gewissermaßen zurück in die sichtbare Körperlichkeit, von der er metaphorisch übertragen wurde, und bringen derart in der Vorstellung auch unsere eigene Meinung zur Geltung.

Lesen schafft Leben

Wenn auf diese Weise die Wörter zu glänzen beginnen, wenn wir, wie man sagt, von unserer Lektüre ‚gefesselt' sind, wird Lesen zu einer besonderen Erfahrung, die zur Lebenserfahrung hinzutritt, unsere Meinungen relativiert und uns eigene Möglichkeiten entdecken lässt, reichere Perspektiven eröffnet, von denen wir uns bislang nichts haben träumen lassen.

Wir werden nicht als Leser geboren, müssen abstrakte Schriftzeichen lernen, sie in Lautwerte und dann gesprochene Worte übersetzen und schließlich erkennen, was der Text sagen will. Auch das versteht sich nicht von selber, wir brauchen einen Schlüssel, eine Art Code, um den Sinn eines Zeitungsartikels, eines Romans, eines philosophischen Traktats, erst recht eines Gedichts zu erfassen. Haben wir diesen Schlüssel nicht, verstehen wir nicht.

Auch wenn wir uns über diesen komplexen Vorgang klar werden wollen, betreten wir schon antiken Boden. Die kontrollierte Lektüre gehörte seit dem 6. Jahrhundert, als die orale mit der schriftlichen Kultur ergänzt wurde, zu den Bildungszielen der Griechen und war schon zwei Jahrhunderte später fest im Unterrichtswesen etabliert. Man schulte die Lesefähigkeit nicht etwa an dem, was wir heute Gebrauchstexte nennen, sondern an den Meistern der eigenen Sprache, den Dichtern. Sie standen bereit in einem oft Jahrhunderte in seinem Grundbestand festen Lektüre-Kanon. Rede- und Lese-Unterricht orientierten sich an einem sprachlichen Niveau, wie es uns kaum noch vorstellbar ist. Die in der Lektüre imaginär erlebte Welt stand derart in festem Austausch mit der Lebenswelt der Leser. Man redete und schrieb die gleiche Sprache, man ‚verstand' sich. Der Konsens hielt weit über zweitausend Jahre, Walter Jens hat auf seine Wirksamkeit noch im 19. Jahrhundert hingewiesen: „Ein scheinbar befremdlicher, in Wahrheit plausibler Gedanke: das Pantheon des 19. Jahrhunderts, bevölkert von Männern, zwischen denen es im Raum der Politik keine Gemeinsamkeit gab, deren Lehren sich diametral unterschieden, und alle hatten genau die gleiche Bildung genossen, alle die gleichen Texte gelesen: das gab ihnen die Möglichkeit, sich einander noch in schroffster Gegnerschaft auf gemeinsamer Basis verständlich zu machen."

Wer nicht lesen kann, kann auch nicht kommunizieren

Lesefähigkeit und kommunikative Fähigkeit bedingen einander und wir erleben in unserer unmittelbaren Gegenwart die Folgen, wenn beide auseinanderfallen. Das Gespräch funktioniert dann nur noch unter den Anhängern der eigenen Parteiungen und ideologischen Cliquen, nicht mehr über deren Grenzen hinweg. Der gemeinsame Waagbalken, die gemeinsame Richtscheit (so hieß Kanon ursprünglich) fehlt. Die Folgen zersplittern noch das Alltagsgespräch und zwischen den Generationen gähnt Sprachlosigkeit, denn sogar das letzte Gemeinsame, die eigene Sprache, beginnt sich aufzulösen.

Die Spuren reichen weit zurück. „Das Deutsche ist eine herrliche Sprache für Poesie [...], aber sehr prosaisch in der Unterhaltung", bemerkte vor 200 Jahren Madame de Stael in ihrem berühmten Buch über Deutschland und berichtete, wie Schriftsprache und mündlicher Gebrauch auseinanderklaffen. Dazu kommt eine Eigenheit, die auch die französische Schriftstellerin schon bemängelte, nämlich den typisch deutschen „Mangel an Vorurteilen zu ihren [also der Deutschen eigenen] Gunsten." Wie soll man andere von der Differenziertheit, Schönheit und welterschließenden Kraft der eigenen Sprache überzeugen, wenn deren Qualität einem gleichgültig ist und wenn man sie, wo möglich, durch ein anglizistisch durchsetztes Kauderwelsch vertauscht, das wiederum nur die eigene Klientel versteht? Goethes Faust drängte es, die Bibel „in mein geliebtes Deutsch" zu übertragen, und mehr als eineinhalb Jahrhunderte, bis zur Reichsgründung 1870, galt den Deutschen immerhin der Sprachpatriotismus als eine Art Unterpfand der ersehnten staatlichen Einheit. Davon ist kaum etwas geblieben. Noch nie haben Schriftsteller so schludrig geschrieben, haben Politiker seichter und formelhafter geredet, ist die deutsche Sprache und Literatur an deutschen Schulen mehr vernachlässigt worden als heute – von der Sprache in Werbung, Internetforen und Jugendjargon ganz zu schweigen. Besonders die Franzosen kämpfen noch gegen den Sprachimperialismus des Englischen, ihr Stolz auf die eigene Sprach- und Redekultur widersteht weiterhin der Einschüchterung durch Modernität. Sollen sie etwa, auf Madame de Staels Lob hin, mit dem Deutschen eine Sprache lernen, die man in Deutschland nicht einmal den Immigranten so recht zumuten will und deren wissenschaftliche Haushofmeister auf ihren Tagungen im eigenen Lande „neben Englisch immer auch [!] Deutsch" gestatten? Und die Germanisten schließlich, die so gerne ihre Marginalisierung an den Universitäten beklagen, sind selber Teil der Misere. Denn diese Wissenschaft von der deutschen Literatur und Sprache, die gerade wieder einer neuen, der neokolonialistischen Mode hinterherläuft, sich in törichten Genderdiskussionen verliert und immer noch ganze Halden belangloser, mit Recht so heißender *Sekundär*literatur produziert, hat längst den Kontakt zum Publikum verloren. Das wird nicht nur mit verbilligtem Wissen abgespeist und mit Gedanken, als kämen sie aus Onkel Toms Hütte, sondern auch um die umstürzende Erfahrung gebracht, sich im Leseerlebnis zu verlieren, um sich selber in anderer Gestalt, bereichert, verwandelt, entgegenzukommen.

Bücher als Weltveränderer

Denn eben das ist der Wörter tiefster Glanz. Was ich damit meine: Es gibt Bücher, die unsere Lebenswelt transzendieren, ein Weltmodell schaffen, in das wir einziehen und in das wir mit wiederholter Lektüre immer wieder zurückkehren können. Bei ihnen wird Lesen Wandern, auch Auswandern oder, je nach Perspektive, auch Einwandern. Zum Abschluss seiner „Meerfahrt mit Don

Quijote“, der ‚metaphorischen Übertragung‘ seiner „Jungfernfahrt über den Atlantik“ im Frühjahr 1934, erscheint Thomas Mann ein vieldeutiges Traumbild. „Mir träumte von Don Quijote, er war es selbst, und ich sprach mit ihm. Wie wohl die Wirklichkeit, wenn sie einem entgegentritt, sich unterscheidet von der Vorstellung, die man sich von ihr gemacht hat, so sah er etwas anders aus als auf den Abbildungen: er hatte einen dicken, buschigen Schnurrbart, eine hohe, fliehende Stirn und unter ebenfalls buschigen Brauen graue, fast blinde Augen. Er nannte sich nicht den Ritter von den Löwen, sondern Zarathustra. Er war, wie ich ihn nun persönlich vor mir hatte, so zart und höflich, dass ich mit unbeschreiblicher Rührung der Worte gedachte, die ich gestern über ihn gelesen: ‚Denn als Don Quijote Alonso Quixano der Gute schlechtweg hieß, *und auch, als er Don Quijote von la Mancha war*, war er immer von sanfter Gemütsart und von liebenswürdigem Umgange, weshalb er nicht nur in seinem Hause, sondern auch von allen seinen Bekannten geliebt wurde.‘ Schmerz, Liebe, Erbarmen und grenzenlose Verehrung erfüllten mich ganz und gar, während diese Kennzeichnung sich mir verwirklichte, und träumerisch schwingen sie noch in mir in dieser Ankunftsstunde.“

Wir haben hier den Glücksfall vor uns, dass ein großer Dichter uns am eigenen Beispiel zeigt, was Lesen in Wahrheit heißen kann – wenn wir es denn nicht zur Zerstreuung oder bloßen Information vernutzen. Von allen literarischen Formen ist die Authentizitäts-Suggestion beim Tagebuch am stärksten. Es zeigt die gewesene Gegenwart in Momentaufnahmen, der Reiz der Unmittelbarkeit und des zweckfreien Selbstgesprächs, psychologische Neugier und die Unabhängigkeit vom Publikum gehören zu seinen üblichen Kennzeichen. Dass Thomas Mann ausgerechnet die Dauer einer Meeresreise wählte, um jene Begegnung mit dem Ritter von der traurigen Gestalt inmitten aller anderen Geschehnisse zu dokumentieren, gewinnt damit einen tieferen Sinn, der diesem Kenner und Sammler mythischer Stoffe und Denkweisen vertraut war. Meerfahrt bedeutet Lebens- und Weltfahrt und das Lesen eine Initiationsreise zu sich selber. Das Tagebuch aber fungiert als Metapher für eine Lebenschronik, so dass die ausgezeichnete Wirksamkeit, die Don Quijote darin zugemessen wird, uns einen wichtigen Schlüssel zum Leben seines Autors in die Hand gibt. Auch dürfen wir vermuten, dass der merkwürdige Traum in der Ankunftsnacht dann ein Spiegel besonderer Selbsterfahrung sein wird. Welches Buch auch immer Thomas Mann in seiner Lektüre besonders auszeichnete, jedesmal erzählt er davon als von einem Stück seiner eigenen Geschichte.

Zum Lesen, und das entdeckt bald auch jeder andere, der sich tief ins Buch versenkt, gehört neben Neugier und Entdeckerfreude auch gelegentlich eine gehörige Portion Mut: Man weiß nie, wer einem da in welcher Gestalt entgegenkommt. Das Beispiel des Lesers Thomas Mann ist hochgegriffen, aber keineswegs unerreichbar. Jedem steht diese Tür offen. In seinem autobiographischen Roman „Anton Reiser“ (1785) erzählt Karl Philipp Moritz, dass sein Vater „ein abgesagter Feind von allen Romanen war“ und deren Lektüre im Hause eigentlich verboten, dass er aber dennoch mit Hilfe der Mutter unter anderem „Tausend und eine Nacht und die Insel Felsenburg [...] mit unersättlicher Begierde verschlang. Dies waren einige der süßesten Stunden in seinem Leben.“ Ein Leseglück mit weitreichenden Folgen; nicht ohne Grund bemerkte Arno Schmidt: „Eine Sonderstellung nimmt die folgenschwere ‚Erste Lektüre‘ ein: *schlimmer als die erste Liebe!“* Anton Reiser hat es erlebt: „Die Erzählung von der Insel Felsenburg tat auf Anton eine sehr starke Wirkung, denn nun gingen eine Zeitlang seine Ideen auf nichts Geringeres, als einmal eine große Rolle in der Welt zu spielen, und erst einen kleinen, dann immer größern Zirkel von Menschen um sich her zu ziehen, von welchem er der Mittelpunkt wäre [...]" Moritz, dessen Kindheit alles andere als vielversprechend war, stammte aus plebejischen Verhältnissen, doch las er sich hinauf, wurde Lehrer an einem Berliner Elitegymnasium, dann Professor gar, gründete eine Lesegesellschaft und wurde ein erfolgreicher Schriftsteller. „Er ist wie ein jüngerer Bruder von mir, von derselben Art [...]" schrieb Goethe Frau von Stein, nachdem er ihn in Rom kennengelernt hatte.

Lesenkönnen ist keine fixe Fähigkeit. Warum das so ist, hat Nietzsche am Modell seiner zwei Metaphern erläutert: der Leser muss den Weg der Sprachwerdung über zwei Stufen zurückverfolgen, gleichsam nachproduzieren, um zur gemeinten Sache vorzudringen und sie zu ‚sehen'. Visuelle Erlebnisse, wie wir sie aus den Bildmedien kennen, entlasten von dieser Mühe, dafür werden sie nur in seltenen Fällen so zum inneren Eigentum, wie dies den Wörtern, den Sätzen, dem literarischen Kunstwerk gelingt.

Dazu bedarf es der Übung. Lesen heißt, sich ein Leben lang zum Leser hin entwickeln, man kann es vervollkommnen - aber leider auch verlernen. Der Fall, den man oft zu hören bekommt, dass jemand sorgfältig seine Bibliothek zusammenstellt, um die Bücher dann zu lesen, wenn er, beruflich entlastet, in Rente oder Pension geschickt, die Muße dazu habe, ist ein Warnzeichen: der späte Griff zum Buch scheitert zumeist. Ein Blick in die Bücher beweist es: die Lesezeichen oder andere Gebrauchsspuren kommen selten über die ersten zwanzig, dreißig Seiten hinaus. Nein: schnell fertig ist man auch beim Lesen nicht mit dem Wort. Lesen ist eine Lernfahrt besonderer Art, aber ebenso ein Aufzug der schönsten Gespräche mit „interessanten, oft sogar bedeutenden

Menschen" – so Arno Schmidt, der Vielleser unter unseren modernen Klassikern, dem „das phantastisch erhöhte Lebensgefühl des Lesenden!" zur Kraftquelle seines gesamten Werks wurde.

Walter Krämer

Unsere Autoren

(Anfangsseiten der Beiträge in Klammern)

Jessica Ammer (21), * 1987, ist promovierte Germanistin und wissenschaftliche Mitarbeiterin an der Universität Bonn. Für ihre mit summa cum laude bewertete Dissertation über die Rezeption von Ciceros „De officiis“ im Mittelalter und in der Frühen Neuzeit erhielt sie den Preis für die beste Doktorarbeit des Jahres 2020 der Universität Halle.

Katrin Bibiella (395, 485), *1964, ist promovierte Literaturwissenschaftlerin und Kirchenmusikerin mit internationaler Konzerttätigkeit als Organistin und auch mit literaturhistorischen und poetischen Arbeiten hervorgetreten.

Wolfgang Braungart (134, 305), *1956, ist Professor für Allgemeine Literaturwissenschaft und Neuere deutsche Literatur an der Universität Bielefeld, mit umfangreichen Lehrtätigkeiten auch in den USA, Indien, China und Japan.

Karl Corino (260), *1942, ist Rundfunkjournalist und Literaturkritiker sowie auch selbst erfolgreich literarisch tätig (Träger zahlreicher Preise und Ehrendoktor der Universität Klagenfurt).

Roland Duhamel (146, 205, 250, 333, 360, 447, 487), *1943, ist Germanist und stv. Vorsitzender des Vereins Deutsche Sprache. Er war Professor für deutsche Literaturgeschichte an der Universität Antwerpen und Präsident des Belgischen Germanisten- und Deutschlehrerverbandes.

Helmut Ebert (47), *1958, ist habilitierter Linguist und Inhaber einer Agentur für Kommunikationsberatung. Für seine Arbeit über Texttypen in der Wirtschaft erhielt er 1992 den Hugo-Moser-Preis des Instituts für Deutsche Sprache (IDS).

Ingeborg Fiala-Fürst (162), *1961, ist Professorin für Germanistik an der Universität Olmütz in Tschechien und Mitbegründerin der Arbeitsstelle für deutschmährische Literatur. Im Jahr 2010 erhielt diese den Institutionenpreis Deutsche Sprache.

Helmut Glück (200, 350), *1949, ist Germanist und Mitglied des Vorstands der Henning-Kaufmann-Stiftung. Er war Professor für Deutsche Sprachwissenschaft und Deutsch als Fremdsprache an der Universität Bamberg.

Paul-Hermann Gruner (410), *1959, ist Politik- und Sprachwissenschaftler und arbeitet als Autor und Publizist. Er ist Träger zahlreicher Preise und wurde im Jahr 2013 zum ersten Darmstädter „Turmschreiber“ ernannt.

Hartmut Günther (17, 50), *1946, ist Germanist. Er war Professor für Deutsche Sprache und Literatur und ihre Didaktik am Institut für deutsche Sprache und Literatur der Universität zu Köln.

Herbert Güttler (57), *1938, ist Jurist. Er war Mitarbeiter des Beauftragten der Bundesregierung für Kultur und Medien und dort zuständig für „Beutekunst“.

Anne Güttler (57), *1943, war Medizinisch-Technische Assistentin.

Horst Hensel (194), *1947, ist Autor, Redakteur und Pädagoge. Er war Lehrer für Geschichte und Technik/Wirtschaft mit Lehraufträgen an verschiedenen Hochschulen, unter anderem an der Deutschen Fakultät der Tongji-Universität in Schanghai.

Ullrich Heilemann (400), *1944, ist Ökonom. Er war Professor für Empirische Wirtschaftsforschung an den Universitäten Münster, Duisburg und Leipzig sowie lange Jahre Vizepräsident des Rheinisch-Westfälischen Instituts für Wirtschaftsforschung (RWI) in Essen.

Walter Hirche (383), *1941, ist Philologe und Politiker. Er war Vorsitzender der FDP Niedersachsen, Landeswirtschaftsminister und Vorsitzender der Deutschen UNESCO-Kommission.

Martin Hobmeier (355, 366, 469), *1948, ist Historiker, Germanist und Sozialkundelehrer und war zuletzt Leiter und Seminarvorstand des Gymnasiums Vilshofen bei Passau.

Barbara Kaltz (129, 255, 267), *1946, ist Germanistin. Sie war Professorin für Deutsch als Fremdsprache und deutsche Sprachwissenschaft an verschiedenen Universitäten in Frankreich und Kanada, zuletzt an der AMU in Aix-en-Provence.

Markus C. Kerber (406), *1956 ist Jurist, seit 2006 außerplanmäßiger Professor für öffentliche Finanzwirtschaft und Wirtschaftspolitik an der Technischen Universität Berlin, und Begünder der Denkfabrik Europolis, die sich mit der Neuausrichtung der europäischen Ordnungspolitik befasst.

Alfred Kerr (260), *1867, †1948, war einer der einflussreichsten Journalisten und Literaturkritiker des zweiten deutschen Kaiserreichs und der Weimarer Republik.

Werner Kieser (376), *1940, †2021, war Unternehmer und Master of Philosophy. Das von ihm entwickelte Kieser-Training wird europaweit in über 150 Studios eingesetzt.

Wolf Peter Klein (63), *1963, ist Germanist und Professor für Deutsche Sprachwissenschaft an der Universität Würzburg.

Walter Krämer (87, 94, 175, 178, 186, 211, 226, 245, 248, 265, 391, 475, 491, 501), *1948, ist em. Professor für Wirtschafts- und Sozialstatistik an der TU Dortmund und Autor zahlreicher Sachbuch-Bestseller sowie Gründer und Vorsitzender des Vereins Deutsche Sprache.

Josef Kraus (34, 89, 105, 140, 230, 299, 309, 338), *1949, ist Psychologe und Germanist sowie Autor zahlreicher Bücher zu pädagogischen Fragen, darunter mehrere Spiegel-Bestseller. Er war lange Jahre Leiter des Maximilian-von-Montgelas-Gymnasiums in Vilsbiburg bei Landshut und Präsident des Deutschen Lehrerverbandes.

Tomas Kubelik (442), *1976, ist Gymnasiallehrer für Deutsch und Mathematik am Stiftsgymnasium Melk in Österreich. Sein

Buch „Genug gegendert! Eine Kritik der feministischen Sprache“ gewann den Deutschen Schulbuchpreis 2018.

Udo Frank Kürschner (189), *1940, ist Kaufmann und Unternehmer sowie Sammler von Kinderbüchern und Hobbytierfotograf.

Klaus Leciejewski (324, 371, 459, 467), *1948, ist Unternehmer und Publizist. Er war Direktor bei der Deutschen Bank in Frankfurt am Main sowie Geschäftsführer verschiedener Unternehmensberatungen.

Helga Meise (97), *1953, ist Professorin für Neuere deutsche Literatur und Ideengeschichte an der Université de Reims Champagne-Ardenne mit den Forschungsgebieten deutschsprachige Literatur der Frühen Neuzeit, Literatur von Frauen und kulturelle Praktiken der höfischen Gesellschaft.

Gerhard Meiser (213), *1952, war Professor für Indogermanistik und Allgemeine Sprachwissenschaft an der Martin-Luther-Universität Halle-Wittenberg.

Alexander Mühlen (379, 415, 430, 439), *1942, †2021, war Autor und Diplomat, u. a. als deutscher Botschafter in Uganda und in den Vereinten Arabischen Emiraten.

Sebastian Neumeister (29), *1938, ist emeritierter Professor am Institut für Romanische Philologie der Freien Universität Berlin. Er ist Herausgeber der Lyrik der Staufer (*Da es dir gefällt, o Liebe*, Heidelberg 2021) und Verfasser zahlreicher Texte zur provenzalischen, italienischen, spanischen und französischen Literatur.

Ali Osman Öztürk (419), *1960, ist Professor für Germanistik an der Universität Necmettin Erbakan zu Konya/Türkei sowie Vorsitzender des türkischen Germanistenverbandes.

Rainer Paris (328), *1948, war Professor für Soziologie mit dem Schwerpunkt Mikrosoziologie am Fachbereich Sozial- und Gesundheitswesen der Hochschule Magdeburg-Stendal.

Reiner Pogarell (68), *1951, †2022, war Linguist und Autor sowie Gründer des Instituts für Betriebslinguistik in Paderborn.

Franz Rader (435), *1931, ist österreichischer Diplomat im Ruhestand. Sein Sprachführer „Afrikaans für Deutschsprachige“ erreichte elf Auflagen. Von 2007 bis 2014 war Franz Rader Obmann des Vereins Muttersprache in Wien.

Wiard Raveling (452), *1939, ist Philologe, Autor und Übersetzer. Mit erstmaligen deutschen Übersetzungen hat er etwa den französisch-jüdischen Philosophen und Musikwissenschaftler Vladimir Jankélévitch in Deutschland eingeführt.

Dirk Schindelbeck (77, 101, 272, 320, 423), *1952, ist Germanist, Kulturwissenschaftler und Historiker sowie Autor zahlreicher Bücher zur Werbe- und Propagandageschichte (u. a. in DFG- und BMBF-Projekten an der Uni Jena). Auch literarisch aktiv (Lyrikbände sowie Gedichtinstallationen).

Gerd Schrammen (72, 111, 181, 235, 292, 493), *1935 war Dozent für französische Literaturwissenschaft an der Universität Göttingen.

Hans-Joachim Solms (40), *1953, war Professor für Geschichte der deutschen Sprache und Älteren deutschen Literatur an der Martin-Luther-Universität Universität Halle-Wittenberg sowie Direktor des An-Instituts Deutsche Sprache und Kultur e.V.

Rolf Stolz (347, 388), *1949, ist Autor (28 Bücher – Romane, Erzählungen, Sachbücher, Gedichte, Essays) und Photograph sowie Mitbegründer der Partei der Grünen.

Volker Michael Strocka (81), *1940, ist Archäologe. Er war Direktor der Zentrale des Deutschen Archäologischen Instituts in Berlin und Professor für Klassische Archäologie an der Universität Freiburg i. Br.

Wolfgang Thierse (480), *1943, ist Politiker und Germanist und war lange Jahre Präsident des deutschen Bundestages.

Gert Ueding (116, 123, 152, 166, 170, 240, 276, 281, 287, 343, 426, 462), *1942, ist Germanist und Philosoph. Als Nachfolger von Walter Jens war er an der Universität Tübingen der Inhaber des einzigen Lehrstuhls für Rhetorik in der Bundesrepublik.

Peter Volk (24, 156, 218), *1931, ist Mediziner und Historiker. Er war Professor für Gerichtliche Medizin am Universitätsklinikum Freiburg und an der Medizinischen Hochschule Hannover und ist Wissenschaftlicher Beirat des Alemannischen Instituts in Freiburg im Breisgau.

Otto Vowinckel (315), *1939, ist Architekt, Grafik-Designer und Autor von Lyrik und Kurzprosa. Er entwarf u. a. die Logos der Architektenkammer Nordrhein-Westfalen und des Vereins Deutsche Sprache.